越境の国際政治

国境を越える人々と国家間関係

田所昌幸
Tadokoro Masayuki

有斐閣

目　　次

序　章　**移民と国際政治**——問題意識と基礎的事実 ………………1

　1　国境を越える人々，国家，そして国際秩序　1

　　国境，国家，そして国籍 (1)　　人の移動と国家 (3)　　人の移動と国家
　　間関係 (6)

　2　国際人口移動の現状　8

　　「移民」とは誰か (8)　　移民のフロー (9)

　3　本書の構想と構成　14

　　移民研究の現状 (14)　　日本における移民研究 (16)　　現代世界におけ
　　る移民 (17)　　本書の構成 (18)

第 **1** 章　**人口移動政策と対外関係** ……………………………………21

　1　政策の不調和の類型　22

　2　出国規制と国際政治　24

　　出国の自由の史的展開 (24)　　出国の権利の確立 (25)　　人権としての
　　移動の自由 (27)　　体制間競争と出国規制——東西ドイツの経験 (29)
　　常態化する亡命——南北コリア (32)　　人権外交の皮肉——ユダヤ人出
　　国問題 (35)　　アメリカとイスラエルとソ連 (36)　　高度人材の争奪
　　(40)　　アメリカとカナダの場合 (41)　　ヨーロッパ諸国の場合 (43)
　　高度人材の送出国 (44)　　頭脳流出の規制 (46)　　頭脳流出から頭脳循
　　環に (48)

　3　入国規制と国際政治　50

　　人口送出と入国規制 (50)　　キューバによる戦略的棄民政策 (52)　　戦
　　略的棄民からのエスカレート (58)　　第 3 次印パ戦争——エスカレート
　　した難民危機 (59)　　移民労働力の輸入規制 (62)　　移民労働者をめぐ
　　る国際レジーム (63)　　国際移民レジームの不在 (65)　　自国労働者の
　　マーケティング——フィリピンの事例 (66)　　ブラセロ・プログラム
　　——米墨間の移民管理の試み (69)　　労働移民をめぐる政治的構図 (77)

i

小括（78）

第2章　政策の限界——非正規的な人口移動 ……………… 85

1　非正規移民　87

非正規移民の現状（87）　　冷戦後の移民政策（89）　　国境管理——アメリカとヨーロッパの例（91）　　国境管理の困難さ（93）　　国境管理の外部展開（95）　　外部委託の限界——スペインとモロッコの例（96）　　内部規制（99）　　強制送還（101）　　合法化（103）　　シジフォス的ジレンマ（105）

2　難　民　106

難民とは誰か（106）　　帝国の解体と難民（107）　　難民概念の拡大（108）　　難民条約（108）　　難民の規模（110）　　認定と保護（113）　不認定者（114）　　難民審査の外部展開（116）　　途上国に滞留する難民（119）　　難民がとりうる選択肢（122）　　包括的アプローチと国内避難民（124）

小括（127）

第3章　国家とそのメンバーシップ ……………………………… 133

1　旧体制下の国家とそのメンバー　134

旧体制下の国家（134）　　宗教的共同体と国家（135）　　19世紀以前のパスポート（137）　　生涯不変の忠誠（138）　　外国人が国家のメンバーになるには（139）

2　市民革命と国家のメンバー資格　140

アメリカ（141）　　フランス（145）

3　移動の活発化とメンバー資格の相互調整　148

開放的国境の時代（148）　　ドイツ諸連邦での展開（149）　　人的管轄権の重複をめぐる国際問題——イギリスの国籍制度（151）　　アメリカの国籍制度（153）　　アイルランド移民をめぐる米英の対立（154）　　国籍離脱の自由化（155）　　人的移動と人的管轄権の調和（157）

4　国民国家　158

イギリスの出入国規制の強化（159）　　アメリカの出入国規制の強化（160）　　フランスの制度展開（162）　　ドイツの制度展開（163）　　フランスとドイツの相違（166）

小括（169）

第4章　メンバーの包摂と再生産 ················· 175

1　外国人労働力の受容　177
戦後西欧諸国の移民労働者（177）　機能しない帰国奨励（179）

2　永住外国人の権利保障　180
デニズン──制度化された永住外国人（180）　参政権の付与状況（181）
リベラルな国家のジレンマ（184）

3　帰化と重国籍　185
血統主義か，出生地主義か（185）　冷戦後のバルト三国（187）　さま
ざまな帰化要件（189）　国家の中核的価値とは（191）　重国籍（193）
重国籍を認める国の増加（195）

4　社会的統合　197
同化・隔離（197）　多文化主義の展開（198）　多文化主義に対する失
望（199）　難航する社会的統合（201）

小括（203）

第5章　在外の同胞と国家 ················· 211

1　ディアスポラとは誰か　213
ディアスポラとは誰か（213）　犠牲者ディアスポラ（214）　労働ディ
アスポラ（216）　帝国ディアスポラ（217）　交易ディアスポラ（218）
領土再編によるディアスポラ（220）

2　在外同胞への関与　221
関与政策の制度（222）　関与の目的（223）　関与の手段（227）

3　ディアスポラにとっての出身国　231
帰属意識（231）　ディアスポラの実利（234）

4　ディアスポラと国家間関係　237
居住国への影響力（237）　出身国への影響力（239）　居住国と出身国
の政治的関係（241）　国家とそのメンバーの緩やかな関係（242）　見
捨てられた人々（244）　領域主権国家秩序の理念型（246）　領域主権
国家秩序からの逸脱（247）　管轄権の重複（249）

小括（252）

目　次　iii

終 章　日本にとっての国際人口移動 ……………………………… 259

1　何が問われているのか　259
移民のフローと国際政治（259）　　移民のストックと国際政治（261）

2　日本と人口の流出入　263
日本の歴史における人の移動（263）　　鎖国政策（264）　　明治期の日本——移民送出国として（266）　　日本領の拡大（269）　　日本帝国の解体（271）　　戦後の海外移住（272）　　移民受け入れをめぐる議論（274）　　サイドドアの存在（277）

3　人口フローの国際政治と日本　279
日米移民摩擦（280）　　移民受入国としての日本（281）　　日本を取り巻く人口フロー——人口移動の戦略的利用，国家の国境管理能力の限界（283）　　大規模な難民にどう対処するか（287）

4　ディアスポラと日本——日本からジャパンへ　288
「日本人」の条件（288）　　社会的統合をどう進めるか（290）　　国際政治上の意味（292）

あとがき　297
引用・参考文献　301
事項索引　313
人名索引　320

◆ 本文中の図表は，特に注に出所を示したもの以外は，すべて筆者が作成したものである。
◆ 本文中ならびに注などで掲載しているウェブサイトは，特に年月日を示したもの以外は，2018 年 8 月に確認したものである。

序　章

移民と国際政治

問題意識と基礎的事実

1　国境を越える人々，国家，そして国際秩序

●国境，国家，そして国籍

「立国は私なり，公に非ざるなり」[1]。福澤諭吉は，1891（明治24）年頃に書いたといわれる「瘦我慢の説」の冒頭で，こう言い切っている。世界中の人々は，地球上に生を受け，耕し，生産し，交易して，それぞれの一回限りの人生を全うしようとする点で，異なるところはない。わざわざ境界で区切ってさまざまな国を作ることは，人類全体の観点からみれば，決して公的なことではなく，個別の集団の私的な利益の追求に過ぎない。そうであるならば国境や国家という制度を守ることを美徳と称えるのは不思議な話ではないか，というのである。

他方で，たまたま生まれた国で危険に晒され，飢えに苦しみ，未来が開けないのなら，自分と自分の家族のために国境を越えて運命を切り開こうとする人々の行動は，至極当然で何も不思議なところはない。にもかかわらず，戦乱，迫害，貧困から逃れて移動しようとする人々が，国境によって閉め出される光景が世界中で繰り広げられている。「国の境が命の境」になっている現実を目

I

にするとき，国境や国籍，そしてその背後にある国家という制度の持つ理不尽さを感じざるをえない。

しかも21世紀の今日，国境を越えることは技術的には極度に容易になっている。鉄道，蒸気船はもちろん航空機による長距離の移動は，福澤が生きた明治の時代にはきわめて高価で，一部の豊かな人々の専有物の感があったが，今やそれらはますますありきたりの存在になっている。そのうえ，インターネットや携帯電話に代表される情報技術（IT）の爆発的な展開によって，人々は国境の彼方の世界に日常的にふれられるようになっている。単なる不運な巡り合わせで，危険で貧しい国に生まれた人々にとっても，国境の彼方にある豊かな消費生活，華やかな都市空間，そしてすでに移動した自分たちの仲間の暮らしぶりは無縁な世界ではなく，サイバー空間上で仮想体験できるものになっている。

それでは，グローバリゼーションと呼ばれるモノ，カネ，情報が国境を活発に横断する現象が進行した世界では，国境はますます無意味な存在となっているのだろうか。モノの世界では，すでに企業内ですら国境をまたいでサプライチェーン（供給連鎖）が成立している。そのため今や輸出入の相当部分を企業内貿易が占めるようになっており，国境を越えた有機的な生産システムが現実のものとなっている。カネの世界に至ってはグローバリゼーションの進展は一層著しい。今やカネはコンピュータの中に蓄えられた情報であり，そのためわずかな金利差に反応して瞬時に国境を越えて大規模に移動できる。サイバー空間の無国籍性に至っては今さら付け加えることもないだろう。このような経済的な相互依存が進展することで，国家や主権が無意味化するといった主張も，相当以前から繰り返しなされてきた。

しかし，立国が「私」だと喝破した福澤は，国家は守るに値しないと考えていたわけではない。それどころか，「自国の衰退に際し，敵に対して固より勝算なき場合ても，千辛万苦，力あらん限りを尽し，いよいよ勝敗の極に至りて初めて和を講ずると若しくは死を決するかは立国の公道にして，国民が国に報ずるの義務と称すべきものなり」[2]と，同じ論考のすぐ後で論じているほどなのである。生まれつきの身分で人の可能性が制限される封建制を，「親の仇」と呼んだ徹底した合理主義者の福澤だけに，このナショナリストぶりを奇異に感

2　序　章　移民と国際政治

ずる人も今日の日本には多いかもしれない。それは19世紀末の帝国主義の時代にこれを書いた福澤の時代的制約であり，もはや時代遅れの主張なのだろうか。

しかしその後，国家という制度が時代遅れになってきたのなら，20世紀に入って，その数が一貫して増え続けているのは不可解な話である。第一次世界大戦後に国際連盟が成立したとき，その加盟国は40カ国であった。第二次世界大戦後に国際連合が発足した際には，原加盟国は51カ国に増えていた。その後アジア・アフリカ地域を中心に宗主国からの植民地の独立が続き，さらに冷戦後には主として旧ソ連圏で多くの新国家が分離・独立を果たした。その結果，2018年現在，国際連合の加盟国は196カ国となり，100年間で4倍以上になったことになる。しかも，それに加えて，正式に認知されていないものの，事実上独立している「未承認国家」が10カ国程度ある。分離・独立の過程で数多くの民族独立闘争が起こり，おびただしい人命が失われた。人々が，人類共同体のためにではなく，自分たちが帰属すると信じた集団の政治的独立のために，いかに大きな犠牲を払ってきたのかを物語るものであろう。

グローバリゼーションの進展によって国境が無意味化した，という主張にもあまり説得力はない。海外の空港で，無愛想で時に不愉快な入国係官の質問に答えるために，長い列を作って待つとき，外国への入国ビザ（査証）をとるために相当の金額を支払ったうえで領事館の窓口で延々と待たされるとき，そしてちょっとした海外送金のために面倒な書類を銀行で書くときにも，私たちは国境の存在を思い知らされる。ベルリンの壁が取り壊され，連帯と友愛が高らかに謳われた1989年以降も，実は世界の国境の壁はより長くより堅牢になっており，その傾向はシリアをはじめとする中東諸国が不安定化して多数の難民が流出するようになってから一層強まってきた。実は国境の物理的障壁は，図序-1に示したように，冷戦後，むしろ世界の各地で強化されているのが実情である。ことの是非はともかくとして，人々が国境と国家をいかに重視しているのかを示しているのではないだろうか。

● **人の移動と国家**

人々の移動が容易になり活発化しているのに，国境で仕切られた領域主権国

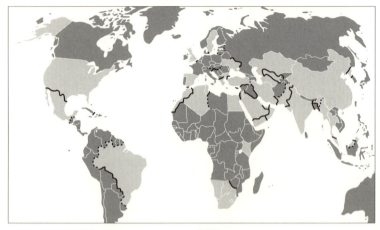

図序-1　世界の国境の壁（2016年）

□ 国境に障壁のある国　　■ 国境に障壁のない国
障壁のある国境の部分：── 既存あるいは建設中／…… 計画中

［出所］https://www.economist.com/blogs/graphicdetail/2016/01/daily-chart-5

家が依然として世界秩序を支える基本的制度であるとするなら，現代の国家は人の移動によって，どのような問題に直面しているのだろうか。もちろん国境を越える人の移動が，現代に特有の現象であるとか，それが常に「問題」を生むと考えるべきではないことを，急いで付け加える必要があるだろう。現生人類の先祖はすべてアフリカにたどることができ，その意味では私たちはすべてそこから移動してきたことになる。[3]

　歴史が記されるようになってからも，大規模な人口移動が起こったことが記録されている。ローマ帝国はゲルマン系諸民族の大移動によって圧迫され，その結果，西ローマ帝国の解体と中世秩序の展開という歴史的大変動が引き起こされた。また，歴代の中華帝国も北方の遊牧民からの攻撃に繰り返し圧迫されたが，北方から中国にやってきた人々は，概ね文化的に中国化してしまったので，中国は驚くべき歴史的連続性を維持して，今日に至っている。

　そして16世紀に始まる一般に大航海時代と呼ばれる時代以降は，ヨーロッパが世界的に膨張し，そこから多数の人々が世界の多くの地域に移動して，それぞれの地域を政治的に支配するようになった。とりわけ南北のアメリカ大陸

に多数が向かったが，アフリカ大陸からも多数の人々が奴隷として強制的に移動させられた。そして，そういった地域で居住していた先住民族は，新たな住民によって周辺化され，その文明は破壊された。南国の楽園というイメージの強いハワイやタヒチなどでも，先住民の苦難の物語が展開してきたことは意外に知られていない。[4]

　人の移動は人類の歴史とともにある現象で，それは新天地に運命を賭けたパイオニア（開拓者たち）の冒険の物語であり，住み慣れた故郷から貧困や暴力によって移動を迫られた人々の苦難の物語でもあり，また多数の移住者によって自分たちの文明や生活様式を破壊された人々の終末論的破滅の物語でもあったのである。

　人の移動という現象に比べれば，一定の領域主権を相互に承認し合う主権国家体系の歴史ははるかに浅い。近代の主権国家体系がヨーロッパで成立するようになったのは，せいぜい 17 世紀のことである。国家が一つの民族から構成される国民国家であるべきだとするナショナリズムが支配的な考え方となったのは，それよりずっと後の 19 世紀のことであり，国家のすべてのメンバーが政治的主体となるべきだとする民主主義が有力になったことに至っては，一層最近の現象である。国家のありようが変化するにつれて，国家とそのメンバーの関係も変化し，それに伴って越境する人々の持つ意味も異なったものになった。

　現代の民主主義国家では，国家のメンバーは国家の究極的な主体であり，政治参加の権利を等しく享受している。また，現代国家は経済的にも非常に大きな役割を果たしており，国家の提供する社会保障サービスや所得の再分配機能に人々は大きく依存している。このような政治・経済の両面で国家が果たす役割は，メンバー間で「われわれ」という意識が共有されなければ成立し難い。少数派が投票の結果を受け入れ，多数派の意思に従うのは，ともに運命を共有する仲間だという意識があってのことであろう。貧しい人への所得移転も，あくまで助け合う仲間という意識が豊かな人にも共有されて初めて可能になるだろう。そうであるからこそ，「われわれ」や「仲間」の範囲がどこにあるのかは，政治的にも経済的にも重要な問題とならざるをえないのが，現代の条件なのである。どれほど開放的といわれる国家でも，無制限かつ無条件に新たな移

1　国境を越える人々，国家，そして国際秩序　　5

民を受け入れることができないのは，国家のメンバー，とりわけ民主的な国民国家のメンバーは，自由に入退出ができる会員制クラブのメンバーとは違って，信頼の感情を伴う長期にわたるコミットメントが期待されるからなのである。

● 人の移動と国家間関係

さて，以上のような理由から国家にとって，国境を越えて入国しようとする人々とどのような関係を取り結ぶのかが，欧米諸国で大きな政治問題となっていることは，広く知られている通りである。しかし，問題はそれにとどまるものではなく，国家と国家の関係，つまり国際政治の問題ともならざるをえない。国境を越えて入国しようとする人々は，必ず別の国から出国しているはずであり，送出国も出国する人々に何らかの利害関心を持つからである。そして人々の送出国と受入国の利害関心が調和しない場合には，国家と国家の間の対立へと発展する可能性が生じる。

しかも，ひとたび多数の人々が活発に国境を越えて移動するようになると，国家は国境の内側にいる非メンバーとともに，国境の彼方にいる自国のメンバーと関与することになる。これによって国家の領域的管轄権と人的管轄権に不一致が生ずる。主権国家からなる秩序は，主権国家がそれぞれの領土に排他的管轄権を持ち，他国の領域で起こることには干渉しないことで成立している。これによって，排他的管轄権の範囲，つまり領土について相互に認め合う限り，信仰，政治制度，慣習が大きく異なる国でも共存することができた。人が国内にとどまって移動しなければ，国家の領域的管轄権と人的管轄権は一致するので問題は生じない。だが，人々の移動が活発化し，国境の内部に他国のメンバーが，国境の外に自国のメンバーがそれぞれ多数居住する状態が出現すると，国家が領土ごとに棲み分けることによって国家間の関係を安定させようとする，国際秩序の基本的仕組みがうまく作用しない可能性が考えられる。

もし国家の人的管轄権が重複し，複数の国が同時に一人の個人の忠誠を要求したり，保護に乗り出したりすると，領有権が重複する場合と同様，国家と国家の対立に発展するかもしれない。逆に，国家と国家の狭間で，ある人々がどの国の管轄権にも属することがなくなると，今度はいかなる国家からも保護を享受できない見捨てられた人々が出現することになる。すでに述べたように，

6　序　章　移民と国際政治

国家とそのメンバーの間に強い関係が求められ，メンバーは国家に対して政治参加を行い，経済的サービスを受ける場合には，メンバーと非メンバーの区別に国家は無関心ではいられない。ましてや国家間の関係が緊迫すれば，国家はメンバーの動員を強化して，さまざまな資源を調達しようとする。そうなれば，誰が忠誠を期待できるメンバーなのか，誰が国外の勢力と結び付いているひょっとすると脅威にすらなりかねない非メンバーなのかということに，一層神経質にならざるをえないだろう。このことは，とりわけ移民の送出国が在外の同胞との関与を強めている現在，複雑な国際政治問題に発展する可能性を秘めている。

　本書は，国境を越える人の移動が，国家と国際政治にどのような意味を持つのかを検討する。これは国際政治学の立場からいえば，人の移動という国境をまたぐ脱国家的現象の国際政治上の意味に注目するものであり，国際貿易や国際金融といった脱国家的現象の国際政治にとっての意義を問う，国際政治経済学の延長線上にある関心である。しかし，人の流れとモノやカネの流れには決定的な相異があることも，確認しておきたい。それは人が，モノ（商品）やカネ（通貨）のように価格に応じて受動的に反応する客体ではなく，環境に働きかけ，それを乗り越えて変えようとする主体であるという点である。しかも，市場で取り引きされる商品には価格は必要だが国籍はなくてもかまわない。しかし，人は他者との絆のない真空状態では何者かでありえない。そのうえ，そういった人の帰属意識はあらかじめ固定されたものではなく，さまざまな条件に影響されながら絶えず再生産される動的なものなのである。

　そのため，国家のメンバーの範囲を決めるのも，究極的には国籍といった公的制度によるものではなく，移動する人々，受け入れる人々，そして残された人々それぞれの間に成立する間主観的な意識であり，この問題が複雑かつ興味深い考察対象であるのも，そういった人間と人間によって成立する社会の動態の不思議さによるものなのである。

1　国境を越える人々，国家，そして国際秩序　　7

2 国際人口移動の現状

● 「移民」とは誰か

ところで，欧米で主要な政治問題となって久しい移民問題だが，それはどれくらいの規模なのだろうか。移民の排斥を主張する論者は，移民の規模を誇張しがちである。他方で，寛容な移民・難民政策を提唱する論者は，移民の規模が誇張されていると強調する傾向がある。その一方で，移民の流入による国家の変容を期待する論者は，逆に移民の意義を高く評価する。いずれの立場に立とうとも，事実関係を確認することは，合理的な議論を進めるための出発点となろう。

国連の推計によると，2015 年現在の世界の移民のストックの総数は，2 億4400 万人とされ，それは世界の総人口の約 3.4% に相当する[5]。この数は 2000年には 1 億 7300 万人，10 年には 2 億 2200 万人とされており，過去 15 年間で着実に増加しているが，世界人口に対する比率でみると，ほとんど変化はない[6]。

しかしここで問題になるのは，「移民」とは誰かということである。上記の国連の統計は，加盟国の人口統計をまとめたものであり，国ごとにデータの定義も，その精度にもばらつきがあるとともに，一部の開発途上国ではデータそのものがない場合もある。先に述べた国連の統計では，原則として移民を出生国とは違った国に居住する人々としているが，データがない場合には国籍と居住国の相異によって，それを代替するという立場をとっている。そうなると今度は「居住」とは何かが問題になるが，国連の人口局は，自分の通常の居住地から少なくとも 1 年間他国に移動して居住する人を長期移民（短期は 3 カ月）としていて，以下に示す世界銀行の統計も，これに基づいている。

この定義に従うと，いずれ帰国が予定されていても，1 年を超えて在外勤務をする人々や留学している人々も移民となる。日本を例にとると，日本には単純労働目的の移民はいないはずだが，最長で 3 年間に及ぶ技能実習生も，1 年以上にわたって日本にある日本語学校に通う留学生も，移民であるということになる。逆に外国籍であっても，日本生まれの人々，例えば在日コリアン（在日朝鮮人・韓国人）の 2 世，3 世の人々は移民ではないということになるはずで

8　序　章　移民と国際政治

ある。

　代々現居住国に住んでいても，自分は移民であり居住国の国民ではないという自己認識を持つ人々もいるだろうし，外国生まれで，国籍も出生国の国籍を維持していても出生国との感情的な絆はなく，現居住国に同化している人々もいる。こういった人々の自己認識と統計上の分類に齟齬があるのは，不可避であろう。もちろん人の自己認識は，さまざまな条件によって変化する。自分は同化したつもりでも，現居住国の国家や社会から疎外された場合には，「移民」であることに「目覚め」，異邦人となることもあるだろう。また，自らは全く移動していないにもかかわらず，国境が移動したため，自分の意思とは無関係に「移民」になってしまう場合もある。移民という現象が，貿易や金融と区別されるべき理由はここにある。移動するのは，モノやカネではなくヒトなのであり，彼らは心のある主体だからである。

●移民のフロー

　移民のフロー，つまり一定期間に国境を越えた人々の流れの面からみると，その経路はグローバルに均質に広がっているのではなく，比較的はっきりとしたパターンがあることが浮かび上がってくる（図序-2）。移民の受入国としてはアメリカが圧倒的であり，湾岸諸国やヨーロッパ諸国がそれに続いている。もっとも人口比でみれば，その構図は全く異なったものとなる。カタール，アラブ首長国連邦（UAE）など，そもそも人口の少ない湾岸諸国の比率が圧倒的に高く，それ以外ではモナコ，アンドラ，シンガポールなどの都市国家やヨーロッパの小国が上位に顔を出す。これらの小規模国家が，物的な自給自足が不可能であるように，人的にも教育・婚姻・就業などの点でも自国内で完結度が低いのも，当然であろう。

　他方で，移民の送出国の絶対数をみると，インド，メキシコ，中国などの人口規模が大きい中進国の数が多いことは不思議ではないだろう（図序-3）。ロシアが3位であるのは意外かもしれないが，これは冷戦終結によってソ連が分解し人ではなく，国境が動いたために生じた現象である。移民の送出国を人口比でみると，ここでも人口規模の小さな国からの流出が多いのが見て取れる。加えてカリブ海諸国などの島嶼国家からの人口流出が，非常に大きな規模に達し

2　国際人口移動の現状　　9

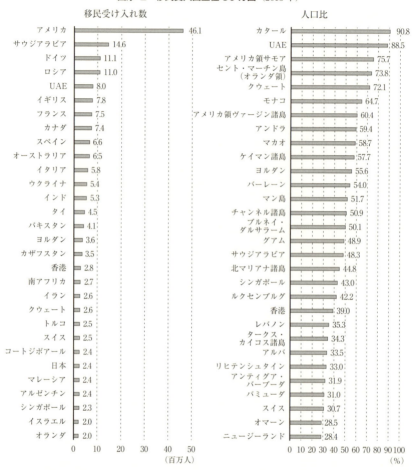

図序-2 移民受入国上位30カ国（2013年）

［出所］ World Bank Group, *Migration and Remittances Factbook 2016*, 3rd ed., World Bank Publications, 2016, pp. 1-2 をもとに作成。

ている。

　人の移動は，財や資本の移動とは違い，一定の経路が確立すると，それに沿って拡大する傾向が強く，世界ではいくつかの大きな「移民回廊」が成立している（図序-4）。その最大のものは，何といってもメキシコ-アメリカの間が圧倒的で，アメリカにいるメキシコ移民の数は1300万人に達している。アメリ

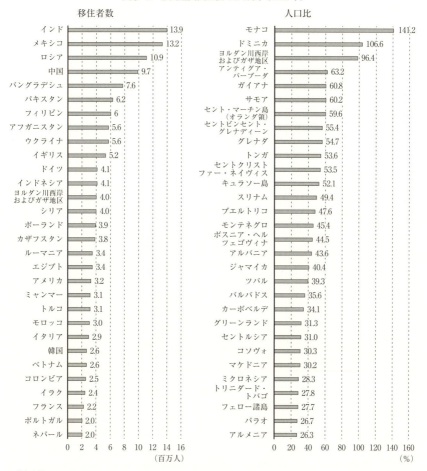

図序-3　移民送出国上位30カ国（2013年）

［出所］World Bank Group, *Migration and Remittances Factbook 2016*, 3rd ed., World Bank Publications, 2016, pp. 3-4 をもとに作成。

カにとってこれをどのように制御するのかが，重要な政治問題になっているのもうなずける。その他は，地理的に近接し，歴史的関係の深い国の間で多数の人が移動しているのが印象的だが，そういった枠の外にあるのが，中国からアメリカ，そしてインドからアメリカへの人の移動の規模の大きさである。アメリカには，中国からは240万人，インドからも210万人もの移民が居住してい

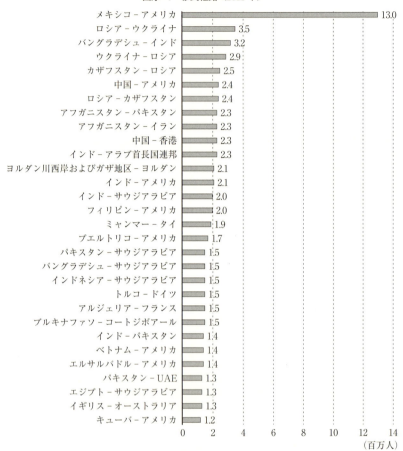

図序-4 移民経路（2013年）

［出所］ World Bank Group, *Migration and Remittances Factbook 2016*, 3rd ed., World Bank Publications, 2016, p. 5 をもとに作成。

るとされる。ともあれ，グローバルな地政学上の主要プレーヤーの間で，こういった人的浸透が生じていることの意味は，今後ますます問われるだろう。

　当然予想されるように，これらの移民受入国から送出国への海外送金の規模も大きく，その総額はすでに政府開発援助（ODA）総額を超えていて，直接投資にも匹敵する規模になっている（図序-5）。インドの2014年の輸出総額は

12　序　章　移民と国際政治

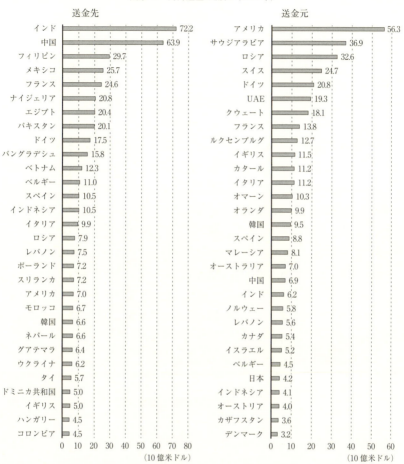

図序-5 海外送金の流れ（2014年）

[出所] World Bank Group, *Migration and Remittances Factbook 2016*, 3rd ed., World Bank Publications, 2016, p. 12・14 をもとに作成。

4600億ドル程度なので，700億ドル余りに及ぶ海外からの送金の意味は重い。また，同年のフィリピンの国内総生産（GDP）は2800億ドル程度なので，300億ドル近い海外からの送金に至っては，国民経済全体を左右する規模である。移民の送出国がこういった資金源に関心を持つのも，当然であろう。

　本節では，国際人口移動の現状を大まかに説明してきた。そこから浮かび上

がるのは，グローバルな人の流れの規模は，容易に想像できるように，貧しい南から豊かな北に向かってよりよい生活を求めて移動しようとする，人々の移動圧力を反映していることである。だが，人は「労働力」ではなく，家族もあり文化的背景もある生身の存在である。移住には大きなリスクが伴うし，一定の初期的な投資も伴うので，最貧国よりも中進国の人々のほうが移動性が高いことが印象的である。そして，一定の移民回廊が再生産されていることも考え合わせると，人の移動は賃金格差だけでは説明できない部分も大きい。

人が移動する動機が多様であることは，強調しなければならない。前記の人口統計には，非正規移民の多くは反映されていない。また，経済的動機以外にも，政治的迫害，紛争，自然災害から文字通り生存のために逃れてくる難民も，人道問題の域を超える政治問題となる規模に達している。他方で，スポーツ選手やビジネス・エリートさらには一部の芸術家などの，グローバルな労働市場で市場性のある技能を持つ高度人材の移動も活発化している。また，そうでなくとも，よりよいライフスタイルを求めて国境を越える，恵まれた人々がいることも知られている。国境を自在に越えて自分の仕事やライフスタイルを追求する人がいる一方で，生きるために移動を強いられる人々もいる。そして圧倒的大多数の人々は，自分の意思とは無関係に与えられた祖国を自分の一部として受け入れ，祖国と運命を共にせざるをえない。

3　本書の構想と構成

●移民研究の現状

欧米では，移民問題は長く最重要の政治問題の一つであり，とりわけ冷戦後に，その傾向は加速されたといえるであろう。欧米の議論で特徴的なのは，シティズンシップやアイデンティティ，さらにはジェンダーなどとの関連で，移民問題の社会学的関心が非常に強い一方，伝統的な国際政治学のテーマである国家間関係や対外政策に対する関心が希薄なことである。実際，欧米世界では，自国を取り巻く国家間の地政学的対立や緊張関係が冷戦後に大幅に後退し，国際政治問題として緊急性が高いのは，伝統的な地政学的問題よりもテロ問題，難民問題，そしてそれらとの関連で平和構築や安定化政策といった，いわゆる

非伝統的問題になった。また欧米への人口移動で問題化するのは，概ね周辺の貧しく弱体な国家か，破綻国家である。ヨーロッパ諸国の場合には，欧州連合（EU）という強力な地域機構があることもあって，伝統的な国家間関係に注目する視角に批判的な，脱国家的世界を指向する知的態度が，この分野の言説として支配的である。

　そのため難民や亡命者の保護をめぐっては，人道や人権保護の立場から，規範的な議論を数多く生んできた。また，難民を出現させてきた背景には，紛争や低開発の問題があるとされてきたので，平和維持や開発経済論からも議論されてきた。移民の受入国では当然，移民の受け入れがどのような経済的効果を生むのかに大きな関心があるので，経済学者による研究も活発である。さらには，移民が送出国と受入国の双方にどのような社会的影響を及ぼすのかは，社会学者にとって重要な研究対象となっている。とりわけ，多文化主義的な社会的統合の摸索は，多くの豊かな移民受入国にとって，重大な社会的・文化的な課題となっている。また，欧米諸国におけるイスラーム住民の社会的統合は，イスラーム過激派によるテロリズムが耳目を集めるようになると，非伝統的な安全保障問題の一面として関心が持たれている。

　他方，国際政治学者は伝統的に，この問題に対する関心が強いとはいえない。その理由は，国際政治学においては国家の排他的管轄権，つまりは主権を前提として議論が組み立てられ，その主権の管轄範囲が領域的に観念されているからであろう。しかも国家が国民国家へと変容し，領土は単なる王朝の支配する土地ではなく，何らかの意味でアイデンティティを共有する国民の祖国として半ば聖なる存在となったことで，その不可侵性は一層高まった。国家とその管轄下にある人々との絆が強まった結果，人々が国家の領域的管轄権を越えて移動したり居住したりするということは，国家と国家の間の紛争と協力に関心の中心があった国際政治学者にとっては，例外的な現象とされたのである。

　また，この問題を包括的にとらえるのが困難な大きな理由は，国際人口移動の内実が多様で，それが多面的な検討を要するからでもあろう。多くの人々にとって，一番身近な越境は，海外旅行である。国際的な旅行者の大半は，何らかの仕事上の理由で国外に赴く人々だが，国外で非日常を享受するのが目的の観光旅行客や，修学目的の学生もいるであろう。

3　本書の構想と構成　15

そして，定住目的で国境を越える人々としてただちに連想されるのは，豊かさを求めて労働目的で越境する人々であり，今日これらの労働目的の国際人口移動はありきたりの光景になっている。加えて，国内の社会的・経済的混乱から逃れる難民や，政治的・宗教的迫害を逃れて国境を越える亡命者も少なくない。

現実には，両者を截然と区別するのは容易でないのはいうまでもない。だが前者の場合は，それらの人々の入国を許すかどうかは，当該国の裁量にかかっている。それに対して，後者の場合は国際社会にはノン・ルフールマン（送還の禁止）の原則が確立し，保護を与えることが国際法上の義務となっているため，経済的な動機に基づく自発的な移民と，迫害から逃れる非自発的な国際人口移動との区別が重要になる。[7]

その一方で，今や世界中をビジネスクラスで頻繁に飛び回り，国境を楽々と越えて豊かな仕事をするコスモポリタンなプロフェッショナルたちもその存在感を強めている。また，豊かな国から異なったライフスタイルを求めたり，婚姻を通じたりしてむしろ貧しい国に移住する人の存在は，忘れられがちである。そのような人々の国境を越えた移動の意義を，非正規移民や難民と同列に論ずるのには，あまりにも両者の姿はかけ離れている。

● 日本における移民研究

日本では，現実の政治問題として移民問題の認知度は圧倒的に低いが，研究面ではすでに多数の研究が発表されており，いうまでもなく本書もそれらから多くを学んでいる。だが，それらの多くは，現在の世界で支配的な知的影響力を持つ欧米的な議論の枠組みを踏襲しているように思える。そのため，大規模な未熟練移民労働力の受け入れを政策として採用していない日本政府の態度を，「後進性」「閉鎖性」「排外性」といった日本社会の「特異性」に帰する，日本例外論的言説も有力である。

しかし，日本が国境を越える人口移動が生じる諸条件から無縁なわけでない。他方，日本を取り巻く国際環境も，歴史的文脈も欧米とは異なることはいうまでもない。第1に，日本は1960年代まで移民の送出国であった。移民の受け入れが現実的な課題となったのは，せいぜい1980年代以降であり，その後は

16　序章　移民と国際政治

日本経済の停滞とともに，移民の流入圧力は緩和された。第2に，日本には陸上の国境がなく，比較的国境管理が効果的であると信じられてきた。それは，多分に誇張されてはいるにしても，相対的には正しい。第3に，その日本を取り巻く東アジアの国際環境は，ヨーロッパのような安全保障共同体とはほど遠いのが実情だが，かといって国境管理が事実上できない破綻国家に囲まれているわけではない。むしろ冷戦後の時代には，中国や韓国の経済成長率は日本よりもはるかに高く，その意味でも日本の国境にかかる人口流入圧力は相対的に小さかったといえよう。

●現代世界における移民

これに対して，ヨーロッパ諸国では冷戦後は高邁なリベラルな原理に基づいて広域的統合を推進してきた。リベラルという言葉は多様な意味で用いられているが，一般的には伝統よりも進歩を，共同体への帰属よりも個人の自由を重んじる態度と考えてよいだろう。伝統的には国家や宗教勢力による抑圧からの解放が重視されたので，経済的には自由市場経済を提唱するものだったが，現代では少数派の宗教的・文化的権利の保護や経済的弱者の支援にも，国家が積極的な役割を果たすことを期待する。したがって移民に対しても，国家は彼らの人種や宗教や慣習はもちろん，内面の問題を一切問うことなく寛容に包摂し，彼らの文化的アイデンティティを保護すべきである，というのがリベラルの立場である。EUは統一市場を形成し，モノや資本だけではなく，加盟国間のヒトの移動も自由化した。社会的には人権保障や多文化主義政策によって，少数派の権利保護にも取り組んできた。これによって，EU諸国はかつてないほど安定的で緊密な関係を築き，大きな成果を収めたことは間違いない事実である。

しかし，EUのリベラルなプロジェクトにも，2010年代にはさまざまな反発が噴出していることは覆い難い現実である。反移民的勢力は，EU諸国の間でおしなべて力を増している。

イギリスでは東欧や南欧からの移民に対する反発が，2016年の国民投票でEU離脱派が多数派を占めた一つの背景となった。また，不安定な中東世界からの人の流入によって，一部のイスラーム教徒の社会的統合という難問にも，依然として有効な解決を見出しているとはいえない。とりわけ2010年にチュ

ニジアから始まった「アラブの春」によって，権威主義的国家に代わってリベラルで民主的な国家が中東地域で誕生するという期待が無残に裏切られた。国家破綻と過激主義の活発化によって難民や非正規移民が増加し，2015年には危機的な水準に達した。

　自由を求めた移民によって発展してきたことが，建国の誇りであるアメリカでも，人種的対立を背景に，移民排斥の動きがしばしば高まったことは歴史に記録されている。その中でもメキシコからの移民は，長く通底する問題である。2016年のアメリカ大統領選挙で物議を醸す発言を繰り返したトランプが，米墨国境にメキシコに負担をさせて巨大な壁を造ることを公言し，大方の予想に反して当選したことは，移民の国アメリカですら，国際人口移動がとても一筋縄ではいかない政治的難問であることを示している。

　リベラルな理想を唱道してきた先進地域であるはずの欧米で，このような反移民的力学が一気に強まると，「やはり日本は移民を受け入れないほうがよい」「移民を受け入れていない日本は素晴らしい」といった，これまでとは評価が逆向きの日本例外論さえも聞かれるようになった。だが，ヒトが国境を越える動きは，グローバルな傾向を反映しており，そういった傾向から日本だけが例外であることが，よしんば望ましいとしても可能だと考えることは幻想である。

　国際政治学者であって移民問題の専門家とは到底いえない筆者が，すでに数多くの専門家による研究があるにもかかわらず，本書を世に問うのは，国境を越える人々が，国家と国家が領域主権を相互に認め合う，棲み分けに基づく国際秩序に対して，どのような問題を提起しているかを検討してみたいという，優れて伝統的な政治学的関心による。そしてそれは，国境を越える財や資本の移動が国際政治にどのような意味があるのかを検討してきた，筆者が専門としてきた国際政治経済学の延長線上にある関心でもある。

●本書の構成

　本書の構成は以下の通りである。最初の2つの章では，国境を越える人々のフローが，国家と国家の間の政治問題に発展するケースを検討する。第1章では，人の移動を制御しようとする国家の意思が衝突するケースを取り上げている。具体的には戦略的棄民政策や，逆に政治的意図を持った特定の外国から

18　序　章　移民と国際政治

の移民奨励政策について検討する。第2章は，国家の制御が及ばない人々の移動が，国家と国家間関係に及ぼす課題を検討する。具体的には非正規移民と難民をめぐる国家の対応がテーマとされる。

　本書の後半では移民のストックに関係する国際政治面の諸問題を検討するが，その予備的作業として，第3章では国家の人的管轄権の及ぶ国家のメンバー資格の歴史的展開を大雑把に検討し，人的管轄権の重複によって生じた国際政治問題の実例にふれる。第4章は入国した人々をどのように包摂するかをめぐる，制度のあり方を検討する。そして第5章では，忘れられがちな，移民と本国に残された人々との関係に目を向ける。そのため，移民の送出国が在外の同胞との関係をどのように構築しようとしているのかについて，検討したい。以上の検討を経て，終章では日本にとっての国境を越える人々の提起する問題を，他の諸国の事例の検討から得られた知見を踏まえて簡単に検討する。実は日本にもすでに移民は居住しており，日本社会の一部になっている。また，その数が今後減少することは，日本がよほど移民，そして日本人自身にとっても魅力のない場所にならない限りは考えにくい。他国の経験に照らして，日本の現状について若干言及して，本書を締めくくることにする。

▶ **注**
1)　福澤諭吉「瘦我慢の説」『丁丑公論　瘦我慢の説』（福澤諭吉著作集　第9巻）慶應義塾大学出版会，2002年，110頁。
2)　同書，112頁。
3)　この点については，ニコラス・ウェイド／安田喜憲監修，沼尻由起子訳『5万年前——このとき人類の壮大な旅が始まった』イースト・プレス，2007年を参照。
4)　ハワイの歴史について，例えば，猿谷要『ハワイ王朝最後の女王』文春新書，2003年；矢口祐人『ハワイの歴史と文化——悲劇と誇りのモザイクの中で』中公新書，2002年を参照。18世紀に太平洋において大規模な調査航海を行ったクック船長の足跡を追い，それらの地域の今日の姿にもふれた興味深い著作に，トニー・ホルヴィッツ／山本光伸訳『青い地図——キャプテン・クックを追いかけて』上・下，バジリコ，2003年がある。
5)　World Bank Group, *Migration and Remittances Factbook 2016*, 3rd ed., World Bank Publications, 2016.
6)　United Nations, Department of Economic and Social Affairs, Population Division, *International Migration Report 2017: Highlights* (ST/ESA/SER. A/404), 2017, p. 4.
7)　1951年の難民条約は，33条1項で以下のように規定している。

「締約国は，難民を，いかなる方法によっても，人種，宗教，国籍若しくは特定の社会的集団の構成員であること又は政治的意見のためにその生命又は自由が脅威にさらされるおそれのある領域の国境へ追放し又は送還してはならない」。

第1章

人口移動政策と対外関係

　外国人の自国領への入国を許すか否かは，普通，当該国の主権の一部を構成すると考えられている。難民や政治亡命者などの処遇には一定の国際的規範がある。また，訪問者の処遇が2国間の条約によって規定される場合は多い。しかし，そういった場合を除けば，人の移動については，例えば財の国境を越えた取引をグローバルに規定する世界貿易機関（WTO）憲章に相当するような国際レジームはない。入国を認めるかどうかは，原則的に受入国の裁量に属する事柄とされている。

　実際，もし国境を管理することなく国境が完全に開放され，国境を越えた移住が自由になれば，世界中の少なからぬ地域の政治的・文化的アイデンティティは維持できなくなるであろう。事実として，「新大陸」の先住民族のコミュニティは，近代のヨーロッパの諸国からは，文明国としての資格を欠くとみなされ，また現実に入植者の流入を有効に管理できなかった。そのためヨーロッパから移住してきた大規模な入植者によって彼らの文明は徹底的に破壊された。このような，外部からの大規模な人口流入によって，先住民の社会が破壊された事例は，どの程度，歴史的に記録されているかはともかく，時代を遡ればむしろありきたりのものである。日本の歴史も例外ではない。近代以前は「日

21

本」領として確立していなかった北海道に居住していた，いわゆるアイヌ民族のたどった運命も，そうした事例の一つである。そう考えると，比較的人口の少ないコミュニティが，外部からの人口流入によって，そのアイデンティティが脅かされると考える，もっともな理由があるだろう。ミャンマー，東シベリア，南欧，アメリカ南部などの地域の政治的・文化的アイデンティティは，それぞれ巨大な人口を持つ隣国からの大規模な移民や，政治的に不安定な隣接地域からの国境を越える無制限な人口流入が起これば，完全に変質してしまうであろう。つまり国家にとって，人口流入を自国が死活的利益とみなすものと両立するように制御することは，安全保障問題の一つなのである。

　しかし，以上のことは，人口移動が国家によって常に有効に制御されていることを意味するものでは全くない。実態はむしろ逆で，近年多くの地域で国際人口移動に対する規制が強化されているが，国境を越える人々の移動をどのように制御すべきなのかという問題は，ますます重要な政治問題になっている。

　国際人口移動はすでに世界の大部分の地域の現実であるが，国家が自国の領域の統治に責任を持とうとする限り，国家が国境管理を一切行わないことは想像しにくい。そして，諸国家が何らかの出入国管理政策や移民政策を持ち，どのような入国規制を行うのかが，概ね諸国の裁量に任されている限り，諸国家の移民政策上の利益は，相互に調和するとは限らない。国家と国家の利益が離齬し，両者の意思が衝突すれば，それは政治問題へと発展するかもしれない。国境を越える人々が，国際政治上のどのような対立の契機を内包しているのか。逆に，どのような場合に調和的な関係が出現しそうなのか。こうした問いについて考えるのが，この章の狙いである。

1 政策の不調和の類型

　国家間の軋轢や対立が起こる標準的な原因は，複数の国家が両立しない目標を同時に追求することである。最も典型的なケースは，領土をめぐる係争である。これは複数の国が，同じ場所に，排他的管轄権，つまりは領土権を主張したりする場合である。その他にも両国が同時に輸出を増やし輸入を減らそうとしたり，両国が同時に通貨を切り下げようとしたりといった形で，さまざまな

両立できない目標が考えられる。人口移動についても国境を越える人の移動が，個別の国家の自由な裁量によって管理されている限り，異なった国家の間で両立不可能な政策目標が追求される可能性が存在する。

もちろんこういった政策の不調和は，何らかの国際的合意をあらかじめ取り結ぶことで回避できる。すでに述べたように難民や政治亡命者については，グローバルな国際的慣行や規範が一定程度確立しており，ある種のレジームが成立しているといってよいだろう。また欧州連合（EU）のシェンゲン協定が典型的だが，多国間協定で広域的に人の移動の自由化を認める場合もある。さらに，人の往来を秩序立ったものにするために2国間の国際協定を結ぶ場合も多い。

最もなじみの深いものは，2国間の査証協定である。相互に入国条件にあらかじめ合意したり，特定の基準を定めて相互にビザ（査証）を免除し合ったりする査証協定は，今日多くの国の間で結ばれている。

また一時的な労働を目的とした入国者であるゲストワーカー（出稼ぎ労働者）についても，受け入れ数や条件について政府間で合意した例は多い。ドイツは，1950年代からゲストワーカー制度を導入するために，イタリア，スペイン，ポルトガル，ギリシャ，ユーゴスラヴィア，トルコといった国々と次々に協定を結んだ[1]。これについては後で詳しく検討するが，アメリカは，第二次世界大戦中の労働力不足を解消するために，メキシコから労働力を導入するとともに，彼らに一定の労働条件を保証する協定（ブラセロ・プログラム〈bracero program〉と呼ばれた）をメキシコ政府との間で結んだ。これは1964年まで続けられ，これによって400万人以上のメキシコ人が国境を越えて，アメリカに渡った[2]（詳しくは67頁以降を参照）。

逆に，移民の数を制限するための合意が，国家間で結ばれることもある。1908年には，日本のアメリカへの移民を制限する日米「紳士」協定が結ばれた（協定の内容は秘密とされ1939年まで公表されなかった）。この協定は，1906年にサンフランシスコで起こった日本人移民の学童を強制的に転校させた事件を収拾するために，日本側はアメリカ本土行きのパスポート（旅券）の発行を，一切の労働者に対して事実上停止した。と同時に，ハワイをこの制限外とすること，アメリカ政府が日本人移民に対して差別的措置をとらないことなどを内

1　政策の不調和の類型　23

図 1-1　移民のフローをめぐる国際的対立の構図

		受入国	
		歓迎	制限
送出国	促進	調和 （例えば，19世紀後半までの北米とヨーロッパの移民送出国）	出国規制をめぐる軋轢 　経済移民の規制 　戦略的棄民政策
	制限	入国規制をめぐる軋轢 　政治亡命者 　高度人材の獲得競争	調和 （例えば，「鎖国」政策をとっていた日本と海禁政策をとっていた中国）

容としていた[3]。アメリカは当初，日米相互労働者移住禁止条約を打診したが，当時アメリカから日本への移住は考えにくく，これは日本側が自主的措置に固執した結果であった。なお，これと明示的にリンクされたわけではなかったが，アメリカは日米紳士協定と引き換えに，日本の大陸進出政策を黙認することを，暗に意味していた。

　だが，国境を越える人の移動について諸国家間の政策を調整する普遍的な国際移民レジームは未発達である。この問題は，大半が国際的なルールではなく当事国の裁量によって行われている。個別の国家は，出国したり入国したりする人々をどのように意義づけるかによって，国境を越える人の移動を一方的に促進したり制限したりする。そのため政策の不調和が起こり，結果としてしばしば政治的軋轢へと発展することになる。以上のような人口移動についての政策の調和と不調和の類型を図式的に示すと，図 1-1 のようになる。以下，第 2 節で出国規制をめぐる軋轢に，第 3 節では入国規制をめぐる軋轢に焦点を当てて，それぞれで展開される国際政治を見てみよう。

2　出国規制と国際政治

●出国の自由の史的展開

　まず，自国民の出国を制限する国家と，そういった人々の受け入れを望む国家が存在する場合がある。自国民に出国や国籍離脱の自由を権利として認めな

24　第 1 章　人口移動政策と対外関係

いのは，今日の民主主義国では例外的である。それは移動の自由が，人権の一部を構成するという考え方が，一般的な規範となっているからである。世界人権宣言は，15条1項ですべての人が国籍を持つ権利を有するとし，続けて2項で「何人も，ほしいままに国籍を奪われ，又はその国籍を変更する権利を否認されることはない」と定めている。また，日本国憲法も22条で「何人も，外国に移住し，又は国籍を離脱する自由を侵されない」と規定している。

もっとも，このことは歴史的には当然のことではない。封建制度下では国内での移動すら，長く厳しく制限されていた。農奴には土地を離れる自由はなかったし，仮に自由があったとしても土地を離れて生計を立てるための労働市場も発達していなかったので，移動の実質的な障壁は高かった。前近代の経済では農業生産が経済の圧倒的な部分を占めていた。農業を除けば最大の雇用先は貴族等の家事労働であったが，そういった家事労働者も雇用主の許可なしに自由に移動することはできなかった。つまり労働力が自由に取り引きされる全国的な市場は存在しなかったので，一般庶民が居住地を離れるのは，行商人や旅芸人を除けば，失業や貧困化した難民である場合が多かった。貧民の救済制度が地域共同体に委ねられていた時代では，貧民の流入は地域共同体にとって大きな負担を意味した。その意味でも，国内の人口移動は厳しく管理されなければならなかったのである。

●出国の権利の確立

ヨーロッパで，出国が権利として認知されるようになったのは，フランス革命以降のことである。それ以降は，折から発展しつつあった資本主義が，契約による労働力の自由な市場取引を必要としたこともあり，移動の自由は人権の一部を構成する重要なものとみなされるようになった。プロイセンでも，フランス革命の影響によって19世紀初めには農奴が解放されるなど自由主義的改革が行われたものの，1840年代までは，プロイセンからの出国には，公式には外国人ですら当局の許可が必要とされていた。ロシアでは1861年に農奴解放令が出され，農奴も一定の権利が享受できるようになったが，領主による制裁に代わって国家による出国規制が強化されることになった。ロシア人の大多数がパスポートを取得して出国できるようになるのは，19世紀末まで待たな

2 出国規制と国際政治 25

ければならならず，それに伴って主としてユダヤ系とポーランド系のロシア人からなる 230 万もの人々が，1881 年から 1910 年までの間に，ロシアから移民となって出国した[7]。

アメリカでは，ロシアで農奴が解放されたやや後になって，南北戦争後にようやく奴隷が解放された。ただし，黒人には雇用証明証の携帯が義務づけられ，彼らの移動を実質的に制限する制度が導入された。19 世紀の後半まで，移動の自由はおよそ普遍的ではなかったし，公式に奴隷制度が廃止されてからも，現実には黒人の移動にはさまざまな制約が設けられていたのである[8]。

封建的体制下では，領主の支配する領地の住民は，それに付随する労働力であったので，人口とは国力の一資源であるという重商主義的な見方も有力であった。とりわけ今日流にいえば高度人材に当たる職人や技術者など，国家が有益と考える技能の持ち主の国外流出は激しく規制された時代が長く続いた。例えば，フランスの旧体制下では，移民の流出は自国人口の減少と貴重な技術の喪失を招くとする見解が優勢で，ルイ 14 世の財務総監コルベールは，不法な出国者には死刑を科す決定をしていたくらいであった。またイギリスも，1820 年代まで，職人や水夫の国外への移住には厳しい制限を課していたのである[9]。

封建領主や国王が商人や労働者の流入を歓迎した場合も少なくない。1215 年のマグナカルタには，戦時以外は外国人の商人が自由にイギリスに行き来できる権利を国王が保護することが記されている。18 世紀ロシアのピョートル大帝，エガチェリーナ 2 世は，ともに自国の近代化プロジェクトの一環として，ドイツからの植民を積極的に受け入れる政策をとった[10]。イギリスは伝統的に，大陸からのプロテスタントの受け入れに熱心であった。とりわけフランスで宗派間の和解のために，ほぼ 100 年前に出されたナントの勅令を，1685 年にルイ 14 世が廃止したことで，プロテスタントが弾圧されるようになった結果，イギリスは，フランスを出国した 4 万～5 万人のユグノーを，積極的に受け入れた。ユグノーは優れた技術を持っていたため，イギリスのチャールズ 2 世は，彼らの帰化を奨励した。「移民の子弟を無差別で英国の学校に編入させること，商業や貿易に従事することを奨励すること，彼らの身の回りのものの搬入には関税をかけないこと，出国港まで英国の入管役人を派遣し，無料で英国入国の際のパスポートを発行するなど，至れり尽くせり[11]」の歓迎で受け入れたのであ

26　第 1 章　人口移動政策と対外関係

る。これには長きにわたって対抗関係にあるカトリック国家であるフランスからの亡命者を保護することに，政治的・宗教的な理由があったことに加えて，人口こそが国力であるというイギリスの経済観も作用していた。[12]　実際，フランス出身のプロテスタントは，イギリスの産業において重要な役割を果たした。また，例えば1757年にイギリス陸軍の最高司令官になったリゴニエのように，イギリスに渡ったプロテスタントのフランスの軍人が，イギリスの軍隊で重要な地位を占めることになった。

　そして，ちょうど同じ頃，ほぼ同数の人々がイギリスからフランスに渡っていた。彼らはイギリスで起こった名誉革命（1688-89年）で追放されたジェームズ2世に忠誠を誓う主としてカトリックからなる，いわゆるジャコバイトである。パリ郊外に宮廷を構えたジェームズ2世に従った彼らは，フランスの支援を受けてしばしばイギリスでの政権奪回を画策した。このジャコバイトは，フランスの軍人を数多く輩出した。その後，フランス軍の元帥を2人，将軍を18人出し，フランス植民地の司令官職に至っては，ほぼ彼らの独占状態となった。つまり，フランス出身のプロテスタントとイギリス出身のカトリックは，それぞれ移住先の軍人として，何世代にもわたって戦場で対峙することになったのである。[13]

● 人権としての移動の自由

　市民革命を経て出国の自由は，西欧諸国において人権を構成するものと理解されるようになった。また，国際環境が安定化すると，移動の自由は実質的にも高まった。だが自由主義的な国家にとって，問題となったのは非自由主義的な国家との関係であった。19世紀半ばのヨーロッパ大陸では，時として自由主義革命は弾圧され，自国で敗れた活動家が亡命することが多かった。そういった政治亡命者を受け入れる国は，彼らの出身国の政府との関係が緊張しがちであった。だが，ヨーロッパでは宗教的対立や王朝間の闘争の結果，国外に逃亡した王侯貴族に庇護を与え，時には政治的に利用していた。もちろん亡命者に庇護を与えるのは，主権から導き出される国家の権利であっても，国際慣習法として確立しているかどうかについては議論がある。[14]　こうしたことは，前近代から相当確立された慣習であった。ヨーロッパの場合，国家の枠組みを超え

2　出国規制と国際政治　　27

た，階級的・宗教的・血縁的紐帯が強かったこともあるだろう。また，国内での闘争が激化した際に，闘争に敗れた反政府勢力に比較的容易な「出口」を提供すれば，死に至るまで戦うのに任せるよりも体制側にとっても好都合であったという現実的な理由もあったのであろう。

　もちろんそういった亡命者が，国外で自国の体制転覆を組織的に企てているとするのなら，話はにわかに政治性を帯びることになる。実際，19 世紀にはパリやロンドンにおいてドイツ人，ポーランド人，イタリア人，ロシア人の亡命者コミュニティがあり，時に彼らの政治運動の取り締まりが，外交問題になったこともある。[15]

　出国の自由が確立されると，国際的な人口フローを管理するうえで，送出国側よりもむしろ受入国側の役割が大きくならざるをえない。実際に 19 世紀末からは伝統的に大規模な移民受入国であった北米やオセアニアなどで，移民排斥運動が強まった。その背景には，出国の自由が広く認められるようになったことも，一つの要因として挙げられよう。

　しかし 20 世紀には共産主義国家を中心に，移動の制限が再び厳格に実施されるようになった。ソ連は急速な工業化のために農業部門を集団化して，資源を地方から都市部に強制的に振り向けた。それによって生じた人口の都市部への移動圧力を制御するために，国内での移動を管理するための旅券制度を導入した。そして，海外への移動にはそれに加えて別途パスポートおよび出国ビザが必要とされるようになり，移動の自由が厳しく制限されるようになったのである。[16]

　冷戦期にはアメリカを中心とする西側陣営は，ソ連を中心とする東側陣営の諸国で出国の自由が保障されていないことを抑圧の象徴的実例として政治的に利用した。実際に共産主義諸国にとっては，自国民が自由に国外に旅行することはもちろん，国内で自由に外国人と接触することすら，西側の生活スタイルや思想が広く国内に知られることにつながり，体制への危機を招来すると認識された。とりわけ存立の正統性そのものに不安のあるような国家の場合には，自国民の出国を阻止するのに，なりふりかまわない抑圧的手段が講じられた。もちろん開放的なはずの西側陣営も，自国への入国の自由を一般的に認めていたわけでなかった。だが東西冷戦の最中には，両陣営ともに相手陣営からの政

治亡命者は，相手陣営の圧政を象徴する絶好の政治的材料として重宝がられた。冷戦下の世界では，東西ヨーロッパの国境をはさんで繰り広げられた人口の移動をめぐる出来事が，この典型的なものである。敵陣営からの亡命者は，自陣営の政治的正統性を象徴する政治的価値があると意義づけられたので，敵陣営からの出国を促し，自国への入国を歓迎するのが基本的な構図であった。

● 体制間競争と出国規制──東西ドイツの経験

　東西ドイツ国境，特に東西ベルリンの間に設けられた壁は，こういった出国規制と入国奨励政策の対立の最前線であった。第二次世界大戦後にドイツが東西に二分された結果生まれた東ドイツは，チェコスロヴァキア，ポーランド，ハンガリーなどソ連が現地国民の意思とは無関係に強引に成立させた他の東欧の諸国と比べても，その正統性に大きな弱点を背負っていた。なにせ国境の西側にある国は，より自由で繁栄しているだけでなく，全く同じ言語や文化的伝統を持つ人々が住んでいたからである。そのため，東ドイツの政府に不満を持つ人々には，反政府運動ではなく出国によって自分の人生を切り開くという選択肢があった。東ドイツにも，東欧諸国と同様に反体制派グループが存在していたのだが，1953 年のベルリン暴動以降，56 年のハンガリー動乱や 68 年のプラハの春に匹敵するような体制を揺るがす大規模な反体制運動は起こらず，比較的豊かで安定した東側陣営の優等生であった。その理由の一つとして，人々には，不満を解消するのに反政府運動以外に，国外に出国するという選択もあったということが関係していたのかもしれない。

　実際に，ドイツが東西に分断された当初から，年間 10 万人以上，多い年には 30 万を超える人々が，主として往来が自由であったベルリンを経由して西ドイツに移動し続けた（表 1-1）。1949 年から 61 年までの累計は 250 万人を超えた。その数は当時の東ドイツの人口の 13％ 程度に相当する。東ドイツ当局は当初，これをある程度黙認していた。というのは，これが地主，自営業者，その他のブルジョワ（資本家）的分子などの「階級の敵」を排除する便利な「安全弁」として機能したからである。だが，若い世代の医師や技術者などの出国が止まることなく続くと，これは体制の存続に対する危機と認識されるようになった。1961 年に東西ベルリンの間に築かれた悪名高い「ベルリンの壁」

表 1-1　東ドイツから西ドイツへの移民と難民

年	難　民	許可された移民	うち政治犯	計
1949	129,245	—	—	129,245
50	197,788	—	—	197,788
51	165,648	—	—	165,648
52	182,393	—	—	182,393
53	331,396	—	—	331,396
54	184,198	—	—	184,198
55	252,870	—	—	252,870
56	279,189	—	—	279,189
57	261,622	—	—	261,622
58	204,092	—	—	204,092
59	143,917	—	—	143,917
60	199,188	—	—	199,188
61	207,026	—	—	207,026
62	16,741	4,624	—	21,365
63	12,967	29,665	8	42,632
64	11,864	30,012	880	41,876
65	11,886	17,666	1,160	29,552
66	8,456	15,675	400	24,131
67	6,385	13,188	550	19,573
68	4,902	11,134	700	16,036
69	5,273	11,702	850	16,975
70	5,047	12,472	900	17,519
71	5,843	11,565	1,400	17,408
72	5,537	11,627	730	17,164
73	6,522	8,667	630	15,189
74	5,324	7,928	1,100	13,252
75	6,011	10,274	1,150	16,285
76	5,110	10,058	1,490	15,168
77	4,037	8,041	1,470	12,078
78	3,846	8,271	1,480	12,117
79	3,512	9,003	900	12,515
80	3,988	8,775	1,010	12,763
81	4,340	11,093	1,584	15,433
82	4,095	9,113	1,491	13,208
83	3,614	7,729	1,105	11,343
84	3,651	37,323	2,236	40,974
85	3,484	21,428	2,676	24,912
86	4,660	21,518	1,536	26,178
87	6,252	12,706	1,247	18,958
88	9,718	27,939	1,083	37,657
89	—			343,854

［注］　東ドイツには東ベルリンを含み，西ドイツには西ベルリンを含む。

［出所］　Albert O. Hirschman, "Exist Voice, and the Fate of German Democratic Republic: An Essay in Conceptual History," *World Politics*, vol. 45 no. 2, 1993, p. 179 をもとに作成。

は，こうした事態に対応するために東ドイツ当局が造ったものであった。[17]

　ベルリン問題が，東西冷戦の一つの大きな焦点であったことは，あらためてここで詳述する必要はないだろう。ここで強調したいのは，東ドイツにとって，西ベルリンを通した人口流出は死活的問題であり，他方西ドイツにとっても同胞の保護や人道という問題だけではなく，将来のドイツ再統一の可能性に関係する問題だったという点である。壁を建設するという露骨に抑圧的な出国制限によって，東ドイツからの出国者は確かに激減した。しかし，それでも年間1万以上の人々が東ドイツから出国した。その中には命懸けで壁を越えて西側に亡命した人々だけではなく，社会風刺的な詩人のビーアマンなどの東ドイツ当局が追放した反体制派知識人や芸術家も含まれていた。

　こういった人々を追い出す（abschieben）手法は，体制および東西分断を前提にした平和共存には寄与したであろう。だが東ドイツにとっては大きな傷手となったことは，以下の記述にある通りである。

> 　最も創造的で，批判的で単に最も冒険心豊かな人々が，時には命がけで東西ドイツの国境を越えて移動してしまい，それによって（東ドイツが）ますます停滞し凡庸化する傾向を強めた。こういった人々が，単純に国外に移動せずに東ドイツ内で変革のために声を上げたときに限って，東ドイツの指導者は，経済的損害を承知していても，政治的安定に便利なだけに，そういった人々を追い出すという方策の魅力に抗せないでいた。こういった具合で，彼らはこの国の程度が自分たちの凡庸さにぴったり一致していることを世界中に示した。[18]

　また東ドイツからの出国者の中には，西ドイツからの身代金と引き替えに，当局が出国を許した政治囚もいた。この取り引きで支払われた身代金の一人当たりの相場は，1980年代には4万マルクにも達し，当時の東ドイツの貴重な外貨源にもなっていたとされる。[19]

　だが，こういった東西ドイツの平和共存も劇的な形で終焉を迎えた。1989年7月のシュタージ（東ドイツの秘密警察）の極秘報告によれば，89年上半期だけで4万5000人あまりが東ドイツを合法・非合法を問わず出国した。そのうち25歳から40歳までの働き盛りの人々がその37%を占め，44%が熟練技術者であった。熟練技術者，医師，歯科医師といった人々の国外脱出は大問題で，「西側の新聞ではしばしば，国外脱出によって歯科医師がゼロになってし

2　出国規制と国際政治　　31

まった村，夏の休暇中に職人が西に逃げてパンが焼けなくなったパン屋の話などが報じられた[20]」。1989年11月，すでに西側との国境を開放していたハンガリーを経由して，多数の東ドイツ市民がオーストリア国境を越えて西側に流出した。そして東ドイツでは保守的な指導部が交代を余儀なくされた。モドロウを首相とする新指導部は，国外旅行の規制を緩和することによって事態を収拾しようとしたが，混乱の中で完全な自由化を求める大群衆が東西ベルリンを隔てるゲートに殺到した。国境警備隊は武力で群衆を弾圧する気力を失っており，ゲートが開放されると数万人の東ドイツ市民が西ベルリンに流れ込んだ。そして，数日後には市民がベルリンの壁を破壊し始めた。この事件から1年足らずの間に東西ドイツの再統一が実現し，東ドイツ政府は，あっけなく消滅してしまった。東ドイツの崩壊をもたらしたのは，外からの圧力ではなく，自国を見捨てた国民の大量離脱だったのである[21]。

● 常態化する亡命——南北コリア

人口の流出が文字通り国家の存亡を左右した東ドイツのようなケースは稀である。いかに自国の体制が抑圧的であっても，出国という手段でその不満を表現する選択には，さまざまな危険やコストが伴う。出国を選ぶのか，祖国にとどまって抵抗を選ぶのか，という選択は，心理的にも道義的にも容易でないことが多いだろう。実際に，東ドイツの崩壊過程においても，ライプツィヒに集まった抗議の群衆からは「我々はここにとどまる」「我々が国民だ」などの叫びが聞かれた[22]。だが，ドイツの場合は，本来ドイツは一つの祖国であるべきだという多くのドイツ人の意識があったため，大規模な出国の圧力が生じたものと思われる。

朝鮮半島の分断状況下における人口移動にも，類似の性格があるといえよう。朝鮮半島は日本の植民地統治から独立を果たしたものの，第二次世界大戦後にはグローバルな東西冷戦の構造に組み込まれたことによって南の大韓民国（韓国）と北の朝鮮民主主義人民共和国（北朝鮮）とに分断された。南北双方の政権は長らく相手国の存立そのものを承認していなかったため，双方とも，自国から相手国への自国民の出国は反逆であり，逆に相手国から自国への流入は，帰順者として大いに歓迎する方針をとった。しかも南北両政権の間では厳しい

32　第1章　人口移動政策と対外関係

イデオロギー的対立があっただけではなく，1950 年から 4 年間にわたって厳しい熱戦が繰り広げられた。休戦協定が結ばれてからも，南北境界線は多数の両軍兵力が日夜対峙する文字通りの軍事的前線であり続け，難民がその境界線である 38 度線を超えることは，事実上不可能である。

体制間競争という意味で，伝統的には経済的により恵まれていた北朝鮮に対して韓国が決定的に優位に立ったのは，1970 年代以降になってからである。さらに政治的自由の面でも韓国が北朝鮮を圧倒するようになったのは，民主化を果たした 1987 年以降のことである。つまり東西冷戦の期間，2 つの権威主義的体制が透過性のきわめて低い固い国境を持ちながら対峙していたため，北朝鮮から韓国への亡命者は，主として政治エリートや軍人の男性で数も非常に限定的であった。

そのため両陣営の競争は，第三国で展開する傾向が強く，多数のコリアン（韓国人・朝鮮人）が在住していた日本でも活発に続けられた。例えば 1959 年からは在日本朝鮮人総連合会（朝鮮総連）が推進して，日本と北朝鮮の赤十字を通じて在日コリアンの希望者を北朝鮮に送る，帰国事業あるいは北送事業が断続的に続けられ，9 万人以上の朝鮮人，およびその日本人の家族が北朝鮮に渡った。当然，韓国および在日本大韓民国民団（民団）はこれに激しく反発した。そのため李承晩政権は，朝鮮戦争の際に韓国防衛のために志願して韓国に渡った在日義勇兵から北送阻止工作隊を組織し，1959 年 12 月には新潟日本赤十字（日赤）センターに対するテロ未遂事件まで起こった。[23]

事態が大きく変化するのは，1990 年代後半に北朝鮮における経済的低迷が深刻化して，食糧危機に発展してからである。それによって韓国への脱北者の中で比較的教育水準の低い若年層が増えるとともに，女性の比率が急速に増えた（表 1-2）。2002 年以降は女性が半数を超え，13 年にはその比率は 7 割以上に達した。しかも，21 世紀に入ると，北朝鮮や中国に残してきた家族と連絡をとりながら，家族を呼び寄せる脱北者も増えた。さらに，近年では，韓国から欧米への移住を希望する脱北者が増えている。逆に，韓国での生活に幻滅して北朝鮮に帰国する脱北者もいる。[24] こうした事実は，これらの人々の性格が，政治的なものから難民に近いものに変質しているということを示唆している。

脱北者の大半は，中朝国境を越えて中国領に入り，中国内にいる朝鮮族の

2 出国規制と国際政治 33

表 1-2　韓国の中の北朝鮮難民

	～1998	～2001	02	03	04	05	06	07	08	09
男性	831	565	510	474	626	424	515	573	608	662
女性	116	478	632	811	1,272	960	1,513	1,981	2,195	2,252
計	947	1,043	1,142	1,285	1,898	1,384	2,028	2,554	2,803	2,914

	10	11	12	13	14	15	16	17	18*	計
男性	591	795	404	369	305	251	302	188	25	9,018
女性	1,811	1,911	1,098	1,145	1,092	1,024	1,116	939	166	22,512
計	2,402	2,706	1,502	1,514	1,397	1,275	1,418	1,127	191	31,530

　［注］　＊2018年3月時点の暫定値。
　［出所］　http://www.unikorea.go.kr/eng_unikorea/relations/statistics/defectors/

人々から支援を得て中国当局の摘発を避けつつ，次の目的地へと向かう機会を
うかがう。ある調査によると，彼らのうちの64％が韓国に向かうことを希望
しており，その次に人気のある目的地はアメリカの19％で，中国にそのまま
残りたいと答えたのは14％である[25]。中国当局は，北朝鮮を刺激することを避
けつつ，彼らの第三国への出国を黙認する姿勢をとる場合が多い。時折，脱北
者を摘発して北朝鮮に送還する場合もある。そのため脱北者が，韓国の非政府
組織（NGO）などの支援を得て，集団で中国にある外国公館に駆け込んで保護
を求める事件が起こったこともある（その中には，2002年に脱北者の駆け込み事件
が起こった瀋陽の日本総領事館や04年に同様の事件が起こった北京の日本人学校など
も含まれる）。そのたびに，これらの公館の本国と中国や北朝鮮との関係は，複
雑化せざるをえない。また北朝鮮は，脱北者について積極的に発言はしないが，
目立った事件が起これば，それを無視するわけにはいかない。「韓国による北
朝鮮の人民に対する計画的誘拐，拉致，テロリズム」であるといった激しい批
判が行われ，南北の関係も不安定化せざるをえない。
　韓国政府はこのようにして韓国に到着した脱北者に，定着支援プログラムを
実施している。情報部門や治安部門の尋問といった保安措置を経たうえで，韓
国市民として基礎的常識を教えるコースや就業支援，住居支援，定住支援など
に加えて，一定の金銭的支援も行い，同胞として彼らを迎え，韓国社会に定着
できるような施策を講じている[26]。

34　第1章　人口移動政策と対外関係

しかし，韓国の政策目標は，1991年に南北朝鮮が国連に同時加盟し，金大中政権がいわゆる「太陽政策」を採用し始めて以降は，北朝鮮の体制変更ではなく南北関係の安定化に重点が移ったといえよう。南北統一は，もちろん民族の悲願と認識されているが，極端に疲弊している北朝鮮の経済を考えると，南北統一のコストは東西ドイツの再統一とは比べものにならないほど大きい。しかも，中国では，ソ連でゴルバチョフの登場によって起こったような根本的な体制変化が生じていない以上，朝鮮半島のあり方をめぐる地政学的対立が，解消したとはとてもいえない。そのため，東ドイツのような多数の人口流出が一気に起こるという事態は，体制変革のチャンスというよりも，韓国と韓国を取り巻く国際環境にとっての一大危機を意味すると受け止められるだろう[27]。また，北朝鮮から大規模で無秩序な人口流出が起これば，自国内に多数の朝鮮族が居住する中国も，甚大な影響を被らざるをえないので，これを望まないのはいうまでもない。つまり，韓国政府も含む周辺国政府は積極的に北朝鮮からの大規模な人口流出を促しているわけではない。もし大規模な人口流出が起これば，それは東西ドイツの場合とは違い，平和的統一のチャンスととらえられるよりも安全保障上の危機と受け止められる可能性が高い。

● 人権外交の皮肉——ユダヤ人出国問題

ここまで分断国家間の体制競争によって，出国移民が外交問題となる事例をみてきた。次に，出国の自由が国際政治上の問題となった事例を考察してみよう。そうした事例の中で最も有名なものに，1970年代初期に米ソ間で起こった，ソ連在住のユダヤ人の出国問題がある。イスラエルはユダヤ人の祖国を再建しようという，19世紀末以来のシオニズム運動が結実して1948年に建国された。このような経緯で建国されたイスラエルには当初，多数のアラブ系住民が居住していた，現在でもイスラエルの人口の4分の1をアラブ系の人々が占め，市民権を享受するとともに，国会議員に選出されているアラブ系イスラエル人もいる。しかしシオニズム国家であるイスラエルは，1950年に定められた帰還法で，すべてのユダヤ人がイスラエルに移住する権利を持つことを定めた。実際に世界中からユダヤ人入植者を精力的に受け入れることで，ユダヤ人の「祖国」を強化しようとしてきた。その中でも，ユダヤ人が長く排斥されて

きたヨーロッパから移り住んだ，いわゆるアシュケナズ系のユダヤ人（アシュケナズィム）が，人数の点でも政治的・経済的な影響力の点でも，非ヨーロッパから来たユダヤ人であるスファラディムと呼ばれる人々を圧倒してきた。

　ソ連（ロシア）領内には非常に多くのユダヤ人が居住しており，繰り返し迫害を受けてきた歴史がある。1950年代にはソ連領内に300万人程度のユダヤ人が居住していたと推定される。これは当時，世界で2番目の規模のユダヤ人人口であった。スターリン主義の猛威が終わってからも，シナゴーグ（ユダヤ教会堂）が閉鎖され，イディッシュ語を話すことが禁止されるなど，彼らは宗教的・文化的抑圧に苦しんでいた。

　実はソ連は当初，反英的なシオニズムを反帝国主義勢力として歓迎し，1948年にはイスラエルをいち早く承認したが，67年の第3次中東戦争でアラブ側を支援したことから，反イスラエル的姿勢へと転換した。そのためユダヤ人のソ連内での抑圧は厳しくなる一方だった。そして欧米のユダヤ人団体が，ソ連におけるユダヤ人の処遇を改善することをめざして運動を活発に展開し始め，西側の有力な知識人もこの問題を頻繁に取り上げるようになった。

　このようなユダヤ人ロビー団体の背後には，イスラエル政府による一貫した支援工作もあったとされている。イスラエル政府は，1952年にナティヴ（Nativ）というコードネームを持つ首相直属の秘密機構（ユダヤ人連絡庁）を設けた。他方で通常の外交機構で公式の対ソ関係を処理しつつ，秘密機構を通じてソ連領内にいる多数のユダヤ人同胞とのネットワークを構築し，彼らのイスラエルへの出国を支援しようとしたのである[28]。それと同時に，世界中のユダヤ人コミュニティを組織し，進歩的な知識人さらには有力政治家を動員して，ソ連におけるユダヤ人の処遇が人権問題であるとして国際的関心を高める運動を支援した。この活動は，とりわけアメリカでは成功し，この問題に対する関心が高まった[29]。

●アメリカとイスラエルとソ連

　他方，アメリカは，21世紀に至るまで長くイスラエルを上回る世界最大のユダヤ人人口を擁していた。アメリカが一貫してイスラエルを強く支持してきたのも，国内のユダヤ系のアメリカ人が強力な政治的影響力を持っていたから

36　第1章　人口移動政策と対外関係

である。そのアメリカが，1970年代初めに対ソ・デタント政策を開始した際，ユダヤ人出国問題は大きな政治問題となった。時のニクソン政権は，中国との劇的な関係改善に乗り出すとともに，他方でソ連とはデタントを推進して，ベトナム戦争で弱体化したアメリカの対外的立場を回復する動きに出た。アメリカは，ソ連への穀物輸出の解禁，輸出信用の提供といった経済的利益を与え，その見返りとして他分野でソ連からの協力を確保しようとした。

　ところが，このようなソ連に対する融和的政策は，ユダヤ人ロビーからの強い批判に晒された。しかも，これに人権団体，対ソ強硬派，さらに保護貿易論者までもが加わり，貿易問題とユダヤ人の出国問題を結び付けようとする圧力が強まった。ソ連に露骨な圧力を加えることで，デタント政策が台無しになることを恐れたニクソンやキッシンジャーはこれに抵抗したものの，1974年，議会はジャクソン上院議員が主導して，通商法の修正を施すことを可決した。いわゆるジャクソン・ヴァニク修正（Jackson-Vanik Amendment）である。この条項は，国外移住の権利を認めなかったり，課税などの手段で事実上その権利を侵害したりしている非市場経済諸国（つまり共産圏諸国）に対して最恵国待遇の供与，輸出信用，投資保証などの提供を禁じることなどを定めていた。ただし，大統領が議会に対して，当該国が自国民が移民として出国する機会を奪わず，また出国に法外な課税等を行っていないことを証明すれば，こうした制限から除外することができる。

　一般的な言葉で書かれてはいるが，この条項はアメリカとの通商機会をソ連からのユダヤ人の出国の自由と結び付けたものである。これが可決されたことは，1930年代にナチスによるユダヤ人虐殺を黙認したという反省に立つアメリカのユダヤ人グループにとっても，人権に対するアメリカのコミットメント（関与）を明らかにできたジャクソン上院議員にとっても，一大勝利を意味した。

　他方，ソ連にとってはユダヤ人の出国問題そのものは，さして重大な問題ではなかったのかもしれない。実際，アメリカとの通商協定の可能性が高まり，デタントの機運が強くなっていた時期には，おそらくアメリカからの働きかけもあって，ソ連からのユダヤ人の出国数は順調に増加していた（表1-3）。つまりソ連は実質的には一定の譲歩をしていたのである。他方，ジャクソン上院議

表 1-3 ソ連を出国したユダヤ人の数

年	ソ連からの出国者（人）	イスラエルへの移住者（人）	脱落者（人）	脱落者の割合（％）
1967	1,162	1,162		0
68	231	231	—	0
69	3,033	3,033	—	0
70	999	999	—	9
71	12,897	12,839	58	0.4
72	31,903	31,652	251	0.7
73	34,733	33,277	1,456	3.6
74	20,767	16,888	3,879	18.7
75	13,363	8,435	4,928	36.9
76	14,254	7,250	7,004	49.1
77	16,833	8,350	8,483	50.4
78	28,956	12,090	16,866	58.2
79	51,331	17,278	34,053	66.3
80	21,648	7,570	14,078	65.0
81	9,448	1,762	7,687	81.4
82	2,692	731	1,961	72.8
83	1,314	861	453	34.5
84	896	340	556	34.5
85	1,140	348	792	69.5
86	904	201	703	77.8
87	8,155	2,072	6,083	74.6
88	18,961	2,173	16,788	88.5
89	71,005	12,117	58,888	82.9
90	228,400	183,400	45,000	19.7
91	187,500	147,520	39,980	21.3
92	122,398	64,648	57,750	47.2
93	101,887	66,145	—	—
94	100,830	68,079	—	—

［出所］　Fred A. Lazin, *The Struggle for Soviet Jewry in American Politics : Israel versus the American Jewish Establishment*, Lexington Books, 2005, p. 310 をもとに作成。

　員は，大統領府側との交渉過程で，ソ連が 6 万人程度のユダヤ人の出国を許すという保証を与えれば，この条項の適用を除外してもよいという妥協的姿勢をほのめかしていたし，キッシンジャーも，この人数なら不可能ではないと思った。[30]

　しかし，ソ連としては自国民の処遇についてアメリカの圧力に屈して，明示

的な保証を与えることは，とてものめることではなかった。そしてソ連は1972年にアメリカとの通商協定を廃棄するなどして，反発の姿勢を明らかにしたのである。

　その結果，それまでは増えていたソ連からのユダヤ人出国者数が1975年には急減した。アメリカの政策が，ユダヤ人の出国を促進するのにどの程度効果的であったのかについては，議論の余地がある。しかし，少なくともこの条項によってユダヤ人の出国が大幅に自由になったのではないことだけは，明らかである。結局，ソ連からのユダヤ人の出国が自由化されるのは，ゴルバチョフの登場と冷戦の終焉を待たなければならなかったのである。

　また，なんとかソ連から出国したユダヤ人の多くが，イスラエルではなくアメリカ行きを選択したのは，皮肉な展開であった。第3次中東戦争を機にソ連との外交関係を断絶していたイスラエルは，ソ連から出国するユダヤ人をイスラエルへの直行便で移送することができなかった。出国したユダヤ人の多くは，陸路ウィーンに向かい，そこからイスラエル当局が準備した飛行機に乗る手はずだった。だが一時は，出国したユダヤ人の8割以上が，アメリカやその他の西側諸国への移住を希望して難民申請を行ったのである。

　イスラエル政府は，アメリカとの関係を悪化させたくはなかったため，アメリカに対して公式に抗議を行ったり，ユダヤ人難民の受け入れ拒否を要請したりはしなかったものの，この問題に苛立った。イスラエルは世界中のユダヤ人の祖国であるというシオニズムの原則的立場があった。また，1950年代や60年代にアラブ世界から来てイスラエルに定住するようになったユダヤ人とは対照的に，当時のソ連出身のユダヤ人は教育や技能のレベルが高く，彼らの存在がイスラエルの将来に欠かせないという思いがあった。[31] 他方で，ジャクソン・ヴァニク修正条項を熱狂的に支持し，ユダヤ人の受け入れを支援していたアメリカのユダヤ人団体は，難民たちにはどこに行くのかを選ぶ「選択の自由」があることを根拠に，ソ連からのユダヤ人出国を支援する立場をとっていた。そのため彼らは，イスラエル政府と対立関係に立つことになったのである。

　1980年代の新冷戦の時代には，再びユダヤ人の出国が厳しく制限されたので，両者の対立は表面化しなかった。しかし，1980年代末に冷戦が終わり，ユダヤ人の出国が大幅に緩和されると，年間数十万のユダヤ人がアメリカに難

民申請を行う可能性が現実味を帯びるようになった。イスラエル政府，アメリカ政府，そしてアメリカ国内のユダヤ人団体は，再びジレンマに直面した。これまでイスラエル政府とともに，ユダヤ人の出国問題でアメリカ政府に働きかけてきたアメリカ国内のユダヤ人団体とイスラエル政府との間にも緊張が走った。

　イスラエル政府は，ユダヤ人は自国に来させたいが，アメリカ政府との関係は悪化させたくない。アメリカ政府としては，毎年議会と協議して定められる難民の受け入れ枠には限界があるので，桁違いに多数のユダヤ人を受け入れたくないのが本音であった。しかし，これまでさんざん人権を盾にソ連に圧力をかけてきた手前，そうとも言い難いし，議会でもこの問題を追及されることが予想された。アメリカ国内のユダヤ人団体も，「選択の自由」という原則はあっても，現実には新たなユダヤ人入国者を支援する能力にも限界があり，他のマイノリティ・グループとの関係にも配慮が必要だった。[32]

　結局1989年にアメリカは，ソ連内部でのユダヤ人の宗教的・文化的権利が大幅に改善されたことを理由に，西側の都市でのソ連人の難民申請の受け付けを停止し，モスクワに限定すること，ソ連からの難民の受け入れの限度を1年につき5万人として，そのうちユダヤ人団体が8000人分の受け入れ費用を負担すること，難民としての受け入れには，すでにアメリカ国内にいるユダヤ人の家族の呼び寄せを優先することを決定した。これらは事実上，ソ連からのユダヤ人難民の受け入れを抑制する措置であった。また，イスラエル政府は，東欧諸国からの航空便を開設し，ソ連からの難民の中から途中で離脱者が出ないようにしたのである。

●高度人材の争奪

　冷戦が終わり政治イデオロギー的な対立に決着がつくと，出国の自由をめぐる問題は国際政治上のアジェンダ（議題）から後退し，今度は国境を越える人々の経済的意義や社会的意味が国家の行動を左右する要因として前面に登場してきた。そして諸国は自国にとって「有用な」人材を確保しようとする，重商主義的な姿勢を再び強めたといえるだろう。

　特殊な技能や情報を持つ人材は，いつの時代も歓迎されてきた。機密情報や

40　第1章　人口移動政策と対外関係

軍事技術の専門家の争奪は，冷戦とは無関係に，いつの時代にも起こってきたことである。よく知られている例では，第二次世界大戦直後，核兵器の開発をめぐって，米ソがともにドイツの専門家を獲得しようとしたことがある。また，冷戦終結直後の大量破壊兵器関連の技術者の国境を越えた移動にも，類似の性格があったといえよう。つまり，冷戦後，ソ連からそうした分野の専門家が国外に多数流出し，大量破壊兵器の拡散につながることが大いに懸念されたのである。半鎖国状態の北朝鮮ですら，核関連技術やロケット技術の専門家は熱心に獲得しようとしてきたと推測される。

　だが，現実的な問題になりそうなのは，いわゆる高度人材の獲得競争である。「頭脳流出（brain drain）」という言葉が最初に使われるようになったのは，1950年代に主としてインドから旧宗主国のイギリスに流出する科学者が問題視されたことに始まるといわれている[33]。言語や文化などに比較的影響されにくいスポーツや音楽といった領域では，このような人材の国際移動はかつてから相当進んでいた。また，世界的に汎用性の高い専門技能である医療や看護などの分野でも，開発途上国の人材が圧倒的に賃金水準の高い豊かな国々に引き付けられる力学が作用する。実際，一部のアフリカ諸国ではただでさえ希少で養成に時間も資本も要する人材が，旧宗主国に吸い寄せられるという現象が観察されている。

　知識社会化が進行して高度な技術を持った有能な人材こそが国家にとって最大の資源である今日，そういった人材の希少性は一層高まる。例えば1990年代以降いわゆる情報技術（IT）が爆発的に進歩したことによって，IT分野の技術者を獲得するために，諸国はさまざまな努力を強化してきた。

● アメリカとカナダの場合

　知的生産の世界の最先端を走り続けるアメリカは，高度人材の獲得にかけては顕著な成功例である。アメリカでは1901年から91年までの間に科学分野で100人のノーベル賞受賞者を輩出したが，そのうち44人が，外国生まれかその子どもであった。とりわけナチスの迫害から逃れてきたユダヤ系の学者の活躍ぶりは，非常にめざましいものであった。移民の受賞者の割合は，とりわけ国別の移民枠が廃止された1965年以降一層顕著で，2016年には6人のアメ

2　出国規制と国際政治　41

リカ人受賞者は全員が外国生まれだった。[34] 外国からの人材が多数を占めているのは，一部の先端的な研究者に限ったことではない。1200 万人と推定されるアメリカにいる科学技術者の 17% が外国生まれで，博士号取得者に限っていえば，その割合は 38% に及ぶ。そのためアメリカの企業の研究開発部門は，外国からの人材に大きく依存している。[35] アメリカがこういった高度人材を引き付けるのに成功してきた要因としては，優れた大学や研究機関の存在，比較的開放的な移民政策，競争的な社会，業績評価が挙げられるだろう。

　移民制度面からみると，1965 年の移民法改正が，高度人材を引き付けるのに大きな意味をもっていた。それまでの出身国ごとに受け入れ数を割り当てる方式に変わって，家族の呼び寄せとともに職業的技能を持つ移民を優遇する制度が導入された。そのため，それまで露骨に排斥されていた非ヨーロッパ系の移民に大きく門戸を開放し，アジアからの高度人材の移民が増大する制度的基礎となった。リンドン・ジョンソン大統領は，この法案に署名するにあたって，「本日よりアメリカに移民を希望する人々への入国許可は，彼らの持つ技能を基礎にして与えられる」と述べた。移民法は以降もしばしば改正されている。高度人材の導入については，特殊技能従事者用の H-1B ビザを発給して建築，工学，数学，物理学，医学・衛生，教育，経営学，会計，法律等にかかわる高度人材の入国と就業を認めるのが，基本的枠組みだが，ただちに永住権を与える場合すらある。[36]

　だが，このような試みはもはやアメリカの独壇場とはいえない（図 1-2）。カナダの取り組みは，この点で先進的事例である。すでに 1967 年から，教育程度，英語およびフランス語能力，年齢，そしてカナダでの就業経験などをポイント化し，一定の客観的基準で移民ビザの発給を判断する，いわゆるポイント制度を設けてきた。[37] その目的は，「彼または彼女の教育，訓練，技能あるいはその他の特殊な資格によって，カナダで生活を築くことに成功する可能性の高い」人物を選別して，「長期的な経済成長を考慮した，安定した人材獲得政策として立案された」ことが明示的に語られていた。[38] こうして永住権を得た移民は，4 年後には市民権を獲得できる。

　この制度は，英語を母語とする他の伝統的な移民国家にも影響を与えた。オーストラリアでは，露骨に人種差別的な白豪主義に基づく制度から決別して，

42　第 1 章　人口移動政策と対外関係

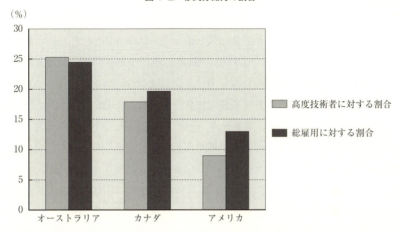

図1-2 移民労働力の割合

［出所］ Ayelet Shachar, "The Race for Talent: Highly Skilled Migrants and Competitive Immigration Regimes," *New York University Law Review*, vol. 81, no. 1, 2006, p. 178.

カナダよりも一層開放的な制度が1973年に導入された。ニュージーランドでも1991年の法改正によって独自のポイント制を導入して高度人材の獲得競争に参入した。[39]

このような動きは，アメリカの高度人材獲得政策にも刺激を与えた。また，1970年代の不況を機に移民の導入を基本的に停止していたヨーロッパ諸国も，90年代以降，非正規移民の排除を強化する一方で，高度人材の受け入れにはさまざまな制度を導入して門戸を広げてきた。

● ヨーロッパ諸国の場合

イギリスでは，1997年から政権を担当した労働党のブレア政権下で，好調な経済成長を背景に移民受け入れの拡大を開始し，2001年には高度人材を受け入れるための「高度技術移民プログラム（Highly Skilled Migration Programme：HSMP）」を導入した。これによって，雇用主の有無にかかわらず，申請者の資格をポイント化して受け入れの可否が決定されるようになった。[40]

ドイツは，南欧，バルカン半島，そしてトルコからのゲストワーカーの導入を1970年代に停止した。1990年代には東西ドイツの再統一によって，むしろ

労働力の供給が増えたこともあって，ドイツは移民の受け入れに消極的な姿勢が続いていた。しかし，IT 技術者の不足を解決するために，欧州連合（EU）域外からも IT 関連の技術者を受け入れようと，2000 年に「グリーンカード」制度が導入された。もっともこれは 2005 年に廃止され，偽装・強制結婚を排除したり，保安措置を強化したり，ドイツ語を話せない移民に対する「統合講習」への参加を義務づけたりする規定を設けた。そして 2012 年には，「国外職業資格認定改正法」や「EU ブルーカード法」を制定し，ドイツも EU 域外の専門技術を有する外国人への優遇措置や規制緩和に動いた[41]。

フランスは移民の受け入れについては，ドイツよりも長い経験を持っているが，そのフランスも 1974 年からは原則的に移民の受け入れを停止した。実際には家族の呼び寄せや難民の流入によって，それでも人口流入は続いたが，すでに受け入れた移民を国民として統合する努力を強化するとともに，新たな移民の受け入れは厳しく制限するのが基本的姿勢であった。しかしサルコジ政権下で，このような政策は大転換された。2006 年の移民法によって，「フランスの社会・経済への貢献が期待できる高い能力を有する外国人には門戸を広げる一方で，それ以外の移民については滞在条件を厳格化する」という方針が強化されたのである[42]。

● 高度人材の送出国

こうした施策が寄与しているのであろう。移民の中で高度人材の占める比率は急激に上昇している。21 世紀に入ってからの 10 年間で，経済協力開発機構（OECD）諸国に流入する高等教育を受けた移民の数は 70% 増加し，2700 万人に達している[43]。容易に想像できるように，高度人材の行き先は，圧倒的に欧米とりわけアメリカである。カナダ，オーストラリアなどのその他の英語を母語とする国も，高度人材にとって人気のある行き先である（図1-3。また，終章の図終-6 も参照）。高度人材移民の予備軍とでもいうべき高等教育機関への留学生の数でも，欧米諸国，とりわけ英語を母語とする諸国が圧倒的に優勢である。いわば，世界中の優れた人材に高等教育サービスを販売し，それによって養成された人材を自国経済で活用するという構図がここからみえるのである。送出国としてはインドおよび中国といったアジア諸国が真っ先に挙げられるが，ア

44　第 1 章　人口移動政策と対外関係

図 1-3　高度人材のフロー

①大卒人材の移動　　　　　　　　　　　　　　　　　　　　　　［単位：万人］

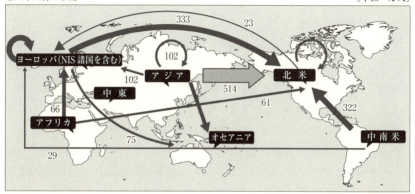

②留学生の移動　　　　　　　　　　　　　　　　　　　　　　　［単位：千人］

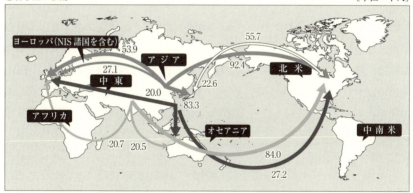

［注］　NIS 諸国：旧ソ連から独立した国々。／2 万人以上の移動のみを示した（下図）。
　　　参考資料：B. Lindsay Lowel, Trend in International Migration Flows and Stocks, 1975-2005, OECD Social, Employment and Migration Working Papers, No. 58, 2007（上図）／OECD「Online Education Database」；中華人民共和国教育部「中国教育年鑑」（下図）。
［出所］　内閣府「高度人材受け入れの現状と課題」（平成 20 年）：政府資料 2 をもとに作成。

フリカからの高度人材の移民の数も少なくない。

　高度人材の流出はアフリカやラテンアメリカの小国，カリブ海の島嶼国にとっては，深刻な事態である。2010 年にはギアナで生まれた高度技術を持つ人材の 90% が OECD 諸国に居住していた。バルバドス，ハイチ，トリニダード・トバゴでは，高等教育を受けた人々は国内よりも海外に居住しているほう

2　出国規制と国際政治　　45

が多い有様だった。高等教育を受けた人のうち，自国ではなく OECD 諸国に在住する人の比率は，ジャマイカ，トンガ，ジンバブエ，モーリシャスなどでも，4割を超えていた。

またシンガポールのように，経済的に開放的で国内の人口規模が小さな国にとっても，人材流出は頭の痛い問題である。シンガポールは，きわめて合理的に設計された人材養成システムを持っている。優秀な人材を厳しく選抜するとともに，国家財政の 20% を教育費に費やして，競争力のある人材の育成に多大な投資を行っている。しかし高い学力と国際共通語である英語を獲得した一部の人材は，世界のさまざまな場所でよりよい生活をおくる能力があるだけに，シンガポールに戻る誘因がない。ゴー・チョクトン上級相は「海外に留学したシンガポールの学生のうち，最も優秀な人材が帰国しない」と人材流出の問題を率直に語っている[44]。

このような高度人材のグローバルな移動の結果，その養成に多大な資本を要するとともに，グローバルに通用する技能である医療分野における人材の偏在ぶりは，誰の目にも問題に映る。2007 年の OECD の報告書によれば，OECD諸国で雇われている医師の 18% が外国生まれであり，インドがその最大の供給国である。アメリカはもちろん世界最大の医療専門家の輸入国で，外国生まれの医師の割合は 25% に達する[45]。また「イギリスの医療サービスの中核はアフリカやアジア出身の医療スタッフが担っているが，ザンビア独立後に養成された 12 人のザンビア人医師のうち，現在も母国で医療活動に就いているのはたった一人だけだ。推計によれば，イギリス北部の町マンチェスターで働いているマラウィ人の医師は，本国（人口 1300 万人）の全医師の数より多い」[46]。

こういった傾向は，医療分野に限ったものではない。1990 年代以降の傾向としては，技術面でも応用面でも爆発的な進歩を遂げた情報通信関連，いわゆる IT 分野の技術者の需要が，先進国で旺盛になった。高度人材の偏在ぶりを一層推進する先進諸国が行う移民の選別的吸収政策は，開発途上国にとっては搾取にみえても当然といわなければならないだろう。

● 頭脳流出の規制

「頭脳流出」が危惧される，主として開発途上国には，どのような対策が可

能だろうか。第1に考えられるのは，物理的に出国を禁止することであろう。すでに述べたように，一般に出国や国籍の離脱の自由は人権の一部を構成するというのが，世界人権宣言をはじめとする国際社会の原則である。このような人権規範の実効性には明白な限界があり，現実には貧しい国からの出国が自由なわけではない。だが，欧米諸国や人権 NGO などからの原則的な批判はともかく，開発途上国は高度な行政能力を欠きがちである。国家は例えばパスポートの発給を制限したりすることで，出国を制限することもできよう。しかし，こういった措置は，それを迂回する意欲を刺激し，その効果が削がれるのが常である。すでにみたように，冷戦下の旧東欧諸国の場合ですら，厳重な出入国管理の効果には限界があった。ましてや貧しい開発途上国の出入国管理には明らかな限界がある。しかも開発途上国の高度人材は，エリート層に属する人々である場合が多い。金銭的にも，情報へのアクセス面でも，また政治的影響力という意味でも，恵まれた階層に属している場合が多いであろう。彼らが，ただでさえ弱体な国家の実行する抑圧的措置を迂回できる可能性は高い。

　第2は，出国そのものは制限しないものの，祖国に残された人々のために一定の「補償」を提供する義務を課すというアプローチである。この点でよく知られているものに，著名なインド出身の経済学者であるバグワティが提唱した，いわゆるバグワティ税がある。[47] この提案は，ソ連の出国税とは違い，出国後に移民の所得に一定の税を課すとともに，徴収した税金を国連を通じて出身国の開発目的に利用することを内容としている。「補償」は必ずしも税の形をとる必要はない。一部の論者は，出国した移民に一定の奉仕義務（compulsory service）を課することを提唱している。これは，出身国政府が，一定の期間，出国した移民を，祖国の最も恵まれない地域，一般的には貧しい地方に送って，教育や医療などの奉仕活動に当たらせることを義務づけるものである。[48]

　こうした提案の難点は，国境を越えた課税や奉仕活動を，実効性のある形で強制できるかという点にある。実際に 1976 年にパキスタン政府は在外の自国民に最大 20% の所得税を課そうとしたが，激しい抗議を受け，撤回した事例がある。[49] おそらくそれよりも大きな問題は，領域外にいる自国出身の移民に，課税や奉仕活動を強制することが，移民の受入国との政治的な関係上，どれほど現実的かという問題である。現実にこういった措置を実行しようとすれば，

2　出国規制と国際政治　47

移民の現居住国の政府の協力が必要となるだろう。だが，現居住国政府が外国政府のために，徴税権を行使したり奉仕を強制したりすることは，領域主権や課税権，市民的自由といった現居住国政府の基本原則を侵す可能性が高い。例えば世界最大の移民受入国であるアメリカの場合，政府が外国政府や国連のために自国の居住者に課税すれば，おそらく違法とされるであろう。[50]

　以上のように途上国側が一方的に対抗的手段を講ずるのには，さまざまな難点があるのに加えて，魅力的な待遇を高度人材に提供できない貧しい途上国の側の交渉力はどうしても弱い。そういった理由から，頭脳流出は 1960 年代から問題にはなっていても，それが実際の外交問題にまで表面化した事例は，管見の限りでは見当たらない。

● 頭脳流出から頭脳循環に

　しかも 21 世紀に入ってからの高度人材の国際移動をめぐる言説には，重要な変化があった。それは高度人材の移動は，送出国の資源を奪う「頭脳喪失」ではなく，いくつかの面で送出国にも利益になることを強調するものである。高度人材の移動は，一定量の技能のプール（蓄積）の分配というゼロ・サム・ゲームではないとされ，グローバルな技能の供給を増やすダイナミックな効果に注目されるようになったのである。頭脳流出から送出国が得られる利益としては，まず流出した移民が，本国に送金することによって，本国の経済成長に寄与する効果がある。もちろん本国に送金するのは，高度人材に限ったことではない。しかも家族とともに移住する傾向のある高度人材は，本国への送金額の比率は小さい可能性もある。しかし，それでも彼らからの送金は無視できない水準であるだろう。

　しかしそれ以上に重要なのは，それらの人材が海外で受ける教育や経験は，人材の質を高めるとともに，それらの人材の一部が帰国することによって送出国にも利益となる双方向的な効果があるとされることである。いわゆる，頭脳循環（brain circulation）である。シリコンバレーで働く IT 関連の技術者や起業家は，インドや中国さらには台湾などの出身者が多い。彼らの多くは帰国して本国で新たなビジネスを立ち上げている。こうした事例がよく引き合いに出される。[51]

48　　第 1 章　人口移動政策と対外関係

しかも彼らは、先進諸国で手に入れたネットワークを活かして、出身国への技術移転を容易にしたり、経営手法の改善に資したり、投資を刺激したり、さらには共同事業を展開したりする可能性を高める。こういった正の外部効果によって、高度人材の受入国とともに送出国側にも利益があることが強調される。

もちろん、人材の流出という負の効果もあるので、全体としての評価は、あくまで正と負の効果の比較考量による。どこかに最適な移民の比率があるはずだが、ある分析によれば、それは5-10%で、15-20%を超えると悪影響が出るとされる。4割以上の開発途上国では、この比率が10%以下なので、「これらの諸国の多く（これに大規模および中規模の開発途上国のほとんど含まれる）は、高度人材の労働力移動によって、かなり利益を受けている」と評価できる。その半面、「大多数のサハラ以南の諸国や中米の諸国は、この閾値を相当上回っていて、頭脳流出によって損害を受けている[52]」とされる。

いずれにせよ人材流出を規制するのは効果的ではないし、こういった言説の変化もあり、送出国側の対応も課税や規制よりも在外の（元）自国民との絆を組織する、いわゆるディアスポラ・エンゲージメント（詳しくは第5章で論ずる）を強化し、彼らにさまざまなインセンティブを提供して、自発的な海外送金や投資を促すことに政策の重点が移っているのが実態である。もちろん、相当数の主として小さな開発途上国が頭脳流出によって被害を受けているのは明らかであるし、負の効果があることも否定し難い。実際、多くの分析で双方ともに利益を得られる関係の典型例とみなされるインドですら、BRICS（ブラジル、ロシア、インド、中国、南アフリカ）の移民関係相会合の席で頭脳流出についての懸念を表明している[53]。たしかに自由貿易同様、高度人材の移動が全体として望ましいという理論的知見だけでは、この問題の納得のいく政治的解決になるかどうかは疑わしい。途上国側も、統一した見解を持っているわけではない。しかし、人材争奪のグローバルな構図の中で、今後この問題が政治的な問題となる可能性は否定できない[54]。

3　入国規制と国際政治

●人口送出と入国規制

　すでに論じたように，リベラルな規範に基づけば，出国の自由は人権の一部として尊重されるべきである。だが自由に出国できたところで，いかに寛大な移民国家でも，入国の自由を無制限かつ無条件に認めているわけではないので，外国に入国できるかどうかは別問題である。敵対的国家から逃れてきた少数の政治亡命者や，ソ連からイスラエルへの出国問題のようにいずれ第三国に入国する者には，同情が寄せられ，政治的な支援が得られるだろう。だが多数の難民が自国に押し寄せることを歓迎する国はない。前述のジャクソン・ヴァニク修正条項も，アメリカが中国に最恵国待遇を供与する際に，中国との間で政治問題となった。中国の人権侵害が問題とされたのである。1979 年に訪米した鄧 小 平国家主席に，人権外交を声高に標榜してやまないカーター大統領は，中国が人権を尊重し，出国の自由を認めるよう促した。これに対して，鄧はこう応えた。「結構です。では，自由に出国させましょう。1000 万人引き受けてもらえますか？」[55]。実際には，中国は 1970 年代末からジャクソン・ヴァニク修正条項の適用を毎年免除されたが，それは中国で出国の自由を含む人権状況が特段の改善をみたからというよりも，対ソ戦略上の考慮であった。1989 年に天安門事件が起こって以降は，中国の人権問題が米議会でさかんに議論されたが，ちょうどその頃からアメリカでは，蛇頭などのブローカーが介在する中国人不法入国者の取り締まりへの関心が強まっていた。1993 年には貨物船ゴールデン・ベンチャーがニューヨーク沖で座礁し，300 人の中国人が政治亡命を求めた。カリフォルニアにも相当規模の中国人の密入国があったといわれる[56]。貧しく不安定な国からの多数の非熟練労働者が流入することには，伝統的な移民国家であり，自由と民主主義の総本山を自認するアメリカですらも，歓迎とはほど遠いのが実態なのである。

　多数の人口移動が一気に起こると，流入国にとって負担になるのなら，意図的に多数の人々を他国に送出することは，一種の強制外交の手段となるはずである。例えば 1975 年 11 月 6 日にモロッコのハッサン国王は，「平和的征服の

50　第 1 章　人口移動政策と対外関係

行進（緑の行進）」と称して，約35万人の非武装の民間人を係争中のスペイン領サハラに送った。フランコ政権末期のスペインは1884年のベルリン会議の結果得たこの植民地主義時代の残滓を統治する能力も意欲も失いつつあった。だが，モロッコとともに南の隣国モーリタニアもこの地域の領有権を主張し，しかも現地のポリサリオ戦線は独立を主張していた。国際司法裁判所（ICC）の勧告的意見を受けてスペイン，モロッコ，モーリタニアの三者協議が続けられていた。おそらく協議の結果に影響を与える目的で，また，国内世論の圧力に押されたこともあって，ハッサン国王は，全国から自発的に集まった35万人の志願者に2万人のモロッコ軍の護衛をつけて前進を命じた。同地に展開していたスペイン軍は流血を避けるため一切発砲せず，また敷設してあった地雷も撤去した。だが一団は境界内に約10 km 進んだだけで，行進は中止された。[57]

　多数の民間人が一挙に押し寄せた場合，たとえ非武装であっても軍事的に彼らを排除することは現実には難しい。とりわけ，リベラルな規範が確立している国家では非武装の民間人に銃口を向けることは不可能だし，欧米の主要メディアに報道されれば国際的な批判を浴びるだけではなく，国内政治上の大問題に発展することが予想される。つまり観衆効果（audience cost）を通じて，具体的な政治的不利益が発生する。また，こういった効果をあらかじめ計算したNGO などが，観衆効果を高めるためにメディアとの連携を準備している場合もある。国境に殺到する多数の難民や，漁船やそれを装った多数の公船が領海や排他的経済水域（EEZ）に押し寄せた場合などについても同様のことがいえるであろう。

　歴史的にみれば，領土の拡張や国境の変更は必ずしも軍事力による征服によるものだけだったわけではない。19世紀には，現在テキサスとなっている当時のメキシコ領において，アメリカ人が「平和裏に」次々に入植し既成事実を積み上げ，その後の米墨戦争によるアメリカへの割譲の道筋を作った。イギリスが植民地経営のために，北アメリカやオーストラリアに囚人や時には孤児を強制的に送った事例も，棄民と現地の支配の強化という一石二鳥を狙った政策的意図があった。さらにはイスラエルのヨルダン川西岸地区への入植も，それ自身は武力行使を伴った措置ではないが，入植地の支配強化を意図した人口送出政策であるといえよう。[58]

3　入国規制と国際政治　51

もっとも上述したモロッコの事例の場合は，行進自体は中途半端な形で終結し，領有を既成事実化するという目的を達成したわけではない。むしろ世論の動員とその発散による政権の安定という，国内政治面の目的のほうが重要だったようである。

●キューバによる戦略的棄民政策

それでも，相当周到な計算に基づいて，自国民を「人間の爆弾」として利用して，対外的な政治目的を達成するために利用した例は意外に多い。こうした例について体系的な研究を行ったグリーンヒルは，人口流出が組織されたものであったかどうか，それが戦略的な計算に基づいたものであったかどうか，さらにそれが圧力を他国に与えることを意図したものかどうか，という3つの判断基準を用いて，さまざまな事例を検討した。その結果，戦略的棄民政策が実行された事例が，1951年から2006年までの期間で64件あるとしている。[59]

このような強制外交は，キューバやハイチなどのカリブ海諸国がアメリカに対して比較的頻繁に試み，しばしば成功を収めた。アメリカは伝統的にカリブ海を自国の裏庭とみなし，帝国主義的な態度を長くとり続けてきた。しかも，かつてこの地域の島々を領有していたスペインやフランスなどの統治は，おしなべて抑圧的であった。その後，そうしたヨーロッパ諸国の支配力が低下すると，今度は統治が混乱の度を増した。アメリカはこの地域にしばしば軍事介入するとともに，名目上は独立していた諸国の腐敗した支配層と結び付き，現地の人々の不信を招くことになった。[60]

(1) カマリオカ危機（1965年）

カストロによるキューバ革命（1959年）と，それに続くキューバ・ミサイル危機（1962年）については，ここであらためて詳述しない。だが，こうした経緯を経て，アメリカとキューバの関係が冷戦的対立の一部になったことは再度確認しておこう。革命後，アメリカは経済的にもキューバを孤立させて圧迫を加え続け，それによってキューバ経済が疲弊するとともに，キューバのソ連依存を一層強める結果を招いた。それと同時に，カストロ政権に反対するキューバ人はアメリカに政治亡命をし，アメリカ当局の支援を受けてキューバの体制転覆をめざしたキューバ侵攻作戦，いわゆるピッグス湾事件（1961年）を引き

図1-4 カリブ海諸国

起こした。その後も彼らはカストロ体制の転覆を求めた。さらにそこにキューバ経済の疲弊によってアメリカに渡った経済難民も加わって、フロリダを中心にアメリカ国内で反カストロ体制派の一大コミュニティが形成された。つまり、キューバからアメリカには、常に強い移民の流出圧力が作用するとともに、アメリカ国内にはこのようなキューバ難民を支援する一大コミュニティが存在していたのである。

1965年、カストロは、それまで模索していたアメリカとの関係改善が失敗に終わったことがはっきりすると、9月28日、突然にアメリカに親類のいるキューバ人は、キューバ北部のカマリオカ港から自由に船で出国してよいと発表した。またアメリカ在住の亡命キューバ人が、キューバに残された親戚を船で連れ帰ることも認めると発表し、アメリカ政府や在米キューバ人コミュニティを驚愕させた。

早速、ジョンソン大統領は、カストロ政権の圧政の象徴であるキューバ人亡命者を歓迎することを公的に宣言した。当初カストロの声明を単なるこけ脅しだとして真剣に受け取らなかった人々もいた。しかし、フロリダのキューバ人

3 入国規制と国際政治　53

コミュニティはカストロの声明に敏感に反応し，フロリダで多数の小型船を借り切って，カマリオカ港をめざした。こうして何千人ものキューバ人が突如流入するという可能性が現実のものになると，フロリダの地元では急速に住民の反発が強まった。

　この動きを受けて，ジョンソン政権は秘密裏にキューバと交渉を開始した。キューバからアメリカへの難民輸送に関する手段や手続きに正式に合意するとともに，航空機による難民輸送を開始した。キューバ難民がフロリダ州に集中することがないように，全米各地で受け入れることにし，定住支援のためのコストも，連邦政府が負担することにして，事態を収拾することにしたのである。このような交渉の結果，カストロはカマリオカ港からの出国ルートを閉じた。この一連の出来事の実質的な帰結は，ささやかなものに過ぎなかった。実際にアメリカに入国したのはわずか 681 人に過ぎず，キューバ側は比較的早急に，出国促進政策を取りやめたからである。だが，カストロはアメリカをキューバとの真剣な交渉の席に着かせるのに，この手法は効果があることを学んだ。

(2) マリエル危機（1980 年）

　1980 年，キューバは再び人口流出を政治的梃子として利用した。1970 年代にはアメリカとキューバの間でも関係正常化が模索され，フォード政権下では一定の 2 国間交渉が秘密裏に開始された[62]。カーター政権下でも限定的な関係改善が進み，例えば両国の利益代表部の交換や，一定の人的交流などが開始された。しかし，アメリカ国内のキューバ人コミュニティが反カストロ的姿勢を堅持し，関係改善はすぐに壁にぶつかった。また，キューバ側が 1975 年にはアンゴラに，78 年にはエチオピアに兵力を送って現地の内戦に介入したため，アメリカでは議会のタカ派が刺激され，キューバとの関係改善は行政府の思うに任せなかった。

　そういった状況でキューバ経済の不調ぶりが再び深刻化した。しかも，カーター政権下で限定的に開始されたアメリカからキューバへの渡航制限の解除によって，在米亡命キューバ人がキューバに一時帰国するようになった。彼らとの接触によって，アメリカとキューバの生活水準の大きな格差が，多くのキューバ人の知るところとなった。それによりキューバからの出国圧力は高まった。当時国外逃亡を企図したキューバ人が用いた手段は，船舶を奪取する方法であ

った。実はアメリカとキューバの間で，ハイジャック事件はそれまでにも頻繁に起こっており，それは単なる犯罪者による犯行である場合が多かった。そのため，1973年には両国間で犯人引き渡し協定が結ばれ，両国政府によってハイジャックの防止を目的とした合意がなされていた。にもかかわらず，アメリカがハイジャックをキューバ抑圧体制への抵抗と位置づけて，犯人引き渡しでキューバに協力せず，半ばそれを助長する姿勢をとったため，当然キューバはこれに強い不満を持った。

1980年2月19日，キューバの副大統領ロドリゲスは，ハバナのアメリカの利益代表部にこう語った。

> あなた方は，アメリカ入国に必要な書類を求めてやってくるキューバ人を，毎日追い返しているのに，彼らが非合法的にやってくると，大歓迎している。……そちらが法律を適用しないというのなら，こちらの法律の執行を停止しても当然ではないか。出国したいキューバ人は誰にでも出国許可を与え，カマリオカに行ってアメリカにいる友人や親戚に迎えに来てもらえばよい，という声明を出すことを今，考えている。[63]

このようなキューバ側からの警告のシグナルは無視された。1980年4月1日，ハバナのペルー大使館へ6人のキューバ人が駆け込み，その際キューバ人護衛1人が死亡するという事件が起こった。ペルーがキューバからの引き渡し要求を拒んで，この6人の政治亡命を認めたため，キューバは大使館の警備をとりやめ，キューバから出国したい者は誰でもペルー大使館に行ってよいという声明を発表した。その結果，今度は3日間で約1万人が同大使館に駆け込み，大使館の敷地内の衛生状態は急速に悪化した。

コスタリカ政府が彼らを一時的に受け入れると申し出たことで，事件はいったん落ち着いたが，4月20日，カストロはアメリカ国内のキューバ人コミュニティと連絡をとりつつ，出国を希望するキューバ人はマリエル港からの出国を認める旨の声明を出した。その結果，15年前と同様，主としてフロリダからキューバ人コミュニティが送った小型船によって，続々とキューバから人々が流入し，9月までに12万5000人がフロリダに到着した。

人権外交を声高に訴えていたカーター大統領は公式に，ジョンソン以上にキューバからの難民に同情的な姿勢をとった。5月5日，「我々は共産主義の支

3　入国規制と国際政治　55

配から自由を求めて逃れてきた難民を，両手をあげて歓迎し続ける[64]」とただち
に声明した。またモンデール副大統領も，アメリカが他国に対して批判してい
ることを自分でやることはできない，と語った[65]。というのも，この時期，アメ
リカは，ベトナムから流出していたインドシナ難民，いわゆるボートピープル
を海に追い返したタイやマレーシアの対応を批判していたからである。

　こういった姿勢は対キューバ強硬派の議員からも，リベラルな人権擁護派か
らも，さらには国内のキューバ人コミュニティからも強い支持を受けた。だが，
毎日数千人の難民が海路到着するフロリダの地元からは，すぐに多数の難民の
流入に対する拒否反応が現れた。しかも，アメリカの黒人コミュニティは，キ
ューバからの難民がハイチからの難民に比べて優遇されていることに怒りを強
めていた[66]。

　結局カーター政権は，およそ10日間で姿勢を転換し，5月14日に新政策を
発表した。それは，これ以上のキューバからの難民流入を阻止することを目的
としたもので，フロリダからキューバ人を乗せようとしてキューバに向かう小
型船の航行を事実上禁止した。そして違反者を拘束したり，罰金を科したり，
あるいはボートを没収したりするとともに，他方で限定的な海路・空路による
移送を整備することを内容としていた。この新政策は，もちろんただちにキュ
ーバ人コミュニティから大不興を買った。

　カーター政権の右往左往ぶりは，アメリカ国民全体に，あらためて彼が優柔
不断であることを印象づけた。そして，それはその年の秋に行われた大統領選
挙で，カーターがレーガンに敗れるのに寄与したであろう。他方，カストロも
人口流出が予想外の規模に達したことに驚いた。また，カーターに代わってレ
ーガンが大統領に選出されることを恐れたのか，9月になると，カストロは
「一方的に」マリエル港からの自由出航を禁止した。

(3) ブラセロス危機（1994年）

　キューバとアメリカの間の関係改善は，レーガン政権の登場と新冷戦の開始
とともに進展しなくなった。しかも冷戦が終結し，ソ連が劇的に弱体化すると，
ソ連という後ろ盾を失ったキューバは，一層経済的困難に陥り，政治的にも危
機状態になった。ハバナでは暴動が起こり，外国大使館への駆け込み事件，ハ
イジャック，シージャック事件が頻発した。東欧の親ソ政権同様，カストロ体

56　第1章　人口移動政策と対外関係

制そのものが揺らいでいるようにみえた。冷戦終結直後の勝利感に酔ったアメリカの姿勢は，カストロの目にはなおさら高圧的に映ったことであろう。アメリカを交渉の席に引きずり出すために，カストロは危険を承知で，また戦略的棄民政策という戦術をとった。

1994年8月5日，国際テレビで中継された記者会見の席で，カストロは，ハバナで起こった反政府暴動はアメリカが海路マイアミへの密出国を支援するという噂を広めて，後ろから糸を引いていたと批判した。そして，もしアメリカがキューバを経済的に締め上げ続けるのなら，「キューバはもはや北米沿岸を守っている余裕はない」と述べ，マリエル危機の再現を示唆した。[67]当時，大統領の座にあったクリントンは，マリエル危機の際にアーカンソー州知事として痛い目に遭っていた。キューバ難民の収容所としてアーカンソー州内の陸軍基地が用いられた際には，難民申請の処理の遅れに苛立ったキューバ人が暴動を起こしたのである。この一件はクリントンの政治的失点となり，その年の州知事選挙での敗北に関係したかもしれない。

クリントン政権は，かねてより準備していた「遙かな海岸作戦（Operation Distant Shore）」と呼ばれる，キューバ難民の再定住プログラムやフロリダ海峡の封鎖などの対策で対応することを明らかにした。実際には，キューバからの筏による出国者も少人数に過ぎなかった。しかしフロリダ州知事のチャイルズは，キューバ人の流入に強く反対する地元の世論を背景に，クリントンの政策に激しく反発した。8月18日には州の非常事態宣言を行い，州兵を動員して筏に乗って漂着するキューバ人を，拘束して隔離するという強硬な方針をとった。

キューバ革命から時が経ったこととともに，すでに冷戦が終わっていたためキューバ人亡命者を保護する政治的意味も大幅に失われていた。クリントン政権はキューバ人亡命者を無条件に歓迎するという，それまで30年近く続いてきたアメリカの政策をあっさりと転換して，不法に入国しようとするキューバ人を他国からアメリカに入国しようとする人々と同様に取り扱うことにした。洋上で救助したキューバ人に対して，アメリカへの入国は認めず，キューバにあるグアンタナモ基地（1903年からアメリカがキューバから永久租借した。カストロ政権はこれを非合法と非難してきた。）に留め置くことが決められた。クリント

3 入国規制と国際政治 57

ンは，キューバを出国する人々は亡命者や難民ではなくカストロによって意図的に排除された人々であるという論理で，自らの政策転換を正当化した。また，アメリカの「磁力を弱める」ことで，キューバからの出国が抑止されることを期待した。同時に，対キューバ強硬派を懐柔するために，キューバに対する送金規制を行うなど経済制裁を強化して，国内のさまざまな利害のバランスをとろうとした。だが，一方でキューバを締め上げながら，他方で出国圧力を弱めようとするのは，矛盾した政策であった。

　8月21日，カストロが公式に出国規制を解くことを発表すると，多数のキューバ人が筏に乗ってフロリダをめざした。8月13日から25日までのわずか12日間で，アメリカの沿岸警備隊が「救助」したキューバ人は1万3000人に達し，マリエル危機のときを上回るペースであった。グアンタナモ基地の収容能力は急速に限界に近づいた。こうした圧力を受けて，アメリカはキューバとの交渉によって事態を収拾せざるをえないところにまで追い込まれた。9月1日から10日までの間に行われた交渉で，新たな移民についての合意に達するとともに，その他の議題についても継続的に交渉することが決められた。

　翌年4月にも，キューバは再び類似の出国規制解除をほのめかした。それは議会に上程されたキューバへの経済制裁の強化を定めたヘルムス・バートン法を牽制する目的だった。またグアンタナモ基地に収容されているキューバ人の処遇も，両国間で宙に浮いたままの問題であった。1996年には中間選挙が予定されていたこともあり，新たな難民危機は大きな政治的リスクであったので，クリントン政権は，再びキューバと交渉を開始した。その結果グアンタナモ基地に収容されているキューバ人を個別に審査してアメリカへの入国を認めること，そして行政府がヘルムス・バートン法には反対することを約束した。

●戦略的棄民からのエスカレート

　戦略的棄民政策は強制外交の手段として，小国が使える数少ない手段である。隣接する大国では，流入する難民に対して国内で多様な政治的力学が生じ，それが流入国の政府に厄介な圧力となる。一方で，多数の難民を受け入れることによって，さまざまな経済的・社会的コストが生じ，それはとりわけ人口流入が起こる地元コミュニティで強く意識される。他方で，難民や移民を人権や人

58　第1章　人口移動政策と対外関係

道の問題としてとらえるグループは，彼らの受け入れを強く迫るだろう。また，国内に同じエスニック・グループなど難民の支援集団がいる場合には，当該国家は彼らの積極的な受け入れを求める強い圧力に晒される。さらには，人権や人道といった規範を唱導する国にとっては，国際政治上の信頼性や威信を毀損するという，いわゆる観衆効果も発生する。おまけに敵対的国家からの政治亡命者には，特殊な政治的意味も付与される。

　しかしこういった弱者の恐喝には，自ずから限界があることも忘れてはならない。カストロは数少ない手札を効果的に使ってアメリカを交渉の席に引きずり出したのは事実だ。だが，アメリカがキューバから非合法の出国を助長してキューバを不安定化させることを控え，ハイジャックや人の移動についての実務的規制で譲歩すると，国交回復や経済制裁の停止などの点で得点ができなくとも，比較的短期で手じまっている。

　一つの理由は，反体制派勢力を出国させるのは，体制維持にとってむしろ好都合かもしれないが，それが一定の規模を超え，制御できないところまで拡大すると，逆に，体制が不安定化することが心配されるからであろう。それは，東ドイツの事例でみたように，一つは人的資源の喪失と意識されるし，もう一つはいかなる体制にとっても自国民の大規模流出は，体制の正統性を揺るがす危険性を秘めているからである。また受入国がこういった弱者の恐喝にどの程度脆弱なのかは，さまざまな条件に依存していて不確実である。出国の自由を唱道し，自国の政治体制の優位性を声高に語る国にとっては，一方で出国の自由を唱道しながら，他方で入国の自由は認めないという本音が露出される，「偽善コスト」は大きい。だが難民や移民の入国を支持する国内の勢力の強弱も，国によって，また時代によって一様ではない。

　しかも，これはやはり弱者の恐喝である。戦略的棄民政策の結果，送出国と受入国の対立がエスカレートしてしまっては，元も子もない。大量の難民が流入したことによって，対立が軍事レベルにエスカレートしてしまった例としては，1970年の東パキスタンとインドの事例がある。

●第３次印パ戦争──エスカレートした難民危機

　パキスタンとインドが，激しい独立闘争を経て第二次世界大戦後に独立を果

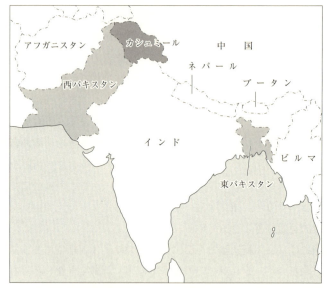

図 1-5　南アジア地域（1947 年）

［出所］　須永恵美子『現代パキスタンの形成と変容——イスラーム復興とウルドゥー語文化』ナカニシヤ出版, 2014 年, 12 頁の図をもとに作成。

たした際に, 壮烈な流血の惨事を経て分離したことは, あらためてふれるまでもないであろう。インドが世俗主義を原則として国家建設を推進したのに対して, パキスタンの統合の原理は, イスラーム教徒であるという宗教的アイデンティティに求められた。そのため, パキスタンはインドを挟んで 1000 km 以上も離れた東西に領土が存在するという, 非常にユニークな国土を持つことになった（図 1-5）。東西両パキスタンでイスラーム教徒が多数派であるにせよ, 東西は経済的にも民族的にも文化的にも大きく異なっていた。政治的実権は西パキスタンにあったが, 東パキスタンに居住するベンガル人のほうが人口的には多数を占めていた。そのため, 1970 年の選挙で, ベンガル人のアワミ連盟が西パキスタンでは全く議席を得ることができなかったものの, 東パキスタンでは予想を超える圧倒的勝利を収めた。軍や西パキスタンの指導者は憲法制度に従った権力委譲を拒み, 結局 1971 年 5 月に軍を東パキスタンに派遣してア

ワミ連盟指導者を逮捕するとともに，戒厳令を敷き，事実上の軍事占領下に置いた。続いて政府に対する激しい抗議行動と，これを弾圧する軍との間で流血の惨事が繰り返された。こういった内乱状態を背景に，1000万人ともいわれる膨大な数の難民が東パキスタンからインドに流出したのである。

　これはインドにとって重大な事態であった。第1に，難民がこの規模に達すると，キャンプを設置し，ごく基本的なサービスを提供するのですら，いかなる国にとっても巨大な負担を意味する。国際的な支援が得られるにしても貧しいインドにとっては，なおさら深刻な経済的危機状況が到来したことを意味した。また，膨大な難民の流入によって衛生状況が急激に悪化し，コレラなどの感染症が発生した。そうなると，これはキャンプに滞在する難民だけの問題にとどまらない，受け入れ地域全体にとっての一大危機を意味する。さらに，ただでさえ人口稠密なこの地域では，生活空間を共有する地元の住民との間で，さまざまな軋轢が生じた。例えば，難民が一挙に地元の労働市場に流入したため，一気に賃金レベルが低下し，地元の住民の生活を圧迫するようになったといわれる。

　だが，おそらくこの事例の文脈で最も重要なのは，多数の難民の流入がこの地域のただでさえ微妙な秩序を，一挙に不安定化させかねないことであった。[69] 難民が集中していた西ベンガルの州では共産党が有力で，中央政府と州との関係は常に緊張していた。また，インドの北東地域は民族構成が複雑で，中国との領土問題も抱えており，インドの中央政府がその安定に神経質にならざるをえない地域であった。多数のベンガル人難民の流入によって，アッサムやトリプラなどの地域で民族構成が一気に変動することは，少数民族にとっては看過し難い事態であり，地域の不安定化をインド側が心配したのも無理のないことであった。

　内戦の結果，難民が流出したのは事実であるが，パキスタンがこれを意図的に操作したかどうかは疑わしい。だが，そもそもインドとパキスタンの双方が互いに極度に強い不信感を抱いていたことを背景に，インド側がパキスタンの意図を感じたのは事実である。1971年5月14日，インド政府は次のように声明している。

このように多数の人々を意図的に国外に追放したことによって，前例のない人道
的問題が生じており，それは地域に重大な影響を及ぼしうるものであり，ひいては
地域の平和を脅かすものである。[70)]

　他方パキスタンとしては，インドはパキスタンの内政問題である東パキスタ
ン問題で，一貫して分離主義運動を支援してパキスタンの領土保全を脅かして
きたではないか，という思いがあった。実際，インドがバングラデシュの臨時
政府軍（Mukti Bahini）に装備や訓練などを提供し，それが武装闘争を展開す
るのを支援していたことは間違いない事実であった。どこまでパキスタン側が
意図的であったかは不明だが，東パキスタン内のヒンズー教徒の少数派はいわ
ば裏切り者であり，この際追放するのは悪くないかもしれないし，それがイン
ドを苦しめるのならますます好都合だと思ったとしても，不自然ではないだろ
う。少なくとも，パキスタンにはインド側の要求に応じて，こうした難民の帰
国や流出規制で協力する意図は全くなかった。

　1971年12月，インドはバングラデシュの臨時政府を支援して紛争に直接介
入し，短期間でパキスタン軍を圧倒した。第3次インド・パキスタン戦争であ
る。結局パキスタンは，東パキスタンを失ってバングラデシュとして独立する
ことを認めなくてはならなかった。東パキスタンからインドに流出した難民は，
インドの介入を招く一大要因になった。パキスタンがそれを意図的に助長した
とすれば，大きな戦略的失敗だったといえよう。

●移民労働力の輸入規制

　今日の豊かな国々で移民問題として認識されているものは普通，これまで議
論してきたような，政治的な理由や意図によって国境を越える亡命者や強制難
民ではない。それは，貧しい国から豊かな国によりよい生活の機会を求めて移
動しようとする，多数の経済移民をどのように秩序づけるのか，という問題で
あろう。

　グローバル化がしきりに語られる今日の世界で，巨大な富の不均衡が存在す
ることは覆うべくもない現実である。国によって巨大な賃金格差があれば，安
価な労働力を利用して生産した製品が，貧しい国から豊かな国に移動する力学
が生まれる。また，安価な労働力を利用して生産しようと，資本が移動する力

学が生まれる。

　すでに繰り返しみてきたように，欧米の先進諸国は一方で出国の自由を人権の一部として声高に推進するが，他方で出国した人々の入国の自由は原則的に権利として認めていない。したがって，いったん数多くの人々が自国の国境に押し寄せると，彼らは人道的に保護すべき対象から，厄介な政治問題の原因と位置づけられる。しかし世界に巨大な貧富の格差があり，移動の手段が発達すれば，どうしても一部の豊かな国の労働市場に参入しようとしてその国に入国しようとする人々の圧力が作用するのは，避けられない。

　そのため，高度人材の場合とは逆に，国内の雇用機会の限られている貧しい開発途上国では，とりわけ低賃金を活かした輸出が先進国のさまざまな保護主義的規制によって妨げられるのならば，低賃金の労働力こそが最大の輸出商品にならざるをえない。移民の大量送出によって自国の人口圧力を緩和するとともに，移民からの送金を開発目的に利用することができるとなれば，多数の非熟練労働者を先進国に送りたいという意欲が当然作用する。

　先進国側には，安価な労働力を求める実業界や一部の産業からの圧力や，移民や難民に対する寛容性を国家の開放性の試金石とみるリベラルなグループからの移民の受け入れ圧力がある。他方で，労働市場や公共サービスにおいて移民と競合する傾向の強い国内の非熟練労働者や低所得層からの反発や，国家統合上の原理をすでに確立した多数派の伝統に求める保守的なグループからの反発がある。移民の人権や福祉に強い関心を持つ国であっても，少なくとも移民の受け入れについては国際的制度に拘束されて，外国人の入国を認めるかどうかを決める主権的権限を制限されることは避けたいというのが本音であろう。そのような国内の政治力学の中で，国家は非熟練労働者の移民については，必要なときには安価な限界的労働力として歓迎しても，経済状況や社会状況次第では帰国してくれる，便利な労働力であってほしいと考えるだろう。

● **移民労働者をめぐる国際レジーム**

　ある意味で，このような利害の構図は国際貿易と似ている。自由な貿易，国境に無関係に商品が売買できることが一番望ましい，という見解は経済学者の多数派の立場だろう。しかし，現実の貿易交渉では他国市場に輸出はしたいが，

3　入国規制と国際政治　63

自国市場は守りたいという重商主義的な姿勢が，国際貿易交渉での国家の一般的な行動様式となっている。国際貿易に関しては，国際社会でもすでに相当の制度化が進んでいる。例えば，第二次世界大戦後には関税及び貿易に関する一般協定（GATT）が設立され，20 世紀末にはそれが世界貿易機関（WTO）となって今や世界中の多くの国々が加盟している。さらに，一層の自由化を相互に進める地域的な協定も結ばれてきた。代表的なものに，ヨーロッパの共通市場があり，WTO よりも格段に深い自由化が行われてきた。1990 年代以降には，ヨーロッパ以外の地域でも数々の自由貿易協定（FTA）が急速に増えてきていることは，よく知られている通りである。

しかし，難民については一応の国際レジームが存在するものの，経済移民の移動についての制度化のレベルは低い。WTO に相当するような，経済移民についてのグローバルなレジームはなく，国連や国際労働機関（ILO）などの枠組みの中で，国際人権規範や労働規範の一部として移民の権利が限定的にふれられてきたに過ぎない。

ILO は，その誕生を第一次世界大戦後に遡ることができ，第二次世界大戦を生き延びた数少ない国際機関である。政府代表に加えて労働者および雇用者の代表も集うユニークな国際機関で，国際的な労働規範の設定が任務の重要な一部とされてきた。早くから移民労働者の問題に取り組んでおり，1949 年に結ばれた第 97 号条約では，移民労働者の賃金などの労働条件を自国民労働者と同一にするという原則が謳われ，移民労働者の差別を禁じている。また，1975 年の 143 号条約では，折から起こっていた石油危機後の不況を背景に，不法に移民労働者を雇った雇用主への処罰や，不法入国を阻止するための国際協力を加盟国に求めている。[71]

国連は主として人権保護の立場から，この問題についての規範設定を行ってきた。1990 年に 10 年間の交渉を経て国連総会で採択され，2003 年に発効した「すべての移住労働者及びその家族の権利の保護に関する国際条約」は，上記の ILO 条約の同一報酬の原則を再確認しつつ，その 44 条で「家族が，社会の自然かつ基礎的な単位であり，社会及び国による保護を受ける権利を有することを認め，移住労働者の家族の同居の保護を確実にするために適切な措置をとるものとする」としている。[72]

●国際移民レジームの不在

これらの国際人権規範や労働規範は，移民労働者の最低限の権利を定めることで，経済移民をめぐるガバナンスの一部を構成している。もっとも，これらの規範の実効性は，現実には受入国の公的な制度だけではなく，雇用慣習や社会規範が伴わなくては十分なものとはならないだろう。だが上記の諸条約を批准しているのは，概ね中南米や北アフリカおよび東南アジアを中心とした移民の送出国にとどまっている。他方，主要な移民の受入国である欧米先進国で批准している国は少ない。とりわけ大規模な労働移民の受入国であるアメリカやカナダがいずれも批准していないことからみても，その実効性の限界は明らかである。それにもまして重要なのは，これらの規範は，あくまで受け入れた移民の権利を定めたものであって，移民を受け入れるか否か，またどのような条件で受け入れるのか，といった点については何も語るところがない。つまり，国際的な財の輸出入とは違って，労働力の海外からの受け入れについては，依然として受入国の裁量に任されている部分が圧倒的に大きいのである。

財の移動と人の移動で，このように大きな相違があるのはなぜなのだろうか。おそらくそれは，経済移民の受入国と送出国の間の関係が非対称的で，双方の協力によって，ともに利益を得られる関係とは言い切れないことが大きな理由だろう。グローバルな国際貿易レジームは，その利益がメンバーすべてに及ぶとともに，貿易上の統一的なルールがあり，紛争処理手続きが設けられている。それにより，ある国が利益を享受しても，それによって他国の利益と競合することがない。つまり，いわゆるクラブ財としての性格がある。また，一国は輸出とともに輸入もするので，自国市場を開放しても相手国市場への参入が拡大すれば，結果として双方が利益を得るプラス・サム・ゲームの性格を帯びる。

一部の論者は，国際移民レジームも，その利益が世界中に及ぶとともに，それによって得られる利益が競合しない性質を持つため，いわゆる国際公共財であるとする。また国際難民レジームは公共財である一方で，非熟練労働者の経済移民の管理レジームはクラブ財であり，高度人材の管理レジームは関係しない国家に対する外部性のない私的財であると区別する論者もいる[73]。だが，人の移動によって生ずる利害には，国内総生産（GDP）が増えるか減るかといった測定可能な経済的利益にとどまらず，貨幣換算にはなじまない，社会的・政治

3　入国規制と国際政治　　65

的そして道義的な価値が含まれている。それだけに，当該国が「利益」をどのように認識するかによって，移民の送出国と受入国の関係は大きく左右される。それにもまして，非熟練労働者の経済移民の流れには貿易のような相互性がなく，移民の流れの方向は川の流れと同様，短期的には逆転することは稀で，送出国と受入国の立場はかなり固定的である。[74]

加えて現在の移民送出国である開発途上国は，植民地時代を経験した若い国家であるだけに，自身も領域主権の不可侵性を強調する傾向がある。また，労働力の海外送出は輸出とは違って，政府の経済運営の成功とはみなされず，むしろその失敗を象徴する棄民政策であると自国内で認識される可能性もある。国際移民レジームが貿易レジームとは違い，未発達なのは，以上のような事情が作用しているのであろう。

●自国労働者のマーケティング──フィリピンの事例

理由はともあれ，経済移民を規制する国際レジームは弱体で，しかも移民の送出国の立場は普通弱い。そのため，経済移民について送出国と受入国の間で利害が異なっても，それがただちに国際政治上の争点にはなることは稀である。そのため労働力の輸出を積極的に自国の経済戦略の一環として位置づける送出国としては，あたかも買い手市場で商品を売り込むように，自国民のマーケティングに励まなければならないことになる。

フィリピンは伝統的に労働力の輸出に大きく依存してきた国であり，組織的に自国労働力の売り込みを展開してきた。2014 年時点で，海外で働くフィリピン人労働者（Overseas Filipino Workers : OFW）の総数は，約 240 万人とされ，そのうち約 50 万人が船員などとして働く労働者である。陸上で働く OFW の居住地の地理的分布をみると，サウジアラビア，アラブ首長国連邦（UAE），カタール，バーレーンなどの湾岸諸国とともに，シンガポール，香港，台湾などのアジア諸国が上位に来る。おそらくそれらの人々の多くは，家政婦などとして働く女性の家事労働者や，工場の生産ラインや建設現場で働く労働者，さらに一部の農業労働者からなる。さらに，看護師や介護士といった，医療や介護の現場で補助的な仕事をしている人が多いという構図が見て取れる。[75]

フィリピン政府は，フィリピン海外雇用庁（Philippine Overseas Employment

Administration：POEA）と国際労働問題局（International Labor Affairs Service：ILAS）を設置して，積極的に自国民を海外の労働市場に送り込む努力をしている[76]。POEA の使命は，世界中にネットワークを張り巡らし，OFW のために，しっかりとした雇用を創出し維持することである。それに加えて海外に展開する OFW を保護すること，そして彼らが帰国した際にフィリピン社会への再統合を支援することであるとされている。

　このような目的のために，POEA のマーケティング部局は，世界中の政府の移民労働力受け入れ状況を調査し，海外のフィリピン大使館や領事館に展開している ILAS と協力して，OFW の雇用機会について常にアンテナを張り巡らして，情報収集に努力している。フィリピンの外交官たちも，国際会議や赴任国のさまざまなグループと接触するとともに，POEA の担当官はマニラに駐在する外国大使館の館員とも常時接触して，自国労働者を送り込む機会をうかがっている。

　POEA はこういった求人情報を，例えば台湾で工場労働者 50 人募集，サウジアラビアで看護師 300 人募集といった具合に，自身のウェブサイトで公開するとともに，応募者を登録して雇用者との間の仲介業務も行っている。このように送出国の公的機関が経済移民の移動を仲介することによって，受入国側からビザを獲得し，正規の移民労働者として送り出すという仕組みになっている。さらに POEA は，出国者にとって大きな負担となる行政手続きや雇用契約の手続きを一元化することで，彼らの国外移動を支援している。

　フィリピン政府は，こういった求人情報の収集や OFW の仲介だけではなく，送り出す労働者の訓練にも力を注いでいる。アメリカの植民地であった歴史的経緯のために，フィリピンの公的教育では，英語がしばしば用いられている。フィリピン人労働者の国際労働市場での一つの強みは，彼らの英語能力にある[77]。だが OFW が労働ビザを取得して海外で職を得ようとする際には，しばしば国際労働市場で需要の高い，コンピュータ関連，電気技術，美容，理容，介護や介助などの技能証明が求められる。そのため学校教育を補う形で技能教育を推進している。教育技能開発機構（Technical Education and Skills Development：TESDA）が設けられ，民間レベルの（つまり個人負担で）多数の技能コースを承認・許可している。それによって，いわば OFW の「格付け」を行うとともに

3　入国規制と国際政治　67

「付加価値」を高めようというのがその狙いである。これは受入国側からみれば，移民労働力の「商品価値」を評価する情報を得ることで，「望ましい」移民の選別を容易にする手続きでもある。このような努力によって，フィリピン政府は，他の移民労働力の送出国との差別化を図り，自国からの移民労働力の魅力を高めようとしているのである。

　同時に，政府が関与することで，いったん送り出した労働力の帰国についても役割を果たす。例えば，アジア通貨危機のときのように受入国の経済事情が著しく悪化した際や，湾岸戦争のときのように政治的な危機が生じた際，さらにはフィリピン人の不法滞在者の行動が受入国で政治問題に発展しそうな際には，受入国からフィリピンへの帰国にも，協力してきた[78]。このような協力をしておかなければ，受入国の信頼を損ねて継続的な労働力の送出が難しくなるからである。また，このような労働力輸出外交は，さまざまな外交的な考慮に翻弄される。例えば，2国間協定をミャンマーと結べば，それは他の東南アジア諸国連合（ASEAN）諸国との関係をも考慮しなければならないということになる。またフィリピンは中国，とりわけ香港と台湾の両方に多数の労働力を送り出しているが，中国当局が執拗に求める「一つの中国」の原則を維持しつつ，台湾当局との関係を管理しなければ，中国当局から報復的措置を受けることを覚悟しなければならなくなる[79]。

　もちろんフィリピン政府は，送り出した自国民労働者の保護にも関心を払っている。1995年の法律によって，OFW の雇用契約を保障することが義務づけられており，海外における労働争議やフィリピン人労働者の虐待事件などが起これば，フィリピン政府が当事者として関与することになる。だが，一方で自国の労働者を外国政府に「売り込む」という役割を果たしながら，他方で彼らを外国で保護するという役割を果たすことは容易ではない。外国の労働市場に合法的に参入するには，どうしても労働ビザが必要になる。それは，受入国の国家のみが独占的に発給できるものである。しかも世界の労働市場が依然として国ごとに仕切られ，労働ビザが稀少である限り，そしてそれをどの国の労働者にどれくらい分配するのかを決めるのは受け入れ側の国家である限り，自国労働者を「売り込」まなくてはならない送出国に対して受入国が有利な立場にあることは事実である。

68　　第1章　人口移動政策と対外関係

●ブラセロ・プログラム——米墨間の移民管理の試み

しかし，現実には送出国が受入国に一定の影響力を行使できる場合もある。というのは，受入国も送出国の協力が必要となることがあるからである。それは一方的な管理能力に限界があり，送出国との協定によって移民労働力の流れを秩序づけることが望ましいと受入国が感じる場合である。その場合，送出国側の立場が強まることになる。

世界最大の移民回廊であるメキシコ‐アメリカ間の移民管理については，1942年から62年までの間，いわゆるブラセロ（Bracero）・プログラムが両国間で合意されていた。この枠組みの下で，約500万人のメキシコ人の非熟練労働者が国境を越えてアメリカに向かった。

(1) 米墨国境の形成

メキシコとアメリカを隔てる3000 km以上に及ぶ長大な国境線が，現在の形になったのは19世紀半ばになってからのことである。メキシコがスペインから独立すると，新生メキシコ共和国の内政は混乱した。このメキシコの中央政府の弱体化に乗じて，もともとはスペイン領で当時はメキシコ領であったテキサスに，アメリカからの不法入植者の流入が続いた。メキシコ当局は自国国境を有効に管理できなかったため，こうした非正規移民は事実上テキサスを乗っ取り1836年に独立を果たした。その後テキサスがアメリカに併合されると，今度はテキサスとメキシコの間の国境をめぐる紛争が起こり，1846年に米墨戦争が勃発した。アメリカがこれに勝利した結果結ばれた1848年のグアダルーペ・イダルゴ条約によって，メキシコは領土の3分の1に相当する，現在のテキサス州，コロラド州，アリゾナ州，ニューメキシコ州，ワイオミング州の一部，およびカリフォルニア州，ネバダ州，ユタ州という広大な領土をアメリカに割譲した。この結果，今日の我々が目にするアメリカの領土が形成され，米墨国境の大枠が確定した。現在，米墨間の国境線を越える人々の数はおそらく世界最大で，国境を合法的に横断する人々の数は年間3億人をはるかに超える。それに加えておそらく毎年100万を超える人々が，メキシコからアメリカへと不法入国していると考えられている。これが2016年のアメリカ大統領選挙でも大きな争点になった。上述のような歴史的経緯を考えると，この大統領選挙に勝利したトランプが，選挙戦中，メキシコ側の負担で米墨国境に巨大な

3 入国規制と国際政治　69

壁を作ると主張していたことについては，歴史の皮肉を禁じえない。

19世紀末まではアメリカの国境は非常に開放的であった。国内では，先住民を居留地に追いやる一方で，急速に拡大するアメリカ経済の労働需要を，多数の移民労働力が埋めていたのである。米墨国境の警備も事実上ないに等しく，国境地帯に住むメキシコ人は，もともとメキシコ領だったアメリカ領内に住む親類縁者と自由に往来していたのが実情だった。だが，アメリカ建国時は大半がアングロ・サクソン系のプロテスタントという同質的な人々だったが，その後カトリック教徒であるアイルランドやイタリアからの移民が増え，さらに東欧やロシア系，そしてユダヤ人，さらには華人や日本人が加わるようになると，人種論的排外主義も高まり，さまざまな社会的軋轢が激化した。1882年の中国人移民排斥法によってアジア系の移民が排除されたのを手始めに，さまざまな規制が導入され始めた。日本人移民の排斥問題もしばしば表面化し，第1節で述べたように20世紀初めには実質的に日本からアメリカへの移民の道は閉ざされた。1924年にはいわゆる排日移民法によって同化不能外国人として公式に日本人移民が排除されたのも，このような文脈で起こった出来事であった。

もっともメキシコ人は概ねこれらの規制の対象外であったし，アジア系移民の供給が途絶えると，むしろその隙間を埋める労働力として，もともとはメキシコ領であった南部の農場主によって広く雇用された。[80]アメリカ側にとってもメキシコ人労働者は重宝な存在だったのである。また，メキシコ政府にとっても，急速な人口増加と都市化に見合う雇用機会を提供できないメキシコ経済の実情を考えると，アメリカへの労働力の送出は国内社会を安定させるための便利な「安全弁」として好都合な面もあった。

(2) 第二次世界大戦下の米墨関係

そのメキシコからの移民労働力が一気に増えたのは，第一次世界大戦中のことであった。米議会は1917年に全般的には規制色の強い移民法を可決したが，この法律には農業労働者などを一時的に雇用する目的で入国を認めることができるという抜け道があった。そのため1917年から21年までの間に7万3000人のメキシコ人労働者が，アメリカに入国した。[81]もちろんこの背景には，アメリカの第一次世界大戦への参戦によって，労働力不足が進行したことがあった。しかし1920年代から農業恐慌が進行すると，スタインベックの小説，『怒りの

70　第1章　人口移動政策と対外関係

葡萄』で描かれているような窮状が，アメリカ農業を襲った。そうなると，アメリカ人の農業労働者と競合する立場にあるメキシコ人労働者は一気に邪魔者扱いされ，1929年だけで35万人から60万人ともいわれる貧しいメキシコ人が検挙され，メキシコに強制送還されるという事態が生じた。[82]

　メキシコでは20世紀のほとんどの期間を通じて，反米ナショナリズムが強く，少なくとも公式にはどちらかといえばアメリカへの移民を抑制する方針をとっていた。[83]だが米墨戦争の顛末からみても明らかなように，メキシコとアメリカの力の差は明らかであり，メキシコ政府は常に軍事的にも経済的にも圧倒的に強力で，しばしば高圧的なアメリカとの関係を悪化させないように細心の注意を払う必要があった。これに対してアメリカは，メキシコの利害を勘案せずに一方的に行動しても，なんら痛痒（つうよう）を感じなくても済むのが常態であった。だが，こういった状況は，時に意外な変化をみせる。

　第二次世界大戦が勃発し，とりわけ日本の真珠湾攻撃によってアメリカがこの戦争に参戦したことで，アメリカとメキシコの間の交渉力のバランスに変化が生じた。アメリカは軍事目的の生産に労働力を動員することが戦争を遂行するための至上命題となったが，それによって労働市場の需給関係が逼迫し，南部の農業部門は便利な低賃金労働者の多くをメキシコから導入することを強く求めるようになった。またアメリカとしては，第二次世界大戦を戦うためにも，メキシコをはじめとする中南米諸国から外交的支持も得たい事情があった。そのため，戦時労働力委員会，労働省，国務省，司法省，農務省の代表からなる委員会が，労働組合，農業ロビーなどの諸利害を勘案しつつ，メキシコ人労働者の導入問題の検討を開始した。

　他方メキシコ国内では，世論，諸政党，左翼グループ，そしてアメリカの覇権に強く反発する保守的グループからも第二次世界大戦には中立を保つべきだという意見が強かった。だが，当時メキシコ大統領であったアビラ・カマチョは，アメリカへの協力と引き替えに，さまざまな問題でアメリカからの協力を取り付ける機会として大戦をとらえた。メキシコは，1942年5月1日に枢軸国に対して宣戦布告を行った。このような流れを受けて，同月アメリカは外交ルートを通じて，ブラセロ・プログラムをメキシコ側に持ちかけた。[84]

　興味深いことに，アメリカからの提案に，当初メキシコ側は懐疑的であった。

3　入国規制と国際政治　　71

その理由は，まずアメリカの労働力需要が不安定なのではないかという疑念があった。メキシコとしては1929年に実際に起こったような，アメリカの都合次第で，多数のメキシコ人労働者が一挙に強制送還されるような事態は，もちろん避けたかった。また，多数の労働力を失うことによって，メキシコ産業の発展が阻害されるのではないかという懸念もあった。さらにメキシコ政府は，世論の反発も考慮しなくてはならなかった。もちろん劣悪な労働条件で虐待事件も頻発するアメリカ南部諸州に自国民を出稼ぎ労働者として送ることに，政府が関与することには屈辱感が伴った。[85) 保守勢力は反米の観点からこれに反対し，カトリック教会は家族が離ればなれになる出稼ぎ労働に否定的だった。他方で，マルクス主義者や左翼勢力にとっては，これはアメリカ帝国主義によるメキシコ人労働者の搾取以外の何物でもなかった。加えて労働力をアメリカに輸出することによって，アメリカへの構造的依存が一層高まるかもしれないし，アメリカから帰国した労働者の購買力によって，メキシコの価格水準が高騰するのではないかという懸念もあった[86)。

しかし政府間の協定によって，メキシコ政府の発言力は高まるだろうし，メキシコ人労働者の処遇が改善することも期待できた。また，メキシコ農業もメキシコ人労働者がアメリカで得た技能によって利益を受けるだろう。さらに，このプログラムによってアメリカの戦争努力に協力する姿勢を示すことは，対米関係上望ましいという外交的配慮も働いた。そして，何といっても，これによって労働者が賃金を受け取れるだけではなく，戦争はメキシコの天然資源を大量にアメリカに輸出する機会となるだけに，アメリカに協力することは具体的な経済的利益につながると期待できた。

このような思惑の一致によって，1942年7月，わずか10日間の交渉を経て，両国政府はその後5年間有効なブラセロ・プログラムについて正式の合意に達した。このプログラムは両国の合同委員会によって管理され，アメリカ側は国務省とともに農務省が，メキシコ側では外務省の移民労働局が担当官庁となっていた。メキシコ側は，このプログラムで募集される労働者の総数をメキシコの各州に割り当てるとともに，募集センターを設けて応募者を両国政府が審査する手続きが定められた。雇用されることになった労働者はアメリカに送られ，国内各所の農場に振り分けられる，というのが大まかな仕組みである。

その後22年間にわたって継続する。このプログラムの原則には、以下のようなメキシコ側の要望が反映されていた。第1に、メキシコ人労働者はアメリカ軍に従軍することが禁じられること。第2に、メキシコ人労働者が差別的な待遇を受けないこと。第3に、メキシコ人労働者の移動費用、生活費、帰国費用などは、メキシコの法律に従って保証されること。そして、このプログラムで入国したメキシコ人労働者が、アメリカ人労働者の雇用や賃金水準が変化しても圧迫を受けないこと、などである。また、このプログラムによる雇用契約は、メキシコ人労働者とアメリカ政府との間に結ばれ、アメリカ政府が個別の農場との下請け契約を結ぶ形とした。そのため、アメリカ政府に労働者を保護する責任を負わせ、またメキシコ人労働者の移動費用、生活費、帰国費用もアメリカ政府に負担させることができた。このプログラムによって、早くも1942年の7〜12月の期間に4000人がアメリカに向かい、42年から47年までの5年間でその総数は20万人に達した。

(3) 第二次世界大戦後のブラセロ・プログラム

戦争が終わり、労働市場の条件が変化すると、政府間合意の内容にも変化が生じた。1948年から51年をカバーする協定は、アメリカ政府の関与を縮小して、個別の雇用者と労働者に委ねられる領域を拡大するという内容であった。例えば、アメリカ政府は契約の履行に法的な責任を問われない立場に立ち、交通費や生活費を支弁する責任も雇用者が負担することになるなど、アメリカ側の公的関与を縮小し、雇用者に委ねられる度合いが拡大した[87]。

メキシコ政府はもちろんこれに不満ではあったが、協定そのものの継続は望んだ。その理由の一つはメキシコからの不法出国者の急増であった。1948年から50年の間、ブラセロ・プログラムによる正規労働者の数が20万人であったのに対して、その2倍程度の不法出国者がアメリカに入国したと考えられている。メキシコ政府の権限が及ぶ何らかの正規の労働力移動の経路を維持しておくことは、不法出国を抑制する効果があるかもしれないと考えられた。また、すでに不法出国したメキシコ人滞在者にとっても、正規労働者がいれば多少は改善する期待もあった。アメリカ側にとっても不法入国の急増は問題であった。この時期、非正規移民の虐待事件が表面化し、米墨関係に悪影響が及ぶことを国務省は心配した。正規移民の経路を閉ざすことは、事態を一層悪化させるお

3　入国規制と国際政治　73

それもあった。そして，ともかく労働者の稼ぐ賃金の持つ重みはメキシコには大きく，いかなる形であれ何らかの雇用機会が得られるほうが望ましかったし，将来，状況が変化すれば，協定の内容を有利なものに変更できる余地も残されていた。[88]

　実際，朝鮮戦争の勃発によって再び労働市場が逼迫（ひっぱく）すると，メキシコ側の交渉力は再び大きく高まった。1951 年 8 月に両国間で結ばれた協定によると，再びアメリカ政府の関与と責任が認知された。また，正当な雇用条件や雇用手続きがより詳細に定められるとともに，不法労働者を雇用したり，これらの条件に違反した雇用者をブラックリストに載せて，このプログラムの対象外にするといった形で，メキシコ人労働者の権利保護が強化された内容となっていた。[89]

　朝鮮戦争が終わると再びメキシコ政府の交渉力は低下したが，ブラセロ・プログラムそのものは南部の農場主の利益を守るために 1964 年まで継続された。その間，両国間で問題となったのは，一つは募集センターの場所である。アメリカ側が自国にとってコストの低い国境付近を望んだのに対して，メキシコ側は北部地域で労働力不足が生ずるなど，メキシコの全国的な雇用環境に不均衡が生じることに不満を抱いた。さらに大きな問題であったのは，メキシコ人の不法入国者（いわゆるウェットバック）の取り締まりに，アメリカ側が真剣に取り組んでいないという不満であった。南からの非正規移民の取り締まりに躍起になる，その後のアメリカの姿からは想像しにくいが，例えばテキサス州はこのプログラムの初期には，メキシコ側の希望に反してメキシコ国境を開放するという挙に出て，中央政府のプログラムを迂回して一方的にメキシコ人の労働力を獲得しようとしたほどであった。

　実のところ両国とも，非正規移民に対しては国内で矛盾した利害を抱えており，その姿勢は一貫性を欠くものであった。アメリカでは，たとえ非正規移民であってもメキシコ人労働力を安価な労働力として利用したいという南部の農場主の利害がある。しかし他方で，自分たちの賃金や雇用への悪影響を心配する労働組合などの勢力がいた。メキシコでは，たとえ非正規移民であっても，経済状況が著しく劣悪な場合は，アメリカがそれを雇用することは，国内社会の緊張を緩和する「安全弁」ではあった。しかし，自国民をアメリカ側の一方的な都合で雇用したり追い返されたりする状態は，経済的利害の観点からだけ

ではなく，独立国としての誇りを著しく傷つけられる事態であった。

ブラセロ・プログラムの重要な意図せざる効果は，メキシコとアメリカとの間に移民の経路が確立したことであった。プログラムの開始にあたって，両国政府とも一時的な労働力の移動を念頭に置いていたにもかかわらず，アメリカの雇用主とメキシコ人の労働者の間に太い相互依存的なネットワークが形成され，そのため非正規移民も一挙に増えることになった。それはとりわけ第二次世界大戦後の1940年代後半から50年代前半にかけて顕著で，54年には合法移民の3倍以上の数の非正規移民が逮捕されていたほどである。[90]プログラムを通じて雇用する場合に必要な面倒な手続きは不要だし，なんといっても賃金が低いからである。加えて，このプログラムで入国したメキシコ人のかなりの部分がアメリカに不法にとどまったので，彼らにとってもこういった不法な就労機会への依存は大きかった。

(4) 批判の高まり

ブラセロ・プログラムを推進したのは，アメリカの南部の農場主とメキシコ政府という奇妙な組み合わせであり，それにメキシコ政府との外交関係上の考慮を重視するアメリカの外交当局が加わっていた。それは戦争によってアメリカの労働市場における需給関係が逼迫するという条件が，直接の理由となって制度化されたものであった。だが労働市場の条件が変わると，メキシコ人労働者の農業労働力に依存するごく一部の農場主の利害だけで，これを維持することは難しくなっていった。しかも農業部門における移民労働者の厳しい労働実態が全国的に知られるようになると，アメリカの労働組合関係者の反対運動は，これまで無関心だった勢力の反発を味方につけることができるようになった。

1960年に放映された，アメリカCBS放送のドキュメンタリー番組「恥辱の収穫（Harvest of Shame）」は，アメリカの農場で働く多数の移民労働者の置かれた厳しい実情を，アメリカの公衆の目に晒すことになった。[91]1961年には何とかプログラムは2年間更新されたものの，時のアイゼンハワー政権はこれによって世論の批判に晒され，ブラセロ・プログラムへの反対は急速に道徳的な調子を帯びるようになった。

このドキュメンタリーのプロデューサーであったマローは，番組が放映された翌年に発足した民主党のケネディ政権の下でアメリカ文化情報局（USIA）

3 入国規制と国際政治　75

の長官となり，政権がジョンソンに引き継がれてからは国家安全保障会議（NSC）のメンバーになった。ニュー・フロンティアを唱道するケネディ政権や偉大な社会計画を打ち出したジョンソン政権では，政府が低賃金の農業労働者の斡旋（あっせん）に関与することは不都合なバツの悪い話だった。[92] メキシコ政府は継続を求めたが，1963 年にはブラセロ・プログラムの命脈が尽きていたのがアメリカ国内政治の現実であり，1964 年をもってこのプログラムは終結することになった。[93]

これによってアメリカ政府は，こういった農業労働者の窮状に関与する責任から逃れることはできた。しかし，公式のプログラムが終了してからも，メキシコからの移民労働者は，法的地位が変化しただけで，いなくなったわけではなかった。

では当のメキシコからの労働者にとっては，ブラセロ・プログラムの実態は，どうみえていたのだろうか。1950 年代末のあるメキシコ労働者についての事例研究では，次のように記録されている。[94]

　ファン・ガリシアの住んでいる地域では，職はないしあっても賃金は低い。そこで彼は地域の同じ世代の若者同様アメリカに出かけようとした。最初のステップは地元の市長から推薦状を確保することだった。この過程で賄賂が必要だったが，ファンは推薦状を受け取ると，今度は自費で一番近い募集センターに赴いた。そこでメキシコおよびアメリカ当局の担当官と面接し，さまざまな質問に答えた後で，健康診断やセキュリティチェックを受けた。それにパスしたファンは，アメリカ側での雇用主の負担でアメリカにある受け入れセンターに移動した。理論上はそこでだれと雇用契約を結ぶのかを選択できるはずだが，実態はそこで個別の農場に割り振られる。雇用契約書にサインすると，早速バスで農場に向かい，そこで 6 週間にわたって他のメキシコ人労働者とともに働くことになった。

　ファンの仕事はトマトの収穫で，長時間のきつい仕事だった。週 35 ドルの賃金のうち 11 ドルが食費に消えるが，帰るまでには 100 ドル余りの貯金ができ，家族へのお土産も買うことができた。最後にはホームシックになったが，このプログラムに参加できてよかったという思いだった。大体のメキシコ人労働者と同様，帰国前のメキシコ領事館や外国人労働局のヒアリングには，雇用主から受けた処遇には，一切不満はないと回答した。

　彼は雇用主の負担でメキシコに帰国し，そこでこのプログラムを無事完了したこ

とを証明する修了証をもらった。これがあると次回応募するときに非常に有利になるのである。アメリカで経験したことといえば、農地での作業と宿舎内の生活だけで、現地のアメリカ人とは何の交流もないし、アメリカ社会にふれる機会もなかったが、故郷に戻ると自分がアメリカ生活を経て以前より社会経験が豊富になった気持がした。自分の持っている権利や保護の内容についてはよく理解できなかったが、雇用主は正直で公正だったし、辛かったのは孤独だけだった。なるべく早く再度このプログラムでアメリカに行くか、できればビザを取って移民としてアメリカに行って、カネを稼ぎたいと思っている。

この回想からうかがえるのは、多くの移民労働者が受入国の水準ではたとえ権利保護が不十分な劣悪な条件下でも、また低賃金の辛い労働であっても、カネを稼ぎたいと考えているという事実である。そうであれば合法であれ不法であれ、雇用機会を求めて国境を越えようとする人々の圧力はなくなりそうもない。

●労働移民をめぐる政治的構図

こういった条件の下で、政府間の合意によって労働力の送り出しを組織すれば、一般的に送出国側は自国民の待遇を改善し、彼らの権利保護を確保するよう求めるだろう。しかし、悪い条件でも働きたいと思っている自国民が多数いる限り、送出国の交渉力は普通弱い。他方で、受入国側は、安価で「柔軟」な労働力を求めるという雇用主の利害と、それによって国内の雇用環境の悪化を心配する労働組合などの勢力の間に、対抗関係が生まれる。それに加えて送出国との外交関係や移民労働者の人権などに関心を持つ勢力などが、それぞれの局面で政治的バーゲニングに加わるという構図になる。

一般に受入国内の政治的力学がこういった制度のあり方を決めるうえで、大きな比重を占める。しかし、送出国との力関係が変化することはあるし、送出国と受入国が協力することによって、受入国が一方的に行動する場合よりも、双方および移民労働者自身の利益に資する場合が考えられる。だがここで問題になるのは、合法的な枠組みの外部にある闇市場の存在である。規制によって合法移民を手厚く保護すればするほど、闇市場で労働力を売買する誘因も強くなるし、合法移民の割り当てで賄賂が支払われたりする腐敗の危険も高くなる。

そうである以上，送出国側では有効な出国規制や国境管理を敷くとともに，正規移民の選別プロセスを公正に運営する必要がある。しかし多くの国，とりわけ開発途上国には，その実現は容易ではないだろう。

　他方で，受入国側でも，国内における不法滞在者規制を強化する必要が生じ，そのためには国境管理の厳格化や非正規移民の摘発などが不可欠になる。また非正規移民の雇用者への罰則なども強化されなければならないだろう。だが，こういった外国人の国内における摘発は，市民的自由の観点からのみならず，雇用者からも激しい反発を受ける。つまり移民労働者の移動を政府間合意の枠組みで秩序正しく制御しようとすればするほど，不法な移動や雇用を規制する必要が高まるという力学が生じる。移民の受入国も送出国も，国内に多様な利害を抱えているが，国家間の協力によって秩序正しい経済移民の移動を組織するには，受入国とともに送出国でもこの問題での一貫した政治的意思と実効性のある行政的能力が欠かせない。[95]

小　括

　この章では，移民の送出国と受入国との意思の衝突に焦点を合わせて，国際人口移動をめぐる国際政治のありようを分析してきた。出国の自由をめぐる問題は，冷戦的な文脈で顕著になったが，より幅広い人権の文脈から今後も繰り返し国家間関係の一つの争点になるだろう。だが，逆に戦略的棄民も，時に弱者の恐喝の手段となる。また高度人材は争奪戦の様相を呈するが，非熟練労働力は基本的に供給過剰であり，受入国の交渉上の立場が強い。人口移動が，このように時に歓迎され，時に恐れられるのはなぜか。一つには，一方で出国は自由であるべきだとされるのに対して，入国については各々の国家の管轄権の範囲に属するという，一貫性を欠く規範の構造に，その理由が求められよう。また，本国から逃れてきた政治亡命者は保護すべき迫害の被害者だが，多数の難民が国境に押し寄せれば，国家がそれぞれ自国の国民の生活を守る責任が強調されるようになるのである。

　そして，移動する人々に国家が与える意味は，さまざまな条件によって変化する。出国する人々は，祖国への裏切り者であったり，人的資源の喪失であったりするが，彼らの本国にとって政治的にも経済的にも都合のよい厄介払いの

場合もある。入国する人々は，保護の対象であったり，有益な人材であったりするかもしれないが，お荷物であったり，社会的安定にとってのリスクと認識されたりする場合もある。しかも，どういった人々をどれくらい出し入れするのが，政治的，経済的，道義的に適切なのかについて，受入国も送出国も国内に多様な利害や立場があり，一貫した意思形成は容易にできない。ましてや国際的に望ましい移民秩序のあり方についても，近い将来に幅広い合意ができることは期待薄である。

　また人々の流出入は，国家が容易に制御できるわけではない。国境を越える人々は賃金やその他の条件に反応して何らかの最適解を出す演算装置ではなく，自身の戦略をもって自分の運命を切り開こうとする主体である。そういった人々は，受入国と送出国の思惑を超えたダイナミックな現実を創造していく。アメリカでもヨーロッパでも限界的労働力として導入された移民たちは，さまざまなネットワークを形成して，結局は新たな居住国で移民コミュニティを形成し，根を張った。これは国家の政策意図によるものではない。また東ドイツ政府にとっては，反体制派を国外に追放するのは都合のよいガス抜きのはずであった。だが，人々の脱出が制御不能な水準に達し，ついには劇的な形で体制崩壊に至ったのは，もちろん国家の思惑ではなかった。

　モノ，カネ，情報の面で国境の透過性が高まるとともに，国家による出入国管理の限界も一層鮮明になってくる。そうだとすると国家の意思を超えた人口移動が検討課題とされなくてはならないだろう。次章では，こうした国際人口移動が国家間関係にとって，どのような意味を持つのかを検討したい。

▶注

1)　労働政策研究・研修機構編『欧州諸国における介護分野に従事する外国人労働者——ドイツ，イタリア，スウェーデン，イギリス，フランス 5 カ国調査』JILPT 資料シリーズ，No, 139，2014 年，1 頁（http://www.jil.go.jp/institute/siryo/2014/documents/0139.pdf）。

2)　Deborah Cohen, *Braceros: Migrant Citizens and Transnational Subjects in the Post-war United States and Mexico*, University of North Carolina Press, 2011.

3)　簑原俊洋『カリフォルニア州の排日運動と日米関係——移民問題をめぐる日米摩擦 1906～1921 年』有斐閣，2006 年，32 頁。

4)　もっとも旅券の発給規制はしばしば行われる。

5) John Torpey, "Leaving: A Comparative View," in Nancy L. Green and François Weil eds., *Citizenship and Those Who Leave: the Politics of Emigration and Expartrjation*, University of Illinois Press, 2007; Hein De Haas and Simona Vezzoli, "Leaving Matters: the Nature, Evolution and Effects of Emigration Policies," *International Migration Institute*, 2011（https://www.imi.ox.ac.uk/publications/wp-34-11）.

6) Torpey, *op. cit.*, 2007, p. 17.

7) *Ibid.*, pp. 19-20.

8) *Ibid.*, p. 22.

9) Saskia Sassen, *Guests and Aliens*, New Press, 1999, p. 11-13；ジョン・トーピー／藤川隆男監訳『パスポートの発明――監視・シティズンシップ・国家』法政大学出版局, 2008 年, 98-106 頁。

10) Sassn, *op. cit.*, p. 12.

11) 薬師寺泰蔵『テクノヘゲモニー――国は技術で興り, 滅びる』中公新書, 1989 年, 66 頁。

12) 須永隆『プロテスタント亡命難民の経済史――近世イングランドと外国人移民』昭和堂, 2010 年, 第 8 章。

13) Robert and Isabelle Tombs, *That Sweet Enemy: The French and The British from the Sun King to the Present*, William Heinemann, 2006, p. 24.

14) 日本の最高裁判所は 1976 年 1 月 26 日の判決の中で,「政治犯罪人不引渡の原則は未だ確立した一般的な国際慣習法であると認められない」とする下級審の判断を認める判決を出している。ただし, 難民については, 難民条約上の義務があることになる（本間浩『政治亡命の法理』早稲田大学出版部, 1974 年）。

15) Sabine Freitag ed., *Exiles From European Revolutions: Refugees in Mid-Victorian England*, Berghahn Books, 2003.

16) Marc Garcelon, "Colonizing the Subject: the Genealogy and Legacy of the Soviet Internal Passport," in Jane Caplan and John Torpey eds., *Documenting Individual Identity: The Development of State Practices in the Modern World*, Princeton University Press, 2001；トーピー, 前掲書, 208-209 頁。

17) Albert O. Hirschman, "Exit Voice, and the Fate of German Democratic Republic: An Essay in Conceptual History," *World Politics*, vol. 45 no. 2, 1993, p. 180.

18) Günter de Bruyn, Jubelschreie, Trauergesänge, 1991, p. 36-37, quoted by Hirschman, *ibid.*, p. 184.

19) Hirschman, *ibid.*, p. 185.

20) 雪山伸一『ドイツ統一』朝日新聞社, 1993 年, 47-48 頁。

21) 同書, 10 頁。

22) 同書, 113 頁。

23) 金賛汀『在日義勇兵帰還せず――朝鮮戦争秘史』岩波書店, 2007 年, 10 章。

24) Kyung-Ae Park, "People's Exit, Regime Stability, and North Korean Diplomacy," in Kyung-AePark ed., *New Challenges of North Korean Foreign Policy*, Palagrave Macmillan, 2010, p. 49；「韓国は『生き地獄』か――"脱南" する脱北者たち」『産経新聞』2013 年 10 月 26 日付。

25) Park, *op. cit*, p. 45.

26) http://www.unikorea.go.kr/eng_unikorea/relations/statistics/defectors/；Trum-

bull Higgins, *The Perfect Failure: Kennedy, Eisenhower, and the CIA at the Bay of Pigs*, W. W. Norton, 1987.

27) Park, *op. cit.*, pp. 55-56.

28) Peter Hägel and Pauline Peretz, "States and Transnational Actors: Who's Influencing Whome?: A Case Study in Jewish Diaspora Politics during the Cold War," *European Journal of International Relations*, vol. 11, no. 4, 2005, p. 476.

29) *Ibid.*, pp. 481-482.

30) Geoffrey P. Levin, "Before Soviet Jewry's Happy Ending: The Cold War and America's Long Debate over Jackson-Vanik, 1976-1989," *Shofar: An Interdisciplinary Journal of Jewish Studies*, vol. 33, no. 3, 2015, p. 66.

31) Fred A. Lazin, *The Struggle for Soviet Jewry in American Politics: Israel versus the American Jewish Establishment*, Lexington Books, 2005, p. 261.

32) *Ibid.*, pp. 276-278.

33) Joel Spring, *Globalization of Education: an Introduction*, Routledge, 2009, p. 185.

34) Stuart Anderson, "The Increasing Importance of Immigrants to Science and Engineering in America," NFAP Policy Brief, June, 2014 (https://ssrn.com/abstract=2460858); "Immigrants and Nobel Prizes," NFAP Policy Brief, October, 2016 (https://nfap.com/wp-content/uploads/2016/10/Immigrants-and-Nobel-Prizes.NFAP-Policy-Brief.October-2016.pdf).

35) Rob Paral and Benjamin Johnson, "Maintaining a Competitive Edge, The Role of the Foreign-Born and U. S. immigration policies in Science and Engineering," *Immigration Policy in Focus*, vol. 3, no. 3, August, 2004, p. 3 (https://www.americanimmigrationcouncil.org/sites/default/files/research/Competitve%20Edge.pdf).

36) Ayelet Shachar, "The Race for Talent: Highly Skilled Migrants and Competitive Immigration Regimes," *New York University Law Review*, vol. 81 no. 1, 2006, p. 170.

37) ポイント制度の内容については，カナダ政府の提供している以下のサイトを参照のこと。http://www.cic.gc.ca/english/express-entry/criteria-crs.asp

38) Shachar, *op. cit.*, p. 171.

39) *Ibid.* pp. 176-183.

40) 労働政策研究・研修機構編『諸外国における外国人受け入れ制度の概要と影響をめぐる各種議論に関する調査』JILPT 資料シリーズ，no. 153，2015 年，14 頁（http://www.jil.go.jp/institute/siryo/2015/documents/0153pdf　2016 年 9 月 28 日アクセス）。

41) 労働政策研究・研修機構編『諸外国における高度人材を中心とした外国人労働者受入れ政策——デンマーク，フランス，ドイツ，イギリス，EU，アメリカ，韓国，シンガポール比較調査』JILPT 資料シリーズ，no. 114，2013 年，105-106 頁（http://www.jil.go.jp/institute/siryo/2013/documents/0114_00.pdf）。

42) 同書，77-79 頁。

43) OECD-UNDESA, "World Migration in Figures: A Joint Contribution by UN-DESA and OECD to the United Nations High Level Dialogue on Migration and Development, 3-4 October 2013," p. 3 (https://www.oecd.org/els/mig/World-Migration-in-Figures.pdf　2016 年 9 月 10 日アクセス).

44) 湯木圭治「エリート教育の強みと苦悩」『Foresight』2009 年 4 月号，67 頁。

45) OECD, *International Migration Outlook*, 2007 Edition, pp. 162-163（http://www.who.int/hrh/migration/2007_annual_report_international_migration.pdf）.

46) ナヤン・チャンダ／友田錫・滝上広水訳『グローバリゼーション——人類5万年のドラマ』下，NTT 出版，2009 年，219 頁。

47) Jagdish N. Bhagwati and Martin Partington, *Taxing the Brain Drain, vol. 1 : A Proposal*, North-Holland, 1976.

48) Gillian Brock and Michael Blake, *Debating Brain Drain : May Govermments Restrict Emgration*, Oxford University Press, 2015, p. 48.

49) Jagdish N. Bhagwati, "Taxing the brain drain," *Challenge*, vol. 19 no. 3 1976, p. 35.

50) *Ibid.*, p. 37.

51) Anna Lee Saxenian, "From Brain Drain to Brain Circulation : Transnational Communities and Regional Upgrading in India and China," *Studies in Comparative International Development*, vol. 40, no. 2, 2005.

52) Frédéric Docquier, "Brain Drain and Inequality Across Nations," *IZA Discussion Paper*, no. 2440, November 2006, p. 24（http://ftp.iza.org/dp2440.pdf 2016 年 10 月 3 日アクセス）.

53) "BRICS Meet : India Express Worry over Brain Drain, Migration," *The Indian Express*, October 9, 2015（http://indianexpress.com/article/india/india-news-india/brics-meet-india-expresses-worry-over-brain-drain-migration/）.

54) Ted Davis and David M. Hart, "International Cooperation to Manage High-Skill Migration : The Case of India-US Relations," *Review of Policy Research*, vol. 27, no. 4, 2010.

55) Zbigniew Brzezinski, *Power and Principle : Memoirs of the National Security Adviser, 1977-1981*, Farrar Straus & Giroux, 1983, p. 407.

56) マイロン・ウェイナー／内藤嘉昭訳『移民と難民の国際政治学』明石書店，72 頁。

57) この事件の事実関係については，Jerome B. Weiner, "The Green March in Historical Perspective," *Middle East Journal*, vol. 33, no. 1, 1979.

58) Michael S. Teitelbaum, "Immigration, Refugees and Foreign Policy", *International Organization*, vol. 38, no. 3, 1984, pp. 437-438.

59) Kelly M. Greehill, *Weapons of Mass Migration : Forced Displacement, Coercion, and Foreign Policy*, Cornell University Press, 2010, Chapter 1.

60) キューバとアメリカの関係の簡潔な歴史的分脈については，ドン・マントン＝デイヴィッド・ウェルチ／田所昌幸・林晟一訳『キューバ危機——ミラー・イメージングの罠』中央公論新社，2015 年，第 1 章を参照のこと。

61) 以下のキューバの事例は，主として Greehill, *op. cit.*, Chapter 2 によっている。

62) この時期のキューバ・アメリカ関係については，William M. LeoGrande, "From Havana to Miami : U. S. Cuba Policy as a Two-Level Game," *Journal of Interamerican Studies and World Affairs*, vol. 40, no. 1, 1998, pp. 67-86 を参照。

63) Greenhill, *op. cit.*, p. 90.

64) *Ibid.*, p. 97.

65) *Ibid.*, p. 96.

66) *Ibid.*, p. 101.

67) *Ibid.*, p. 110.

68) 以下のバングラデシュ独立紛争については，概ね以下の文献による。Richard Sisson and Leo E. Rose, *War and Secession: Pakistan, India, and the Creation of Bangladesh*, University of California Press, 1990.

69) *Ibid.*, p. 180.

70) Idean Salehyan, "the Externalities of Civil Strife: Refugees as a Source of International Conflict," *American Journal of Political Science*, vol. 52, no. 4, 2008, p. 793.

71) Christine Kuptsch and Philip Martin, "Low-Skilled Labour Migration," in Alexander Betts ed., *Global Migration Governance*, Oxford University Press, 2011, p. 37；「1949 年の移民労働者条約（改正）（築 97 号）」(http://www.ilo.org/tokyo/standards/list-of-conventions/WCMS_239082/lang--ja/index.htm).

72) http://www.unic.or.jp/activities/humanrights/discrimination/migrants/；http://www.jinken-library.jp/search_detail/103402.html（ともに 2016 年 10 月 20 日アクセス）；Kuptsch and Martin, *op. cit.*, pp. 38-39.

73) Alexander Betts, "Global Migration Governance: the Emergence of a New Debate," *Global Economic Governance Programme Briefing Paper*, 2010, pp. 2-3 (http://www.geg.ox.ac.uk/sites/geg.bsg.ox.ac.uk/files/Betts%20Golobal%20Migration%20Governance%20PB.pdf).

74) もちろんかつての移民の送出国が，その後受入国となっているという発展のパターンは，広くみられる。また移民の受入国であると同時に送出国であるという，メキシコ，モロッコのような移民通過国も一部にあるのは事実である。

75) POEA Annual Report 2014, pp. 25-27 (http://www.poea.gov.ph/annualreports/annualreports.html).

76) Robyn Magalit Rodriguez, *Migrants for Export: How the Philippine State Brokers Labor to the World*, University of Minnesota Press, 2010, p. 23.

77) *Ibid.*, p. 32.

78) *Ibid.*, pp. 71-73.

79) *Ibid.*, pp. 68-69.

80) Alexandra Délano, *Mexico and its Diaspora in the United States: Policirs of Emigration since 1848*, Cambridge University Press, 2011, p. 60; Peter Andreas, *Border Games: Policing the U.S.-Mexico Divide*, 2nd. ed., Cornell University Press, 2012, pp. 32-33.

81) Maria Elena Bickerton, "Prospects for a Bilateral Immigration Agreement with Mexico: Lessons from the Bracero Program," *Texas Law Review*, vol. 79 no. 4, 2001, p. 898.

82) Délano, *op. cit.*, pp. 74-75.

83) Haas and Vezzoli, *op. cit.*, p. 11.

84) Richard B. Craig, *The Bracero Program: Interest Groups and Foreign Policy*, University of Texas Press, 1971, pp. 40-41.

85) *Ibid.*, p. 41.

86) Délano, *op. cit.*, p. 84.

87) Craig, *op. cit.*, pp. 53-54.

88) *Ibid.*, pp. 57-63.

89) *Ibid.*, p. 82.

90)　Kuptsch and Martin, *op. cit.*, p. 49.

91)　このドキュメンタリーはインターネット上で公開されている。https://www.youtube.com/watch?v=yJTVF_dya7E

92)　なお，マローは，ジョンソン政権下でNSCのメンバーになってから，ベトナム戦争でアメリカのイメージが低下していたヨーロッパで，それが一層悪化するのを恐れて，BBCにこのドキュメンタリーを放送しないよう自ら電話で要請したというエピソードが残っている（http://www.nytimes.com/learning/general/onthisday/bday/0425.html）。

93)　Craig, *op. cit.*, pp. 186-188, p. 197.

94)　*Ibid.*, pp. 132-137.

95)　移民が社会プロセスであることと，その操作可能性の限界を指摘した文献として，以下を参照のこと。Stephen Castles, "Why Migration Policies Fail," *Ethnic and Racial Studies*, vol. 27, no. 2, 2004.

第**2**章

政策の限界

非正規的な人口移動

　前章では，国境を越える人々をめぐる政治問題を，国家の意思の衝突との関連で論じた。だが，いうまでもなく，国境を越える人々はそれぞれの所属する国家の意を体現して行動するエージェント（代理人）ではなく，独自の利害や戦略を持った主体に他ならない。人々の国境を越える決断のほとんどは，国家の意思とは独立しており，しばしば国家の意思に反したものである。もちろん国家はさまざまな手段によって人の移動に影響を及ぼそうとするが，政策の帰結は予想しにくい。それが当初の思惑を超え，送出国にとっても受入国にとっても，予想外の結果に発展する可能性を秘めている。この章では，国家の政策目標の衝突ではなく，国家の政策の限界によって生ずる，国際人口移動の国際政治上の問題を検討する。

　国家は自国の領域的管轄権を守るために，国境の物理的防衛に加えて，パスポート（旅券）やビザ（査証）あるいは滞在許可といった制度によって，人々の移動や滞在を規制している。だが，国家の設けた制度に反して国境を越えたり，他国で居住したりしている人々が多数いるのが世界の実態である。受入国の入国管理制度に違反して入国しているという観点から，こういった人々は不法移民（illegal immigrants）や不法入国者（clandestine migrants）などとも呼ば

85

れる。これらの用語法には，これらの人々の人権を擁護する立場からの反発が
あり，非正規移民（illegal immigrants, undocumented immigrants）といった用語
が用いられる場合も多い。というのは，自身の意思に基づいて，密かに国境管
理の隙をついて他国に入国した人々や，密航業者に金銭を支払ったり，偽造書
類を購入したりして他国に入国した人々は，確かに非合法な手段で入国してい
る。しかし，受入国側に何らかの需要がなければ非正規移民の多くは生じない
だろう。また，当局も，このような人々の存在を好都合と考えて，建前通りに
規則を執行してこなかった場合も少なくない。そうであるならば，彼らを犯罪
者扱いするのは，偽善的ではないだろうか。

　だが，分析的な意味でそれより問題なのは，こうした用語が国家の設けた制
度を逸脱して国境を越える人々の持つ多様な実態を十分にとらえきれないこと
である。非正規移民には自国から逃れた政治犯や兵士，それに密輸などの犯罪
行為を生業にしている人々もいる。他方で，自らの意思に反して出国を余儀な
くされた人々も多い。その代表的な存在はいうまでもなく難民であり，またそ
うした人々の中にはむしろ人身売買の被害者と呼ぶべき人々も含まれている。
しかも内戦や政治的迫害だけではなく，旱魃や洪水などの自然災害や環境の激
変によって国境を越えることを余儀なくされる人々もいる。このような人々の
ことを語るには，強制移民という言葉のほうが適切であろう。しかし，厳しい
環境の中では自由な意思と強制の区別は現実には難しいし，政治的迫害から逃
れる行動と経済的機会をつかもうとする行動の間に，はっきりと線を引くのも
現実には不可能な場合が多々ある。

　人口移動をめぐる国際政治を検討する本書の目的から考えると，こういった
概念区分の限界を念頭に置きつつも，この章ではいわゆる不法移民と難民を一
応区別して検討を進めていく。というのは難民については，その取り扱いにつ
いて相当確立した国際制度がすでに存在しているのに対し，非正規移民につい
ては原則的には受入国側の入国管理の問題としてとらえられているからである。

1 非正規移民

●非正規移民の現状

　いわゆる，非正規移民の総数を正確に知るのは不可能である。さまざまな推計値の間にも大きなばらつきがある。例えば2010年に国際移住機関（IMO）は，2億1400万人とされる全世界の移民のストック（累計）の10-15% が非正規移民だとしている。また，国連開発計画（UNDP）は，開発途上国の移民フロー（流れ）の約3分の1が非正規移民であるとしている[2]。いずれにせよ，その総数が数千万人を下回ることはないとみて間違いない。この数はヨーロッパの中規模国家の人口に匹敵する規模である。

　このような推計の中で，アメリカの数字は比較的正確と想像される。例えば，アメリカの著名な調査機関であるピュー・リサーチ・センターによると，2014年時点で，アメリカに約1100万の非正規移民がいるとされる。これは全米の人口の約3.4% に相当する規模である。その数は一時急速に増加したが，2010年からはほぼ安定しているとされる。その内訳は52% がメキシコ人だが，その比率は低下しており，代わってアジア（多くは中国）や中米からの不法移民が増えているとともに，サハラ以南からの非正規移民の比率も増加している。また6割の非正規移民が，カリフォルニア，テキサス，フロリダ，ニューヨークなどの6州に集中している。メキシコ以外からの非正規移民の増加を反映して，イリノイやマサチューセッツ，ペンシルヴェニア，ワシントンなどの州でも，非正規移民の数が増えている。さらに非正規移民のアメリカでの居住期間が長期化する傾向が続いており，3分の2がすでに10年以上アメリカに居住しているとされる[3]。

　また，ヨーロッパについては，欧州連合（EU）が主催しているクランデスティノ・プロジェクト（Clandestino Project）の推計によれば，2008年には190万から380万の非正規移民が居住しているとされている。これは EU 27 カ国の人口の0.39-0.77% に相当する[4]。2014年に域内で計約55万人の不法滞在者が摘発されているが，その国籍別内訳は，シリア，エリトリア，アフガニスタ

ン，モロッコなど，中東やアフリカを中心とする地域から移動した人々が多かった。そのほかは，インド，パキスタンなど，ヨーロッパの旧宗主国内にすでに移民コミュニティが根を張っている旧植民地の国々から遠路渡ってきた人々である[5]。

このような非正規移民は欧米諸国のみの関心事項ではなく，多くの国で懸念材料となっている。ある国連の報告書によれば，調査対象となった144カ国のほとんどが，非正規移民の存在を問題視しており，そのうち75%はこれを自国にとって重大な懸念事項であると回答している[6]。

欧米の言説の中で非正規移民が主要な政治的争点となって久しい。早くも1920年代から48年の建国までに今日のイスラエルに移動したユダヤ人は，この地域を統治していたイギリス当局によって，阻止もしくは排除すべき不法入国者と認識されていた[7]。前章で論じたように，メキシコからアメリカへの労働移民は，19世紀以来，継続的に流入してきた。彼らは便利な限界的労働力として重宝されていた側面が大きい。彼らは，アメリカの労働市場での需給関係次第では，非正規移民として検挙され強制送還されるなど，非正規移民削減計画が大々的に実行に移されたこともあった。

だが全般的にいって，欧米諸国で非正規移民問題が，大きな政治的争点となったのは，1980年代以降であるといえそうである。第二次世界大戦後の経済成長期に移民の大規模な受入国であった豊かな欧米諸国は，1970年代以降，移民の流入を抑制することに政策の重点が移った。これは1950年代から60年代にかけての高経済成長の時期が終わり，国内の労働需要が減少したため，それまでは歓迎されていた移民労働者が邪魔者扱いされるようになったことが理由として挙げられよう。とりわけ欧米の工業が日本やアジア諸国から急激な追い上げを受けると，工場労働力の需要は減少し，欧米諸国の政策も移民の流入を抑制するものになった。他方で移動コストや情報コストが格段に小さくなったことによって，非合法的な移民の移動圧力が高まったことも，背景にあるだろう。

しかし，移民の受入国内では，すでに移民コミュニティは見慣れた隣人として根を張っており，彼らを労働市場の限界的な緩衝装置として簡単に国外に追い返すことはできなかった。また新たな労働移民の流入を禁止したとしても，

すでに入国した移民が家族を呼び寄せることまで禁ずることは，人権の観点から先進国では事実上とりえない政策となった。さらに，いったん移民コミュニティが形成されると，出身国とのトランスナショナルなネットワークも形成される。移民コミュニティは本国から同胞の入国を支援し，入国後は彼らの生活を支える社会的ニッチ（生態環境）を提供できるようになる。そのため母国から出国しようとする人々には，合法・非合法を問わず国境を越え，入国さえすれば，生活が成立する環境が揃うようになった。

● 冷戦後の移民政策

しかも，1980年代以降に新自由主義的な流れが強まる中で，冷戦の終焉によって地球上の圧倒的大多数の人々がグローバルな市場経済に参入するようになった。モノや資本や情報の国際移動が飛躍的に緊密になった世界では，さまざまな福祉制度や労働協約によって守られてきた豊かな国の労働者階層の生活が，中国やインドなどに代表される「新興国」との競争によって脅かされるようになった。そして，移民労働力と労働市場で競争的な関係に立つ先進国の労働者階層の人々にとっては，移民は生活に対する脅威と認識され始めるようになった。比較的少数で便利な限界的労働力であった時代には黙認されていた移民労働者も，社会的・経済的問題として意識されたことで，取り締まるべき対象であるという認識が強まったのである。

さらに非正規移民の治安問題，安全保障問題との関連が，強調されるようになった。アメリカでは1980年代以降，不法移民と麻薬密輸との関連が問題視されるようになり，これによって国内治安問題との関連にも着目されるようになった。多数の人々が無秩序な形で国境を越えて一気に流入すると，現地コミュニティの人口構成が変わることになり，それまでの住民にとって脅威とみなされる。例えばイスラエルのヨルダン川西岸地区へのユダヤ人入植者問題，ヨルダンにおけるパレスチナ出身者の処遇，そしてレバノンにおけるイスラーム教徒の増加は，それぞれ現地コミュニティのアイデンティティを変動させかねない問題である。伝統的に移民問題が安全保障問題であると認識されるのは，この文脈においてであったといえよう。しかし2001年に起こった9.11テロ事件と，それに続く一連の「テロとの戦い」によって，アメリカでは非正規移民

1 非正規移民　89

問題が劇的な形で安全保障問題に格上げされ，優先順位の高い政治課題となった。これと並行するように，冷戦終結によって長らく緊張を強いられてきたソ連からの地政学的圧迫が一挙に消滅した西欧諸国では，イスラーム系移民を社会的に統合するためにさまざまな努力をしてきたものの，苦悩が続いている。そうした状況を背景に，イギリスやフランスでイスラーム系の自国民によって衝撃的なテロ事件が引き起こされ，ここでも移民問題，とりわけ非正規移民問題は安全保障問題と意義づけられる傾向が強まった。このような傾向は，2015年に起こったヨーロッパの難民危機と，それに続いて各地で起こった衝撃的なテロ事件によって一層強まったことはいうまでもない。

　その結果，反移民を掲げるフランスではジャン＝マリー・ル・ペン党首に率いられた「民族戦線（FN）」，ドイツでは「ドイツのための選択肢（AfD）」，そしてイギリスでは英国独立党（UKIP）など，かつてなら泡沫政党としてまともに相手にされなかったであろう政党が，着実に勢力を増した。さらにアメリカでは2016年の大統領選挙で，米墨国境に巨大な壁をメキシコの負担で造ると主張して大喝采を浴びたトランプが大方の予想に反して当選した。このことは，移民とりわけ非正規移民への対策強化が急進的で人種差別主義的な周辺的集団の主張にとどまるものではなく，広範な大衆的支持を得るに至っていることを物語るものである。つまり国際的な言説空間で支配的な影響力を持つ欧米で，反移民的政治運動が民主的な支持を得つつ力を増している。これが，冷戦終結後のグローバリゼーションの時代の傾向であり，非正規移民対策は差し迫った伝統的な地政学的脅威のなかった冷戦終結後の欧米世界にとって，安全保障問題にすらなったのである。

　他方で，こういった非正規移民が脆弱な立場にあることはいうまでもない。居住国で不法な状態にある彼らは，経済の非公式部門で生計を立てざるをえない。そうなると劣悪な労働条件に甘んじながら，医療をはじめとする，さまざまな社会保障サービスを受けることはできず，しかも常に搾取や虐待の危険に晒される。そのうえ退去を迫られる可能性を恐れて，公的救済を求めることができない。これは非正規移民の人権問題であるだけではなく，受入国全体の社会経済問題につながる。というのは，非正規移民は非公式部門を肥大化させ，一国の経済全体が犯罪化する傾向を強める危険があるからである。これによっ

90　　第2章　政策の限界

て治安問題をはじめとする社会問題が激化するかもしれない。そうなると，同じ社会に住む人々全体に影響を及ぼす。また，一国の社会に公的サービスから排除された人々が，固定された集団を形成すれば，社会の分断が進行し，平等や人権の普遍性といった自由民主主義国の根幹的な規範が侵食されるだけではなく，社会的亀裂の拡大を通じて一国のまとまりまでをも弱める結果に至るだろう。

●国境管理——アメリカとヨーロッパの例

不法な入国を防ぐために，国家はどのように対応するのだろうか。当然考えられるのは国境管理を強化して，非正規的な人の移動を水際で食い止めることであろう。かつては港湾が国家の国境管理の最重要拠点となっていたが，今日の人の移動では国際空港が主要な入国ポイントとなっている。ここで行われる，パスポートやビザなどのチェックによって入国資格が確認され，不法な入国が排除されるはずである。また陸上でも国境線上のいくつかの主要な国境検問地点で入国審査を行うとともに，それ以外の地点の通行を禁止することで，非正規移民は排除できるはずである。

しかし国境は，一般に考えられているよりもはるかに透過性が高いのが現実で，正規の入国審査を迂回するさまざまな手段がある。第1は物理的に密入国することである。平坦な陸続きの国境線を越えることは物理的には容易であるし，川や峻険な山脈を超えることには危険は伴うが，不可能ではない。また海路密かに目的国の海岸に接岸することもできよう。

国家はもちろん国境警備や沿岸警備のための警察力を展開している。世界最大の非正規移民の流入国であるアメリカでも，国境管理のために大きな努力が払われてきた。アメリカの国境警備隊（Border Patrol）は，1904年に発足したアメリカ移民局の騎馬監視員制度に淵源がある。随時メキシコとの国境を監視するのがその役割で，当初はわずか75人で構成された組織であった。実はその監視対象も，のちにアメリカの非正規移民対策において最重要対象となるメキシコ人密入国者ではなく，むしろ中国人移民であった。というのは，中国人移民は1881年の移民法によって事実上禁じられたが，99年にメキシコと清国の間に友好通商条約が結ばれ，両国間に定期航路が開設されると，多くの中国

1 非正規移民 91

人移民が，警備の手薄な米墨国境からアメリカに入国しようとしたからである。国境警備隊は 1924 年に現在の組織に改組されたが，依然として小さくごく目立たない組織に過ぎなかった。しかし，1990 年代以降，組織は急拡大し，2001 年の 9.11 テロ事件以降は，一躍優先的に強化されるようになった。2012 年には 2 万 1000 人の職員を抱えるまでになり，目立たない法執行機関の一部門であった国境警備隊は，大いに脚光を浴びることになった。[8]

　米墨国境は長大なだけではなく，人気のない砂漠や山岳地帯も通っており，そのすべてに物理的な障壁を設けることは不可能だが，要所にはフェンスが設けられ，電子センサーやビデオ・モニター，暗視スコープなどの最新機器を駆使しつつ，国境警備隊による監視が行われている。それとともに国境付近の車両の検問なども重要な監視手段とされている。

　ヨーロッパの場合は，1985 年に結ばれたシェンゲン協定によって欧州連合（EU）加盟国内の人的移動は原則として自由化されたため，域内の国境管理は基本的に停止された。その際，従来の国境管理がなくなることによって，麻薬などをはじめとする犯罪行為を監視するフィルター機能が失われるという懸念が語られた。しかし，実は EU 内部の国境では以前から，すでに国境のそういった機能は失われていたのが実情であった。ともあれ EU は域内の人的移動を自由化し，域内の国境管理そのものが廃止されたのである。だが，域内の自由移動が確保されると，今度は域内と域外との境界線の管理に一層の負荷がかかるようになった。いったん EU のシェンゲン地域に入ると，あとは域内を自由に移動できるのだから，不法に EU 加盟国に入国する誘因はかえって強まることになる。しかも，外部国境の管理体制を EU 諸国の間で協力して調整しないと，4 万 4000 km に及ぶ海上国境と 9000 km に及ぶ陸上国境の最も警戒が手薄な国境から非正規移民が入国してしまい，EU 全域を自由に移動できることになる。そのため，EU は欧州対外国境管理協力機関（FRONTEX）を設置して，EU と域外の間の国境管理を強化してきた。実際の国境管理事務は基本的に当該国の担当官庁が実施するものの，FRONTEX は，定期的にリスク分析を実施し，国境管理上の圧力が強い地域を分析し特定するとともに，応援要員や追加的な機器を送ったり，情報交換や技術研修を実施したりすることを通じて，加盟国の国境管理能力の強化に当たっている。[9] 21 世紀に入ると，EU の東方拡

92　　第 2 章　政策の限界

大に伴って，EUの東部境界では冷戦期には鉄のカーテンが果たしていた人の移動を制限する機能を，関係国の国境管理能力の拡大で埋めなくてはならなくなった。東部境界に関しては，これに概ね成功したといえるだろう。しかしEUの南部境界は手薄である。そのため，イタリア，ギリシャ，マルタなどの諸国に，人材面でも技術面でも集中的に資源が投入されている[10]。

●国境管理の困難さ

　経済目的の非正規移民の流入圧力が強い欧米の国境管理についてみてきたが，国境管理は日本を含め世界中のすべての国々が実施している営みである。しかし一般的に開発途上国の国境管理能力は低いし，長大な陸上国境を持つ国家は，日本のような島国よりも国境管理上の負荷が大きい。

　そのため，洗練された管理技術と比較的大きな人的・物的資源が投入されている欧米の場合ですら，物理的な国境管理には本質的な限界があり，しばしば逆効果も招来する。そもそも，国境を常時もれなく監視することは技術的にまず不可能である。国境警備隊は国境全体のごく一部しか監視できないのが実態で，密入国の可能性を物理的に完全に封じることはできないという宿命がある[11]。そして非正規移民労働力には，正規移民を雇うよりも安価で，しかも面倒な書類を揃えるといった手間もかからないために，雇用者にとってむしろ望ましい面すらある。

　密入国者をたとえ一部でも摘発すれば，それが抑止力となって将来の不法入国を減らすのではないかという期待はあるだろう。しかし，たとえ密入国で逮捕しても，強制退去あるいは自主的退去処分が関の山だとすれば，繰り返し密入国を試みるというのが，むしろ実態である。そのような場合，密航をするかどうかは利益と費用の確率的計算の問題となる。そして移民労働力に強い需要があり，国境を挟んだ関係国の経済格差が大きければ大きいほど，密入国も密輸入も，執行能力に限界のある厳しい規制を課せば課すほど，高リスクだが高利益を生む営みとなる。そして高い利益が見込まれる以上，国境管理を強化することで，密航業者が次々に新たな方法を生み出す意欲が刺激されるという逆説も作用する。

　密航業者を取り締まる当局も，逮捕や密輸品の押収によってその実績が評価

される傾向があり，そうだとすると，そこに奇妙な共棲関係が生じるかもしれない。繰り返し密入国を試みる人々，ほどほどに捕まえやすい密輸業者がいればいるほど，実績が評価され組織の重要性を証明しやすくなる。そうすると，より大きな権限や予算が配分されることになる。実際アメリカの国境警備当局は「麻薬ディーラーを逮捕する警備車両や，逮捕後収監される刑務所も，彼らから押収した麻薬で費用を賄うことが可能」[12]なほどで，いわば密輸業者と規制官庁とは，機能的な相互依存関係にあるとする論者もいる。

　物理的な密入国に加えて，必要書類の偽造といった手段も当然使われる。当初は単なる書類に過ぎなかったパスポートは，その後本人の認証に写真が広く利用されるようになった。しかし，パスポートは所詮，紙でできているので，技術さえあれば偽造できるし，盗難パスポートに別の写真を貼り付けるといった変造も広くとられてきた手方である。今日，日本も含めて多くの先進国のパスポートは IC チップが挿入され，偽造は一層困難になっている。しかし，それとても偽造技術の新たな技術革新が起こるだろうから，偽造を決定的に防止できることにはならない。また，出生証明などを偽造して正規のパスポートを取得した場合は，出入国検査では摘発されない。極端な場合には，腐敗した国家そのものが密輸や書類の偽造など規制が生む権益に寄生するビジネスと一体化する場合もある。貧しい国家に雇用される低収入の公務員にとっては，国家権力が独占する分野で腐敗への誘因は強い。しかも国境警備が厳格化されると，越境のリスクやコストが高まるので，それまでは短期間で出入国を繰り返していた非正規移民が，いったん入国すると，長期にわたって当該国内にとどまり，非正規移民問題が一層深刻になる力学も作用するのである。[13]

　実は，最も一般的な不法入国の手段は，観光や商用目的で合法的に入国した外国人が，期限内に出国せずそのまま国内にとどまる，いわゆるオーバーステイ（不法滞在）である。いうまでもなく，こうした人々は物理的な国境警備で取り締まることは不可能である。国境を越えて殺到する人々や海を越えて密航する人々の姿は劇的であり，メディアの格好の取材対象となるだけに，とりわけ民主主義国に入国する場合は，移民の受入国社会から強い反応を引き起こす。だが，合法的に入国した後，社会の一隅で目立たないように生活しているこういった人々の姿が脚光を浴びることはあまりない。

94　　第 2 章　政策の限界

●国境管理の外部展開

　密輸にせよ密入国にせよ，国境線での取り締まりに限界があるので，国家は国境の外部にも管理を展開しようとしている。国境での検査には，すでに述べたような限界があるし，貿易やサービスの国際移動を自由化するのが，冷戦後の欧米諸国の基本政策であった。それに伴って不可避的に生ずる膨大な合法的な人の流れを停滞させずに，水際で非合法な移動だけを食い止めるのには明らかに限界がある。

　そのため国境管理を国境外部に展開し，国境に望ましくない入国者が到達する前に補捉し，その流入を阻止する努力が強化されてきた。例えばアメリカ政府をはじめとする多くの国の政府は，民間業者に審査の一部を外部委託しており，航空会社や海運業者に事前に入国予定者の入国資格をチェックするとともに，乗客リストを電子的に提出することを義務づけている。また，アメリカなどは外国空港に出入国管理官を派遣し，事前審査を行ったりしている。こうした管理手法の方向性は，2001年の9.11テロ事件以降，拡大している。

　このような自国の国境審査の国外展開に加えて，送出国側の出国者に対する管理能力を強化するために，さまざまな情報交換や技術支援を行い，それによって密航者や，密航業者，人身売買業者などの取り締まり強化を促す試みも発達してきている。例えばドイツは鉄のカーテンが消滅した後には，ポーランドに資金援助を行うとともに，ポーランド人にビザを免除したり，一定数のポーランド人にドイツ国内での労働許可を提供したり，あるいはポーランドのEU加盟を支持したりするといった見返りを与えた。他方で，ポーランド側からは国境管理での協力を確保しようとしてきた。そしてポーランドがEUに加盟すると，冷戦期にはワルシャワ条約機構の一員として西側に対峙していたポーランドは，冷戦後はイギリス製のランドローバーやオーストリア製の小銃を装備して，北東部国境をパトロールすることで，ドイツの東部国境の緩衝地帯としての役割を果たすことになったのである。[14)]

　ポーランドに限らずEU拡大に際しては，新規加盟国の国境管理能力に不安があった。先に述べたように，そういった諸国がシェンゲン協定で定められた自由移動圏内に入ると，これらの国々の外部国境から入国した非正規移民が，EU全土に流入することになることが恐れられた。そのため，こういった新規

加盟候補国には，国境管理の強化が条件として求められた。加盟予定国もこれに積極的に協力し，1990年代以降，EUの外部境界の管理が強化されてきた。[15]

非正規移民の送出国と彼らの送還協定を結ぶなど，関係国の協力を得ながら摘発された不法入国者の送還を円滑にすることも，よく使われる手法である。例えばEUには，1999年のアムステルダム条約に基づいて，EUが域外諸国と協定を締結して不法な入国者の送還協定を締結する権限を付与されている。それによって，確実に入国拒否者を送還できるようにするのが目的で，このような協定は，香港，マカオ，スリランカ，ロシアなどと結ばれてきた。[16]

こうした国境管理の外部展開は，外国の企業や政府から何らかの協力を得なければ成立しない。そのためには一定の見返りが必要になる。航空会社や外国政府にとっては国境管理に協力することによって，自社便の利用者や自国からの出国者の国境手続きが簡素化・迅速化できるようになれば，受入国側に協力して，入国審査を肩代わりする誘因となるだろう。また，援助協定，貿易協定あるいはビザ免除協定などを締結する際に，密航業者の取り締まりや国境警備の強化などを条件にするという，外交的取引も行われてきた。

● 外部委託の限界——スペインとモロッコの例

しかし，こういった措置にも限界がある。このことは，以下の事例をみれば，よく理解できよう。EUの外部国境とアフリカの間は概ねジブラルタル海峡で隔てられている。だが，実はセウタ（Ceuta）とメリリャ（Melilla）という2つの町がスペイン領の飛び地としてアフリカ側にも位置していて，これがEUとアフリカの間の唯一の陸の国境を形成している（図2-1）。

米墨国境と同様，スペインとモロッコの経済的現実の隔たりは大きい。ジブラルタル海峡はヨーロッパの「リオ・グランデの様相を呈している」。「モロッコの10代の若者には将来の選択肢は3つしかない。第1は何とか海を渡ってヨーロッパに行くこと，第2は密輸業者になること，そして最後は麻薬ディーラーとなって，金持ちになるか牢獄行きになるかだ」。[17]こういったモロッコの若者の希望のみえない現実を背景に，この国境には大きな不法入国圧力がかかってきた。

モロッコとスペインの国境を人や商品が非合法に越境することは，現実には

96　第2章　政策の限界

図 2-1　スペインとその周辺国

ビスケー湾　フランス

アンドラ

ピレネー山脈

スペイン

バレアレス海

ポルトガル

マドリード

地中海

マラガ

ジブラルタル　ジブラルタル海峡
（英領）　セウタ

メリリャ

北大西洋　モロッコ　アルジェリア

黙認されてきた部分が大きかった。比較的近年までヨーロッパ内のどちらかといえば貧困国であったスペインは，むしろ移民の送出国であったが，民主化と欧州化が進行するにつれて順調な経済成長を経験した結果，移民の受入国に転換した。そのスペインに来る移民がスペイン語を母語とする南米からの移民が多数派である間は，政治的にも彼らの存在が問題視されることはなかった。

　だが，1980 年代以降，経済の自由化とともに景気が拡大し，労働力が不足すると，モロッコからの労働者による低賃金労働への依存が強まった。当初このようなモロッコからの労働移民の大半は単純に観光目的で合法的にスペインに入国し，オーバーステイして非合法に仕事に就いていた。

　しかし 1991 年にスペインがシェンゲン協定に調印すると，国境管理が一気に強化されるようになった。フランコ政権時代には西欧諸国の一員として遇されなかったスペインとしては，ヨーロッパ主要国としてのアイデンティティを

1　非正規移民　　97

強調するためにも，EU外部国境の管理に実をあげる強い政治的必要があった。スペイン政府は，モロッコをはじめとするマグレブ諸国の国民にビザの取得を義務づけるとともに，新鋭のテクノロジーを駆使して，国境管理を一挙に強化した。その結果，モロッコからの移民は，さまざまな非合法的手段でスペインに入国するようになった。例えば何世紀にもわたってアフリカとヨーロッパの間の密貿易の拠点であったタンジールの密航業者は，あたかも旅行代理店のように一人当たり700-1000ドルでスペインへの密航を請け負い，大いに潤った。[18] もちろんこれは危険を伴う旅であり，難破してスペインの海岸に溺死者が打ち上げられるようになると，かつては注目されることもなかったモロッコからの非正規移民のニュースが，ヨーロッパ中のマスメディアで大きく報じられるようになった。[19]

そこでスペイン政府は，モロッコ政府に密航業者を厳しく取り締まるよう迫り，さもなければ貿易協定を廃棄するという脅しをかけた。[20] モロッコ政府としてはスペインとの新漁業協定を結びたかったし，EUとの経済関係の強化を望んでいた。そのためスペインからの要請に応じ，国境警備に軍を動員し，厳しい取り締まりを密航業者に対して行った。[21] またモロッコ政府は，それまではスペイン側が送還しようとしても引き取りを拒否してきた，サブサハラからモロッコを通過してスペインに至った不法入国者についても，EUが強い圧力をかけたため態度を軟化させた。

しかし，非正規な人および商品の移動は共棲的な利害関係を送出国と受入国の双方に作り出すものである。スペインもモロッコからの低賃金労働力に依存している部分があるのは事実だし，実のところスペインも密輸出によって利益を得ている。セウタ (Ceuta)，メリリャ (Mellila) は，もともとは，スペインからイスラーム勢力を放逐した際に造られたスペイン人がイスラーム勢力からの攻撃を監視するための要塞だった。両市とモロッコの境界は，EUとアフリカの間の唯一の陸上国境である。EUはこの国境を監視するために多額の予算を費やして二重の壁を設けているが，それでもそれを越えて不法入国をする人々は後を絶たない。しかも，ここがスペインからモロッコへの20億ドル規模ともいわれる密輸出の一大拠点であるのは公然の秘密で，スペインの倉庫が境界のすぐ脇に並んでいる。このような状況を目にしているモロッコ側からみ

98　第2章　政策の限界

れば，「一方でスペインのような隣国の警官や税関職員がモロッコに商品が流入するのを黙認しているのに，ヨーロッパ側がモロッコに密航や密輸の取り締まり強化を迫るのはモロッコ人には耐えられない」とする意識があっても当然であろう。[22]

また 1995 年に欧州委員会が秘密裏に委嘱した研究の報告によれば，麻薬の密輸にはフセイン国王に近いモロッコ政府内の有力者が関与しており，1990年代初めにとった措置も見掛け倒しのものであったと結論づけている。[23] ただでさえ貧しい非正規移民の送出国には，実質的な密航の取り締まりを継続的に行う能力があっても，その誘因が乏しい。

加えて隣接国の協力を得て国境の外部管理を強化できても，今度は隣接国のその外側の国々との国境管理が必要になる。例えば上述のモロッコとスペインの例でも，両国間の国境管理が強化されると，モロッコを通過していた密航者がモーリタニアからカナリア諸島に向かうより危険な航路で密入国を試みるようになった。そのためスペインがモーリタニアと交渉の末，何とか協力を確保すると，今度はさらに南のコートジボワールやセネガルから密航者がヨーロッパに向かうことになった。こういった航路が一層危険なことはいうまでもない。

つまり国境管理を外部展開して，広域的管理を展開しても，今度はそのまた外部国境の管理が問題となる。論理的には全世界的な管理体制が構築されない限りは，外部境界を管理する課題はなくならない。また，国境管理の外部展開には，関係国の協力を確保しなければならないが，そのためにはどうしても外交交渉が必要になり，多くの場合，何らかの代償を相手国に支払う必要が出てくる。そして，何よりも非正規移民の流れが，送出国と受入国の大きな経済格差によって生まれている以上，貧しい送出国の国境措置でその圧力に抗することは難しい。

●内 部 規 制

国境管理に限界があるのなら，非正規移民を国境の内側で取り締まる必要が高まる。例えば路上で身分証明証を無作為にチェックして，不法滞在者を取り締まることも考えられる。実際，フランスでは，時折パリの地下鉄の駅や移民の集住地域などでそういった取り締まりが行われる。しかし，その実効性は大

1 非正規移民　99

いに疑わしいし，自由民主主義国ではマイノリティからだけではなく，幅広い層から反発を招く。[24]

　普通，それよりも効果的と考えられる手段は，国内の雇用者が非正規移民を雇用できないように制限を課することである。非正規移民として危険を冒して入国する人々も，雇用機会がなければ，わざわざ不法に入国する動機はなくなる。アメリカにおけるメキシコからの非正規移民対策が常に不徹底に終わったのも，アメリカ国内に農業をはじめとする一部の経済部門が，そういった非正規移民による低賃金労働に依存していたという現実に，対処しなかったからであった。そうであれば，雇用者に雇用許可証の確認を義務づけ，それに違反した場合は罰則を科するといった方法で，非正規労働力を雇用市場から排除することが考えられる政策手段であろう。

　例えばドイツでは，このような手法が相当徹底して実行されてきた。ドイツでは住民登録が義務づけられており，これを基礎に身分証明証が発行される。就職希望者は皆，身分証明証を提示しなければならず，雇用者側はその番号を労働局に届け出る義務がある。そしてこれが，雇用だけではなく，さまざまな資格の取得，さらには銀行口座の開設にも必要とされる仕組みとなっている。そのほか，教育，福祉，労働，司法などのサービスも，住民登録と連動しているので，その意味は大きい。[25]またアメリカでも，1986 年にフォード政権時代から長期にわたる難しい審議を経たうえで可決された移民改革統制法（Immigration Reform and Control Act：IRCA）によって，初めて非正規移民の雇用者の責任を追及する規定が導入された。[26]

　しかし，こういった雇用者責任を追及する制度がどの程度成功したのかについては，疑問もある。まず雇用資格の確認は，それほど簡単なことではない。ヨーロッパ大陸諸国では，例に挙げたドイツをはじめとして，このような規制は当然のこととして受け入れられる素地があり，その分，この制度を実際に運用することも容易であっただろう。だが，アメリカやイギリスでは，雇用者責任を追及する手法は政治的論争を呼ぶ性質のものである。アメリカでは小さな政府を唱道する保守派からは，連邦政府による市民生活の管理に強い抵抗があるだろう。運転免許証の携帯すら義務づけられていないイギリスでも，全国的な身分証明証制度には抵抗感があるだろう。こうしたリバタリアン（自由至上

100　第2章　政策の限界

主義) 的な反対に加えて，人権擁護団体もこのような制度に反対することが予想される。しかも IRCA が可決されてから，アメリカにおける非正規移民が劇的に減るどころか，1986 年時点には 400 万人と推定されていた非正規移民が，その後の約四半世紀の間にほぼ 3 倍の 1150 万人に達した。この数字をみると，雇用者責任を問う制度がアメリカで期待されたほどの成果をあげなかったといえるであろう。[27] 2016 年の大統領選挙でトランプ候補が米墨国境にメキシコの負担で壁を造ると主張して，人気を博することになった背景も，この制度の失敗があった。

　また，こうした規制措置が導入されると，確実に書類の偽造などの手段で，制度の裏をかく行為が助長される。アメリカの場合，IRCA には雇用者が「それと知りつつ」非正規移民を雇用すると，責任を追及されると規定されているが，ドイツと違って全国一律の住民登録制度や身分証明証といった制度はなく，雇用者が労働資格を確認するのは難しい。むしろ労働資格を証明する，さまざまな書類の偽造が一挙に一大ビジネスとなってしまった面があるとすらいわれる。さらに一部の雇用者は，劣悪な労働条件で不法移民を働かせるために，この規定を利用した。[28] 非正規移民は違法な労働条件で搾取されても，公的救済に訴えることができないため，そもそも雇用者責任の規定を遵守する意思のない悪徳雇用主の違法行為を助長する結果になってしまったのである。言い換えれば，非正規移民は，かえって経済の非公式部門のより日の当たらない場所に追いやられ，闇労働市場が拡大することになってしまったのである。

● 強制送還

　非正規移民を摘発しても，彼らを送還することは容易ではない。実際に大規模な強制送還が行われた事例も少なくない。ナイジェリアは，1983 年および 85 年に石油収入の激減などを背景に，新政府が非正規移民の追放と国境閉鎖を発表した。そのためガーナなど周辺の出身国に出国しようとする人々が大混乱のうちに国境に殺到する事態を招いた。また，中東では大規模な強制送還措置は頻繁にみられた。そもそも基準が曖昧で，それまでは大目にみられてきた非正規移民の締め付けが時折，強化された。例えばエジプト人労働者は，エジプトとリビアの関係が悪化するごとに石油資源のある隣国リビアから追い出さ

1　非正規移民　101

れたし，ヨーロッパでも東欧やバルカン半島では，少数民族が迫害され，国外に追いやられた歴史的事例は少なくない[29]。

アメリカも，1930年代からメキシコからの不法入国者をしばしば強制送還してきた。その中でもよく知られているものに，アイゼンハワー政権下の1954年に，退役軍人が責任者となって実行された「ウェットバック作戦」がある。これによって約100万人のメキシコ人が検挙され，帰国を強制された。2016年の大統領選挙においてトランプ候補が再びこのような大規模な強制送還を提唱した。他方，ヨーロッパでは，ほとんどこうした大規模な強制送還を支持する声はない。おそらくそれは，第二次世界大戦中のドイツによるユダヤ人やジプシー（ロマ族）などの強制収容を思わせ，人権を前面に掲げるヨーロッパでは受容されにくいのだろう。もっともフランスやドイツでも金銭的支援を提供することで，自発的出国を促した事例はある。

その是非はともかくとしても，実際に非正規移民を送出国に送還するのも困難は大きい。すでにふれたように，送還協定など送出国側からの協力が確保されていなければ，彼らの引き取りを拒否する事態も考えられる。そうでなくともこうした措置は，すでに存在する移民コミュニティから反発を受けるだろうし，また送出国との外交的関係にも悪影響を与えることが考えられる。実際にメキシコは，アメリカの一方的措置に常に強い不信感を抱いてきた。

加えて非正規移民は不法に滞在や就労をしていたとはいえ，それ自身は常識的な意味では犯罪とはいえない。一つの社会の中でともに働き生活する人々が，書類を持っていないだけで住居を追われ，国外退去を強制されることは，平等な個人からなるはずの市民社会の原則からみると控えめにいっても居心地のよい事態ではない。当然，人権団体やマイノリティ・グループはこれに反発するであろう。しかも摘発された非正規移民が自発的に帰国すればともかく，強制退去を執行するには予算や事務的負担も要する。それにもまして，それまで彼らの労働力に依存していた部門はもちろん，ひいては経済全体にも大きな影響を与えかねない。例えば2016年の大統領選挙においてトランプ候補が主張していたように，約1100万人のメキシコからの非正規移民を実際に強制送還すれば，アメリカは4000億ドル程度の新たな連邦支出が必要で，国内総生産（GDP）が1兆ドルほど低下するという試算すらある[30]。

102　　第2章　政策の限界

表 2-1　合法化事例（1960-92 年）

国	年	合法化人数
カナダ	1980	11,000
ヴェネズエラ	1980-81	351,000
フランス	1981-82	124,000
アルゼンチン	1984	142,330
ガボン	1985	110,000
イタリア	1937-38	105,176
スペイン	1935-36	43,815
アメリカ	1987-88	3,000,000
スペイン	1991	108,848
フランス	1992	10,000
韓国	1992	61,000
マレーシア	1992	320,000
台湾	1991-92	22,549

［出所］　Ann Bernstein and Myron Weiner eds., *Migration and Refgee Policies : An Overview*, Pinter, 1999, p. 37 をもとに作成。

●合 法 化

　不法な入国を食い止めることもできず，さりとて国外に送還することもできないとなると，国内には本来居住すべきでない人々が居住し，また本来雇用されるべきでない人々が雇用されるという事態が生ずることになる。このような事態を正常化するには，非正規移民の地位を合法化して，それらの人々を法的制度で包摂することが考えられる。すでに入国し，相当期間住んでいる人々には既成事実を承認して，非正規入国の経緯を「ご破算」にし，法的地位を与えることが，さまざまな国で実施されてきた（表 2-1）。これまでの不法行為を事実上追認することになり，法規範の権威を損なうという理由で抵抗の強かったドイツでも，人道的理由から医療などの一定の分野で公共サービスの受給を認める，事実上の合法化を限定的な形で行わざるをえなくなっている。[31]

　こうした合法化措置は，居住期間や特定の時点の不法滞在者に対象を限定する。場合によっては，特定の国籍，特定の産業の被雇用者など，一定の資格条件を満たす非正規移民にのみ法的地位を提供する。しかし，こうした合法化制度は普通，これらの資格条件に合致しない人々に対する規制措置を強化するなど，他の手段と合わせて導入されることが多く，一回限りの例外的措置である

点が強調される。そうしないと，法的一貫性が失われるだけでなく，制度の信頼性が失われて非正規移民の流入をかえって助長することが心配されるからである。

前述したアメリカの IRCA では，1982 年を基準年に設定して非正規移民の合法化を規定するとともに，続けて雇用者責任の追及や国境管理の厳格化が行われた。そのためアメリカの国境管理予算は大幅に拡大し，1986 年のわずか 7 億ドル足らずから 10 年間で倍以上に急増し，2001 年の 9.11 テロ以降はさらに拍車がかかって，2012 年には予算規模は 110 億ドルに達した[32]。また，ヴェネズエラで 1980-81 年に合法化が行われたときは，合法化措置を発表するとともに，その後には非正規移民の大規模な取り締まりを行うことが当局から発表された。さらに，1985 年に行われたガボン政府による合法化措置では，政府はそれに伴って登録に応じない非正規移民を強制送還するという威嚇（いかく）もなされた[33]。

アメリカの場合，有資格者の約 4 分の 3 の人々が法的資格を申請し，その 9 割が承認された。この結果，300 万近い人々が実際に合法的地位をアメリカ国内で獲得し，それらの人々の賃金は上昇して貧困世帯が減少し，教育水準や雇用条件も改善したとされる[34]。その意味では，これは相当成功した政策とみることもできるが，すでに述べた通り，新たな非正規移民が流入したため，非正規移民の規模は縮小するどころか，一層大幅に拡大した。またヴェネズエラの事例では，総人口 1350 万人のうち非正規移民が 120 万人から 350 万人にものぼると推定されていたが，わずか 35 万人しか合法化を申請せず，その後の取り締まりで摘発したのもわずか 6000 人にしか過ぎなかった。また，ガボンの事例も多くの人々がこの措置に応じなかった。こうした失敗の理由の大きな部分は，非正規移民の当局に対する不信にある。脆弱な地位にある彼らは，申請することによって，かえって自分たちの不法な立場を当局が知り，不利益を被る（こうむ）のではないかと恐れるからである。

また，合法化制度の資格要件はしばしば曖昧で，時には自分の適格性を証明することが難しいことも，制度が期待通りに機能しない理由である。そのほかにも，家族の一部が資格を満たさなければ，合法化されるはずの非正規移民もあえて申請しないといった，さまざまな難点がある。

そのため一回限りのはずの徳政令的措置が，実際は繰り返し行われてきた。

104　第 2 章　政策の限界

それによって多くの人々の法的地位を安定させたものの，制度そのものの信頼性が損なわれたことも，おそらく事実である。

● シジフォス的ジレンマ

　この節で述べてきたように，不法な入国者への対処は，至る所に限界とジレンマがある課題である。国境は一般に想像されているよりも透過性が高く，密入国を物理的に防ぐことは実は簡単ではない。また，人や物の往来が活発化している現代では，その中で不法入国だけを摘発することはますます難しい。しかも，非正規移民は合法的に入国した人々が不法滞在するという形で発生する場合が多く，国境措置では排除できない。国境管理を外部に展開することは，有力な方策であり，一方的な国境措置よりも2国間もしくは地域的な協力によって得られる効率の向上は疑いない。しかし国際協力を実現するには，相手国に対するそれなりの外交的梃子が必要で，それが常に得られるとは限らない。また，たとえ送出国側が真剣に努力したところで，そのさらに外側の国境管理が問題になるだろう。

　外部展開に加えて国内での管理強化も必要とされるが，そこでも限界はある。雇用者責任を追及して不法移民に対する労働力需要そのものを弱めることは効果的だが，その実効性は関係する国内制度に大きく依存するし，非正規移民を一層深く闇市場に追い込む効果も考えられる。そして非正規移民にも法的地位を提供する合法化も，他の手段で新たな不法な入国を阻止できなければ，結局，一時しのぎに過ぎないし，いったん入国して一定期間住み続けると既成事実が追認されるという期待が生ずれば，一層の危険を冒してでも不法な手段で入国しようとする誘因を強めてしまう。

　ともあれ，自国民の不法行為を決定的に取り締まる方法がないのと同様，鎖国にも等しい極端なことでもしない限り，不法入国を食い止める決定的な手段は事実上ない。国家に期待できるのは，さまざまな手段を，経済的，政治的，道義的な利害得失を勘案しつつ適切に組み合わせて問題を最小化することである。その際，当該国が持つ非正規移民への社会的受容度と，送出国や経由国との外交関係が重要な意味を持つ。だが，国境管理を強化すると同時に，合法的な入国経路を設けて不法入国への誘因を低下させたり，雇用者責任を厳しく追

1　非正規移民　105

及するといった施策を講じたりしても，制度から逸脱した人々が一定数いることは避け難い。政策や制度設計はそうした現実を前提に組み立てられる必要がある。

2　難　民

●難民とは誰か

　難民とは，一般的には，自国での迫害や紛争から逃れ，他国に保護を求めるために，国境を越える人々のことである。主権国家秩序の原則からすれば，人々の基本的なニーズを保護する責任を持つのは，それぞれの領域国家のはずである。だが，現実には領域を支配する国家に，そうした人々を保護する能力や意思がないこともあるし，国家そのものが積極的に抑圧を行う場合もある。同時に，本人が移動しなくとも，国境が移動したことに伴って新たな領土の中で少数派になる人々もいる。そういった人々は，しばしば民族的，宗教的な抑圧から逃れるために，同胞の住む祖国へと国境を越えて移動してきた。このように，難民とは，戦争や内戦から逃れる人々や，国家破綻による全面的な秩序崩壊による危険から逃れた人々，さらには他ならぬ当該領域国家によって宗教的，民族的，政治的な理由で抑圧された人々のことである。

　それぞれの領域国家が，それぞれの国民を保護する責任を負うという主権国家秩序の原則的なあり方からみれば，難民は例外的存在である。彼らがパスポートやビザを取得して通常の入国手続きで国境を越えようとすることもまずない。その意味で，彼らも非正規移民の一種であるといえよう。こういった人々の登場も決して目新しい現象ではなく，むしろ国家と国境の歴史とともに古くまで遡ることができる。ヨーロッパの歴史でよく知られている実例としては，すでに言及した宗教改革以降のプロテスタントとカトリックの間の対立によって生じた，宗教的抑圧から逃れるために国境を越えた人々がいる。また，イギリスのピューリタン（清教徒）をはじめとするプロテスタント諸派の信者が，アメリカに逃れて信仰を守ろうとしたことも，アメリカ建国の物語の一部としてよく知られている。さらに，米ソ冷戦によって分断された世界は，いわば20世紀版の宗教的分断状況であり，政治イデオロギー上の理由によって自国

106　第2章　政策の限界

から逃れる人々を保護することが，欧米における難民問題の中心的課題であった。

●帝国の解体と難民

　19世紀後半以降，一つの民族が一つの国家を持つべきであるというナショナリズムの影響が強まり，その影響はヨーロッパから世界中に広がった。それに伴って帝国や王朝原理によって統治されていた国家が民族自決の原則に従って再編された。このような新国家内で少数派となった民族が，国境を越えて移り住むことを余儀なくされた事例も多い。よく知られているのが，第一次世界大戦の結果，伝統的な多民族帝国が解体され，民族国家へと再編された際，バルカン半島や中東の広大な地域で，多数の人々が住み慣れた居住地を離れて新たに引かれた国境線を越えて移動した例である。例えばオスマン帝国の解体に伴って，ギリシャと新生トルコ共和国との間では，混乱と紛争の中で多くの悲劇が起こった。両国は，それぞれの領土から住民を相互に移動させて，民族的分布を新たな国境の枠に収める試みがなされた（第5章1参照）。

　帝国の解体が難民を生んだのは，オスマン帝国に限ったことではない。第二次世界大戦後に，アジア・アフリカの広大な地域で，ヨーロッパや日本の植民地帝国が解体された結果独立した新生国家からも，多数の難民が発生した。こうして独立した新国家は政治統合の原理として民族的アイデンティティを強調したので，これら諸国の中にいる少数派諸民族も，危険を避けようとしてしばしば国外に移動した。とりわけ1947年にインドとパキスタンが分離・独立した際には，一説では1000万を超える難民が新たな両独立国間の国境を越え，その結果生じた混乱の中で起こった暴動や虐殺によって，100万人以上の人々が命を失うという巨大な悲劇が起こったとされている。アフリカでもイギリス帝国統治下で東アフリカ諸国に住み着いていたインド大陸出身の人々の多くが，難民となって国外に逃れた。また日本敗戦後に起こった中国の内戦と共産主義国家の成立によって，多くの中国人が国外に逃れたことも，数多く記録されている。

　冷戦の終焉によってソ連が崩壊し，ソ連本体だけではなく，その勢力圏内にあった諸国家が解体したため，ここでも国境の再編に伴って多くの地域で民族的対立とそれに伴う難民の流出が起こった。加えてアフリカや中東では，国家

2　難民　107

そのものが解体し，有効な中央権力が溶解してしまう破綻国家が続出した。その結果生じた混沌たる無秩序状態から逃れて，実に多数の人々が，より豊かで安全な場所を求めて，しばしば飢えた状態で国境に殺到する光景が繰り返されている。

●難民概念の拡大

難民は，たとえ非正規な存在であっても，彼らの保護について国際規範やルールが相当確立しており，庇護申請者の入国については，国家の裁量が制限される。ひとたび難民と認定されれば，一定の法的地位を得ることができるので，祖国から出国できずにとどまっている人々はもちろん，他の非正規移民よりも「特権的」な立場を得ることになる。彼らは受入国や国際機関から一定の保護を得られる権利を認定される。

また，難民として国際的に保護されるべきとされる対象は着実に拡張されてきた。たとえ国境を越えることがなくとも一国内で移動を強制された国内避難民（Internally Displaced People：IDP）も，国際社会の対処が求められる問題と認識されるようになっている。他方で，難民の規模が桁違いに大きくなるにつれ，難民認定は全般的に厳格化される傾向が1980年代以降強まってきた。そして政策的対応も人道的救援活動にとどまらず，政治問題，場合によっては軍事力の行使も含む安全保障問題として認識される傾向が強まっている。

●難民条約

第二次世界大戦後の難民をめぐる国際的な制度的枠組みの中核にあるのは，1951年に結ばれた国連難民条約である。[35] すでに国際連盟のもとでも，例えば1917年に起こったロシア革命後の混乱期に，難民保護を目的とする取り決めなどが結ばれていた。しかし，それは地理的にも時間的にも，その都度，諸国が特定の必要性に対応した限定的な内容であった。その後，難民支援レジームの中核の組織となる国際連合難民高等弁務官事務所（UNHCR）が，もともとは国連総会に属する一機関（というより一担当官）として発足した。当初の任務は，国家による迫害を受けた個人を法的に保護することに限定されており，大規模な難民救済事業を実施することが想定されていたわけではなかった。しか

108　第2章　政策の限界

し第二次世界大戦の結果，ヨーロッパでナチスによって強制移動させられた人々をはじめ，多数の難民が生じたことを背景に，国連人権委員会で難民保護の問題が提起され，1950年の国連総会は，別途，全権委員会を開催して，恒久的な難民条約を討議・検討するよう決議（A/429）を採択した。国連総会そのものがこの条約案を採択しなかったのは，国連の非加盟国にもこの条約に参加できる余地を残す狙いがあったからである。

　これを受けて1951年7月に26カ国の代表が参加する全権委員会が開催され，成立したのがこのいわゆる難民条約である。同条約は1条で，難民を「1951年1月1日前に生じた事件の結果として，かつ，人種，宗教，国籍若しくは特定の社会的集団の構成員であること又は政治的意見を理由に迫害を受けるおそれがある」人々であると定義している。そのうえで，33条では，1項で「難民を，いかなる方法によっても，人種，宗教，国籍若しくは特定の社会的集団の構成員であること又は政治的意見のためにその生命又は自由が脅威にさらされるおそれのある領域の国境へ追放し又は送還してはならない」と定めている。これが，いわゆるノン・ルフールマン原則であり，この条約の中核的な内容である。ただし，同条2項で，国の安全にとって危険であると認めるに足りる理由がある難民や，重大な犯罪について有罪の判決が確定している難民については，この原則の例外としている。

　「1951年1月1日前に生じた事件の結果」という限定が付いていることから明らかなように，この条約が当初，念頭に置いていたのは，第二次世界大戦の結果発生した，しかも概ねヨーロッパの難民であり，その後アジア・アフリカなどで多数出現する難民は想定外であった。しかし1966年に国連総会決議2198（A/XXI/2198）によって，議定書が作成され，署名のために開放され，67年に難民の地位に関する議定書が発効した。これによって，難民条約の時間的限定が取り除かれただけではなく，UNHCRに与えられる任務も，アジア・アフリカにおける実際の必要性に対応して拡大し続けた。そのため，上記の難民条約に示された難民の定義を超える人々，例えば国内避難民の保護も任務に含まれるようになり，難民対策も潜在的な難民送出国の開発や安定化など，長期的で総合的な活動にまで及ぶようになった。

2　難　民　109

図2-2 グローバルな強制移住者とその割合 (1997-2016年)

[注] ＊世界の人口1000人当たりの強制移住者の数。
[出所] UNHCR, *Global Trends: Forced Displacement in 2016*, 2017 (http://www.unhcr.org/5943e8a34.pdf), p.6をもとに作成。

● 難民の規模

UNHCRによれば，世界の難民の規模は以下のようなものである[36]（図2-2）。

2016年現在，世界中の強制的に移動させられた (forcibly displaced) 人々の総数は6560万人とされる。この数字は世界で21番目の人口を持つ国家に相当し，イギリスの総人口を上回る。その内訳は認定された難民が2250万人，国内避難民が約4000万人，加えて280万人の庇護申請者 (asylum-seekers) である（図2-2）。以上の累計（ストック）に対して一年間の流れ（フロー）は，2015年に1030万人が新たに強制的に移動させられ，その内訳は国内避難民が690万人，340万人が新たな難民と庇護申請者である。2015年中に，約19万人が第三国に再定住し55万人余りが母国に帰還した。なお，世界の難民の約半数が18歳以下の子供である。

難民の主要な送出国は，2016年末時点では，シリア，アフガニスタン，南スーダン，ソマリア，スーダン，の上位5カ国だけで世界の難民人口の55％を占めている（図2-3）。難民送出国の構成は比較的安定している。最大の送出国であるシリアは，「アラブの春」をきっかけに2011年に起こった内戦以来，世界中に550万人の難民を送り出した世界最大の難民送出国となっている。ま

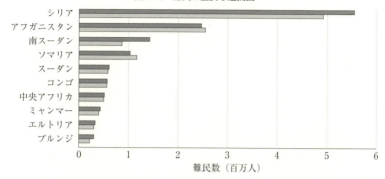

図2-3 難民の主要な送出国

［出所］ UNHCR, *Global Trends: Forced Displacement in 2016*, 2017, p. 17 をもとに作成。

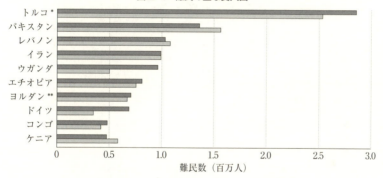

図2-4 難民の主な受入国

［注］ ＊トルコ政府が見積もったトルコ国内のシリアからの難民数。
　　　＊＊ UNHCR が記録したヨルダン国内のイラクからの難民3万3100人を含む。2015年3月末時点では，ヨルダン政府は，イラク人の数を40万人と見積もっている。これは，イラクからの難民とその他のカテゴリーの人も含んだ数である。
［出所］ UNHCR, *Global Trends: Forced Displacement in 2016*, 2017, p. 15 をもとに作成。

た，アフガニスタンも1970年代末から断続的に紛争が続き，その影響で80年代から30年以上にわたって常に主要な難民の送出国となっている。そのため，現在も世界中に250万人のアフガニスタン難民がいる（2016年末時点）。日本人に比較的なじみの深い国としては，ミャンマーが世界で8番目の難民送出国となっている。

　他方，難民の受入国は，実はその大半が欧米や日本などの豊かな国ではなく，

2　難　民　111

図2-5 難民出身国上位5カ国の難民が庇護を受けた国（2015年）

[単位：百万人]

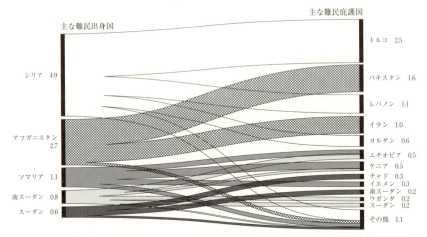

［注］ 2015年には，難民の多くが，近隣の国々の庇護を受けていた。しかし，難民出身国上位5カ国からの難民1010万人のうち，110万人（11％）しか近隣諸国の庇護を受けられていない。これは，UNHCRが懸念している難民のほとんどの場合に当てはまる。
［出所］ UNHCR, *Global Trends: Forced Displacement in 2015*, 2016, p. 21 をもとに作成。

　これらの難民送出国の周辺に位置する開発途上国であるという事実は，見逃されがちである（図2-4,5）。世界最大の難民受入国はトルコで，2016年末時点の総数は270万人で，2016年だけでもその数は約40万人が増加した。パキスタン，レバノン，イラン，ウガンダ，エチオピア，ヨルダンなどがこれに続く。
　つまり母国で内戦や紛争などによってガバナンスが極度に低下すると，人々は難を逃れようとして居住地を離れる。その多くが国内避難民として国境の内側にとどまるが，その一部は隣国に逃れ，そこでUNCHRなどが設置した難民キャンプで難民登録をし，そこに滞留する。これがここから浮かび上がってくる大まかな構図である。2015年にはシリアやアフガニスタンなどからヨーロッパに殺到する難民の姿が，一躍国際メディアの主要な関心となったが，難民問題はヨーロッパに彼らの多くが到達する，はるか以前から深刻化していた。難民の大半は紛争地域周辺の貧しい開発途上国で，しかも長期にわたって滞留しているというのが，グローバルにみた難民問題の姿なのである。

●認定と保護

　すでに述べた難民条約の規定に従えば，国家は難民の入国を拒否できない。しかし，誰が難民であり，誰がそうでないのかは，いわゆる先進国の場合は当該国の難民審査官が個別的な事例を検討して決定することになる。しかし，貧しい開発途上国については，UNHCR が任務を肩代わりして，いわゆるマンデート難民の地位を認めることがある。また，多数押し寄せる難民については暫定的（Prima Facie）難民という地位を便宜的に与えられる。彼らは，難民キャンプなど限られた地域での UNHCR の支援を受けるか，あるいは庇護申請者として登録され，その後認定されるかどうかを判断される。個別の難民が認定資格を証明する確たる証拠を提供できることは，むしろ稀なのが当然であるし，書類も偽造が横行している。庇護申請者の主張の信憑性が問われることになるが，その判断は受入国の当局や審査官の裁量による部分が大きくならざるをえない。

　しかも一挙に多数の難民が押し寄せた場合，彼らの庇護申請を処理することは，受入国側の行政的能力の負担になる。ヨーロッパでの難民危機がピークにあった 2015 年にはドイツが世界最大の 44 万件の庇護請求を受け付け，これは前年の倍以上の件数であった。[37] その他の大規模な難民受入国も同様の事態に陥り，未処理状態にある申請が増加し，最終決定までの時間も長期化することになった。また，庇護請求はすべて認められるわけではない。認定率は各国の態度の相異を反映して大きなばらつきがあるが，全世界的には，21 世紀に入ってからの認定率は 3-6 割で推移している。[38] また，難民危機が起こった 2015 年には EU 28 カ国に約 60 万人から庇護申請が出された。そのうち最終的に受入国で滞在する権利を得たのは，人道的理由による保護や補完的保護（subsidiary protection）と呼ばれる，難民の基準には合致しないものの，保護に値すると認定された人を含めても，全体の約 6 割であった。

　いったん難民認定が得られれば，難民は庇護国内にとどまる正式の支援を受ける立場になる。しかし，彼らの多数が手厚い日常的な支援を受けられるわけではない。例えば彼らの住居についてみれば，UNHCR の統計によると，2015 年末時点では，先進国の一部でみられるような難民センターに居住するのは全体の数％に過ぎない。大多数が難民キャンプか，自分の住居に住んでいる。

2　難　民　113

もっともそういった住居の多くは，テントや夜露を辛うじてしのげるバラックでしかないだろう[39]。

このような難民が正常な生活に戻るためには，概ね以下の3つの経路が考えられる。第1は自発的帰還である。送出国の状況が改善し，難民が母国で再び生活を営めるようにすることは，難民自身，受入国，そして出身国のすべてにとって，一番望ましい解決であろう。そのために UNHCR も帰還支援プログラムを用意して，帰還後の土地購入代金や生活必要物資を提供するといった形で再定住を支援している[40]。その結果 2016 年には，アフガニスタン，スーダン，ソマリアなどにあわせて約 50 万人の難民が帰還した。しかしこのためには，現地状況が改善し，現地政府が帰還を受け入れ，しかも難民本人がこれに合意する，という難しい条件が満たされなければならない。言い換えれば，内戦が続き，国家が破綻してしまっている地域が安定を回復しない限り，難民の多くは帰還できない。実際に，50 万人の自発的帰還者は，2000 万人を超える全世界の難民のごく一部に過ぎない。

第2は第三国再定住である。出身国の状態が改善せず，帰還ができないのなら，第三国への再定住が選択肢となる。2016 年には 37 カ国が約 19 万人の難民を再定住先として受け入れている。受入国の大多数は，アメリカ，カナダ，オーストラリアといった伝統的な豊かな移民国家であり，全体の 8 割以上を占める。2016 年には高レベルの国際会議が開かれて，再定住枠は倍近くに増えたが，それでもその総数は自発的帰還者よりも一層少ない[41]。

そうなると，多くの難民は庇護国で定住することにならざるをえない。だが，これもまた容易なことではない。それは，人権と民主主義を高らかに唱える，豊かでリベラルな欧米諸国が相当の努力をしても，問題が深刻化し，反移民政党が台頭している現状をみれば明らかであろう。

●不認定者

ところで，難民認定されなかった人々はどうなるのだろうか。実際，多数の庇護請求者の中には国籍を偽ったり，逃亡中の犯罪者であったり，難民というよりも経済移民に過ぎない人々が混じっていたりするのも事実である。彼らには，保護を要する危険がないと審査国が判断しているのだから他の事情がない

限り出身国に戻るべきだ，というのが制度の建前である。2015年9月には「ドイツの難民受け入れに限界はない」と述べ[42]，その高邁な理想主義を賞賛されたドイツのメルケル首相も，1年後には「今後の数カ月で最重要なことは，帰国，帰国そしてともかく帰国だ」と述べた。そして，ドイツは約10万人のアフガニスタン人を帰国させ，そのうち3万人程度は強制的に送還する計画であることを明らかにした[43]。

　だが強制送還は，さまざまな理由から現実にはおよそ効果的ではない。すでに入国している不法滞在者を捕捉し，彼らを拘束して強制的に国外に追放するのは，大きなコストを要する作業であることは容易に想像できる。そして，その割に大した効果がないことも経験上よく知られている。大規模な強制退去措置の実例として，すでに述べた1950年代にアメリカがメキシコからの非正規移民を文字通り大量検挙して国境外に追放した，ウェットバック作戦がある。しかし，その後のメキシコ人の非正規移民の増加ぶりをみれば，その限界は明らかである。しかもこうした強制手段は，人権や人道の立場から問題視され，リベラルな国家には大きな政治的コストも伴う。

　そのため受入国は，不認定者たちに自発的帰国を促すことになるが，それには出身国が安全であることを納得させたり，金銭的な誘因を提供したりといった努力が必要になる。また帰国先の受け入れを確保する必要があるので，出身国政府に外交的に働きかけ，帰還者の安全を確保し，彼らの受け入れ体制を整えるよう交渉する必要がある。ここでも，さまざまな外交的駆け引きが行われるとともに，誘因を提供する必要が生ずるのは当然である[44]。

　だが，すでに大きな危険を冒して自国から逃れ，外国で新たな人生を切り開こうとしてきた人々が，簡単に自発的な帰国に応ずることはない。彼らは，よりよい保護の可能性を求めて，他国で難民認定を受けようとするかもしれない。実際に，シリアやアフガニスタンからヨーロッパに到達した難民の相当数は，たとえ一国で難民認定が却下されても次々に他国に移動して，あくまで何らかの定住権を得ようとしている。域内の移動が自由化されているEU域内ではいわゆるダブリン・システムが採用されており，域内ですでに難民申請がなされていれば，他のEU加盟国は申請を受理する必要はない。そのために正式な難民申請のために，指紋登録や照合など，さまざまな手続きを経なくてはならな

くなっているが，この制度は複雑すぎて多くの難民には理解されていないし，実際に意図したように機能しているわけでもない。彼らは，より難民認定が受けやすく，より待遇がよいと信じている国に向けて移動を続けることになる。[45]

　このような条件の下で，多くの不認定者が現実には非正規移民としてとどまることになるのが実情である。1992年のある調査では，庇護申請が認定された割合は25%に過ぎないのにもかかわらず，現実には8割の不認定者がその後も滞在を続けているとされている。[46] 滞在する法的権利はないが，かといって法に従って退去処分の強制執行も行われないという不安定な状態に陥った人々の実態を総括的に把握するのは難しい。こうした人々は，自分たちのエスニック・コミュニティや宗教コミュニティに身を潜めて，合法的な表の社会から離れた非公式セクターで生きるニッチを捜さざるをえない場合が多いだろう。そして，その中には犯罪組織やテロ組織などの裏の社会の奥深くに身を潜める人がいても不思議ではないだろう。

●難民審査の外部展開

　難民の定義が拡大されるにつれて，かつて制度が作られたときとは比べものにならないほどの規模の難民が国境に押し寄せるようになった。この状況を前に，高邁な理想を掲げる国々も，難民の流入を抑制したいのが本音である。しかし，すでにみたように，認定を厳格化したところで，実際に入国し，庇護申請をする人々を排除することはできない。そこで出てきた一つの政策の方向性は，庇護申請を自国領から外部に展開することである。

　ヨーロッパの一部の国では，自国の国際空港の一部に特殊な法的地位を与え，ここに降り立った人々が難民申請をする権利を制限し，ノン・ルフールマン原則を適用しないようにしている。そのため空港の乗り継ぎ区域で，法的地位が宙に浮いた状態の庇護請求者が長期にわたって滞在するような事例も起こっている。[47] 例えば，スピルバーグ監督の映画『ザ・ターミナル』のモデルになったことで広く知られるようになった，イラン人のマーハン・カリミ・ナセリは，実際に1988年から19年間にわたってシャルル・ドゴール空港で生活した。[48]

　また自国に上陸する前に，洋上で庇護希望者を捕捉したり，国外に難民処理機能を展開したりして，自国から離れた難民の出身地に近い場所で，庇護請求

を審査する試みもなされてきた。

　例えば，アメリカは 1960 年代以降，カリブ海のハイチから抑圧と貧困から逃れるために入国しようとする非正規移民を抑制しようと苦慮してきた。そのため，1981 年にアメリカ政府はハイチ政府と合意の上で，沿岸警備隊が公海上でハイチからの難民船を捕捉し，彼らが難民として保護すべき人物かどうかを本格的に審査せずに，ハイチ側に引き渡す措置を開始した。その結果，1981 年から 90 年までの 20 年間で，364 隻のハイチ船が捕捉され，2 万 1000 人のハイチ人が本国に送還された。そのうち，難民である可能性が高いとして，アメリカ当局が正式の事情聴取を行ったのは，わずか 6 人であったという。また 1991 年に起こったハイチでの政変によって，アメリカをめざすハイチ船が急増した際には，乗船者をアメリカ本国ではなくキューバ領のグアンタナモ基地に移送した。そして，グアンタナモはアメリカ領ではない（租借しているだけで主権はキューバにある）ということを根拠に，ノン・ルフールマンの原則を適用せず，ハイチに送還する措置をとっている。この措置は当初から人権団体の強い抗議を引き起こし，アメリカの連邦最高裁判所でも争われたが，結局，連邦政府側が勝訴した。[49]

　洋上で捕捉し，その後，庇護希望者を領域外で収容するといった措置はアメリカだけではなく，インドネシアを経由するアジアや中東からの密航者対策に苦慮するオーストラリアでもとられている。オーストラリアでは，2001 年に洋上で，アフガニスタンからの庇護希望者を救助したノルウェー船タンパ号の接岸，乗員の上陸を拒否した事件があった。洋上で危険を冒して入国を試みる人々は，一方で人道的保護の対象であるが，他方で取り締まるべき密入国者でもある。オーストラリアは非人道的だとして非難を浴び，密航者の希望に応えてオーストラリア領に向かったタンパ号の船長はナンセン難民賞（難民に多大な貢献をした個人または団体に対して，UNHCR が授与する賞）を受賞する栄誉に浴した。しかし，ジレンマに悩んだオーストラリア政府が，近隣のナウルやパプアニューギニアに置いていた難民処理センターで庇護請求を審査し，請求の多くを認定していることは，それほど知られていない。[50]

　難民認定作業の国外展開で最も一般的な措置は，国外に緩衝地帯を設けて，自国への難民の流入を抑制することであろう。例えば西欧諸国は，中東からの

2　難　民　117

難民の流入を抑制するために「安全地域」を指定して，そこから流入した難民には認定申請を拒むようになった。難民申請は難民が最初に到達した安全な国家で行われるのが筋であり，難民が受入国を選り好みすべきではない，というのが，その建前である。そのため西欧諸国はバルカン諸国やトルコを，拷問や人権抑圧がなく，治安状態も基準に達するという判断から，「安全な第三国」に指定している。また北欧諸国はロシアを「安全な第三国」に指定して，これらの地域から到着した難民認定希望者の申請を受理しない姿勢を強めてきた。

　これに加えて自国に到達する難民の経路となる国々に，難民や非正規移民の管理の強化を求める外交的働きかけも強めてきた。南欧諸国が地中海対岸の北アフリカ諸国に，援助や貿易協定といったさまざまな見返りを提供して，非正規移民の移動を防ぐように働きかけてきたことは，すでに論じた。ここで難民通過国は外交的な取引材料を得ることになる。例えば，地中海を渡ってやってくる難民の対策に手を焼いていたイタリアに，リビアの指導者であったカダフィ大佐は，2010 年にローマを訪問し，ベルルスコーニ首相も出席した式典で，「将来のヨーロッパはヨーロッパではなくなり，ことによると黒人のヨーロッパになるかもしれない。何百万人もの人々がこちらに来たいのだから」と語り，EU は少なくとも毎年 50 億ユーロをリビアに支払うべきだと露骨に脅した。[51]
実際にイタリアはリビアとの交渉を繰り返し，2008 年には友好協定を結んで，地中海の共同パトロールや難民収容施設をリビアに設けるとともに，リビアにさまざまな援助を提供して，過激なことで知られるカダフィ政権との関係改善を図った。それによって 2009 年には地中海を渡る非正規移民の数は激減した。[52]

　また，2015 年 11 月には，域内に大挙流入したシリアからの難民を抑制するために，EU はトルコと共同行動計画（Joint Action Plan with Turkey）に合意した。この計画には，トルコからギリシャ諸島に渡る非正規移民と，難民認定を受けられなかった庇護申請者をトルコに送還し，その費用を EU が担うこと，トルコがギリシャ諸島からの送還を受け入れるシリア人一人につき，トルコから EU 加盟国にシリア人 1 人を受け入れて定住させるという内容である。また，EU はまず資金として 30 億ユーロをトルコに支払い，これを使い切った後にはさらに 30 億ユーロの追加資金についても検討することになっている。

　加えて，EU 側は EU 加盟国とトルコの間のビザ自由化を図り，トルコ国民

のビザ要件撤廃をめざすという約束もした。[53] EUはながらくトルコのEU加盟申請を人権などの理由で拒んできた背景がある。しかし，そのトルコに難民をせき止めるダムの役割を果たさせるためには，相当の譲歩をしなければならない立場に陥ったのである。

●途上国に滞留する難民

　ここまで述べてきたように，帰還も第三国への再定住もできずにいる大多数の難民は，出身国に隣接するそれ自身も貧しい開発途上国において，しばしば現地社会とは隔絶した難民キャンプで長期にわたって暮らすことを余儀なくされている。

　そして世界最大の難民キャンプといわれている，ケニアのダダーブ（Dadaab）の状況は，超現実的ですらある。ダダーブ難民キャンプは，ケニアの北東部，ソマリア国境から80kmの乾燥した不毛な場所に位置している。この難民キャンプは，ソマリアの内戦から逃れてきた約9万人の難民を収容するために1991年に開設された。ソマリアには国連の平和維持活動（PKO）部隊も送られ，一応国際社会が承認する中央政府が再建されたものの，その実態は弱体で，イスラーム過激派のアル・シャバーブとの内戦状態が恒常化している。それに加えて度重なる旱魃の影響で難民の数は増加し，2016年時点で，約50万人の主としてソマリア人の難民がここに居住している。50万というその人口規模は，もはやキャンプというより都市と呼ぶべき規模であり，実際のそれはケニアでナイロビ，モンバサに次ぐ第3の都市なのである。

　このキャンプを管理するのは，予算面ではUNHCRであり，実力組織はケニア政府の警察だが，キャンプにおける選挙を通じて民主的なリーダーシップを決めるという国連のプログラムも実施されている。選ばれた代表者は，援助関係者との折衝を通じて，非常に限定的ながらキャンプの統治にも関与している。ケニア政府は，このキャンプの住民が自由に外に出て居住したり，職に就いたりすることを認めていないので，ここは一種の閉鎖空間を形成している。援助物資の横流しやソマリアからの密輸品などを取り扱う闇市が自然発生的に成長し，難民の中の一部の起業家が財をなすといった事例もある。地元のケニア人との交易も成長し，これはケニアの税収にも貢献している。ここには病院

2　難　民　119

図2-6 アフリカの角

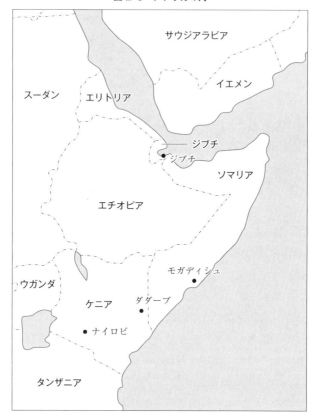

はもちろん，ささやかなものではあってもサッカー・リーグも映画館もあり，国連が支援する学校ではリベラルなカリキュラムが提供されている。もっとも就学率は高くなく，コーランを教える私設の塾が多くある。そして何よりも25年以上にわたって維持されてきた居住空間で生まれ，ここ以外の場所を一度もみたことがなく，帰るべき場所もない世代が着実に増えている[54]。難民の大多数にとって，ここでの生活はバラ色のものではないが，相当に安全な場所である。「子どもたちが受けられる教育の水準は高く，病院は無料で，健康管理の質は高い。いうまでもなく，こんなことは自分たちが逃げてきた戦乱の続くソマリアではまったく期待できない[55]」。こういった事情で難民コミュニティが，

120　第2章　政策の限界

外部からの援助に依存しながら，隣国の孤立した空間で拡大再生産されているのである。

人道問題として難民問題をとらえる人々にとっては，ダダーブの人々は支援の対象である。またケニア政府は難民条約の調印国として彼らを保護する責任を負ってはいる。だが，ソマリア難民が歓迎されざる存在であるのは，先進諸国と同様である。ケニア政府は，この難民キャンプの開設に合意したが，あくまで難民が国境近くのキャンプにとどまることを条件とした。また，ケニア自身が開発途上国であり，多数の難民の支援は自分たちの能力を超えるというのが，彼らの主張である。欧米諸国が，援助によってケニア政府を説得しようとしたのは，いうまでもない。

しかし，それだけではない。ケニアとソマリアの間には，この地域の帰属をめぐる領土紛争が独立当初からあり，ケニアとソマリアの関係が平穏であったわけではない。もっと切実な問題は，難民キャンプにはイスラーム過激派組織であるアル・シャバーブの勢力が潜入しており，テロの温床になっているのではないかという懸念である。それは当然，ケニアにとって安全保障上の危険性があることを意味する。実際に 2011 年には，ダダーブで国境なき医師団に所属するスペイン人スタッフが 2 人誘拐され，ソマリアに連れ去られて 2 年近く拘束される事件が起こった。[56] これが金目当ての犯罪か，それともアル・シャバーブによるテロ攻撃なのかは判然としないが，アル・シャバーブは 2013 年にはケニアの首都ナイロビのウェストゲート・ショッピング・モールで大規模なテロ事件を引き起こし，67 人を殺害した。また，2015 年にもケニア北部のガリッサ大学を襲い，150 人近い学生が殺害される事件があった。[57] ケニア政府はこれらのテロ攻撃がダダーブを拠点に行われたと主張し，このキャンプを閉鎖すると繰り返し主張してきた。

難民キャンプがホスト国にとって，どの程度の安全保障上の危険性があるのかは，時と場合によるが，難民支援が人道目的だからといって，政治的に無色透明であり，安全保障問題と無関係だと考えるべきではない。1980 年代にタイで設置されたカンボジア難民を支援するためのキャンプは，クメール・ルージュの避難場所となり，国連によると，彼らはここで提供された食料や医薬品の 50-80% を入手したといわれる。同じ頃に，パキスタンの難民キャンプでは，

タリバーンの兵士が育成され，アフガニスタンでの戦闘の補給基地の様相を呈していた。1994年にルワンダでツチ族による大量虐殺から逃れたフツ族は，隣国コンゴの難民キャンプで態勢を整えて，「難民兵士」となったが，そもそもツチ族も1950年代にフツ族に追われて国外のキャンプで「難民兵士」となったといういきさつがある。[58]

　　世界中で，難民キャンプは戦士たちを引きつける役割を果たしている。キャンプへと戦術上撤退することで，旗色が悪い軍隊や民兵組織は細かく分断されることを避けることができる。難民キャンプで彼らは再編成する時間や襲撃に対して人間の盾として人質にとる一般市民，それに体力を取り戻す機会をもつ。資金のある国際援助機関が食料，清潔な飲み水，医療ケア，住まい，教育それに福祉を，逃走中の軍隊とその家族および支持者に提供してくれる。戦士たちには一切費用はかからず，もし必要であれば物資は何千キロも離れたところからキャンプにもたらされるだろう。さらにキャンプの住民たちや国際NGOに「税」や「みかじめ料」を支払わせることで，彼らは同時に自分たちの軍事資金を補充することができるのだ。

　　援助機関は濫用を防ぐ力も資源も持っていないので，この問題については知らないふりをするか口を閉ざすのだ。最大の難民援助機関であるUNHCRが，そのウェブサイトでごくたまに難民戦士の現象について言及しているが，それでもそのことを国際政治が責任を負うべきこととして言及しているにすぎない。[59]

● **難民がとりうる選択肢**

　北の豊かな国々，そしてとりわけサハラ以南からも難民の到達が懸念されるヨーロッパ諸国の本音は，このような多数の難民が国境に殺到して自国の政治社会秩序を不安定化させないようにするには，どうすればよいのかという問題である。より直截にいえば，どのようにして難民の出身国に近い地域，つまり自国から遠く離れた地域で，難民問題を処理するのかというのが切実な関心であろう。

　しかし，こうしたキャンプ生活が難民自身にとって何を意味するかも，忘れてはならないだろう。彼らとて，長期にわたる孤立した環境で，他人の善意だけに自分の運命を委ねることはできるはずはないし，与えられた条件の中で，自分たちの人生を切り開いていこうとするだろう。限られた選択肢であっても，彼らの人生にも全く選択の余地がないわけではない。

122　第2章　政策の限界

第1は，帰還である。2013年にUNCHR，ケニア政府およびソマリア政府は，難民の帰還プログラムに合意しており，彼らの自発的帰還を促している。ケニア政府の圧力は強引で，その「自発性」を疑問視する向きも多いが，自発的帰還に応ずれば難民はそれなりの支援を受け取ることができるという利点もたしかにある。だが，2013年に国境なき医師団が行った聞き取り調査では，ダダーブの難民の8割がソマリアへの帰国を望んでいなかった。彼らは，帰国の条件として，優先度の高い順番に，安全，平和，実効性のある政府，医療保健制度，教育，食料，水，住居，土地，そして就業機会といった点を挙げている。[60] すでに長期にわたって難民生活を送った人々にとっては，帰国は心理的にも大きな決断を要するものであろう。ソマリアで自分たちの持っていた土地や財産は，もはや他人の手に渡っているだろうし，さまざまな人的ネットワークもほとんどゼロから再建しなければならない。多くの若い人々にとって，ソマリアはみたこともない場所なのである。しかも帰還プログラムに応じて，一定の金額を受け取ったものの，結局，キャンプに舞い戻るケースもあるといわれる。

第2は，おそらく多くの人々にとって最大の希望である第三国への再定住である。豊かな先進国，とりわけアメリカへの移住が夢である。しかし再定住枠は限られており，その分配が競争的である以上，自分を呼び寄せてくれる家族や親族を頼ったり，時には不正な手段を用いたりしてでも，自分の1回限りの人生をそれに賭けようとするだろう。また，ケニア政府は難民たちをキャンプに隔離して，ケニア社会への統合を防ごうとしてきたが，現実には，50万もの人々を完全に閉じ込めておくことは不可能であるし，実際にソマリア難民とケニア社会との間には，さまざまなつながりが形成されている（その多くは闇取引で，時には犯罪行為にも及ぶだろう）。ケニア国籍は事実上，カネで買うこともできるので，ナイロビに移り住んでケニアで都市生活を営んでいる難民もいる。

そして第3に，わずかな配給に依存する難民キャンプの生活に展望を見出せない野心的な若い世代の中には，新たな非正規移民となって先進国をめざす人々がいる。ダダーブのあるケニアから豊かなヨーロッパへの一番安上がりなルートは，海路イエメンに渡り，それからサウジアラビアを北上して，ヨーロッパに至る道である。または，エジプト，イスラエル，トルコを通って，ギリ

2 難 民　123

シャに向かうか，それともコーカサス経由でヨーロッパに至るかである。ある
いは，サハラ砂漠を縦断してリビアに向かい，地中海を渡ってイタリアに向か
うルートもある。

　容易にわかるように，途中はきわめて危険で，当局はもちろん手荒に密航者
を取り扱うし，誘拐されて身代金を取られることもある。それでも密航に賭け
るのは，このような危険を冒す勇気のある若者だが，それ以上に重要な条件は
カネである。オランダで聞き取りを受けたソマリア人によると，ヨーロッパま
での密航の相場は1万1000ドルである。普通このような多額の密航費用は親
類縁者が拠出して捻出する。もちろんそれは家族の呼び寄せによって自身がヨ
ーロッパへ脱出できるという見返りを期待してのことである。もちろん密航業
者に騙されることはよくある。地中海を9回も渡ろうとした2人組のソマリア
人少女の存在が知られているほどである[61]。もちろん何とかヨーロッパに到着し
ても，難民に認定されるとは限らない。だが，ひとたび現地に着けば，ヨーロ
ッパ的な人権倫理によって保護されるので，たとえ認定されなくとも強制的に
送還される可能性が高くないことは，すでに述べた通りである。つまり，大き
な危険を冒してでも成功すれば，それによって得られる利益が大きいので，難
民キャンプでの生活に希望が見出せない以上，過酷な賭けに出ようとする人々
は後を絶たない。豊かな国への正規の移民経路は非常に限定されている一方で，
ひとたび艱難辛苦の挙げ句ヨーロッパに到達すると，高邁な人権倫理で保護さ
れるとなると，開発途上国の難民キャンプに閉じ込められている難民の中で，
金のある人々や危険に晒されている人々から冒険に賭ける人々が出てきても不
思議ではない。

●包括的アプローチと国内避難民

　多数の難民が安全な場所を求めて移動するようになることで，彼らを保護す
る責任を誰がどこで担い，諸国でそれをどのように分担するかについての議論
が起こるが，所詮は負担の分担をめぐる議論に過ぎず，難民問題そのものの解
決にはならない。難民条約が想定していた規模をはるかに上回る難民が流入し，
それが政治・社会問題化するとともに，国際秩序も動揺させかねないほど深刻
の度を増しているのなら，この問題への対処にも，流出した難民への人道的支

124　　第2章　政策の限界

援だけでは不十分で，より大がかりな取り組みが求められよう。それには結局のところ，難民の送出源となっている国への，早期もしくは予防的な働きかけしかない。

　こういった考慮を背景に，国内避難民への支援に本格的に乗り出し，より介入的な難民対策を展開するようになっているのが，近年の傾向である。UNHCRによれば1995年には430万人に過ぎなかった国内避難民は，2016年時点で3750万人に達しており，UNHCRはそのうち約1400万人に支援を提供している。2015年に新たに国内避難民の発生源となった国としては，イエメンが規模的に他を圧倒しており，内戦によって人口の約10%に相当する250万人が国内避難民となった。それに続いて，北西部で戦乱の続くイラクや，東部で親ロシア勢力との武力紛争が続くウクライナ，内戦の続くスーダンなどが新たな国内避難民の発生源となった。2016年にはコンゴ，南スーダン，アフガニスタンなどを中心に，新たに国内避難民が発生した。ストック面からみると，コロンビアが740万人，シリアが630万人の国内避難民を抱えていて，それにイラク，コンゴ，スーダンなどが続いている。シリアの数字は，ここ数年，相当減少している。これは，一部の住民が帰還したためでもあるが，それ以上に国内避難民が国外に逃れて難民となった結果である。それは，難民と国内避難民が連続的な現象であり，国内避難民は難民の予備軍であることを示している。

　原則的には，一国の領土内で住居を追われた人々に対して保護する責任があるのは，その領土を管轄する国家である。だが，これら大規模な国内避難民のいる国家が概してそういった責任を果たす能力や意志を欠いているという現実は覆うべくもない。そのため，国境を越えるまでは支援をしないという態度は，人権・人道の観点からみれば，無意味な形式主義といえるだろう。UNCHRの活動が国内避難民にまで拡大してきた背景には，そういった難民たちの実態がある。また同時に，そういった任務の拡大を国連総会が決議によって支持するとともに，先進諸国が自発的拠出によって活動の物的手段を提供してきた。このことは，伝統的な難民保護を超える，より積極的な予防策に，責任はあっても現実にはそのための十分な資源を欠く開発途上国と同じように，難民が自国に押し寄せることを警戒する先進国も期待していることを示唆している。

2　難　民　125

ただし，こういったアプローチにも難しい問題がある。総合的かつ包括的な
アプローチは，言うは易く行うは難いことは，国連システムの現実である。開
発問題と同様に，多様な国連機関にはそれぞれの任務があり，それぞれの管理
理事会によって統治され，それぞれの組織的哲学と伝統があるために，各機関
の現場での協働は国連発足以来，常に大きな課題であり，ここでも同様のこと
がいえる。

　また，こうした外部からの介入は，現地を管轄する政府の合意の下で行われ
る場合，開発協力や国家建設と連動した活動になる。それは紛争後の安定化，
国家建設や開発支援といった広範な活動と軌を一にする活動であり，実施主体
も現地政府はもとより開発援助機関，NGO，そして国際社会を構成するすべ
ての主体が責任を分担することが期待される。国内避難民保護や再定住支援は，
このような包括的かつ総合的な取り組みの一翼を担うものと位置づけられよう。
ただし，こういった安定化のための努力は，長期間にわたる地道な取り組みを
要するものであり，難民問題の最も本質的な解決に至るものだが，先進国内の
世論やマスメディアが求める即効性のある解決を与えるものではない。

　しかし，それよりも根本的な難しさは，難民の発生源の国内に難民支援活動
が踏み込むことによる危険性である。難民保護は非政治的な人道的支援に限定
されていたからこそ，政治的立場を超えて支持を獲得しやすかった。しかし，
国内避難民を支援するには領域主権を保持する国家の意向を無視することはで
きず，国内避難民の権利を保護するよりも，抑圧的な国家に荷担する援助機関と
しての性格を帯びてしまう。それによって，望ましくない結果を生む可能性は
否定できない。そもそも現地国家が問題の元凶である場合も少なくないからで
ある。また，内戦などによって重大な人道的災禍が起こり，大規模な難民や国
内避難民が発生しつつあるときに，現地の政府の合意なしに外部から介入する
場合や，そもそも合意を与えるべき正当政府が破綻している場合もある。

　冷戦期には，社会主義国の圧政に難民流出の本質的な原因があるというのが，
西側世界の支配的な見解であった。この見解に，ソ連などの社会主義諸国が賛
成するはずはなく，そのため難民政策も，イデオロギー的対立とは埒外の純然
たる人道的問題として取り扱わなければ，身動きができなくなることが必定だ
った。だが，冷戦が終わり 1990 年代に入ると，国連も欧米諸国主導となり，

126　　第 2 章　政策の限界

意思形成が容易になったことから，数多くの紛争に積極的に関与するようになった。

　旧ユーゴスラヴィアの分解過程で生じた紛争と，それに伴って生じた西欧への難民流出圧力への対処の過程で，国連による介入が最初に実践に移されることになった。国連安全保障理事会は国連保護軍（UNPROFOR）を派遣して現地の紛争に介入する決定を行い，UNCHRも現地で安全地帯を設置し，それによって紛争地域で迫害の危機に瀕している人々の保護に予防的に乗り出すという重大な決断を下した。これによって人命が救われ，難民流出が抑制された面もあるだろうが，この経験は苦い教訓を残した。というのは，設定された安全地帯は紛争当事者によって尊重されなかったし，UNPROFORはこれを守る戦力も任務も付与されていなかった。そのため，文民であるUNHCRの職員はもちろんUNPROFORの要員自身すらも危険に晒され，ましてや安全地帯に逃げ込んだ人々の保護には失敗し，いわゆる民族浄化の犠牲者が多数出るという悲劇的な出来事が起こったからである。力の裏付けのない人道支援は，あたかも「アウシュビッツの入り口でサンドイッチを配る」ような様相を呈する。

　しかし国内避難民の保護に強力な軍事的介入が求められるとすると，今度は難民保護の人道的性格を損なうかもしれない。敵味方の区別なく人道的支援を提供することと，紛争を解決し秩序を回復して人々が難民とならないようにすることとの間には，時に悩ましいジレンマがある。しかも難民の大多数が紛争や混乱の犠牲者ではあっても，実は彼らも紛争の主体であり，現地の武力紛争に関与する当事者であった場合も少なくない。誰をいつどこで支援するのかによって，難民支援団体は現地の政治に好むと好まざるとにかかわらず，一層深く関与することになってしまうのである。

小　括

　自国領への出入国を管理することは，主権国家にとって欠かすことのできない営みである。しかし国境は，一般に考えられているよりも透過性が高い。国家が相当の努力をしても非正規移民を完全に排除することはほぼ不可能であるし，それが望ましいかどうかも疑問である。しかし，世界中の主要国家は，グローバリゼーションが語られている間も，国境管理をさまざまな方法で強化し

てきたし，世論もそれを望んできた。実際に主権国家システムを維持しようとする限りは，国境管理の全廃が実現する可能性はない。

また，非正規移民であれ，難民であれ，国内避難民であれ，こういった人々に関係する問題は，もはや限定的な規模の例外的な人々に対する，人権や人道の問題ではない。それは不可避的に政治性を帯びた課題であり，そういった政治問題に効果的に対処できなければ，人道的目的の達成もおぼつかないだろう。

そうだとすれば，諸国家は，これからも不完全であっても国境管理の効率をさまざまな方法で強化しようとするであろう。そして，一方では非正規移民の国境での対応の圧力を下げるために，国境管理を国外にも展開するとともに，国内でも人的帰属の管理を強化して，その有効性を高めようとするだろう。しかし，国境管理だけで人口流入圧力に対処することには限界があるから，究極的には人口送出国側の統治の改善を求める以外に方法はない。そのため，2国間でも多国間でも政治的努力を展開する必要に迫られるのである。

同時に，いかなる国境管理を導入しても，合法であれ非合法であれ，一定数の人々が国境を越えて自国内に移り住むことを食い止めることは，現実には不可能である。そういった人々とどのような関係を取り結ぶのかという課題から逃れることができないのが，21世紀の国家の直面している条件なのである。

▶注

1) Anna Triandafyllidou ed., *Irregular migration in Europe: Myths and Realities*, Routledge, 2016, p. 2.

2) UN Department of Economic and Social Affairs, Population Division, *International Migration Policies: Government Views and Priorities*, 2013, ST/ESA/SER. A/342, p. 91.

3) Pew Research Center, *5 Facts about Illegal Immigration in the US* (http://www.pewresearch.org/fact-tank/2017/04/27/5-facts-about-illegal-immigration-in-the-u-s/).

4) Clandesitino Project, *Final Report*, November 23, 2009, p. 106 (https://emnbelgium.be/sites/default/files/publications/clandestino-final-report.pdf).

5) Euroepan Paliament, Irregular Immigration in the EU: Facts and Figures, 2016 (http://www.europarl.europa.eu/RegData/etudes/BRIE/2015/554202/EPRS_BRI (2015) 554202_EN.pdf)

6) UN, Depurtment of Economic and Social Affairs, *op. cit.*, p. 92.

7) Franck Düvell, "Irregular Migration," in Alexander Betts ed., *Global Migration Governance*, Oxford University Press, 2011, p. 79-80.

8) https://www.cbp.gov/border-security/along-us-borders/history

9) https://frontex.europa.eu/operations/roles-and-responsibilities/

10) Triandafyllidou, *op. cit.*, p. 27

11) Peter Andreas, *Border Games: Policing the US-Mexico Divide*, Cornell University Press, 2nd ed., p. 25.

12) *Ibid.*, p. 36.

13) Franck Düvell, "Undocumented Migration in Comparative Perspective," in Frank Düvell ed., *Illegal Immigration in Europe: Beyond Control?*, 2006, p. 189.

14) Andreas, *op. cit.*, pp. 123-124.

15) Anna Tridandafyllidou and Maria Illies "EU Irregular Migration Policy," in Anna Triandafyllidou *op. cit.*, p. 31.

16) *Ibid.*, pp. 27-28.

17) Andreas, *op. cit.*, p. 127.

18) *Ibid.*, p. 131.

19) *Ibid.*, pp. 131-132.

20) *Ibid.*, pp. 132-133.

21) Triandafyllidou, *op. cit.*, p. 261.

22) Andreas, *op. cit.*, p. 137.

23) "Morocco Leads World in Export of Cannabis," *The Guardian*, November 4, 1995.

24) Mark J. Miller, "The Prevention of Unauthorized Migration," in Ann Bernstein and Myron Weiner eds., *Migration and Refugee Policies*, Pinter, 1999, p. 26.

25) Andreas, *op. cit.*, p. 125.

26) Barry R. Chiswick, "Illegal Immigration and Immigration Control," *The Journal of Economic Perspectives*, vol. 2, no. 3, 1988.

27) Muzaffar Chishti and Charles Kamasaki, "IRCA in Retrospect: Guideposts for Immigration Reform," *Policy Brief, Migration Policy Institute*, 2014, p. 2 (http://www.migrationpolicy.org/research/irca-retrospect-immigration-reform).

28) *Ibid.*, pp. 2-5.

29) Miller, *op. cit.*, p. 27.

30) "The Costs of Mass Deportation: Taxpayers should get ready to pay for Cruz and Trump plans," *Wall Street Journal*, March 21, 2016 (http://www.wsj.com/articles/the-costs-of-mass-deportation-1458342018).

31) Nobert Cyrus and Vesela Kovacheva, "Undocumented Migration in Germany: Many Figures, Little Comprehension," in Triandafyllidou ed., op. cit., p. 136.

32) Chisti and Kamasaki, *op. cit.*, p. 5.

33) Miller, *op. cit.*, p. 37-39.

34) Chishti and Kamasaki, *op. cit.*, p. 6.

35) 難民条約については，以下を参照した。外務省『難民条約』2004 年（http://www.mofa.go.jp/mofaj/press/pr/pub/pamph/pdfs/nanmin1.pdf）。

36) 以下の数値はすべて，UNHCR, *Global Trends: Forced Displacement in 2016*, 2017 （http://www.unhcr.org/5943e8a34.pdf）によっている。

37) UNHCR, *Global Trends: Forced Displacement in 2015*, 2016 （http://www.unhcr.org/576408cd7.pdf）, p. 53.

38) UNHCR, *op. cit.*, 2017, p. 44, Figure 19.

39) *Ibid.*, p. 55, table 6.

40) *Ibid.*, pp. 25-26.

41) UNHCR, *op. cit.*, 2017, pp. 26-27.

42) http://www.ctvnews.ca/world/no-legal-limit-to-number-of-asylum-seekers-germany-can-receive-merkel-1.2549664

43) https://www.rt.com/news/368388-migrant-repatriation-deportations-germany/https

44) Gregor Noll, "Rejected Asylum Seekers: the Problem of Return," *International Migration*, vol. 37, no. 1, 1999, pp. 267-288.

45) Liza Schuster, "Turning Refugees into 'Illegal Migrants': Afghan Asylum Seekers in Europe," *Ethnic and Racial Studies*, vol. 34, no. 8, 2011, pp. 1392-1407.

46) Astri Suhrke and Ariside R. Zolberg, "Issues in Contemporary Refugee Policies," in Bernstein and Weiner eds., *op. cit.*, p. 175.

47) Godfrey Baldacchino, *Island Enclaves: Offshoring Strategies, Creative Governance, and Subnational Island Jurisdictions*, McGill-Queen's Press-MQUP, 2010. pp. 26-27 (http://mgp.berkeley.edu/wp-content/uploads/2017/06/Oregon-10-Airports.pdf).

48) Paul Berczeller, "The Man Who Lost His Past," *The Guardian*, September 6, 2004 (https://www.theguardian.com/film/2004/sep/06/features.features11); "Man Living at Paris Airport: Has a Man has been Living at a Paris Airport since 1988?" (http://www.snopes.com/travel/airline/airport.asp). 1999 年には，難民認定を拒まれたアルジェリア人女性が，半年間にわたって主としてフランクフルト空港内の施設で過ごした後に，自殺するという事件すら起こっている（Susan Anderson et al., "Naimah H. and Asylum Seekers in Germany," 2009〈http://mgp.berkeley.edu/wp-content/uploads/2017/06/Oregon-10-Airports.pdf〉）。

49) Stephen H. Legomsky, "The USA and the Caribbean Interdiction Program," *International Journal of Refugee Law*, vol. 18, no. 3-4, 2006, pp. 679-681.

50) タンパ号事件については，以下を参照。浅川晃広「オーストラリアの移民政策と不法入国者問題──『パシフィック・ソリューション』を中心に」『外務省調査月報』11号，2003 年。

51) http://www.bbc.com/news/world-europe-11139345

52) E. Paoletti, *The Migration of Power and North-South Inequalities: The Case of Italy and Libya*, Palgrave Macmillan, 2010.

53) http://eumag.jp/behind/d0716/

54) "Life in Daddab; Three Generations of Refugees Isolated from Kenyan Society," *The Guardian*, January 7, 2016 (https://www.theguardian.com/global-development/2016/jan/27/life-dadaab-three-generations-of-refugees-isolated-from-kenyan-society)

55) Medicins sans Frontiers, *Dadaab to Somalia: Pushed Back Into Peril*, October 2016, p. 3 (http://www.msf.org/sites/msf.org/files/dadaab_to_somalia_pushed_back_into_peril-0.pdf).

56) Jennifer Hyndman, "A Refugee Camp Conundrum: Geopolitics, Liberal Democracy, and Protracted Refugee Situations," *Refuge: Canada's Journal on Refugees*, vol. 28, no. 2, 2013, p. 10-11.

57) http://www.bbc.com/news/world-africa-32169080

58) リンダ・ポルマン／大平剛訳『クライシス・キャラバン』東洋経済新報社，2012 年，154-155 頁。

59) 同書，154-155 頁。

60) Medicins sans Frontiers, *op. cit.*, p. 1, p. 6.

61) Ben Rawlence, *City of Thorns: Nine Lives in the World's Largest Refugee Camp*, Random House, 2016, 3606-3620. 人権活動家としてダダーブで過ごした著者によるこの書物は，難民キャンプの実態と，難民たちの人間像をよく伝えていて興味深い。

62) UNHCR, *op. cit.*, 2017, pp. 35-37.

63) 以上の数字は，UNHCR, *op. cit.*, 2016, pp. 29-31 による。

64) UNHCR, *op. cit.*, 2017, p. 37.

65) "The Role of Humanitarian Action in Peacekeeping" Keynote Address by Mrs. Sadako Ogata, United Nations High Commissioner for Refugees, at the 24th Annual Vienna Seminar, Vienna, 5 July 1994 (http://www.unhcr.org/admin/hcspeeches/3ae68faa18/role-humanitarian-action-peacekeeping-keynote-address-mrs-sadako-ogata.html).

66) 墓田桂「国内避難民（IDP）と国連——国際的な関心の高まりの中で」『外務省調査月報』1 号，2003 年，47-48 頁。

67) ポルマン，前掲書，161 頁。

第**3**章

国家とそのメンバーシップ

　人々が国境を越えて移動することが避けられないのなら，国家は自国領から離脱した人々や自国に新たに移入した人々と，どのような関係を取り結ぶのかについて，選択を迫られる。言い換えれば，これまでの2つの章で検討した移民のフロー（流れ）面での課題に加えて，ストック面の課題に直面する。これからの3つの章は，この問題を検討する。この問題に取り組むためには，国家にとって，メンバーとは何を意味するのかがまず問われなければならない。国家が各々の領域によって仕切られた形で棲み分けるのが共存のための基本的な仕組みならば，国家の人的管轄権と領域的管轄権が一貫したものでなくてはならないだろう。そうであれば国家は自国領域から離脱した人々からはメンバーの地位を剥奪するとともに，移入した人々には新たにメンバー資格を与えることを検討する必要が出てくる。

　そこで，この章では，近代国民国家形成のモデルとされてきた欧米諸国において，国境を越える人々の移動に関する制度，つまり出入国管理の展開と，人々の移動に付随して生ずる国家のメンバー資格の取得と喪失の条件を定めた制度，つまり国籍制度，帰化制度，そして国籍離脱制度の展開について検討していきたい。英仏などの西欧諸国は封建制度を経験し，19世紀には旧体制か

133

ら近代化を果たした。他方，イギリスの植民地であったアメリカも，独立戦争を経て，領土内の人々をすべて法的に平等に包摂する国民国家のモデルとされてきた。これらの諸国は，いわゆるグローバリゼーションを推進するとともに，その影響に晒されてきたという意味でも先行事例を構成している。

　また，主要なヨーロッパ諸国は，近代以降にグローバルな交易網を開発し，人的にも活発な移動をもたらした。19世紀以降は，イギリスが主導した自由貿易政策に端的に表れているように，国境を越える社会間の交流が飛躍的に自由化され，技術的な進歩に伴って欧米の諸国家は大規模な人口移動を経験した。またイギリスはおそらく史上最も成功した移民の送出国であり，世界中で保有した植民地に自国から人々を送り出し，先住民を物理的，社会的に周辺化しながら，巨大な帝国を築いた。

　アメリカはそのイギリスからの移民によって建国された国家だが，先住民を排除したり，黒人奴隷を導入しつつ，世界中から移民を受け入れることによって，20世紀には巨大な勢力へと発展した。誰が「アメリカ人」なのか，どうすればアメリカ人になれるのかという問題は，世界最大の移民の受入国であるアメリカにとって，今日に至るまで真剣な問いだった。また，そうして新たにアメリカ人となった人々にとっては，彼らの出身国との関係をどう考えればよいのかという問いも重要である。このような問題は，今やアメリカだけにとどまるものではない。20世紀後半には移民の大規模な受入国となったヨーロッパ諸国も，これらの問題に直面せざるをえなくなっている。

1　旧体制下の国家とそのメンバー

●旧体制下の国家

　人々が集団を構成する際，どのような絆が人々を結び付けるのだろうか。血縁関係に基づいて形成される家族こそが，最も自然な社会の基本単位であるとされる。多数の家族が集合して恒常的な集団が形成されると，氏族や部族といった用語で人類学者が語る集団が形成されたことになる。今日，国家という用語で意味されるのは，より大規模な不特定多数の人々からなる集団である。このような大規模な集団を統治するには，血縁関係や慣習といった自然な絆だけ

では不十分で，集団の根拠を示す象徴装置や，集合的行動を確実なものとする権力装置が欠かせない。

　封建制度の下にあった，いわゆる旧体制下の世界を構成していた国家は，経済的には農業生産を前提にし，土地を媒介にした君主と臣下の忠誠関係に基礎を置いていた。国家の支配する領土に居住する人々は，身分によって区切られた階層構造を形成しており，国家のメンバーは法的に平等で文化的なまとまりのある「国民」ではなかった。そして住民の大部分を占めていた農民は，封建領主の支配する土地の，いわば付属物であった。ましてや，そういった一般住民は，その権力機構たる国家の構成主体であると観念されていたわけでもない。旧体制の下では，国家とそのメンバーの感情的な絆は比較的希薄であった。国境のどちら側に帰属するかによって服従義務を負う封建領主は異なるものの，どのみち同じ土地で同じ労働を続ける一般民衆にとっては，どの国家に属しても実質的には大した相異はなかったのかもしれない。ナショナリズムが優勢になる以前のヨーロッパでは，勢力均衡のために領土が比較的柔軟に変更された。それが可能であったのも，国家の支配する領土に居住する人々と国家の関係が希薄であったという背景があった。

　しかしだからといって，その時代，国家が国境を横断して移動する人々に対して開放的で，新たに国外から移ってきた人々に寛容な態度をとったというわけではない。そもそもこの時代には，国内の移動の自由ですら権利として保障されていたわけではない。おそらく旧体制のヨーロッパで一般の人々の帰属意識の大きな部分を占めていたのは，国家への帰属よりも封建的な地域共同体への帰属である。それによって，どこに居住できるかやどういった職業に就けるか，また宗教的儀式や互助的サービスに加わることができるかどうかが左右された。多くの人々が一生を送った封建的共同体の境界を越境していた人々は，王侯貴族を除けば，どちらかといえば例外的な存在であり，旅芸人や流浪者など，猜疑のまなざしでみられる社会の周辺的な人々が多かった。

●宗教的共同体と国家

　これと並んで重要なのが，教会を中心に組織された宗教的帰属意識であった。流入するユダヤ人がヨーロッパで繰り返し迫害されてきた背景には，キリスト

教社会に内在する反ユダヤ主義が関係していたことは、よく知られている。またキリスト教世界におけるカトリックとプロテスタントの両派の対立は、16世紀以来のヨーロッパを貫く断層だった。そのため、例えばイギリスはプロテスタントの流入には寛容であったが、他方でカトリックに対しては、それがフランス・スペインなどの大陸の強国との対立関係とも結び付いたため、常に警戒的な姿勢をとり続けた。

個人のアイデンティティを考えるうえで国家への帰属よりも宗教的共同体への帰属のほうが重みがあったという点では、イスラーム社会のほうが徹底していた。オスマン帝国は、その広大な領土に居住する宗教的にも文化的にも言語的にもきわめて多様な民族集団を統治した。スルタンの権力を支えていたのはイスラーム的な正統性原理であったので、異なる宗教的コミュニティに属する人々を平等に取り扱ったわけではない。しかし、異教徒にも一定の自治と保護を与えることで、イスラーム的な共存を長期にわたって実現することに成功した。「これらの諸エスニック・グループにとって、政治体としてのオスマン国家への所属は、そのアイデンティティーの意識のなかで、さほど重要な意味をもたなかった[1]」。そこで人々の「われわれ」の意識を決めていたのは、領域国家への忠誠ではなく、宗教的共同体への帰属であった。

それに対してキリスト教世界では、16世紀に起こった宗教改革によって宗教的共同体内部に厳しい分裂が生じたため、領域的な棲み分けによって秩序が再編された。16世紀以降、そのヨーロッパ諸国が世界的に展開したため、排他的な領域管轄権、つまり領域主権の不可侵は、紆余曲折を経つつも、世界中で受容されるに至った。

ともあれ国家が領域的存在であるからには、国家はメンバー以外の誰が自国領に入国できるのかを制御すること、つまり国境管理や入国管理を古くから行ってきた。例えばイングランドでは入国管理制度の起源は、1066年にノルマン・コンクエスト（イングランドの征服）を果たしたウィリアム征服王が、侵略者が自分同様の進入路をたどってイングランドに侵入することを防ぐために、イギリス南部の海岸線に城塞を築き、5つの港に入国管理官を置いたことにあるといわれる。それは当時の弱体なイングランドの王国が、大陸の諸勢力の浸透を港で食い止めるための制度であった[2]。また、今日の入国管理に欠かせない

パスポート（旅券）も，その名前から想像されるように，その起源は港湾における入国管理のための書類であった。パスポートという言葉がイングランドで使われるようになったのは，1589年にアントワープ‐ロンドン間の郵便業務に従事していた郵便業者が，イングランドへの入国を円滑化するためにイングランドの国王から取得した文書に遡るといわれる[4]。

● 19世紀以前のパスポート

19世紀以前のパスポートは，国家が自国民の国籍を証明するとともに，その保護を外国政府に求めるという，今日のイメージとは相当異なったものであった。まずパスポートの携帯は必ずしも義務ではなく，仮に義務化されていた場合でも，それが厳格に強制されたわけではなかった。またパスポートの目的は今日常識となっているように，国家が携帯者の国籍を証明し，自国民の保護を外国政府に求めるものではなかった。パスポートの発行主体も国家ではなく，ギルド，大学，軍司令官などの有力者や団体であった。その目的はむしろ携帯者の身分を証明するものであり，国内旅行目的にも用いられ，国外用との区別もなかった。これを所持するのも大商人や貴族が一般的で，庶民がパスポートを携帯するようになるのは，封建的身分制度が廃止され，国民国家が誕生し始めるフランス革命以降である。つまりパスポートはもともとは信用力の強い個人や団体による身分証明証に近いものだったのである[5]。

封建制度の下では農奴や従僕には居住地を選ぶ自由はなかったので，自由な旅行の権利と身分を確認するために各地域の教会などの権威によって発給された書類が必要とされた。「国民」や「市民」そのものが登場する前の，この時期には，人々のアイデンティティとして重要なものは，国家への帰属を表す「国籍」よりもむしろ身分であったので，人々の身元を保証し証明するのも，必ずしも国家である必要はなかったのである。

旧体制下の大陸ヨーロッパでは，国境を越えようとすると，国境の検問所で煩瑣で屈辱的なチェックが行われ，パスポートの携帯もイギリスより厳格に義務づけられていたようである。例えば，今日ドイツとなっている地域では，中世以来，小規模な領邦国家が神聖ローマ帝国の屋根の下で並立していたので，地域内にあった諸国の国境を越えるにも，面倒な手続きを経なければならなか

1　旧体制下の国家とそのメンバー　137

った。例えば主人に同行していない下層階級に属する人々は，諸邦の領域を通過する際に何らかのパスポートを所持することが定められていたし，また18世紀のプロイセンでは小作民の領域外への移動が禁止され，軍人や貴族などを除く旅行者にはパスポートの所持が義務づけられ，宿泊客に外国人がいた場合にはホテルは当局に届け出る義務を負わされるなど，相当に厳重な規制措置がとられていた。[6]

　それでも平時には，国境管理上の関心の主要なものは，外国人入国者の安全保障上の危険ではなく，貧困移住民や難民を排除することであったので，「尊敬すべき身分」に属する限り，多くの検査は事実上避けられたといわれる。他方外国からの政治亡命者には，現在の感覚からすると国家が非常に寛大な態度をとったが，それは，彼らのほとんどが王侯貴族であったせいであろう。「国民」や「市民」がいない以上「外国人」も存在しなかった。また，現実に人の移動の規模が限定的であるならば，国家のメンバー資格が大問題になる契機も例外的であった。こうした条件の下では，他者とは，異なった国家に帰属する人々というよりも，封建的共同体の外部から来た人たち，異なった宗教を信仰する人たち，あるいは異なった身分の人たちのことを意味したのである。

●生涯不変の忠誠

　このような旧体制下では，国家のメンバーとはどのように概念化され，新たなメンバーの受け入れやメンバーの離脱は，どのような制度によって規律されたのだろうか。人が土地の付属物に過ぎない旧体制下では，国家による住民の支配は土地の支配を媒介にしたものであった。イギリスでは，コモン・ローの原則によって，国王の支配する領土に生まれたものは，その両親の如何を問わず，生誕と同時に自然な「生涯不変の忠誠（indelible allegiance）」を国王に負い，それと引き替えに国王からの保護を受ける臣民であると理解された。この原則は，14世紀には明示的に示されていたといわれるが，国家への帰属の意味が限定的であった当時，このことが問題となったのは，主として土地の所有権をめぐる紛争が生じた際であった。というのは土地の所有権について国王の保護を享受できるのは臣民に限られていたので，土地の相続をめぐる係争の際に国籍が問われたからである。

138　第3章　国家とそのメンバーシップ

この点でよく言及されるのが，1608年に行われた，いわゆるカルヴィン事件（Calvin's Case）の判決である。この事件の裁判は1606年にスコットランドで生まれたカルヴィンが，イングランドの土地を相続できるかどうかをめぐって争われた。長らくスコットランドは独立した王国であったが，1603年にスコットランド国王のジェームズ6世が，跡継ぎのいなかったエリザベス1世の後のイングランド国王に，ジェームズ1世として即位した。そのため，スコットランド生まれの人物の国籍が複雑な問題となった。ここで，首席判事のコーク卿が述べた見解が，イギリスにおける国籍制度の理解として長く影響力を持つことになった。コークによると，国王の支配する領土に生まれれば，生涯臣民であり続け，たとえ現在の王国の領地が征服されて外国の主権者に支配されても，忠誠義務は継続するとされた。したがって，どこに移住しようとも，国籍を離脱することは不可能だということになる。こういった見解の基礎には，政府や社会は自然な秩序原理の反映であり，臣民の国王への忠誠義務は，神の定めた秩序の一環であるという世界観があったことはいうまでもない。[7]

●外国人が国家のメンバーになるには

それでは，新たに国籍を取得して国家のメンバーになることはできるのだろうか。カルヴィン事件の判決文は，外国人を盟約関係にある国家のメンバーである友好外国人と，非友好国のメンバーである敵性外国人とに区別し，前者は権利保護の面で優遇されるという判断を示している。しかし友好国もいつか敵性国になるかもしれないのだから，いずれの外国人も土地の所有権は認められないとする。そして異教徒は，本質的にキリスト教国に敵対的であるので，法律上永久に敵性外国人であるとされる。生涯不変の忠誠がイギリス人たる資格の基礎にあるのなら，外国人には外国人の生涯不変の忠誠義務があると考えることもできる。そうであるならば，イギリス人の国籍離脱が不可能であると同時に，外国人のイギリスへの帰化も不可能であるとするのが論理的かもしれない。だが，国王への忠誠がイギリス人たる資格の基礎にあるのなら，忠誠心を証明して外国人がイギリス人になることも，必ずしも不可能ではないと考えることもできよう。実際に，古くからイギリスには外国生まれの人々をイギリスのメンバーとする制度が存在し，17世紀までには概ね2つの方法が帰化制度

1　旧体制下の国家とそのメンバー　139

として確立していた。

　一つは，議会の個別立法によって特定の外国人をその都度帰化させる方法である。これによって，イギリスのメンバーとなった帰化民は，イギリス人と同等の権利を享受できる。つまりは土地の保有についても，イギリス人と平等の権利が与えられるのである。もう一つは，勅許（royal patent）によって，デニズン（永住外国人：denizen）の資格を与えることである。デニズンは，権利保障の強さで生来のイギリス人に比べて劣るが，通常の外国人よりも有利であるという中間的ないわば準市民的な資格である。デニズンは税などについては帰化民より幾分不利であったし，また土地は保有できても相続は不可とされた。しかも子どもに土地を相続させるには，その土地の取得が子どもの生まれる時点よりも後の場合に限られる，といった制約があった。[8]

　他方，帰化民は17世紀初めまでには，議員になる資格などを含む政治的権利も含めてメンバーとして完全な権利を享受できることになっていた。しかし1688年の名誉革命によってオランダからウィリアム3世の多数の従者がイギリスに入国した際には，帰化民の政治的権利を制限する立法が行われた。同様の措置が，1714年にハノーヴァー朝のジョージ1世を国王として迎えた際にも繰り返された。[9]

　いずれにせよ，イギリスへの帰化は非常に煩瑣な手続きとカネのかかる作業であった。どちらの方法をとっても，例外的な少数の人々への個別対応ならともかく，これによって多数の移民に国籍を付与するかどうかを決めることはできなかった。帰化制度が，国王の勅許や議会の個別立法ではなく，標準化された行政的手続きによる作業になるのは，実は19世紀後半を待たなければならなかったのである。

2　市民革命と国家のメンバー資格

　18世紀の末にアメリカとフランスで起こった市民革命の結果，国家とそのメンバーとの関係は大転換を遂げた。臣民は市民となり，国家の統治の正統性がこの構成メンバーの合意にあるという原則が，支配的になったのである。市民の登場によって，国家のメンバーが国家との間で取り結ぶ関係は，封建的な

身分制度に基礎を置いた「自然」なものから，同等の市民的，政治的権利を持つ平等なメンバーの自由な意思によって成立する，契約に根拠があるとされるようになった。そして今や法の下に平等な国民によって形成される斉一な空間となった国の内部では，移動の自由は，職業選択の自由とともに市民的権利の一部になったのである。

●アメリカ

　1775-83年に，アメリカで起こった独立革命によって，人々はそれまで誕生と同時に生涯負うとされていた国王への忠誠義務を断ち切って，自らの自由な意思に基づいてアメリカ合衆国を創設したとされた。しかし独立革命期のアメリカには，国王に忠誠を誓い，独立に反対していた人々が相当数いたのも事実である。そして，政治的忠誠が個人の意思によって自由に選べるのならば，アメリカに忠誠を誓う自由があるのと同様，イギリス国王への忠誠を維持する自由もあるはずだ，という論理も成立する。ここでアメリカの「愛国者」たちは，一つのジレンマに陥った。それは，王党派の人々が忠誠の対象を決める自由を否定すれば，圧政に抵抗し，どの政治的共同体に忠誠を誓うのかを自分で選ぶ自由を求めている自分たちが，まさにそういった自由を圧迫していることになってしまう。しかし，他方で，こうした人々の行動を放置すれば，独立の実現や維持が妨げられるかもしれない，というものである。

　どれほど自由な国家でも，そのメンバーには一定のまとまりが必要である。そうでなければ国家はとめどもなく分裂して，極限的な可能性を考えれば，個人の数だけ新国家が誕生することになる。それは事実上，無政府状態を意味するであろう。そのような論理的可能性はともかくとしても，独立戦争をイギリス本国と戦っていた新生アメリカ共和国にとって，人々を戦争目的のために動員できるかどうかは差し迫った課題であった。外部との対立関係が先鋭な場合には，いかなる国家もメンバーの動員を強め，個人の自由を制限する。それは，新生アメリカ共和国も同じであった。

　植民地諸州は，当初よりイギリス本国とは異なった政治共同体であり，それを創設した原始契約によって多数派の意思が少数派の服従を求めることができるといった契約論的論理や，植民地は今や新国家が征服したといった論理で，

独立したアメリカへの服従義務は説明された。そして，こういった論理に基づいて国王派の人々が所有していた財産が，大規模に没収された。さすがに反逆者として国王派の人々を処刑することには陪審員も判事も慎重であったものの，独立戦争でイギリス本国に従った人々は，「アメリカ人」ではなく敵国の戦闘員であるとみなされ，とらえられれば戦時捕虜として取り扱われた場合が多かった[10]。

このように国家のメンバーの範囲が安定しておらず，内部に対立を内包したまま独立したひ弱な新生国家アメリカでは，無条件に新たなメンバーを市民として迎えることはできなかった。とりわけ，旧体制の思想や習慣を身につけた人々がアメリカに多数流入すれば，当時の世界ではきわめて特異な政治制度を持つ弱体な新生国家にとって，彼らが脅威になるのではないかと真剣に懸念された。アメリカ独立宣言の起草者で，第3代大統領も務めたジェファソンは，移民について次のように述べている。

> 彼らが後にしてきた政治体制の原則をまとってくるだろう。それは幼児から彼らの身に染みついたものだ。たとえそうした政治的原則を捨てられるとしても，今度はひどく野放図となり，よくあることだが，極端から極端へと移行してしまう。彼らが穏健な自由を享受できる程度でとどまるとすれば，それは奇跡だ[11]。

つまりジェファソンは，旧大陸の専制的な旧体制の政治思想の流入だけを心配していたわけではない。合衆国の穏健な自由を体現する政治は，自由主義的な政治的イデオロギーだけではなく，穏健な自由を尊重する慣習や文化的態度にも依存している。そうであれば，そうした文化的態度を共有しない新たなメンバーを受け入れることは，弱体な新生共和国アメリカの将来にとって危険なのではないか。このように危惧したのである。アメリカは確かに移民の国であるが，建国期のアメリカは人種の坩堝でも多文化主義の実験場でもなかった。当時のアメリカの支配的集団は，自由主義的な政治思想のみによって結び付いていたのではなく，プロテスタント的信仰，英語という共通の言語，そしてイギリスに起源のある文化的態度も共有する，高度に同質的な集団だったのである。

フランス革命後，ヨーロッパにおけるイデオロギー的，地政学的対立が激化すると，海外から移民を通じてアメリカに悪影響が及ぶのではないかという懸

念は強まり，外国生まれの人々への猜疑は強まった。例えばスイス生まれで，のちに財務長官を務めたギャラティンである，1793年に上院議員に選出されても，必要とされていた帰化後9年の経過期間条件を満たしていないという理由で，アメリカに渡ってからすでに14年が経っていたにもかかわらず，議員資格を剥奪されたほどである。[12]

　また，この時期の帰化法も制限的色彩を強めていた。1790年に制定された最初の帰化法は，「素行が良好な」白人の自由民なら，アメリカに2年間居住して宣誓すれば，アメリカ市民になれるという開放的な内容であった。

　しかし，1792年にフランス革命が一大戦争に発展すると，ヨーロッパから亡命貴族，追放された政治運動家，アメリカ同様にイギリスからの独立をめざすアイルランドの愛国主義者，さらにはフランス領ハイチで起こったトゥーサン・ルヴェルチュールによる反乱の結果，ハイチを追われたフランスの農園主といった，政治的に活性化された多様な人々がアメリカに続々と渡ってくるようになり，急速に帰化要件の厳格化が進んだ。1795年には居住条件は5年間に延長され，貴族はその称号を放棄し，アメリカ的な平等主義を受け入れることが求められた。また交戦相手国からの帰化は禁止されるとともに，外国人の登録制度も強化された。[13]1798年には規制は一層強化されて，居住条件は14年間にまで延長された。1802年の移民法によって，このような極端な規定は緩和されたものの，帰化要件の基本的な枠組みは維持され，これが南北戦争まで維持された。すなわち5年間の居住期間，帰化の意思を表明した後の3年間の経過期間，外国との関係を断ち切るという宣誓と合衆国憲法に忠誠を誓う宣言をすること，素行が良好であることなどが条件だったのである。

　もっとも，このような連邦政府の制度がどの程度実際に移民の流入を抑制したのかは，別の問題である。また，米英戦争（1812-15年）が終わり，ヨーロッパにおける平和が回復すると，アメリカにおける安全保障上の懸念は急速に後退した。新生アメリカ共和国の基礎が固まり，自国の安全に自信が深まるにつれて，多様な移民が政治的安定性を脅かすのではないかという懸念は後退した。むしろ拡大する領土を背景に，ますます多くの人々を受け入れることから得られる，経済的利益が強く意識されるようになった。実際に19世紀のアメリカは，おそらく史上最大の移民受入国であり，大西洋を越えて何百万もの人々が，

2　市民革命と国家のメンバー資格　　143

新たな機会を求めて続々とアメリカに流入したのである。

　だが，独立戦争の結果イギリスから独立することは決まったものの，新たな忠誠の対象となるのは，入植者コミュニティに起源のある各々の州なのか，それとも13州の結合した新たな政治共同体なのかは不明確だった。そのため独立当初は，帰化制度すら州ごとに異なっていた。州ごとにメンバー資格が不揃いだと，州際の人口移動をよほど厳しく規制でもしない限り，さまざまな厄介な問題が起こるのは，欧州連合（EU）のシェンゲン圏内の事情と似ている。例えば，ある州のメンバーが他の州ではメンバー資格を認められず，市民としての基本的権利が否定されるといった事態が起こる。逆に，厳しいメンバー資格を制定した州の規定が事実上，迂回されてしまったりすることも起こる。一つの国家として成立するためには，統一的なメンバー資格を決める必要がある。しかし，アメリカ史でよく知られている連邦と州の間の権限をめぐる立場の相異は，簡単に克服できるものではなかった。

　さまざまな妥協の結果制定された合衆国憲法は，大統領の資格として「出生により合衆国市民である者（a natural born citizen），または，この憲法の成立時に合衆国市民である者でなければ，大統領の職に就くことはできない」と定めている。また，4条には「各州の市民は，他のいずれの州においてもその市民が有するすべての特権と免除を享受する」ことや，犯罪者を相互に引き渡すことが規定されている。¹⁴⁾しかし，それではいったい誰が合衆国市民なのだろうか。このことについては明確な規定がない。

　国家の根拠がメンバーによる主体的な契約にあるとされたにもかかわらず，実際には建国期のアメリカでも，国籍はイギリス同様の出生地主義（jus soil）の原則によって規定されていた。植民地各州の入植者コミュニティで生まれれば，自動的にそのコミュニティのメンバーになる，というのはイギリスのコモン・ローの伝統を半ば無意識に継承した結果で，彼らには自然なことと思えたのであろう。しかし，現実には，これには重大な例外があった。まずアメリカの先住民，いわゆるインディアン諸部族に属する人々である。彼らと土地との結び付きは白人入植者よりもずっと古くまで遡ることができるにもかかわらず，彼らは民主主義国家アメリカのメンバーとはみなされなかった。

　インディアン諸部族は，入植者コミュニティの一員となる意思もなく税金も

144　第3章　国家とそのメンバーシップ

納めないのだから，先住民族の諸部族は外国とみなし，先住民は外国人である，という論理にもそれなりの説得力はあったかもしれない。しかし，出生地主義のメンバー資格概念で処理するのが一層厄介であったのは，黒人奴隷であった。彼らは，先住民とは違い，独自のコミュニティに属していたわけではない。したがって，外国人と観念するのは無理であったし，単なる奴隷所有者の所有物とみるのも，あまりにも無理があった。話がより複雑になった背景には，黒人のすべてが奴隷だったわけではないことがある。黒人自由民がどのような法的資格を持つかは州によって制度が異なった。また，逃亡した奴隷が奴隷制度を禁じていた自由州に逃げ込んだり，合法的に移住して再び奴隷州に戻ったりした場合に，どう対処するのかという問題が起こった。今日でいえば，政治亡命者や難民が押し寄せたようなものである。さらには西部に急拡大を遂げていたアメリカに，新たな州が加わる際にも，黒人を州のメンバーとするのか否かをめぐって対立が激化した。[15]

　周知の通り，南北戦争が勃発したのは，連合を維持するためのさまざまな妥協が破綻し，南部諸州が独自の制度を維持しようとしてアメリカからの分離・独立を求めたからに他ならない。北部は連邦政府に主権がある以上，それに対する忠誠は撤回できず，分離・独立は反逆であるという立場をとった。他方，究極的な主権は各州にあるのだから，抑圧に抗して自らのコミュニティの生活様式や価値観を守るために分離・独立するのは，アメリカ独立革命と同じく正当である，というのが南部の論理であった。この議論に決着をつけたのが，南北戦争の結果であることもあらためて繰り返すまでもないだろう。連邦議会が合衆国のメンバー資格に最終的な権限を持つことが確認され，出生地主義の原則がアメリカ全土で確立するのは，1868 年に制定された憲法の修正 14 条を待たなければならなかった。[16]

●フランス

　旧体制下ではフランスの国籍制度も，イギリスと同じように，出生地主義が基本であった。「フランス人」であるかどうかが現実に問題にされたのは，相続をめぐる係争が浮上したときが多かったのもイギリスと同じである。しかし，フランスでは，フランス人の遺産相続人がいない場合には，国王が遺産を接収

2　市民革命と国家のメンバー資格　　145

する制度があったので，誰がフランス人なのかは関係者にとってイギリスより
もさらに切実な問題であった。1515 年にパリの高等法院は，両親が誰であれ，
フランスで生まれ，フランスに居住していれば，遺産を相続する権利があると
いう判断を示し，出生地主義の原則を確認した。また，国王が勅許によって外
国人の帰化を認めることができたのもイギリスと同様である。ある研究によれ
ば，1660 年から 1789 年までの間に約 6000 人がこれによってフランスに帰化
したとされる[17]。

　フランス革命によって，フランスにおける国家のメンバーの観念は文字通り
革命的な転換を遂げた。革命期には人の移動と国籍をめぐる制度は複雑で不安
定な状態に陥った。革命当初は人の移動の制限やそのための手段であったパス
ポートといった制度も，旧体制の悪弊として厳しく糾弾された。しかし，革命
の結果，国内外の対立が激化したために，共和国の原理は愛国主義と分かち難
く結び付き，反革命勢力からの防衛という安全保障上の要請や，外国の介入か
ら祖国共和国を防衛するという観点が強調されるようになった。革命を防衛す
るために，むしろ国家による移動の管理が強化されたこともあり，旧体制のパ
スポートが，国内移動のためにすら再導入されたこともあった。とりわけ国王
が外国への逃亡を企てるに及んで，国際的移動の管理も一気に強化された。自
由主義的原理が一挙に世界中で実現しない以上，革命政府も反自由主義的な世
界との境界を，自由主義的原理に基づいて管理することができなかったのであ
る。祖国共和国の防衛が市民的自由の原理に優先され，反革命的とされた外国
人への猜疑が高まり，多くの移動規制が導入された[18]。

　国家が市民相互の契約によって成立している集団であるならば，市民である
という資格が自分の意思とは無関係な出生地や血統を基礎に決まる「国籍」と
は区別されるべきなのかもしれない。革命期の憲法の規定が「フランス人」で
ある資格は，「フランス市民」の資格を区別していたという指摘もある[19]。しか
し革命の理想であれ祖国であれ，外部からの脅威に晒されると，領域防衛とい
う差し迫った必要に対応することが革命政府にとっても急務となった。フラン
ス革命の前期には，フランスに合法的に居住していた外国人の大多数が，本人
の意思とは無関係にフランス人とされ，これによって彼らは折から進行中の革
命戦争のため，たちどころに徴兵されることになった[20]。

革命期の混乱を経て，その後のフランスの諸制度の基礎となっただけではなく，ヨーロッパ諸国はもちろん日本を含む世界中の法制度に強い影響を及ぼしたのは，1804年に制定されたいわゆるナポレオン法典である。これは，父系の血統主義（jus sanguinis）を国籍要件の原則とすることを定めており，その後長くフランスの国籍制度の中心的要素となった。ナポレオン自身は，徴兵可能な人的資源を拡大するという理由から，純粋な出生地主義をとることを強く求めた。

　しかし，当時のナポレオン法典の編纂で中心的な役割を果たしたトロンシュは，ナポレオンの意見にもかかわらず，ローマ法の伝統に基づいて血統主義的原則を国籍制度の基礎とすることを主張して譲らなかった。トロンシュは，党派を超えた名声を誇る法律家で，革命期には国外逃亡を企てて結局処刑されることになるルイ16世の弁護人を務めたことからもうかがえるように，専門家としての原則的主張を曲げない硬骨漢であった。トロンシュらが出生地主義に反対した根拠は，出生地主義は血統主義よりも偶然的な要素が強く，メンバーと国家の結び付きとして弱いという点にあった。例えば，反対論者に対して次のように述べる。

　　イギリス人の息子はフランス人になることができるが，その母親がフランスを通りかかり，彼女と家族が外国人である他国の領土内で子どもを産んだからといって，それだけでその子どもはフランス人になるべきだろうか。（そのような場合，）ある人間の国というものは，その国への愛着，その国を選択したということ，その国に定住しているということよりも，たまたま生まれた，ということにより大きく依存することになる。[21]

　両者の意見が相違したのは，ナポレオンが想定していたのが，フランス生まれの徴兵可能な庶民であるのに対して，おそらくトロンシュの念頭にあったのが，比較的裕福な階級に属する，海外にも在住する可能性のあるフランス人のことであったためかもしれない。つまり，トロンシュは，出生地主義を採用すれば，外国に居住するフランス人の子弟も自動的に外国籍になる。そのことで，彼らのフランスでの相続権や財産権が侵害される可能性を懸念していたのかもしれない。[22]

2　市民革命と国家のメンバー資格　　147

3 移動の活発化とメンバー資格の相互調整

● 開放的国境の時代

　封建制度が撤廃され，移動の自由が市民的権利と理解されるようになっても，ヨーロッパで実際に国境を越える移動の自由度が高まったのは，フランス革命とナポレオン戦争が収まり，ヨーロッパに平和が訪れてからのことであった。安全保障と治安の論理が後退し，移動の実質的な自由度が高まった。例えばイギリスでは，1720 年の立法によって，船員や一部の職人が移住することを禁じていた[23]。しかし，「ワーテルローの戦いの後にようやく，移民政策における重商主義的な態度が自由貿易に道を譲りはじめ[24]」，こうした出国規制が撤廃されるようになった。そして，救貧や失業対策として，むしろ移民の出国が歓迎されるようにすらなった。フランス革命期に導入された，さまざまな国外退去や入国拒否の制度にも批判が強まり，大した現実的危険のない外国人の管理を維持するための費用も無視できないものになった。そのため，外国人に対する規制は漸次緩和された。1826 年に制定された外国人登録法（Alien Registration Bill）は，入国する外国人にはロンドンの外国人登録局（Alien Office）にパスポートを預託することと，イギリスでの住所登録を義務づけていたが，国外追放制度は廃止する内容であった。1836 年の外国人法（Alien Act）になると，パスポートの預託制度と外国人登録局は廃止されるにいたった。また，同法ではイギリスに入港する船の船長は，税関に乗客名簿を提出し，外国人がパスポートを保有していれば，それを提示することが定められていた。

　しかし，現実にはこれらの申告制度や登録制度は，ほとんど実行されなかったようである[25]。また 1823 年から後述する外国人法が施行される 1905 年までの 80 年あまりは，法律に基づいて実際に国外退去させられた者は皆無だった[26]。つまりイギリスでは，1823 年から 1905 年までの間は，1848 年から 50 年までの短い政治的騒擾の時代を例外として，公的制度面からみれば，イギリス国境はおそらく歴史上最も開放的な状態が続いたのである[27]。

148　第 3 章　国家とそのメンバーシップ

● ドイツ諸領邦での展開

　他方，19世紀後半までは今日ドイツとなっている地域では多数の独立した領邦国家が併存している状態であり，国籍もそれぞれの領邦国家への帰属を意味していた。これら諸国の国境を越えるのにさまざまな障害が伴ったのはいうまでもない。軍事的理由で外国人がプロイセンに出入国する際には，パスポートの提示が義務づけられていた。1848年の一連の革命騒ぎ，1850年代のナポレオン3世の即位に引き続くクリミア戦争の勃発，そしてポーランドでの反乱といった出来事が起こり，安全保障上の環境が悪化していった。そのたびに，徴兵上の必要からも出国規制の強化が繰り返された。しかも19世紀初頭には，領主の土地から自由に離れられない農奴やギルドに拘束されている職人などには，移動の自由が認められていなかったし，パスポートをはじめとする出入国制度も細かく規定されており，出入国が厳しく規制されていた。

　しかし，このような状態にあったドイツでも，フランス革命後は全般的な流れとしては自由主義的改革が進行した。1806-07年にはプロイセンで，フランス革命に触発されたシュタインやハルデンベルクによる一連の政策によって，農奴解放令が出されるとともに，営業の自由も認められるようになった。また，ナポレオン戦争後の1817年のプロイセンの法令では，入国規制も一挙に緩和され，国境の官憲に入国書類を発給する権限が与えられ，外国の身元証明書類の効力も認められた。[28]

　ドイツ諸領邦の間で多数の2国間協定が結ばれ，それによって国境は着実に開放的になった。[29]その背景にあったのは，ドイツの統合への機運が強まり，統一されるべきドイツ内での移動の自由化が政治統合プロジェクトの一環として進行したことがある。しかもドイツ西部を中心に産業化が進展し，それによってドイツ北東部から西部のルール地域に向かう，域内での人口移動圧力が急速に高まったことがある。指紋採取技術はもちろん写真もなかった当時は，パスポートやビザ（査証）による人口移動管理の技術的限界は明白で，書類には偽造の可能性が常につきまとった。そして鉄道が発達して国境を横断する人の数が飛躍的に増え，馬車の時代の国境管理は行政的処理能力の限界を超えた。その結果，例えば1865年にザクセン，バイエルン，ハノーヴァーそしてヴュルテンベルクの間で締結されたパスポート条約では，それらの諸国がそれぞれの

国民に対する入国を自由化し，国境でのパスポートのコントロールを全面的に廃止する非常に開放的な内容になった。また1867年には，プロイセン主導で同様の制度が北ドイツ連邦においても導入された。[30] 協定加盟国間の移動の自由を相互に認めるこの制度は，120年後に結ばれることになるEUのシェンゲン協定を思わせるものであった。これによってドイツ領邦間の人口移動は活発化し，例えばプロイセンには1823年から40年までに70万人もの人口流入がみられたといわれる。

　しかし，それだけに一部の地域では移民の入境を拒否するといった混乱もみられるようになった。ナポレオン戦争後も，ドイツ諸領邦の多くでは成文の国籍法が未整備で，最有力のプロイセンですら国籍法が制定されるのは，1842年を待たなければならなかった。そのため，各領邦は憲法や関係するさまざまな法律によって，国家のメンバーと外国人（といっても概ね「ドイツ人」だが）を区別していた。しかも，そういったドイツの諸領邦国家の国籍制度は概ね血統主義に基づいていたものの，一部領邦は長期にわたる居住によって国籍を付与しており，同様に長期の不在によって国籍を喪失すると規定してもいたので，ドイツの領邦国家のメンバー資格は一貫性を欠き相互に矛盾したものであった。[31]

　この時期，ヨーロッパでは国境を横断する人口移動が活発化したが，それによって人々の国家への帰属を特定することが無意味になったわけではなかった。ナポレオン戦争後の平和な時代の国家にとって，外国からの脅威を国境で食い止めるという関心は後退したが，貧困移住者に対する保護責任を確定したり，犯罪者や軍隊からの脱走者の送還先を特定したりすることが，今まで以上に対応すべき課題となったのである。これらの問題への対応策を関係国で定めることを通じて，国籍制度の不備をやりくりする過程で，実質的な国籍制度が形成されるようになった。[32] この時代になると，諸国の官憲も犯罪者や浮浪者を，恣意的に他国に追放することはできなくなっていたし，勝手に犯罪者や貧困移住者を追放すれば，相手国との関係が悪化するのは目にみえていた。そのため，諸国にとって負担となる「好ましからざる」移民を管轄する責任の所在を確定することを目的として，隣接するドイツ諸国間で強制送還協定が結ばれた。そして，その内容が事実上の国籍法として機能するようになったのである。1816年に，ヴュルテンベルク，バーデン，バイエルンの間で結ばれた条約が，この

種の条約の最初のものであり，それはそれぞれの国の国籍法制定に先行していた。その後，この条約のネットワークは拡大し，1850 年代にはドイツの諸領邦国のほとんどが締結するようになった。この協定で国籍の根拠となっていたのは，一定期間の居住あるいは当該人物が発見された場所といった要素であり，血統であれ出生地であれ，単一の原則が強く貫徹されていたわけではなかった。[33] 当時は，戸籍制度はもちろん，住民を把握するための行政制度も十分に発達していなかった。そうした状況下で，複雑に入り組む旧神聖ローマ帝国の領土では，一般庶民の両親の国籍や出生地を確定することも，また彼らの居住地や居住期間を把握することも，現実には容易ではなかった。しかし，移動が活発化したことによって，どの国が誰に管轄権を持ち保護の責任を持つのかを，実務的に定めざるをえなかったのである。

● **人的管轄権の重複をめぐる国際問題──イギリスの国籍制度**

　前述のようにイギリスのメンバー資格は，国王に対する生涯不変の忠誠を根拠にした出生地主義によって確定されていた。それによって原理的には，イングランド国王の支配下にあるスコットランドやウェールズはもちろん，1800 年の連合法によって併合されたアイルランド全土や，19 世紀末までにイギリスが支配していた今日のカナダやオーストラリアなどの自治国からアジア，アフリカに展開する植民地まで，そこに生まれ住む膨大な数の人々は，すべてイギリス国王を元首にいただくイギリス臣民だとされたのである。

　現実には，全世界に広がっていたイギリスの海外植民地には，それぞれの地域の必要に応じて，独自の帰化制度や出入国制度が展開していた。[34] カナダやオーストラリアなどの白人の入植者からなるコミュニティとしては，イギリス以外からも新たな入植者を受け入れて植民地の発展を図ることが急務だったので，ヨーロッパからの入植者をメンバーとする必要があった。他方で，非白人の先住民はもちろん，たとえイギリス帝国内からの移住者であっても非白人の流入には極度に閉鎖的であった。イギリスの臣民であることから平等な権利が保障されたわけではなかったし，臣民であることによって保障された権利の内容も限定的なものだった。

　19 世紀の平和な時代になり，人々の移動が活発化すると，このような国籍

3　移動の活発化とメンバー資格の相互調整　151

制度の不都合が表面化してきた。まず問題となったのは、この制度はつぎはぎだらけで一貫性を欠くものであったことである。出生地主義を厳格に理解すると、外国生まれのイギリス人の子どもはイギリス国籍を持てないし、イギリス駐在の外国の大使の子どもがイギリス人になるといった不都合があった。これらの問題は、さまざまな立法をつぎはぎしてやりくりされていたが、この時期までには、国籍関連の法規範は一貫性を欠くものになっていた。[35]

　また国王への忠誠は生涯不変とされていたので、他国の国籍制度次第では、国家の人的管轄権が重複する事態が生じた。例えばフランス人を父親にイギリスで生まれた人物は、イギリス人であると同時に、原則的に血統主義をとるフランスの国籍制度上はフランス人ともなる。したがって、この人物は重国籍となる。20 世紀初頭まで、英仏は何世紀にもわたってほとんど常にお互いを仮想敵国とみなしていたので、英仏間で戦争が起こる可能性は常に現実的であった。もし戦争が現実のものとなれば、上記のような重国籍者がフランス軍の一員として従軍して捕虜になると、外国軍の軍人として法的に保護されるどころか、反逆罪に問われることになる。またイギリス人女性が外国人男性と結婚してもイギリス国籍は失われず、大陸ヨーロッパの制度では夫の国籍を自動的に取得するので、ここでも重国籍の問題が起こる。イギリス国籍を離脱するには、よほどの悪事でも働いて国王に保護を放棄させるくらいしか方法がなく、イギリス国籍からの離脱は事実上不可能であった。

　他方、イギリスへの帰化は、すでに述べたように個別立法や国王大権といった手段があったので、国籍離脱よりは簡単であったが、現実にはこの方法をとるには有力な縁故と多額のカネが必要で、それでも帰化民の権利には一定の制限があった。だが、ナポレオン戦争後の全般的に平和で自由主義的な国際環境に加えて、当時一大社会運動となっていた自由貿易論の影響もあって、労働力の自由な移動も望ましいという知的風潮が強まった。1844 年の外国人法（Aliens Bill）によって、依然として国会議員と枢密院議員になるのは不可とされたものの、これによってようやく帰化したイギリス人の権利の制限はほぼなくなった。[36] また、当時の世界最強の帝国であるイギリスに、この国が外国で国民に提供できる保護目当てに帰化する人物が増えれば、イギリスにとっては対外関係上の負担になる心配もあった。[37] そのため、1850 年以降はイギリスへの

帰化の効力は国外に及ばないこととし，帰化民へのパスポート発給を一時的に中止する措置がとられたこともあった。そうなると今度は帰化したイギリス人が国外に行けないという極度の不合理が生じ，期限付きのパスポートの発行が再開されるという措置が導入されたりもした。

　このように時代遅れとなっていたイギリスの国籍離脱および帰化制度に抜本的な改変を迫るきっかけとなったのは，アメリカとの外交問題であった。すでにみたように，理論的にはイギリス生まれであれば皆イギリス人だから，アメリカに渡った移民は，戦争の際にはイギリス政府は強制徴募できるし，それを拒めばイギリス法に従って投獄することもできる，というのがイギリスの原則的立場であった。アメリカ側からみれば，これはすでに帰化した自国民が外国政府によって拉致されたに等しい。しかし，イギリスからみると，アメリカが独立戦争後にイギリス人船員を高給で引き抜いていることは，イギリス海軍からの脱走を教唆しているようにみえた。逆に，イギリス人としての地位を主張し，イギリス政府に保護を求めるイギリス出身者がアメリカで現れる可能性もあった。実際，南北戦争の際には，アメリカの一部でイギリス生まれの移民が，イギリス生まれであることを根拠に徴兵免除を求めてイギリス政府に保護を求める動きがあった。[38] また英米関係は基本的に険悪であったし，こうした両国間の関係を背景に，イギリス海軍がアメリカに帰化したイギリス生まれの船員を公海上で強制徴募したことは，実際に 1812 年の英米戦争の一つの原因ともなった。[39]

●アメリカの国籍制度

　他方，アメリカ側でも国籍離脱は制度化されていなかったので，帰化した以上は元の国籍は失効し，アメリカ人となったはずだ，とするアメリカ側の立場も必ずしも一貫したものではなかった。独立初期にはジェファソンが国籍離脱を人権の一部として法制度化することを主張したのに対して，ハミルトンは国家への忠誠は個人の意思だけでは撤回できないし，これを認めればアメリカ軍からの脱走者が増加するとして，反対していた。[40] またアメリカの市民権とは，連邦政府のメンバー資格なのか，それとも各州のメンバー資格なのかを論ずれば，決着のつけようのない隘路に陥らざるをえなかった。

3　移動の活発化とメンバー資格の相互調整　153

現実に，アメリカへの移民が増大にするにつれて，新たに帰化したアメリカ人が，やはり国籍離脱が十分に制度化されていないヨーロッパや，カリブ海のヨーロッパ諸国の植民地に帰国し，兵役その他の義務が課され，アメリカ政府に保護を求めるという事態も起こった。当時，国籍離脱に対する制限はめずらしくなかった。すでにみたイギリスのみならず，フランス，ドイツ，それにスカンジナビア諸国などは外国に帰化した人物にも兵役を義務づけ，ロシアに至っては外国に帰化した臣民の帰国を認めないなどの規定を設けて，国籍離脱を制限していた国もある。[41] そのため，帰化したアメリカ人が本国に帰国すると，兵役などのさまざまな義務を課されたり，刑罰を受けたりする場合もあった。もっとも当時のアメリカにヨーロッパ諸国の国籍制度に干渉する力はなく，事態は個別的に穏便な外交的働きかけによって処理されざるをえなかった。[42]

●アイルランド移民をめぐる米英の対立

　しかし，1840年代の大飢饉によってアイルランドからの移民が大挙してアメリカに移住し帰化すると，そうはいかなくなった。アメリカに渡ったアイルランド移民の帰属意識は，イギリスの国王ではなく，アイルランドに向かっていた。彼らの多くがアイルランド独立運動に積極的に関与し，イギリス当局がそれに激しい弾圧を加えると，アメリカはアイルランド独立運動の一大拠点の様相を呈した。ここでもイギリスの国籍法に従えば，たとえアメリカに帰化してもアイルランド生まれであればイギリス臣民でもあることに変わりはない。したがって，アメリカに渡ったアイルランド移民に対するアメリカとイギリスの管轄権が重複することになる。人的管轄権が重複しても，関係国の関係が十分に良好であれば，従前のごとく外交的に問題を処理することができたであろう。だが，そもそも英米関係は険悪であったうえに，南北戦争中に南部に好意的であったイギリスの姿勢に不満を募らせていた，この時期のアメリカでは，アイルランドへの同情は一層強かった。

　1867年にはアイルランドの独立を求めた蜂起が起こり，これに深く関与したアイルランド生まれのアメリカ人がアイルランドに帰国した際に逮捕され，そのうちの何人かは死刑判決を受けるという事件が起こった。それに対して，アメリカ議会ではアイルランド系住民の政治的影響力は無視できなかったので，

アメリカ国内にいるイギリス人を逮捕する権限を大統領に与える法案が上程されたほどであった。

　そして1866年から71年までの間に3度にわたって，当時イギリス領であったカナダに対し，アメリカからアイルランド系の民兵組織が国境を越えて攻撃をしかける，いわゆる「フェニアン（Fenian）（フェニアンとはアイルランドの民族主義団体のこと）の襲撃事件」が起こった。カナダを占領してアイルランド遠征の足がかりとするとともに，アメリカをイギリスとの対立に巻き込もうとするのが，首謀者たちの狙いであった。当時のアメリカ大統領は，1865年にリンカーン大統領が暗殺された後に副大統領から大統領に昇格したアンドリュー・ジョンソンであった。ジョンソンは，イギリスとことを構える気はなかったものの国内の政治基盤は弱く，アイルランド系住民の票を失いたくないという配慮もあって，自国領からの他国への攻撃を防ぐどころか，むしろ曖昧な態度をとった。実際の戦闘は，フェニアン側の作戦が非現実的で無謀であったことに加えて，カナダ領内のアイルランド系住民がこれに呼応して蜂起する動きを全くみせなかったために，短期間で撃退された。同じくアイルランド系であっても，カナダ領内に居住していたのはアルスター出身のプロテスタントが多く，彼らはカナダの体制に満足していたためである。

　軍事的にはお粗末な攻撃だったが，カナダにとっては，これは衝撃的な出来事だった。およそ友好的とはいえない巨大な南の隣国からの脅威に刺激されて，カナダ・ナショナリズムを激しく刺激された。逆に，イギリスの植民地統治への不満から，それまでは少数ながらも存在したアメリカへの併合主義運動が，これを契機に完全に影響力を失うことになった。1867年に北米の諸英領植民地がイギリスの自治領として連邦カナダに統一されたのは，この事件がきっかけだったのである。[43]

● 国籍離脱の自由化

　このような人的管轄権の重複に伴う厄介な事態を防ぐために結ばれたのが，いわゆるバンクロフト諸条約である（表3-1）。すでにみたように南北戦争を経て，アメリカでは国籍制度をめぐる連邦政府の権限がようやく確立された。それに基づいてアメリカは1868年には自由な意思に基づく国籍離脱を法制度化

表 3-1　バンクロフト諸条約

締結相手国	署名時期
北ドイツ連邦（プロイセン）	1868 年 2 月 22 日
バイエルン	1868 年 5 月 26 日
メキシコ	1868 年 7 月 4 日
バーデン	1868 年 7 月 19 日
ヴュルテンベルク	1868 年 7 月 27 日
ヘッセン	1868 年 8 月 1 日
ベルギー	1868 年 11 月 16 日
スウェーデン／ノルウェー	1869 年 5 月 26 日
オーストリア＝ハンガリー帝国	1870 年 9 月 20 日
イギリス	1871 年 2 月 23 日
デンマーク	1872 年 7 月 20 日
ハイチ	1902 年 3 月 22 日
汎米会議参加 17 カ国*	1906 年 8 月 13 日
エルサルバドル	1908 年 3 月 14 日
ブラジル	1908 年 4 月 27 日
ウルグアイ	1908 年 8 月 10 日
ポルトガル	1908 年 5 月 7 日
ホンジュラス	1908 年 6 月 23 日
ペルー	1907 年 10 月 15 日
ニカラグア	1908 年 12 月 7 日
コスタリカ	1911 年 6 月 10 日
ブルガリア	1923 年 11 月 23 日
チェコスロヴァキア	1928 年 7 月 16 日
アルバニア	1932 年 4 月 5 日
リトアニア	1937 年 10 月 18 日

［注］　＊アルゼンチン，ボリヴィア，ブラジル，キューバ，コロンビア，コスタリカ，ドミニカ共和国，グァテマラ，エクアドル，エルサルヴァドル，ホンジュラス，メキシコ，ニカラグア，パラグアイ，ペルー，パナマ，ウルグアイ

［出所］　Ben Herzog, *Revoking Citizenship: Expatriation in America from the Colonial Era to the War on Terror*, New York University Press, 2017, p. 59 をもとに作成。

し，同年のプロイセンとの条約を皮切りに，1937年までの間に，25の条約を締結して重国籍を防ぎ，人的管轄権をめぐる国際的な争いを予防しようとした。これらの条約は，移民として出国した自国民の国籍離脱の権利を相互に認め合うもので，プロイセンとの条約では，5年間の居住を経れば帰化できることを定める内容であった。[44] つまり一定の条件で相互に国籍離脱を認め，それ以降，国家の人的管轄権が重複しないようにしたものであった。そして，この基本的な方向性に従って，英米間でも自由意思による国籍離脱を両国が相互に承認することで，問題の解決が図られた。[45]

他方，イギリスでも，生涯不変の忠誠という原則が不合理かつ実情に合致しないことが明らかになっていたし，すでにみたような軋轢も無視することはできなくなっていた。そして自由な国籍離脱を認めるべきだとする意見が強まった。1869年2月に議会の小委員会が提出した報告書を受けて，70年に帰化法が制定された。これによって，イギリス人は自己の意志によって国籍の離脱が可能となった。イギリス人が他国で帰化した場合には，2年以内にイギリス国籍を保持する選択をしなければイギリス国籍を自動的に喪失することとされ，外国人男性と結婚したイギリス人女性は，イギリス国籍を喪失することが定められた。また，イギリスへの帰化に必要な要件も緩和され，最低居住期間は5年とされるとともに，帰化したイギリス人と他のイギリス人との権利面での差別は撤廃され，イギリスから海外に旅行しても国籍は無制限に維持できるようになった。[46]

1871年には英米間でも国籍をめぐる協定が結ばれ，これによってアメリカは，続々と大西洋を渡ってアメリカに定住した帰化国民の出身国政府との関係から火種を取り除き，関係を安定させることができた。つまりアメリカの南部諸州が集団的に国籍離脱をすることは認めないものの，アメリカ人個人が自らの意思によって忠誠を誓う国家を選ぶ権利を認めたのである。

● 人的移動と人的管轄権の調和

以上みてきたように，市民革命を経て国家間関係が安定し自由主義が優勢な時代になると，移動の自由が強化され，国境はかつてよりはるかに開放的なものとなった。だが，国境が開放的になり，実際に人々が移動しても，国家への

3 移動の活発化とメンバー資格の相互調整　157

帰属が無意味になったわけではなかった。むしろ人々の国家への帰属に関する制度の進化が促されたのである。また，独立や国家の統合という形で国境の再編成や国家の領土的再編成が行われると，やはりメンバーの国家への帰属，言い換えれば国家の人的管轄権をめぐる問題が表面化せざるをえなくなった。誰がどこに帰属するのかという問題は，誰がどのような権利を持つのか，国家が誰を動員できるのかという問題と分かち難く結び付いていた。そのため時に立場や利害の相異によって，外交的対立に発展することも実際にあった。

　もっともこの時代には，ドイツ諸領邦にしてもアメリカと諸外国との関係にしても，問題は概ね関係国の合意によって処理できた。国境の開放度が増したのは事実にしても，現実には自由に国境を越えて移住できない実質的障壁が相当高く，移動の規模が限定されていたことも外交的解決を容易にした一つの理由であろう。イギリス国境の開放性は確かに印象的だが，イギリスは海に囲まれていたので，現実には船の乗客としてイギリスの港に来るまでに自国で出国手続きが必要であった。しかも，そもそも船に乗り込むためにも相当の費用が必要になるというのが実態であった。また，当時の欧米諸国の国家間関係は比較的安定しており，人的移動や人的管轄権の問題が生じても，それが武力紛争に発展したりすることなく，交渉によって問題を処理することができた。

　逆にいえば，この時期でも国際環境が緊張すると，国家は人々の移動とメンバーシップの管理がただちに強化された。また，ドイツ諸領邦におけるパスポート・コントロールの廃止も，国家が外国人管理を一切やめたことを意味したわけではない。いったん入国しても，さまざまな書類によって身元を証明する義務があったし，必要とあればパスポート制度を再導入する権利をドイツ諸領邦は留保していた。そして，このような管理の強化は，それ以降の時代には支配的な傾向となって姿を現した。

4　国民国家

　19世紀末になると，鉄道や蒸気船の実用化によって移動が技術的には一層容易になった。同時に，国家のメンバーは何らかの文化的絆で結ばれている民族であるべきだとするナショナリズムが有力な思潮になった。

無償の義務教育が，フランスでは 1880 年に，イギリスでは 1891 年に導入された。国家が均質な国民文化を奨励し，それによって教育された国民を社会に送り出そうとしていた。初等教育と並んで，「国民」の登場を促したのが兵役である。傭兵や特定の階級から成る職業軍人の軍隊に代わって，成人男子が原則的に全員国家のために生命の危険を分担する国民軍は，ナショリズムの産物であり，それを強化するための装置でもあった。そして，国民が国家権力の運営に参加する度合いも確実に高まった。選挙権は，依然として保有財産によって制限され，しかも男性に限定されていたが，それは，全般的には拡大する傾向にあり，民主化が抗し難い時代の流れとなった。平等も，自由も，政治参加も高まったが，それらの価値はあくまで国家の枠組み内で起こった展開であった。したがって，国家への帰属の持つ意味はむしろかつてなく高まった。

　このように当時の欧米の主要国で「国民」意識が強化されるようになると，それに伴って外国人の他者性も強まらざるをえなかった。しかも国家が厳しい対外的競争に晒されると，国内の人的・物的動員を強化できるかどうかが国家の死命を制する重大な問題となった。そのためナショナリズムが象徴として，それまでにない政治的意味を帯び，しかもそれが黄禍論に代表される人種論とも結び付いた。つまり人々はかつてより活発に国境を越えて移動するようになるのと並行して，国家とそのメンバーの間にはかつてより強く，しかも排他的な絆が求められるようになったのである。そのため諸国家は人的移動とともに人的管轄権について，より厳格な管理を推進するようになった。

●イギリスの出入国規制の強化

　開放的であったイギリスの国境でも，19 世紀末からは出入国規制が強化されるようになった。すでに述べたように，イギリスでは 1830 年代からは厳格な入国審査のない状態が続いていた。だが，このようなイギリスでも 1880 年代にロシアや東欧からのユダヤ人難民が多数到来すると，事情は変化した。1880 年代にロシアやポーランドでユダヤ人の迫害が強まり，それによって同地のユダヤ人は世界中に移り住むようになった。そして，ロンドンでもその東部に多数のユダヤ人が集住し始めた。その地域では貧しく，見慣れない習慣，宗教，言語を持つ人々が多数流入したため，社会的な緊張が高まった。[48] このよ

4　国民国家　159

うな事態に当時流行していた社会ダーウィン主義や優生学的な議論が加わり，アメリカでも移民の制限が強化されていることも影響して，議会でも移民を制限する立法が何回か試みられた。時の自由党政権や自由主義者はこのような動きに抵抗したが，1902年には王立委員会が設けられ，移民の規制が検討された。この委員会は，当時の反移民的な議論の多くには根拠がないとして退けたものの，結局，ここでの議論は1905年の外国人法の制定につながった。この法律によって出入国管理官制度が設けられ，内務大臣には公益の観点から外国人に対してその入国を拒む権限が与えられたのである。実際に導入された規制の内容は，さまざまな妥協の結果，抜け道の多いものとなり，この法律によってイギリスへの入国制限が革命的に強化されたわけではなかった。しかし，強制送還の規定が盛り込まれるなど，この法律は第一次世界大戦期に一層強化される規制につながる基礎となった[49]。

　イギリス本土にもまして，カナダやオーストラリアなどの英帝国の内部にあった白人が支配していた自治政府は人種論的な移民の規制強化に乗り出していた。他方で，植民地開発のためには安価な労働力として，中国やインドからの移民を多数受け入れるのが経済的に合理的であった。だが，白人入植者は本国以上にアングロ・サクソン的な同質性に敏感で，異人種の移民がアイデンティティの希釈化につながるとして，彼らを激しく排斥した。そのため，こういった自治領では，形式的には人種とは無関係でも，入国税，船の大きさによって輸送できる移民の数を制限するトン数規制，西洋の言語での読み書き能力試験などの手段で，実質的に非白人の移民を排除するさまざまな手段が講じられた[50]。ロンドンの英帝国政府としては，多民族帝国を統治する必要からも，また1902年以降は，非白人の国である日本と同盟関係にあったこともあって露骨な人種差別には乗り気ではなかった。しかし，自治領における移民規制と同じように，形式的には人種による差別はなくとも，中国人やインド人などを事実上排除する立法が繰り返された。その結果，第一次世界大戦までには，アジアからの移民はほぼ全面的に排除されることになった[51]。

● **アメリカの出入国規制の強化**

　19世紀の国際移民の最大の受け入れ先であったアメリカでも，1880年代に

160　第3章　国家とそのメンバーシップ

なると移民の排斥運動が強まった。19世紀を通じて、アメリカが内陸部へ領土を拡大するにつれて、入植者を確保することはアメリカにとって大きな国家目標であった。もちろん、英語を話すプロテスタント白人の同質的なコミュニティから出発したアメリカにおいて、次々に到着する多様な人々の間で軋轢がなかったわけではない。カトリック諸国や東欧からの移民の流入には、その都度、摩擦が生じた。しかし19世紀末になって、アメリカの旺盛な労働力需要に応じて非白人が流入すると、移民問題は人種論的意味合いを強めた。

アメリカと清国政府との間では、対等な2国間関係を内容とする、いわゆるバーリンゲーム条約が、1868年に結ばれた。この条約の5条では、帰化についての言及はないものの、両国民の往来の自由や移住の自由が規定されていた[52]。その結果、多数の中国人が契約労働者としてアメリカに渡り、アメリカの西部で安価な労働力として雇用されるようになった。だが、早くも1882年には中国人移民を排除する時限立法が成立し、それは1902年には恒久法となって第二次世界大戦中の1943年まで効力を持った。また、アメリカに住む中国人を管理するための登録制度も整備、強化された。これによって、アメリカに住む中国人は安価な労働力として利用されたものの、帰化できなかったのである。日露戦争後に起こった日系移民に対する排斥がアメリカ西岸部で始まったのも、このような全般的な移民排斥の流れの一部であった。

国際的な移動手段が進歩し、国境にかかる圧力が増大すると、ますます体系的で「科学的」な管理手法が導入されるようになった。アメリカ・ニューヨークのマンハッタン島沖にあるエリス島は、1892年以降、連邦政府の移民局が置かれ、大西洋を渡って到着した移民たちを審査する役割を担っていた。現在、移民博物館となっている、この巨大な施設では当時、アメリカに渡った移民の4分の3が、工場の生産ラインさながらの流れ作業によって審査を受けた。ここでは、医学的検査、書類審査、面接によって、感染症患者、一夫多妻主義者、船賃の不払い者、売春婦、無政府主義者などの入国を阻止していた。また、一定の知能試験や学力試験まで行って、「好ましからぬ」移民を水際で阻止する役割が期待された。1910年には、西海岸のサンフランシスコのエンジェル島にも類似の施設が置かれるようになり、ここでは主として中国人や日本人などの入国審査が行われた[53]。

4　国民国家　161

● フランスの制度展開

フランスがナポレオン法典の制定によって父系の血統主義を国籍制度の原則としたことは，すでにみた通りである。19世紀に，そのフランスはヨーロッパ文明の一大中心国であり，移民の受入国でもあった。ナポレオン法典には，帰化に関する規定はないが，外国人も10年間の居住の後に帰化の意思を宣言することで，国籍を得る道は開かれていた。しかし現実には，帰化の手続きは複雑かつカネがかかるうえに長時間を要した。そのうえ外国人であっても，定住許可が得られれば，実質的には市民権の多くの部分が得られた。したがって，実際に帰化した外国人は少数にとどまった。[55]

血統主義をとるナポレオン法典の規定では，外国人の親から生まれた子どもは，いつまでたっても外国人である。それを改正しようとしても，ナポレオン法典そのものの改正は，法体系全体にさまざまな影響があるうえ，血統主義は当時のヨーロッパ大陸諸国で受容され，一種の国際標準になっていた。そのため，帰化をより柔軟に認める形で，制度の展開がみられた。

第2共和制下の1851年には，両親とも外国人であっても少なくとも親の一方がフランスで生まれであれば，フランスで生まれた子どもには原則としてフランス国籍を与えるように法律が改正された。つまり，第3世代の移民に帰化の道が開かれたのである。もっともこの場合でも，成人した際にフランス国籍を選択するかどうかの自由が認められていた。

実は当時のフランスで問題にされたのは，帰化の権利を持っていたフランス在住の移民の子弟たちが，現実にはフランス国籍を取得しようとしなかったことであった。そのため外国籍のままフランスに定住する人が増加し，1866年には約65万で人口の1.7%であったフランスの外国人人口は10年後にはほぼ倍増し，約113万人となり，人口の3%に達した。[56]このことは，一般のフランス人からの反発を招いた。というのは，軍事的必要からも，それまでさまざまな抜け道のあった徴兵制度がより厳格に運用されるようになっていたからである。徴兵義務を負う者と負わない者が，平等な市民から構成されているはずの共和国で混在するのは，不都合であった。フランスに生まれ，親の代から定住し，国家によるさまざまな保護を享受しながら，それに伴う義務を果たさないのは，不公平ではないかと考えられたのである。

このような市民的平等の観点とともに，外国人の居住者が増えることによって生ずる国防上の問題も当時，懸念された点であった。フランスは大陸国家であり，長い陸上国境によって隣国と隔てられている。国境地帯に相当数の外国人が居住していることは，国防上も望ましくないのではないかという懸念もあった。このような安全保障上の懸念は，1870年の普仏戦争でフランスが屈辱的な敗北を喫し，新たに統一を果たしたドイツに対して人口規模で劣勢になりつつあるという認識が強まると，一層深刻に受け止められるようになった。⁵⁷⁾そして，親の代からフランス生まれでフランスに居住している人々は，言葉も習慣もすっかりフランスに同化しているのではないか。そうであるならば，人的資源の拡大という観点からも，また社会的現実を受け入れるという観点からも，帰化を推進すべきだとする見解が有力になったのである。

　そのような背景で第3共和政下の1889年に制定された国籍法は，1851年の法律では第3世代の移民に与えられていたフランス国籍を拒否する権利を否定し，フランス生まれの両親からフランスで生まれれば，自動的かつ「不可逆的に」フランス国籍を与えることを定めていた。また第2世代の移民についても，成人に達した際にフランスに居住していれば，原則的にフランス国籍を与えることとし，外国籍にとどまるには成人の際にそれを宣言することを求める内容であった。⁵⁸⁾外国籍を維持できる余地を残しているものの，フランス当局が，帰化を推進する態度をとったことに疑問の余地はない。同時に，フランス政府は，それまで無期限に認められていた定住権を期限付きにしたり，外国人にも開放されていた公務員職や一部公立学校の入学資格に，国籍条件を付したりすることによって，定住外国人の権利を制限して，帰化を促した。また，フランス国籍を離脱するための手続きを非常に厳格化することによって，第2世代の移民がフランス国籍を取得するように，強く誘導する態度をとった。言い換えれば，これらによってフランスの国籍法には事実上，出生地主義的な要素が織り込まれることになったのである。⁵⁹⁾

● ドイツの制度展開

　これに対して1871年に統一を果たしたドイツでは，国籍法は前年の1870年に成立した北ドイツ連邦の国籍法が継承された。それは，従前のドイツ諸領邦

の国籍法を継承したものであり，ドイツ帝国になっても国籍を決めているのは各領邦とされた。それは概ね血統主義を基礎としつつ，それを出生地や居住地などで補う内容であった。また，一定の条件でドイツに帰化できること，国外に10年居住すれば国籍を喪失することなども盛り込まれていた。[60]しかし誰がドイツ人なのかという問題は，にわかに再検討を求められるようになった。その背景には，ドイツ統一の過程でデンマークやフランスから獲得した領土における住民の地位が問題となり，フランス同様，徴兵忌避が問題として意識されたことがあった。血統主義の原則を厳格に適用すれば，これらの住民は外国人となり，従軍義務を免れるだけではなく，彼らの次の世代にも同じ立場が引き継がれることになる。とりわけアルザス・ロレーヌ地方では，兵役非従事若者が増えることが問題視された。[61]また，世界政策に伴ってドイツも海外植民地を獲得し始めており，海外領土における住民の地位についても新たな検討を迫られることになった。

　当時のドイツでは，新たなメンバーをドイツに包摂することが，道義的にも経済的にも正しいとする自由主義的な移民統合論も有力であった。また，かつてナポレオンも主張したのと同様の重商主義的な移民統合論もさかんに唱えられた。それは，新住民をドイツ人として統合しなければ，ドイツの対外的競争力が低下することが懸念されるので，なるべく多数の住民を包摂するために出生地主義的な原理を強化すべきだという議論である。また前述した通り1889年にはフランスが国籍法を改正し，それによって出生地主義に基づく帰化がほぼ自動化されたため，フランスの対独復讐戦に備える立場にあったドイツ陸軍の懸念が一層刺激された。実際，1892年，当時のアルザス・ロレーヌ地方の総督であったホーエンローエは，一定の条件の下で外国人の両親からドイツ国内で生まれた子どもには，ドイツ国籍を与えるようカプリーヴィ首相に求めていたのである。[62]

　興味深いことに，東部国境では話は全く異なっていた。1880年代から東部国境からの移民の流入圧力が増すと，これに対するおそれのほうが議論を支配していた。19世紀半ばまでのドイツは移民の送出国であり，古く18世紀末のエカチェリーナ2世の治世には，ロシアの国家的奨励のもとにヴォルガ川沿岸地域に数万人の規模の貧農が入植した。また，その後はハンブルクなど北部ド

164　第3章　国家とそのメンバーシップ

イツの港から大西洋を越えて大規模な移民が新大陸をめざし，1850年代には
その数は125万人に達したといわれている。1871年のドイツ統一の時点では
貧困移住者などはともかく，移民の大量流入を問題視する意識は弱かった。だ
が，1880年代前後からアメリカの移民受け入れが消極化するとともに，ドイ
ツ工業の順調な発展に伴って，18世紀末にロシアとオーストリアで分割・併
合したポーランドから流入する移民が増大し，ドイツが大量の移民によって
「ポーランド化」されたり「スラブ化」されたりするのではないかという懸念
が一部で語られ始めるようになった。

　1885年3月，時の首相ビスマルクは，プロイセン東部から居住許可を持た
ない「ロシア人」を強制送還するように命じた。続いて7月には国内のオース
トリア人についても，類似の措置をとった。その目的は，国籍はロシアやオー
ストリアであっても，民族的にはポーランド人である移民労働者をプロイセン
から排除することであったとみられる。その結果，1887年までに約3万人の
ポーランド人（おそらくそのうち約1万人がユダヤ人）がドイツから追われること
になった。外国人といっても，犯罪者や経済的重荷でもない多数の人々を国外
退去させることは，当時の水準でも強権的な政策であり，実際，この措置は関
係国から強い反発を受けた。ドイツを，プロテスタントのゲルマン民族で純化
しようという，当時のドイツのエスニックなナショナリズムへの傾斜を物語る
エピソードである。

　しかし，この時期のエスニックなナショナリズムの高まりは，ドイツのみに
みられる現象ではない。この時期には，ロシアでも汎スラブ主義が高まりをみ
せ，それによってロシアに移住したドイツ人たちも苦境に陥っていた。しかし，
それ以上に激しい排斥に晒されたのはユダヤ人であった。ロシアにおいて繰り
返されるユダヤ人迫害から逃れるために，多数のユダヤ人移民がドイツに流出
した。ドイツはロシアからの伝染病の拡散防止を口実に，東部国境からの入国
規制を強化して，これに応じた。この時期の国際環境は，諸国がそれぞれ国民
の団結を強化し，国民の動員を高めることで，メンバーシップのあり方も相互
に刺激しつつ，排他性を強めていったのである。

　ドイツの民族主義者は，国外に移住したドイツ人の国籍を維持しやすくする
とともに，外国人の帰化を阻止する制度を求めて運動を展開した。このような

4　国民国家　　165

傾向の到達点を象徴するのが，1913年の国籍法の制定である。これは血統主義的な原則を強化したもので，一方でドイツから出国した移民の国籍を10年間の海外在住で自動的に取り消すことをやめ，他方で理論的にはドイツ出身の移民の国籍を子々孫々まで継承することを可能にした。また，帰国時の国籍の回復も容易にするなど，血統主義的な原則を強化する内容も含んでいた。

　ドイツから出国した移住者が，ドイツ国籍を維持するための条件とされた徴兵義務を果たすのは，現実にはほぼ不可能であった。また，アメリカやロシアなどにいる「ドイツ人」を「保護」することは，確実に外交問題に発展する非現実的な話であった。この法律の成立によって，ドイツが「異常なまでに厳密で一貫した血縁共同体[66]」への道を歩んだとも評されるが，国籍の確定にエスニックな基準を用いたわけではなく，その内容はむしろ手続き的なものであった。もちろん，アフリカやサモアなどのドイツの保護領ではドイツ人入植者と現地人女性の間に生まれた子どもにドイツ国籍を与えないとか，よりひどい場合には異人種間の結婚そのものを禁止するとかといった，明らかに人種論的な政策もとられた。さらには，東方のスラブ系民族やユダヤ人を劣等民族とみなす人種差別的実践や言説には事欠かなかった[67]。しかし，この国籍法が帝国議会で提案されたのは1894年であり，それから1913年の制定までにほぼ20年を要していることからわかるように，ドイツ人入植者や自由主義者，さらには帝国議会で一大勢力であった社会民主党がこの立場に反対し，法案の審議は難航した。

　この法律によって，ドイツ帝国が血縁共同体として純化され，1935年にナチス政権の下で制定された，ドイツ人にユダヤ人との結婚を禁じたいわゆるニュルンベルグ法への道がひらかれた，とみるのは過剰な解釈であろう。いずれにせよ民族的共同体としてドイツを純化することは，すでに相当数の非ゲルマン的住民を帝国内に抱えたドイツにとって，現実には実行不可能なプロジェクトであったのである。

● **フランスとドイツの相違**

　もちろんドイツ国内に18世紀のポーランド分割以来，多数居住していたポーランド系住民が，ドイツ国内で差別的に取り扱われたのはまぎれもない事実である。ドイツで働く移民は，あくまで一時的に滞在するゲストワーカー（出

166　第3章　国家とそのメンバーシップ

稼ぎ労働者）として待遇され，東方からの入国者を管理するために雇用を斡旋し，入国許可証を発行する公的機関が設けられた。また，こうした外国人労働者の就業は，特定の地域の特定の業種に限定され，滞在許可も労働者の熟練度に応じて厳格な期間が設定された。彼らは労働力であって，日常をともにする隣人として遇しようとはしなかった[68]。そのうえ，フランスの国籍制度が血統主義の原則から出生地主義へと事実上転換して，移民の同化をむしろ半ば強制しようとしたのに対して，ドイツが血統主義的原則を純化することによって，国内在住の移民の排斥を強めたのは事実である。

独仏両国が刺激し合いながら，結局は対照的な国籍制度へと向かったのはなぜか。社会学者のブルーベイカーは，両国で「我々とは誰か」というメンバー資格について自己認識が対照的であったことを原因として挙げている。フランスは契約論的で合理的であったので，移民を包摂しようとした。それに対して，ドイツは，のちのナチス政権下では極端なユダヤ人排斥を大規模に行うなど，歴史主義的で文化主義的な傾向が強く，エスニックな形でメンバーを概念化したために移民を排斥し，人種的純化に向かった，とされる。

しかし，すでに指摘したように，出生地主義は封建的身分制度下の国籍概念であり，そもそも血統主義を法的原則として導入したのは，他ならぬ革命後のフランスであった。また，フランスの普遍主義的包摂力についても，1830年に占領し，その後海外県として統治したアルジェリアでは，現地のイスラーム系住民を平等なフランス市民として包摂したわけではない。こうしたことをふまえると，フランスのメンバー資格も一概に普遍的ともいえないだろう。さらに，19世紀末のフランスもドレフュス事件でみられたユダヤ人排斥の激しさを想起すれば，人種的偏見が取り立ててドイツより少なかったとも考えにくい。フランスでも対外的脅威認識が強まれば，国境を越える人口移動にも新たなメンバーの包摂にも鷹揚な態度が失われるのは，同じことであった。実際に，フランスでも警察当局に外国人管理に関する強い権限が与えられるようになり，1893年以降，住所の登録制度が実施されるようになった[69]。また，ほとんど成立することはなかったとはいえ，第3共和政下では移民を制限するための法律が次々に審議されていたのである。

おそらくドイツとフランスの相異で重要なのは，フランスが伝統的なヨーロ

4 国民国家　167

ッパの中心国であり，19世紀までには長期にわたる移民の受入国としての経験を持っていたことである。19世紀になっても，フランス革命後の一連の争乱がナポレオンの敗北によって収束してからは，ベルギー，スイス，ポルトガルなどから移民が流入し，そして，19世紀後半以降，工業化が進行すると，イタリア，ポーランド，さらにはイギリス同様，東欧やロシアからのユダヤ人移民，北アフリカやインドシナからの移民がフランスに続々と流入した。そのため，19世紀後半には，国内に居住する移民を国家にどのように統合するのかが，フランスにとっての課題と受け止められていた。確かにフランスのナショナリズムが自国文明の普遍性や中心性への強い自信と表裏一体になってきたことも指摘されるべきであろう。しかしフランスはヨーロッパ国際政治における中心的な強国であり，そのナショナリズムは拡張的で，軍事的実力に裏づけられて外部に拡張する力学を長く発揮してきた。ナポレオンによる大陸制覇はその直近の実例である。フランスは伝統的な中華帝国や20世紀のソ連やアメリカなどとも類似した性格を持ち，流入してくる移民は皆フランス文明に帰依するはずだし，したがって原理的には誰でもフランス人にすることができるという自負を持つ帝国であった。

　これに対して諸領邦を統合して成立したばかりの新興独立国であったドイツは，1870年代になっても移民の大規模送出国であり，ドイツの指導者にとって，国内の移民ストックを新たなメンバーとして統合することに自信は持ちにくかった。移民，それも高度人材は国家にとって貴重な人的資源なので，メンバーとして包摂すべきだという意欲が働く。他方で，移民のために国家とメンバーとの結び付きが希薄になることを国家は警戒するかもしれない。とりわけ，国際環境が厳しく，国家がメンバーの強い忠誠を求めなくてはならない場合に，警戒感は刺激される。伝統的な帝国であったフランスでは前者の考慮が重視されたのに対して，後発の新興国家であったドイツでは後者の警戒感が強調された。そのドイツで，国籍法が，血統主義的原則から第2世代の移民にも自動的に国籍を付与する出生地主義的な方向に大規模な改正が行われたのは，冷戦が終わり東西ドイツが再統合を果たしEUが順調に強化されていた1999年のことである。多数の移民を抱えながらも，ながらく血統主義を維持してきた背景には，20世紀の2回の大戦での敗北によって領土を大幅に失い，第二次世界

大戦後にはドイツが分裂国家となったために東方に取り残された「同胞」の存在があった。冷戦が終わり，メンバー資格の重複が国家間の対立に発展する懸念が後退するとともに，国境が満足する形で安定したことによって，ドイツにとっても政治的課題の重心が，国境の彼方に取り残された同胞から，国内にいる未統合の移民コミュニティに移ったことを，この経過は象徴している。[70)]

小　括

　旧体制下では，国家のメンバーの大多数は，封建領主の土地から離れる自由のない人々であり，その場合は，領土と人民と国家の関係は全般的に固定的なものである。そのため，国家のメンバー資格は，土地との関係で観念され，実際にも大多数の国が出生地主義を基礎とした国籍制度を持っていた。いずれにせよ移動の自由そのものが制限されていたので，国家間の人的管轄権の不調和は表面化しなかった。フランス革命やアメリカの独立革命の結果，国民は封建的規制から解放され，移動の自由が市民権として確立される一方で，国家は国民の契約によって成立する，合理的な制度として再構成された。それに伴ってフランスでは出生地主義的な国籍制度は，封建制度の遺物とされた。

　イギリスでは，旧体制下のメンバー概念が長く維持された。おそらくイギリスの憲法制度が 17 世紀以降，革命による断絶がなく，継続性を維持したこととともに，広大な帝国を統治するには，国民国家に要求されるよりも緩やかな統合原理のほうが現実的であったことが，その理由であろう。領土が世界大に拡大したイギリスの場合は，結局のところ国王への忠誠といういささか時代錯誤的なメンバー資格が英帝国内で維持される一方で，帝国内部のさまざまな地域では独自のメンバー資格制度が発展するという，多層的な構造が出現したのである。また，白人移民が先住民を周辺化する形で成立した「移民国家」であるアメリカなどにとっては，より多くの白人入植者を自国民として再生産するうえで，出生地主義のほうが合理的な制度であったことも，旧体制に起源のある制度が維持された理由であったのであろう。

　他方，フランスでは，革命の結果，国家は国民との契約によって成立する合理的制度として再構成された。革命後に導入されたフランスの国籍制度は，19世紀のヨーロッパ大陸のモデルとなり，大多数のヨーロッパ諸国がそれを国籍

制度の基礎として受け入れた。そのため，血統主義も有効な国籍制度となったので，欧米主要国の国籍制度は，相互に一貫性を欠くものになった。

革命戦争や独立戦争の下では，移動の自由も政治的自由も国籍選択の自由も，実際には新たに登場した政治的共同体の生存のために，旧体制同様，あるいはそれ以上に厳しく制限されることになった。出生地主義をとっても血統主義をとっても，国境が安定し，人々が移動することなく同じ場所に居住し続ける限り，両者の間には何も実質的な相異はない。だが国際環境が安定すると，新たに得られた移動の自由を享受した人々は，実際に国境を越えて移動するようになった。そのため制度の齟齬が表面化し，その相互調整が国家間で求められるようになった。それは具体的には帰化や国籍離脱をめぐるルールを調整し，人的管轄権について国家間で合意するという形をとったのである。

19世紀末には，ナショナリズムや人種主義が高揚するとともに，そうした中で，国民は徴兵制度，教育制度，選挙権の拡大といった，さまざまな形で国家との絆を強める一方で，国家間の関係はますますとげとげしいものになった。他方で，国境を越える技術的障壁は一層小さくなったので，国際人口移動は国家によって厳しく管理されるようになった。アメリカでもイギリスでも，出入国の管理は強化され，新たに開発された科学的技術がそのためにも利用された。同時に，人種論的排外主義も加わって，外国人の他者性が強調されるこの時代には，国家のメンバーと非メンバーの区別は強調され，国境内の移民コミュニティであれ，国境の彼方の同胞であれ，自国のメンバーとして一層強く関与することによって，国家と国家の競争関係で優位に立とうとする意欲が，多くの国を衝き動かした。

第一次世界大戦が始まると，国家のメンバー資格は極度に排外的なものになった。そして，どの国家に帰属しているかによって，多くの人々の運命が大きく左右されるようになった。フランス，イギリス，ドイツのいずれの国でも敵国の国民はまず登録が義務づけられ，続いて彼らは収容所に送られた。その数はフランスで6万人，イギリスでは3万2000人，ドイツでは10万人に及んだ。アメリカでは敵国生まれの居住者は470万人にも及び，全面的な強制収容は全く不可能であったが，それでも敵国民の収容者数は1918年のピーク時は6300人に上った。[71]いずれにせよ，国家との絆については，公式の国籍が無視され，

170　第3章　国家とそのメンバーシップ

人種や民族による生来の絆のほうが，帰化によって得られた絆よりも信頼性が高いとみなされたのは，どの国にも広くみられた傾向だったのである。

▶注

1) 鈴木董『ナショナリズムとイスラム的共存』千倉書房，2007年，201頁。

2) T. W. E. Roche, *The Key in the Lock: a History of Immigration Control in England from 1066 to the Present Day*, J. Murray, 1969, p. 13.

3) Robin Cohen, *Frontiers of Identity: The British and the Others*, Longman, 1994, p. 37.

4) *Ibid.*, p. 40.

5) Andreas Fahmeir, *Citizens and Aliens, Foreigners and the Law in Britain and the German States, 1789-1870*, Berghahn Books, 2000, p. 101; Andreas Fahmeir, *Citizenship: the Rise and Fall of a Modern Concept*, Yale University Press, 2007, p. 47.

6) ジョン・トービー／藤川隆男監訳『パスポートの発明——監視・シティズンシップ・国家』法政大学出版局，2008年，93-94頁。

7) カルヴィン事件の判決については，以下の文献に詳細な分析がある。柳井健一『イギリス近代国籍法史研究——憲法学・国民国家・帝国』日本評論社，2004年，38-56頁。

8) James H. Kettner, *The Development of American Citizenship, 1608-1870*, The Omohundro Institute of Early American History and Culture and the University of North Carolina Press, 2014, Chapter 2.

9) *Ibid.*, p. 35.

10) *Ibid.*, pp. 180-181.

11) サミュエル・ハンチントン／鈴木主税訳『分断されるアメリカ』集英社文庫，2017年，301頁。

12) Kettner, *op. cit.*, pp. 232-239.

13) *Ibid.*, p. 243.

14) 松井茂記『アメリカ憲法入門〔第7版〕』有斐閣，2012年。

15) 阿川尚之「黒人奴隷とアメリカ憲法」『憲法で読むアメリカ史（全）』ちくま学芸文庫，2013年を参照。

16) アメリカ合衆国憲法修正14条の1節は以下のように規定している。「合衆国に生まれ，または帰化し，その管轄権に服しているすべての人は，合衆国及びそれぞれの居住する州の市民である。いかなる州も，合衆国市民の特権または免除を縮減する法律を制定し執行してはならない……」（松井，前掲書，444頁）。なお，修正14条にもかかわらず，いわゆるインディアンについては話は別であった。インディアンにも出生地主義が全面的に適用されるのは，なんと1924年のインディアン市民権法（Indian Citizenship Act）の成立を待たなければならなかった（https://constitutioncenter.org/blog/on-this-day-in-1924-all-indians-made-united-states-citizens/）。

17) Patrick Weil, *How to be French: Nationality in the Making since 1789*, Duke University Press, 2008, pp. 11-12.

18) フランス革命期の国籍制度と移動の規制については，トービー，前掲書，2章を参照。

19) 館田晶子「フランスにおける国籍制度と国民概念(2)――その歴史的考察」『北大法学論集』56巻5号，2006年。

20) Weil, *op. cit.*, p. 19.

21) ロジャース・ブルーベイカー／佐藤成基・佐々木てる監訳『フランスとドイツの国籍とネーション――国籍形成の比較歴史社会学』明石書店，2005年，146頁。

22) Weil, *op. cit.*, p. 23.

23) Aristide R. Zolberg, "The Exit Revolution," in Nancy L. Green and Françoise Weil eds., *Citizenship and Those Who Leave: The Politics of Emigration and Expatriation*, University of Illinois Press, 2007, p. 37.

24) トービー，前掲書，108頁。

25) Fahrmeir, *op. cit.* pp. 105-106.

26) Vaughan Bevan, *The Development of British Immigration Law*, Groom Helm, 1986, pp. 63-64.

27) Fahrmeir, *op. cit.*, 2007, p. 73；トービー，前掲書，110-113頁。なおトービーは，1836年法を移民の管理強化と解釈しているが，それが厳格に運用されなかったとも述べている。

28) トービー，前掲書，99-100頁。

29) ブルーベイカー，前掲書，118頁。

30) トービー，前掲書，143頁；Fahrmirem, *op. cit.*, 2000, p. 80.

31) Fahrmeir, *op. cit.*, 2007, p. 64.

32) Fahrmeir, *op. cit.*, 2000, p. 22.

33) *Ibid*, pp. 26-28, p. 37.

34) Rieko Karatani, *Defining British Citizenship: Empire, Commonwealth and Modern Britain*, Frank Cass, 2003, pp. 50-58.

35) Fahrmeir, *op. cit.*, 2000, p. 45-46.

36) 外国人法の内容については柳井，前掲書，第6章を参照。

37) 例えば1850年にギリシャ在住のジブラルタル生まれのユダヤ系イギリス人の商人，ドン・パシフィコが，ギリシャ政府に賠償金を要求した事件がある。時の英外相パーマストンは，艦隊をギリシャに派遣して圧力を加えたが，これには諸外国だけではなく，イギリス国内からも強い批判が起こった。

38) I-Mien Tsiang, *The Question of Expatriation in America Prior to 1907*, Johns Hopkins Press, 1942, p. 83.

39) *Ibid.*, pp. 45-47.

40) *Ibid.*, pp. 25-30.

41) *Ibid.*, p. 95.

42) *Ibid.*, p. 72.

43) フェニアンによるカナダ襲撃事件については，以下の文献を参照。W. S. Neidbardt, *Fenianism in North America*, The Pennsylvania State University Press, 1975（特にpp. 132-135）；Hereward Senior, *The Last Invasion of Canada: The Fenian Raids, 1866-1870*, Dundurn Press, 1991.

44) Ben Herzog, *Revoking Citizenship: Expatriation in America from the Colonial Era to the War on Terror*, New York University Press, 2017, p. 57-59.

45) Manfred Jonas, *The United States and Germany: A Diplomatic History*, Cornell

University Press, 1984, p. 25; Rising Lake Morrow, "The Negotiation of the Anglo-American Treaty of 1870," *The American Historical Review,* vol. 39, no. 4, 1934; David Feldman and M. Page Baldwin, "Emigration and the British State ca 1815-1925," in Green and Weil eds., *op. cit.* pp. 144,-145; Karatani, *op. cit.,* pp. 47-49.

46) Fahrmeir, *op. cit.,* 2000, pp. 48-50.

47) トービー，前掲書，133-134 頁。

48) David Coleman, "Immigration Policy in Great Britain," in Friedrich Heckmann and Wolfgang Bosswick eds., *Migration Policies: A Comprative Perspecitive,* EFMS Foundation Symposium Bamberg, 1995., p. 115-116.

49) Bevan, *op. cit.,* p. 68-72; Fahrmeir, *op. cit.,* 2000, p. 101; Karatani, *op. cit.,* p. 77, p. 99.

50) Bavan, *op. cit.,* p. 66.

51) Roger Daniels, "The Growth of Restrictive Immigration Policies in the Colonies and Settlement," in Robin Cohen ed., *The Cambridge Survey of World Migration,* Cambridge University Press, 1995, pp. 39-40; トービー，前掲書，154-161 頁。

52) バーリンゲーム条約の条文は，以下を参照。https://academic.udayton.edu/race/02rights/treaty1868.htm

53) Fahrmeir, *op. cit.,* 2007, pp. 97-98.

54) Weil, *op. cit.,* p. 31.

55) Weil, *op. cit.,* pp. 32-33.

56) Weil, *op. cit.,* p. 45.

57) 当時のフランスの人口動態をめぐる懸念と，その対外政策上の含意については，以下の文献を参照。Joshua Cole, *The Power of Large Numbers: Population, Politics, and Gender in Nineteenth-Century France,* Cornell University Press, 2000; Karen Offen, "Depopulation, Nationalism, and Feminism in Fin-de-Siècle France," *The American Historical Review,* vol. 89, no. 3, 1984, pp. 648-676.

58) 1889 年の法改正の内容については，Weil, *op. cit.,* p. 49.

59) Weil, *op. cit.,* pp. 50-53.

60) 守屋治善「ドイツ帝国建設期の国籍法」『法學新報』113 巻 11・12 号，2007 年，675-698 頁。

61) 守屋治善「帝政期ドイツにおける国籍法の改正」『政經論叢』77 巻 3・4 号，2009 年，299-300 頁。

62) 守屋，前掲論文，2009 年，300 頁。

63) Fahrmeir, *op. cit.,* 2007, p. 89-90.

64) トービー，前掲書，173-174 頁。

65) ブルーベイカー，前掲書，190 頁。

66) ブルーベイカー，前掲書，187 頁。

67) 守屋，前掲論文，2009 年，302，305 頁。

68) Klaus J. Bade, "Germany: Migrations in Europe up to the End of the Weimar Republic" in Cohen ed., *op. cit.* pp. 133-134; Farhmeir, *op. cit.,* 2007, p. 100.

69) Farhmeir, *op. cit.,* 2007, p. 100.

70) Patrick Weil "Access to Citizenship: A Comparison of Twenty Five Nationality Laws," in T. Alexander Aleinikoff, and Douglas B. Klusmeyer eds., *Citizenship Today: Global Perspectives and Practices,* Carnegie Endorusment for International

Peace, 2001, pp. 30-31.

71) Fahrmeir, *op. cit.*, 2007, p. 120.

第4章

メンバーの包摂と再生産

1914年の第一次世界大戦の勃発から1989年の冷戦終結までの「短い20世紀」は，国の内外の交流を固い国境で管理するなど，硬い国境によって固く守られた甲殻国家の全盛期だった。その動きを大きく推進したのは，二度にわたる総力戦とそれに続く冷戦という，大規模かつ恒常的な国家間の対立状況である。長期にわたってお互いに国民を総動員して対立し合う状況では，国家はその支配する領域に居住するメンバーから強い忠誠を確保する必要に駆られ，時には国家とそのメンバーに病的なまでの密接な関係が求められた。これは，国家の体制やイデオロギー上の立場の如何にかかわらず，みられた現象だった。潜在的な敵国から多数の移民を受け入れ，そうした移民コミュニティを鷹揚に包摂することは，どちらかといえば例外的な美談になった。送出国政府と受入国政府の関係が対立含みのものであれば，移民の受け入れに関する規制が強化された。そして，すでに定住している移民コミュニティに対しても，彼らを寛容に受け入れる心理的余裕を，受入国の国家も社会も失うことになる。自由と民主主義に基づいて移民が建国したことを誇りとしていたはずのアメリカでも，第二次世界大戦中，日系移民コミュニティに属する人々が，合衆国憲法上，市民権を持っているはずの2世も含めて強制的に収容所に隔離された。このこと

は，ドイツ系やイタリア系の移民が同様の経験をしなかったことを考えると，人種的偏見によるものであるともいえるかもしれない。しかし，対立関係を孕んだ国際環境で，少数派である移民コミュニティが難しい立場に置かれたことを示す，数多くの事例の一つに過ぎないともいえる。

　それと並行して，この時期の国家は，国民生活のさまざまな分野で19世紀とは比較にならないほど大きな役割を果たすことが期待されるようになっていた。国民に教育，医療，年金などの多様なサービスを提供するとともに，所得の再分配を通じて国民の間の平等を実現することも，程度の差こそあれ広く国家に期待される役割となった。このような広範な役割は当然，それを賄う資源を必要とする。かつては関税や一部産品の専売などによって，その財源を賄っていた国家財政は，20世紀に入ると国民全体の所得に広く課税して，その拡大した役割を果たさざるをえなくなった。そして，この多額の税金によって国家を支えることになった国家のメンバーが，政治的決定への参加を強く求めるようになるのも世界の趨勢となった。つまり国家はメンバーの住む領土を支配するだけでなく，メンバーの生活全般に責任を持つようになったのである。それに伴い，国家は，メンバーに多様なサービスを提供するのに必要な厖大な資源をメンバーから調達せざるをえなくなった。国家のメンバーであるということは，こうした国家の再分配，危険分担のメンバーであることも意味する。したがって，国家のメンバーであるかどうかによって，サービスをどれくらい受け取ることができるのかが変わってくる。また，国家のメンバーであれば，国家に資源を提供することが期待される。そうである以上，メンバーは国家の意思形成にも参画する権利を，当然期待するようになったのである。

　20世紀後半の冷戦下では，体制の異なる国家間の国境は，おそらく歴史上最も堅牢に守られていたといえるであろう。東西ベルリンを隔てたベルリンの壁や，朝鮮半島を南北に二分する38度線は，こういった固い国境の代表例である。それとともに，欧米の伝統的な移民国家でも，人種を根拠にした移民の流れを規制することが堂々と国家の政策となっていた。前章でふれたように，19世紀末から世界最大の移民の受入国であったアメリカにおいても移民法は漸次強化されており，人種差別的な国別割り当てが撤廃されるのは1965年のいわゆるハート・セラー法を待たなければならなかった。また，オーストラリ

176　　第4章　メンバーの包摂と再生産

アではいわゆる白豪主義によって，有色人種の移民を排斥するのが公式の政策であったが，それが改められるのは1970年代になってからのことであった。21世紀初頭において，おそらく世界で最も成功している多民族移民国家といえるカナダですらその例外ではない。1967年にいわゆるポイント制度が導入されるまでは，有色人種の移民は，「好ましくない者」としてカナダの新たなメンバーとして不適格とされていた。[2]

　しかし，やや逆説的だが，第二次世界大戦後から1970年代までの時代には，冷戦状況があったからこそ東西両陣営内の諸国間の関係は強化され，とりわけ西側陣営内では事実上武力行使が考えられないような国際環境が出現していた。その結果，陣営内では国境を越える経済的・社会的交流が大きく展開した。とりわけ西側諸国それも西欧諸国の間では，陣営の強化を狙ったアメリカが，この動きを積極的に後押ししたため，経済的・社会的交流の自由化が急速に進行した。しかも，こうした経済交流がもたらした順調な経済成長によって，欧米諸国では労働力需要も高まることになり，それに加えて移動に要するコストがますます低下していった。そのため，モノ，カネ，そして情報の移動が自由化されていく中で，人の移動だけを厳格に管理することは，どうしても無理だった。つまり一方で国家は甲殻化し，領域への人の流入を厳しく管理するとともに，メンバー資格の管理も強化されたが，他方で人々は現実に国境を越えて次々に移動した。そうなると，国家は新たに居住するようになった人々と，どのような関係を取り結ぶのかという課題に直面せざるをえない。

　これらの課題に国家はどう対処したのか。本章では，国民国家のモデルとされてきた西欧諸国の経験から，この点をみてみよう。

1　外国人労働力の受容

●戦後西欧諸国の移民労働者

　西欧の先進国は，第二次世界大戦後の経済復興期から，旺盛な労働需要の要請に応えようとして，一定期間を経て帰国することを前提に，労働力を外国から積極的に受け入れようとした。つまりゲストワーカー（出稼ぎ労働者）の導入である。イギリスやフランスでは，次々に独立した旧植民地から多数の労働

力を導入した。伝統的な経済的後背地であった東欧諸国からの労働力の導入が，冷戦下の対立によって不可能になった西ドイツは，イタリアなど南欧や歴史的に関係の深いトルコからの労働力の導入に多くを依存した。だが，彼らは労働力不足を緩和するために，一時的に滞在する出稼ぎ労働者であることが前提となっていたのであって，彼らを国家のメンバーとして包摂することが想定されていたわけではなかった。ゲストワーカーは，安価で簡単に解雇できる，便利な限界的な労働力と位置づけられたのである。

　1970年代の石油危機をきっかけに起こった景気後退によって失業率が上昇すると，西欧諸国は一転して彼らの受け入れを停止し，彼らが「帰国」することを期待した。しかし，すでに生活の拠点を築いたゲストワーカーの多くは，それまでの居住国にとどまることを選んだ。彼らは逆に家族を呼び寄せたため，その後もヨーロッパへの移民の流入は継続した。そのため受入国の思惑とは違って，移民コミュニティはむしろ拡大再生産された。

　平等に権利が保障されているメンバーによって構成されているはずの民主主義的な国民国家の空間に，経済的には恵まれず，社会的には隔離され，政治的権利もない大規模な集団を抱えるのは，民主主義的な国民国家が本来拠って立つべき原則に反する事態である。しかも福祉国家化が進行していた西欧諸国で，ともに住み，同じ労働をしながら国籍の相異だけを理由に，国家が提供する社会のさまざまな制度やサービスから排除し続けることは，民主主義の基礎にある平等の原理に照らしても，また人権が普遍的に妥当するはずだという前提からみても，不合理であると意識されたのは当然である。そのため，不合理な待遇に不満を募らせる大規模な集団を国内に抱えることから生ずる社会的軋轢を回避するためにも，外国人を福祉制度で包摂するというリベラルな政策が，国によって速度や程度の差はあるにせよ，とられるようになった。しかし，そうした形で外国人に「恩恵」を提供すれば，相互扶助的な再分配システムの既存のメンバーである国民の中から，「彼ら」に「我々」の助け合いの制度が利用されている，という意識が生まれることもある。とりわけ安全という国家の提供する公共財が脅かされたり，経済成長が停滞して分配すべき資源が限られたりする局面では，こうした意識が強まるだろう。

●機能しない帰国奨励

　論理的には，この問題に対処するための方策として，以下のようなことが考えられる。一つは，物理的に移民を国外に排除することである。極端な手段としては，物理的に国外退去を強制することが考えられる。国民の同質化を強制的に推進する措置は，ナチスによるユダヤ人大量虐殺を想起させ，戦後の西欧諸国，とりわけドイツではいたって不人気な手段であった。よしんば人権規範面でそれが受け入れられたとしても，移民労働力に依存している経済部門はこれに抵抗する。しかも，すでに自国内で居住している大規模な集団を，彼らの意思に反して国外に排除するのは，現実的に考えても，行政的，政治的なコストが大きい選択である。加えて，このような措置が強行されれば，彼らの処遇に関心を持つ出身国政府との外交関係が悪化する可能性も高い。アメリカでは，2017 年にトランプ大統領の打ち出した不法移民取り締まり強化の方針に対して，メキシコ政府が激しく反発したが，メキシコ政府との関係が悪化して協力が得られなければ，送還の実施も難しくなる。

　極端な強制措置はともかく，何らかの誘因を提供して出国を促す措置は，さまざまな形で実行されてきた。例えば，1980 年代のドイツでは，トルコ系移民に帰国を支援する相当手厚い金銭的奨励制度が設けられた。[3]　もとより就職機会が失われると，移民の一部は自然に帰国を選択する。当初から定住の意図を持って海外に渡る移民は比較的に少数派で，資産を築けば帰国しようとして移住した多くの人々にとっては，経済的メリットがなければ帰国を選択する力学が自然に作用する。このことは，当然，帰国すべき出身国の経済的・政治的状態にも依存する。出身国の政治や社会が安定し，雇用が豊富なら，大半の人々にとって，あえて異国に移り住むことが危険の大きい選択であることは，いうまでもない。

　しかし第二次世界大戦後の西欧諸国の経験は，一定の期間を経て，現居住国で生活の拠点をいったん築いた移民にとって，こうした措置が帰国を促すのに十分に強力な誘因にならないことを全般的に示している。ましてや移民コミュニティの中でも，現居住国で生まれ育った第 2 世代以降の人々にとっては，出国奨励は追放にも等しい意味を持つかもしれない。なにせ彼らは，現居住国で生まれ，その国で教育を受け，その国の言葉を母語として育っているのである。

1　外国人労働力の受容　　179

しかも時間が経れば，移民コミュニティのメンバーと受入国の国民との間で婚姻も一定数成立するのは自然な成り行きであり，なおさらそういった人々に「帰国」を奨励する政策の不合理を理解するのに，高度な人権規範を持ち出すまでもないだろう。

2　永住外国人の権利保障

●デニズン──制度化された永住外国人

　国境の外に移民を追いやって国家のメンバーの均質性を維持しようとしても，これまで述べてきたようなさまざまな理由で不可能ならば，国内にも非自国民が一定数永住することを前提に，彼らをどのように包摂するのかが課題となるだろう。そのため移民に一定の権利を保障し，不安定な外国人労働者としての地位よりも，安定した居住環境を提供する制度を設ける試みが多くの国々でなされてきた。そうすることによって，さまざまな不合理を解消し，国内社会に少数派が分離・隔絶された空間が出現するのを防ぎ，政治的・社会的な安定を確保することが期待された。つまり一定の条件を備えた非自国民を，国家の準メンバーとして遇する制度を設けるのである。このような合法的な永住外国人は，デニズン（Denizen）と呼ばれることもある[4]。

　外国人をデニズンにするための制度にも多様性がある。アメリカでは，一般にグリーンカードと呼ばれる永住権制度があり，主としてアメリカに対する貢献を測定するための技能・資格に応じてグリーンカードが発配される。そして，一部は抽選によって永住資格が与えられている。また日本では，日韓国交正常化交渉の結果，すでに日本に在住していた在日コリアン（韓国人・朝鮮人）に対して特別永住権が与えられ，通常の永住権よりも強い権利保障がされている。西欧諸国では，一定期間以上居住した外国人に，滞在資格や労働資格の更新をほぼ自動化する形で永住外国人が制度化されてきた。

　このような制度によって，移民はどのような権利を新たに得ているのだろうか。自由民主主義国であれば，身体の自由，言論の自由，思想信条の自由，信教の自由などのいわゆる自由権については，外国人であっても一様に保護されるのが一般的慣行である。したがって，おそらくデニズンを他の定住外国人と

区別する権利の中核的内容は，永住権と労働市場へのアクセスとみてよいだろう。また，それに加えて年金・医療などの公的社会保障制度などについても，国民とほぼ同等の資格を得られることになる。では，正式な国家のメンバーたる国民とデニズンを隔てる相違点は何か。おそらく決定的なのは，国家の構成主体として，その意思形成に参加する資格，つまり参政権である。

●参政権の付与状況

　もっとも，この点も現実はより複雑である。実は西欧諸国を中心に，デニズンにも一定の参政権を与えている国は少なくない（表4-1，図4-1）。南北アメリカとヨーロッパを対象にした2016年のある研究によると，調査対象の53カ国中，42カ国が何らかの形で外国人にも投票権を認めている[5]。これらの国以外にも，ニュージーランドや2006年からは韓国でも永住外国人の一部に地方参政権を与える制度が導入されている。このような外国人に参政権を認める動きは，ヨーロッパでは1970年代末から徐々に拡大し，93年のマーストリヒト条約によって，欧州連合（EU）は加盟国の市民であれば外国人であっても，居住国の地方選挙および欧州議会選挙の選挙権を得ることが加盟国間で合意された。冷戦の終焉後にヨーロッパ統合が深化し，安全保障環境が劇的に改善した結果，こうした動きに一層拍車がかかったとみてよいだろう[6]。

　それでも，国政レベルの選挙権を認めている国は相当少なく，10カ国程度と考えられる。しかも，その場合でも特殊な結び付きのある国の国籍を持つ外国人に限って投票を認めている場合が多い。例えば，国政レベルでの選挙権を外国人にも認めている，ほぼ唯一の主要国であるイギリスの場合も，英連邦諸国やアイルランドなどの国籍保有者に限定して投票権を認めている。いうまでもなく，かつてのイギリス帝国の歴史的紐帯によるものである。また，ブラジルとポルトガルも相互に国政レベルの参政権を認めているが，両国が言語を共有する旧植民地と旧宗主国であることが関係している。

　永住外国人一般に無差別的に国政参加を認めているのは，ニュージーランド，アイルランド，ウルグアイ，チリ，エクアドルの5カ国にとどまっている。ニュージーランドはかつてイギリスからの移民に限って国政選挙権を与えていたが，1975年にわずか1年以上の居住を経れば，移民に国籍の如何を問わず国

表4-1　南北アメリカとヨーロッパにおける非市民・非居住民の参政権

在外自国民の参政権	非市民の参政権	なし	単一レベル（地方のみ）		複数レベル（国政および/あるいは地方）		N (%)
			制限付き	無制限	制限付き	無制限	
なし		グアテマラ ナイジェリア スリナメ	キプロス ギリシャ マルタ		ベリーズ ギアナ	アイルランド* ウルグアイ	10 (18.8)
在外自国民の参政権	制限付き	カナダ	ドイツ	デンマーク アイスランド スウェーデン	イギリス		6 (11.3)
単一レベル（国政のみ）	無制限	エルサルヴァドル アメリカ コスタリカ ホンジュラス メキシコ パナマ スイス	オーストリア ボリヴィア ブルガリア チェコ スペイン フランス クロアチア イタリア ラトヴィア ポーランド ルーマニア	アルゼンチン ベルギー コロンビア エストニア フィンランド ハンガリー リトアニア ルクセンブルグ オランダ ペルー パラグアイ スロヴァキア スロヴェニア ヴェネズエラ	ブラジル ポルトガル	チリ エクアドル	36 (68.0)
複数レベル（国政および/あるいは地方）	制限付き			ノルウエー			1 (1.9)
	無制限						0 (0)
	N（%）	11 (20.7)	15 (28.3)	18 (34.0)	5 (9.4)	4 (7.5)	53 (100)

［注］　＊アイルランドにおける非市民の参政権は地方選挙では制限はないが，国政選挙では制限がある。

［出所］　Jean-Thomas Arrighi, and Rainer Bauböck, "A Multilevel Puzzle: Migrants' Voting Rights in National and Local Elections," *European Jouranal of Political Research*, vol. 56, no. 3, 2016 をもとに作成。

政選挙権を与えることになった。しかし，このような開放的な制度が，ニュージーランドやアイルランドのような国で実現しているのは，安全保障環境に恵まれていることと無縁ではないだろう。[7]ウルグアイの場合，国籍上の制限はなくとも，15年間の居住期間，家族があること，資産や専門的職業に就いていること，さらに素行（good behavior）要件が設けられており，それは帰化要件よりも厳しい。[8]また，チリで1980年にこの制度を導入したのが，独裁的指導者として知られるピノチェトであったことは，やや意外かもしれない。その背後には，比較的少数のヨーロッパ出身の移民に投票権を与えて，自らが提案し

図4-1 第二次世界大戦後の定住外国人の参政権

参政権を与える法律の制定		参政権を与える法律の撤回・否決
フィンランド		
	1945	
オーストラリア		
イギリス		
イスラエル	1950	
ウルグアイ		
	1955	
	1960	
アイルランド（地方）		
	1965	
ニューヨーク市（教育委員会）		
	1970	
		ベルギー
ニュージーランド		カナダ
	1975	
ポルトガル，スウェーデン		
デンマーク		
ノルウェー		
アムステルダム		
スイス（ジュラ州ヌーシャテル，1849年～）		
オランダ		
ベネズエラ	1980	フランス
アイルランド（国政）		
スペイン		オーストラリア
アイスランド	1985	
チリ		
バルバドス		
コロンビア		ドイツ
EU（マーストリヒト条約）	1990	
エストニア		ワシントン D.C., ロサンゼルス（カリフォ
タコタパーク（メリーランド州）		ルニア州）
アーリントン（バージニア州，教育委員会），		
ボリヴィア		
	1995	アイスランド
EU（アムステルダム条約）		イタリア
		マサチューセッツ
	2000	フランス，日本，ラトヴィア
ウィーン（オーストリア）		
ベルギー		ベルギー
韓国	2005	

[出所] Arrighi, Jean-Thomas, and Rainer Bauböck, "A Multilevel Puzzle: Migrants' Voting Rights in National and Local Elections," *European Journal of Political Research*, vol. 56, no. 3, 2016 をもとに作成。

た権威主義的な憲法草案を国民投票で批准されるように仕向け，自分の権力を維持する狙いがあったといわれている。エクアドルは，2008年以来5年以上居住する外国人に，国政レベルも含めて投票権を与えている。しかし，エクアドルは圧倒的に移民の送出国であり，この制度は，エクアドル出身の移民の権利拡張をねらった一種の示威的措置であると推定される[9]。

　さらに，上述のような特殊な歴史的紐帯が薄まって，外国人投票権制度が廃止された場合もある。オーストラリアおよびカナダはともに英帝国の白人支配の自治領としての歴史があり，かつては英連邦諸国の国籍保有者には選挙権を与えていた。だが，カナダは1975年に，オーストラリアは1984年に，この制度を廃止した[10]。また，19世紀のアメリカでは，移民を奨励し，新たな移民を地域コミュニティに溶け込ませる目的で外国人にも投票権を認めた州も少なくなく，1875年にはその数は22に上った。しかし19世紀末にアジア系の移民が増え，第一次世界大戦の影響もあって国家の甲殻化が進行し，1928年までにすべての州で外国人の投票権は廃止された[11]。

● リベラルな国家のジレンマ

　ともあれ，こういった永住外国人制度は，出生地や血統によって決められる国籍ではなく，居住という事実を重視して，人々の権利を保護しようとする方向性を表している。居住国からみれば，これは現実に生活の拠点を築いた移民コミュニティとの社会的共存の必要性に応える現実的な方法である。また，移民コミュニティに属する人々からみれば，出身国の国籍を失うことなく居住国内での法的地位を確固たるものにできることは，帰化するよりも魅力的な選択なのかもしれない。

　だが，デニズンとして権利保障を強化しても，国政，とりわけ対外関係の決定への関与には，リベラルな国家でも慎重に避けられている。加えて，このようなリベラルな国家は，非リベラルな国家との間では，どうしても非対称的な関係に入らざるをえない。非リベラルな国家の国民は，リベラルな国家では政治的影響力を行使できるが，そもそも選挙も行われない国では，リベラルな国の国民は同じ影響力を行使できない。このことが何を意味するのかは単純ではなく，非リベラルな国家の影響力が増すことになるのか，それともリベラルな

184　第4章　メンバーの包摂と再生産

価値の伝播に資するのかは，直ちには判断しがたい。しかし，いずれにせよ，国家間の関係が対立含みのものであれば，このような非対称性にリベラルな国家も無関心でいることは難しいだろう。一部論者が主張する，市民権の脱国民化[12]は依然として世界の一般的傾向とは言い難いし，不可逆的な趨勢かどうかも，中国やロシアのような非リベラル国家の台頭が目立つ21世紀の条件を考えると，大いに疑問である。しかも国家の構成メンバーではない以上，デニズンの権利も状況如何では居住国の国籍保有者によって制度が変更され，剝奪される可能性も排除できない。やはりデニズンは，市民と外国人との間のいわば中二階的存在であり，一国内に居住する移民と一国の主体である国民との共存を図るための妥協的な制度なのである。

3　帰化と重国籍

●血統主義か，出生地主義か

　定住した外国人が，現居住国の構成主体として意思形成に十全に関与するには，結局のところ国籍を取得して，その国家との絆を公式の制度によって確認するのが，主権国家体系の原則から期待される方法であろう。実際に，デニズンのコミュニティが第2，第3と世代を経るにつれて，デニズンという人々の地位の不自然さも際立ってこざるをえないだろう。移民コミュニティの第2世代や第3世代は，現居住国に生まれ，多くは現居住国の国民と同じ教育を受け，同じ職場で仕事をし，現居住国の社会における経済的利害も，多数派の国民と本質的に異なることはない。そうであるならば，親の国籍の相異という自身の責任の及ばない条件によって，異なった法的地位に置かれ，異なった権利義務関係の下で生活する不自然さが否応なく表面化する。そうなれば，こういった人々にも市民権を付与すること，つまり帰化を考慮せざるをえない。

　すでにみたように，国家が自国のメンバーを確定するための伝統的な方法として，血統による立場（血統主義，jus sanguinis）と出生地による立場（出生地主義，jus soli）がある。前者は，国家の血統共同体としての性格を強調する前近代的制度とみなされる傾向が強い。他方，血統主義が多くの国で採用されるようになったのは，フランス革命を受けて編纂されたナポレオン法典に起源が求

3　帰化と重国籍　185

められることは，すでにみた（第3章2参照）。しかし，出生地主義にせよ血統主義にせよ，国籍が自分の意思とは関係のない出生時の条件で付与されることになり，その意味で個人の人格的独立と自由な選択を尊重する立場からすれば，ともに不合理な制度であるといえる。この点で両者は異なるところがない。

　しかし帰化の観点からみれば，両者の相異は大きい。出生地主義をとれば，第2世代以降の移民は，自動的に居住国の国籍を得ることになる。これに対して，血統主義をとれば，国境線が変更されたり移民になったりしても両親の国籍を引き継ぐことになる。アメリカなど移民が国家建設を行った国が，出生地主義を基礎にした国籍制度を採用してきたのも，封建的伝統に根差す出生地主義を採用していたイギリスの法的伝統を引き継いだという偶然とともに，続々と新たなメンバーを市民として同化するために好都合な制度であったからでもあろう。

　他方，ヨーロッパ大陸の主要国が19世紀には血統主義を採用するようになったことの背景には，血統や民族性への執着というよりも，この時期にこれらの諸国が概ね新大陸への移民の送出国であったことも関係している。ドイツでは19世紀末に血統主義が純化され，自国領に住むポーランド系住民をむしろ排除する道を選んだ（第3章4参照）。その時期までのドイツは，移民の送出国であったことも想起されるべきであろう。また，血統主義的原則に基づく1913年の国籍法が，基本的に第二次世界大戦後も長く維持されたことには，戦後の東西ドイツの分断や東方の領土を失ったことによって，西ドイツ外に取り残された「ドイツ人」が意識されていたという背景要因の存在も推測される。[13]

　1980年代になると，コール首相が「移民国家ではない」と公言していた，そのドイツでも，東西統一が実現して国境線が安定した。そして，国内に居住する移民の包摂がはるかに優先順位の高い課題になり，大幅に国籍制度が変更された。冷戦後の1999年に行われた国籍法改正によって，さまざまな条件が付けられたものの，ドイツ生まれの外国人の子どもにもドイツ国籍が与えられるようになった。そして，その後も数次にわたって国籍法が改正され，出生地主義的な要素が強化された。[14] その結果，21世紀初めまでには，ヨーロッパ主要国では，移民の第2世代に市民権を与える方向が確立したといってよいだろう。[15]

●冷戦後のバルト三国

この点と関連して興味深いのが，冷戦終結によって，独立を回復したバルト三国における，ロシア系住民の法的地位の処理をめぐる問題である。エストニア，ラトヴィア，リトアニアのバルト三国は，ロシア，ドイツだけではなく，スウェーデン，フィンランドやポーランドといった隣接する，より大きな国々の影響を受けつつも，それぞれ独自の文化的・民族的アイデンティティを維持してきた。第一次世界大戦後にはいずれも独立を果たしたが，1940年には独ソ不可侵条約の秘密条項に基づいてソ連に併合された。いわばソ連による植民地化である。ソ連はバルト三国のソ連化＝ロシア化を実施したので，冷戦後に三国が独立を回復した際には，ソ連時代に移住した多数のロシア人がそれぞれの国内に在住していた[16]。1989年のロシアの人口統計では，バルト三国には170万人あまりのロシア人が在住しており，彼らの総人口に対する比率はエストニアでは30％，ラトヴィアでは34％，リトアニアでは9.4％を占めており，彼らの法的地位が大きな問題となった[17]。彼らはロシア人なのだから，満洲や朝鮮半島に移り住んだ日本人入植者や，アフリカ諸国に住んでいた多くの白人入植者と同様に，脱植民地化に伴って，ロシア国籍を取得してロシアに帰国すべきなのだろうか。

実際には，ソ連の解体後，多数のロシア人が国籍の変動を経験している。1992年2月から96年までの間に，150万人がロシア国籍を申請によって取得し，約4万人がロシア国籍を放棄している。アゼルバイジャンやカザフスタンなどの中央アジアの諸国に居住していたロシア国籍の新規取得者は，その8割がロシア領に移住したが，バルト三国にいた人々は，ほとんどが現地にとどまった。

それでは彼らは，南北アメリカやオセアニアの白人入植者の子孫と同様に，新たな国家の正当なメンバーなのだろうか。1993年から94年にかけて，ロシアは旧ソ連から独立した独立国家共同体（CIS）諸国に対して，ロシアとの二重国籍を認めるように求めた。しかし，いずれの国もこれを拒否したのは，第二次世界大戦後にアジア・アフリカ諸国が民族独立を果たした際と同様で，驚くには値しないだろう[18]。

それでは半世紀ぶりに独立を回復したバルト三国の中に残ったロシア人は，

3　帰化と重国籍　187

どのように処遇されたのだろうか。バルト三国の中で，一番ロシア人に寛大に国籍を提供したのは，人口構成上も比較的ロシア系住民の数が少ないリトアニアである。リトアニアでは 1989 年の国籍法によって，リトアニア人とは 1940 年にソ連に併合される前に市民であった人々とその子孫であるとしているが，両親や祖父母の中に一人でもリトアニア人がいることを示すことができれば，言語や居住期間を条件とせずに，定住者は自動的に国籍を取得できた。そうでなくとも，リトアニア憲法を遵守し，その主権と領土的一体性を尊重する旨の忠誠を宣誓すれば，やはり国籍を取得できた。その結果，1994 年には成人人口の 95% がリトアニア国籍を保有していた。[19]

それに対してラトヴィアは，ソ連時代は違法占領状態であり，新国家の国民は，あくまでソ連によって併合された 1940 年時点でラトヴィア共和国の市民であった者およびその子孫に限定されるべきだという法的立場をとった。したがって，ソ連時代に移住したロシア系住民のほとんどは「外国人」であり，ラトヴィア国民となるには帰化による国籍取得が必要になった。[20] 1994 年の国籍法は基本的に血統主義の立場をとり，帰化のためには，帰化申請時に 1990 年時点で 5 年以上の居住期間があり，収入があることが求められた。また，ラトヴィア語（ロシア語とは非常に異なる）能力やラトヴィアの憲法や歴史についての知識が問われ，そのうえでラトヴィア共和国への忠誠の宣誓が求められた。

同様にエストニアでも，1992 年 2 月には国籍法が定められ，2 年以上の居住とエストニア語能力などが帰化要件とされた。1995 年に同法は改正され，居住期間に関する条件は 5 年に延長され，収入要件やエストニア語の能力に加えて，憲法および国籍法の試験が加えられ，エストニアへの忠誠，宣誓など，帰化条件は厳格化された。[21]

これに対して欧州連合（EU）や，欧州安全保障協力機構（CSCE）などのヨーロッパ諸機関は，ラトヴィアとエストニアにおける少数派住民の人権の尊重を求めて，強い圧力をかけた。[22] EU 加盟を望んでいた両国に，EU 諸国からの圧力は非常に効果的であった。ラトヴィアでは，1998 年に国民投票が行われ，その結果を受けて国籍法が改正された。帰化要件が大幅に緩和され，とりわけ 1991 年の独立回復後にラトヴィアで生まれた非市民の子どもには，ラトヴィア語の試験を課さず，事実上，第 2 世代の移民に市民権を与える内容に改正さ

表 4-2　帰化のための居住要件

居住要件	国　名
3年	ベルギー
4年	アイルランド
5年	ブルガリア，クロアチア，チェコ，フランス，ラトヴィア，マレーシア，オランダ，ポーランド，スウェーデン，トルコ，イギリス
6年	フィンランド，ポルトガル
7年	ギリシャ，アイスランド，ルクセンブルグ，ノルウェー
8年	キプロス，エストニア，ドイツ，ハンガリー，ルーマニア，スロヴァキア
9年	デンマーク
10年	オーストリア，イタリア，リトアニア，モルドヴァ，スロベニア，スペイン
12年	スイス

［出所］　Sara Wallace Goodman, "Naturalisation Policies in Europe: Exploring Patterns of Inclusion and Exclusion," *European University Institute, EUDO Citizenship Observatory*, 2010 p. 7 をもとに作成。

れたのである。また，エストニアでも，帰化要件の緩和や外国人定住者（＝ロシア系住民）への地方参政権の付与などの措置がとられ，帰化制度そのものは EU の諸国と比べても，やや開放的であるという評価すらある。[23]

●さまざまな帰化要件

　伝統的に血統主義をとってきたヨーロッパ大陸諸国でも，冷戦後に国境が安定し，安全保障環境が改善すると，自国内に居住する少数派の統合が優先課題となった。そのため，第 2 世代の移民には出生地を根拠として，第 1 世代の移民には長期にわたる居住を国家の成員資格の根拠とする形で（jus domicili），制度が収 斂してきている。EU は規範的な理由からだけではなく，域内の人的移動の自由化を推進するためにも，こうした制度化および制度的整合性の向上を推進する役割を果たしてきた。[24]

　もっとも，定住している移民にも，帰化が無条件に認められるわけではないことも事実である。帰化要件は国によって多様だが，多くのリベラルな国家も，以下のような要件を課すのが一般的である。[25] 第 1 はすでにみた通り，一定期間以上居住してきたことを求める居住要件である。5 年程度の居住を条件とする国が多いが，これは国家の裁量によって異なっている。表 4-2 に示した通り，

3　帰化と重国籍　　189

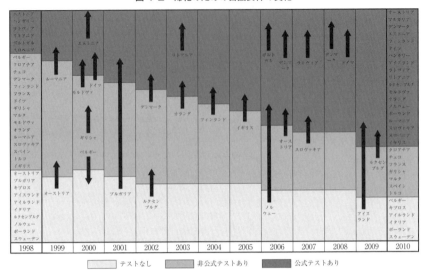

図4-2 帰化のための言語要件の変化

[出所] Sara Wallace Goodman, "Naturalisation Policies in Europe: Exploring Patterns of Inclusion and Exclusion," *European University, Institute EUDO Citizenship Observatory*, 2010, p. 16-17 をもとに作成。

西欧諸国の中でも，最短の3年（ベルギー）から最長の12年（スイス）までさまざまであり，しかも，それぞれの国家の政策によってそれも変化する。例えば，ドイツでは1999年以前には15年間にわたる居住を要件としていたが，同年の法改正によって8年間に短縮された。また「居住」が何を意味するのかも，当該国の判断による。例えば東欧諸国の場合は，居住は永住権を得てからの年月のみが参入されるので，実際にはこれよりも長期の居住が帰化の要件となる。

第2は，経済的に自活できることを示す生計要件である。移動によって福祉サービスを一方的に利用する，いわゆる福祉ツーリズムに利用されないように警戒することは，国家の福祉政策が手厚ければ手厚いほど欠かせないものとならざるをえない。そして，第3に当該人物の素行（good behavior）が問題とされる。「素行」を具体的に判断する材料としては，犯罪歴や納税記録などが使われることが一般的である。自国の安全を脅かすような行動をする可能性のある人物やその危険のあるイデオロギーの持ち主であることが明らかな人物を，

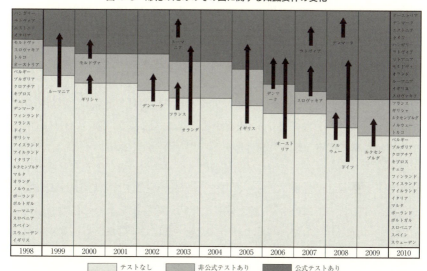

図4-3 帰化のためのその国に関する知識要件の変化

［出所］ Sara Wallace Goodman, "Naturalisation Policies in Europe: Exploring Patterns of Inclusion and Exclusion," *European University Institute, EUDO Citizenship Observatory*, 2010, p.16-17 をもとに作成。

あえて新たな自国のメンバーにしようとはしないのは，リベラルな国家であっても同じである。[26]

● 国家の中核的価値とは

　メンバーの内面の自由を尊重し，価値中立的であることが原則である。リベラルな国家の中でも，何らかの当該国家の中核的価値への忠誠について一定の審査が行われるとともに，言語能力，居住国の歴史や文化，憲法制度などの知識を問うシティズンシップ・テスト（市民適格性試験）を行う国が増えている（図4-2，図4-3）。

　それぞれの国が自国の「中核的価値」をどのように認識しているのかは，興味深い問題である。どれほど国家が合理的かつ普遍的な存在であろうとしても，世界が独立国家から成り立っている以上，ある国家には他国と区別される，守るべき何かがあると考えざるをえない。この「中核的価値」を定式化するにあ

たって，個人の内面には踏み込まないはずのリベラルな国家も，自国のアイデンティティを自覚し，新たなメンバーにはそれへの忠誠を求めざるをえない。

　フランスの場合は，「共和国の諸価値」への忠誠が問題とされる。その内容として民主主義や，「自由，平等，博愛」のフランス革命時のスローガンに加えて，厳格な政教分離を求める「世俗主義（laïcité）」が強調されているのが目を引く。それに加えてフランス国民の義務として，納税とともに「国防に貢献する義務」に言及されており，「戦争が起これば，国家の防衛のために，すべての市民が軍に招集される可能性がある」ことが明記されている。[27]

　またイギリスの場合，イギリス的価値とイギリス人の責任として法律を尊重することや公正に振る舞うことと並んで，「自分の家族を守ること」「環境を重視し保全すること」「性別，人種，宗教，年齢，障害，階級それに性的傾向にかかわらず，だれでも平等に取り扱うこと」，そして「自身および家族のために労働すること」が記されている。[28]

　おそらく現在の世界で最も開放的な移民政策をとっているカナダの場合も，憲法や法令を遵守することに加えて，今も形式的な元首であるイギリス女王に対する忠誠宣言が求められているのは興味深い。[29]さらに，同国が帰化希望者に対して実施するシティズンシップ・テストの公式ガイドブックによれば，カナダ人の責任として法律の遵守，陪審員としての義務，家族の扶養と並んで，環境の保護が謳われ，続けてカナダ防衛について，以下のように述べられている。

> 　カナダには徴兵制度はない。しかしカナダ軍に加わることは，カナダに対する高貴な貢献であり，素晴らしい職業的選択である。パートタイムで，地元の海軍，民兵組織，それに空軍の予備役として勤務することができる。それによって価値ある経験，技能，それに人間関係を得ることができる。若者は，士官学校に加わることで，規律，責任感，それにさまざまな技能を習得できる。
> 　また，沿岸警備隊，地元コミュニティの警察，消防隊といった緊急性を要する公共サービス機関に加わることもできよう。自分のコミュニティを守ることによって，国に対する奉仕のために犠牲を払ってきた先人たちの志を受け継ぐことになる。[30]

　冷戦後の欧米主要国では兵役は廃止され，経済が市場化されて国家による再分配の機能が縮小されてもいるが，国家が有効に統治を行おうとすれば，そのメンバーから物的資源を確保するとともに忠誠を獲得しなければならない。[31]そ

192　　第4章　メンバーの包摂と再生産

うである限りは，誰がメンバーになることができ，国家はメンバーに何を期待し，国家が何を保障するのかという問題を避けて通ることはできない。メンバーに脅威からの保護を提供し，経済的・社会的安定を確保し，そして相互扶助や所得の再分配機能を実現するには，国家はメンバーの物的・精神的動員を強化し，メンバーであることによって得られる権利を与えるとともに，犠牲や危険の負担を求めざるをえない。その際，究極的な問いが，「国家を守るための危険を誰がどのように分担するのか」であろう。冷戦後の安全保障環境の劇的な改善によって，ヨーロッパ諸国の国籍制度・帰化制度は開放的な方向に変更された。しかし，21世紀に入ってイスラーム過激派勢力のテロ事件が頻発すると，帰化要件は程度の差はあっても厳格化され，シティズンシップ・テストがますます多くの国で実施されるようになっている。このことは，先に述べた問いの重要性が高まっていることを物語っている。[32]

●重 国 籍

ところで，帰化要件を緩和して帰化を促しても，実際には多くの移民が積極的に帰化せずに，デニズンの地位にとどまる選択をしてきたことが知られている。その理由は，デニズンの地位が満足のいくものであればあるほど，政治参加への切実な意欲が弱くなるからなのかもしれない。だが同時に，デニズンにとって，帰化の結果，出身国との絆をあえて断つことに躊躇があっても不思議ではない。このことは，とりわけ第1世代の移民に当てはまる。また，デニズンの社会的統合が，どの程度進んでいるかにも関係しているだろう。

帰化率を高めるために，重国籍を許容して帰化を促進しようとする動きが，ヨーロッパ諸国を中心にここ数十年にわたって広がってきた（図4-4）。これまでみてきたように，国籍制度は，それぞれの国の独自の裁量によるものであり，国際的な制度調整メカニズムがあるわけではないし，ましてや統一的制度があるわけでもない。そのため，複数の国籍を持つ人や逆に国籍を持たない人が出現することが，現実にはしばしば起こる。

伝統的には国籍＝市民権を複数持つことは，望ましくないと考えられてきた。国際的にも1930年に開催された国際法典編纂会議で，「国籍法の抵触についてのある種の問題に関する条約」が採択されているし，第二次世界大戦後の

3　帰化と重国籍　193

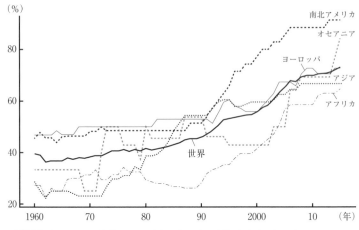

図4-4 重国籍を容認している国の割合

［出所］https://macimide.maastrichtuniversity.nl/dual-cit-database/

1963年にも欧州評議会で「重国籍の場合の減少および重国籍の場合の兵役義務に関する条約」が採択されている。これらは基本的に重国籍を可能な限り防止するという立場に立っていた[33]。

　こういった重国籍への反対論の論拠として，新たに市民となる移民は帰化する国家に対して忠誠を示すべきであるとされる。また，重国籍者が出身国と帰化した国の間で，両立不能な忠誠関係を強いられることへの警戒があった。両国間の戦争といった極端な事態はもちろん，そこまで至らなくとも，出身国と居住国の関係が厳しく対立すれば，重国籍者はどちらの国家との関係を優先するか，「踏み絵」を踏まなくてはいけない事態に直面する。さらに民主主義の原則からいえば，市民の政治参加は市民が政治的選択の結果を等しく分かち合うという点にも根拠が求められるが，重国籍者にはこの回路が作用しない可能性も考えられる。言い換えれば，重国籍者がある国で公的決定に参画しながら，いざとなれば他国に脱出する選択肢を持っていれば，一人一票の原則に代表される民主的平等性が，侵害されるというのである[34]。

　ここであらためて想起したいのは，重国籍はとりもなおさず人的管轄権の重複を意味し，これが国家間対立の火種となる可能性である。現に英米戦争の背景に，こうした国籍の重複問題があったこと，また南北戦争後にアメリカが締

194　第4章　メンバーの包摂と再生産

結したバンクロフト諸条約が，まさにこの問題を解決するために締結されたものであることは，すでに前章でみた通りである。

●重国籍を認める国の増加

以上のような伝統的な反対論にもかかわらず，現実に重国籍を認める国が増えてきたのは，まぎれもない事実である。19世紀にバンクロフト諸条約でこの問題を処理したアメリカも，1952年に出された連邦最高裁判所の判決の結果，重国籍が「法律上認められている資格」であり，「2カ国での国民の権利を得，責任を負うことになる」として，これを認める判決を下した[35]。そのため，政府はこれを積極的に支持しないものの容認しており，バンクロフト諸条約も執行不可能となったため，その多くがカーター政権時代になって廃棄された。現在のアメリカ政府は，一方で重国籍者の存在を合法的としつつも，さまざまな問題が予想されるので，それを政策として奨励しているわけではない，という微妙な立場をとっている[36]。

この傾向の理由として指摘できるのは，国籍を保有することが人権の一部を構成するという規範の影響力が強まったこと，また女性の権利を重視する考え方が強まったことがあろう。父親と母親の両方の国籍の一方を選ぶのを強いることは不適切で，両親の国籍をともに継承できるようにすべきだという前提に立てば，両親の国籍が異なっても，両方とも継承するのが当然であるという主張が説得力を持つ。さらには，次章であらためて論ずるが，移民送出国側も自国出身の移民との関係を維持したいとする動きが強まっており，重国籍を支持する方向に事態が動いてきた。こうした動きをふまえると，移民送出国自身も，自国に流入した移民に重国籍を認めないわけにはいかない。例えば，南欧諸国は伝統的に北部ヨーロッパの工業諸国への移民送出国であったが，21世紀にはEUの一員となり，アフリカや中東からの移民受入国となっている。このように，移民送出国が一方で自国から出国した移民の重国籍を認めながら，自国に流入した移民に重国籍を認めないという立場をとるのは難しい。

だが何といっても，多数の人々が国境を越えて新たな居住地で生活を築くようになると，諸国がそれぞれの制度で個別に国籍を管理している現在の世界では，単一の国籍しか持てないような制度を厳格に運用することは現実には難し

いことがあろう。出生地主義の国籍法を持つ国で，血統主義の国籍法を持つ国から来た移民の子は，当事者の意思とは無関係に重国籍状態になる。逆に出生地主義の国の親から，血統主義の国で生まれた子どもは，無国籍になりうる。住民登録，出生証明の制度も国によってまちまちで，そういった制度が有効に機能していない国家も少なくないとなると，かつては例外的なわずかなケースでしかなかった重国籍だが，これを排除することも現実には難しくなっている。

　また，このような流れの背景には，複数のメンバー資格が両立しやすくなる国際環境が出現したことも忘れてはならない。冷戦後のEU諸国間では，加盟国内の地政学的競合が考えられないところまで統合が深化し，EU市民という広域的なメンバー資格が強化された。また，それが異なる国籍を結び付ける上部の制度として展開してきた。「ドイツ人」や「フランス人」を越えるヨーロッパのアイデンティティが，それまでの国民的アイデンティティに取って代わったとまでいえないにせよ，EUが現実的意味を伴うようになった。西欧諸国では冷戦後，次々に徴兵制度は廃止され，究極的な帰属が問われる可能性の現実味も後退した。そのうえ，たとえ人的管轄権の重複問題が生じても，相互に領土問題はなく，自由民主主義が確立している国の間なら，それは共通の法的枠組みで処理可能である。

　他方，同じくEUに属する国でも，バルト三国が一様に重国籍に慎重なのは示唆的である。リトアニアでは，憲法12条において別途法律によって許可されない限り原則的に重国籍を禁ずることが規定されている。エストニアでは，原則として重国籍は禁じられているが，事実上それを黙認している面がある。なぜなら出生により取得した市民権の剥奪を憲法で禁止しており，他の国籍を持っていることでエストニア国籍を剥奪されるのは，帰化した国民に限られるからである。ラトヴィアでは，2013年の国籍法によって重国籍が認められているが，あくまでEU諸国，北大西洋条約機構（NATO）諸国および，その他特別の条約が締結されている国といったように，重国籍の相手国を限定するという興味深い制度をとっている。明らかなことは，バルト三国がロシアとの重国籍にきわめて警戒的なことである。その理由は，ロシアに対する地政学的警戒感や政治的違和感にあるとみて，間違いないだろう。

196　第4章　メンバーの包摂と再生産

4 社会的統合

　移民コミュニティが，その出自の如何を問わず居住国の公式のメンバーになると，公的制度面では，その段階で新たなメンバーの国家への統合は完了したことになる。だが，居住国の市民となっても，先住の多数派のメンバーとの社会的統合が果たせるかどうかは別問題である。多くの移民受入国においてエスニック集団の社会的統合が大きな課題となっている。

●同化・隔離

　社会的統合へのアプローチとして伝統的な姿勢は「同化主義」と呼ばれるものである。新たなメンバーは，当初は，特定の地域に集住したり特定の職業にともに就いたりして，少数派集団である自分たちのコミュニティの中で相互に助け合いながら，肩を寄せ合って暮らしているが，世代を経るにしたがって彼らの居住地も職業も多様化し，居住国の言語を母語として習得するようになる。そして，異なったコミュニティ間の婚姻も活発化することによって，移民コミュニティのアイデンティティは，居住国の国民的アイデンティティに溶解していくだろう。これが同化主義的な社会的統合の素描である。このような態度には，支配的文化や核心的文化体系が現に存在し，それらが長期にわたって安定しているということが，暗に前提とされている。つまり，ある国のアイデンティティの源泉を，言語であれ，宗教であれ，はたまた気候や地理などの生態系に求めるにせよ，近代以前に遡る遠い昔からそこには「我々」という意識が一貫して存在していたとする立場である。

　しかし，ナショナリズム研究の進展によって，一国のアイデンティティとされてきたものの虚構性が強調されるようになってきた。一つの国の伝統的かつ特徴的な文化とされているものが，実は近代の国家統一のための国民統合プロジェクトに沿った政治的意志の産物であり，伝統的とされた「伝統」の歴史が意外に浅く，しかも時代とともに変化してきたことなどが明らかにされてきたのである。[37]しかし政治的制度などはともかく，人格に深く根づいた社会習慣や宗教的信念にも同化を求めるとなると，極端に抑圧的な手段が必要になること

4　社会的統合　197

は事実である。白豪主義をとっていた時代のオーストラリアでは，先住民の「保護」を名目に，子どもを両親から引き離し養育するプログラムが1960年代末まで続けられていた[38]。これは，征服した先住民族を同化するための極端な実例だが，植民統治の過程で，現地の住民に帝国主義国家が強制した「文明化プロジェクト」は，人々の誇りを傷つけ，いずれ大きな反発を買うこととなった。

　もし同化が不可能と判断されると，隔離もしくは棲み分けが代替的方策として浮上するだろう。それは，同化不能な集団の存在を認めることを意味し，それが人種的偏見と結び付いてきたことも事実である。日本人によく知られている実例としては，アメリカにおける1924年のいわゆる排日移民法がある。人種の坩堝であり移民の国であるはずのアメリカでも，その社会に同化できない集団が存在することが認められ，アジア系の黄色人種やアフリカ系アメリカ人など有色人種全般がその範疇に入れられた。また，ヨーロッパ社会では支配的なキリスト教的伝統を受け入れないユダヤ人コミュニティが，長期にわたって差別・隔離されてきたことはよく知られている。

　キリスト教コミュニティの中でも，カトリックとプロテスタントの対立は厳しく，例えばテューダー朝以降のイギリスにおけるカトリック教徒は大陸のカトリック諸国と結び付き，トランスナショナルな安全保障上の脅威として排斥された長い歴史がある。それが解消されるのは，19世紀以降のことであった。そして，現在，多くの欧米諸国は，イスラーム教徒のコミュニティの社会的統合に苦悩している。

●多文化主義の展開

　隔離が人間の平等性や人権の普遍性を強く訴えるリベラルな規範と相容れないことは明らかである。そのため，同化主義に代わって多文化主義が先進的立場として，有力になった。多文化主義によれば，それぞれのエスニック集団に属する個人は，一つの国民的コミュニティの一員というよりも，それぞれ独自の文化的伝統を持つ集団のメンバーとして尊重されるべきだとされる。

　例えばカナダではケベック州のフランス系住民の分離主義への対応を迫られ，フランス語を公用語に採用するなどの方法で，少数派のフランス系文化を支配的なイギリス系文化と対等に扱い，国民的統合を維持しようという努力がなさ

れ，1971年には多文化主義が正式の政策となった。また，1960年代の公民権運動を経ても，アフリカ系アメリカ人の地位の向上に苦しむアメリカでも，アメリカ人としてのアイデンティティに溶解することではなく，むしろそれぞれのエスニック集団の差異を肯定的に強調し，それを維持することを奨励する姿勢が強まった。1970年代末には，人種暴動が起こったイギリスにみられるように，移民コミュニティとの関係を改善するためにヨーロッパでも多文化主義的政策が採用され始めた。スカンジナビア諸国やオランダ，そしてドイツも，国内の多様なエスニック集団がそれぞれ文化的アイデンティティを維持することを奨励し，支援する政策をとり始めた。

●多文化主義に対する失望

しかし，21世紀初頭には，多文化主義に対する失望が大きくなった。多文化主義を実践するには，どの集団が独自の文化の担い手であるかを認定しなければならず，そのうえで「誰がどの集団に属しているのか」を確定する必要が出てくる。このような国家による認定作業そのものが恣意的にならざるをえないうえに，また集団内部の多様性なり抑圧性なりは，等閑視される傾向がある。そしてこれは社会の統合ではなくむしろ分断を助長しているのではないか，という疑念が強まったのである。少数派の文化的価値を尊重することには広範な合意があるにせよ，多文化主義は結局，一つの社会内でエスニック集団が割拠し，それを固定化するのを助長し，しかもそういった集団の間の分断を拡大再生産する結果になっているのではないかというのである。

国家が何らかの統一性を確保することはやはり必要である。とりわけ利益よりも苦境を分かち合わなければならない時代の国家や，厳しい国際環境で生き延びなくてはならない国家にとっては，それが強く意識されざるをえない。国家による同質化圧力の抑圧的性格を指摘し，多様性が許容されることは高く評価できるにせよ，多文化主義が多様な人々を結び付ける原理について，多くを語れない点には失望は強い。

また，寛容でリベラルな国家も全く没価値的なものにはなり切れない。多文化主義発祥の地であるカナダでも，1980年代にはインド出身のシーク教徒の過激派が，母国での独立運動を支援するために，カナダ発の航空機をねらった

4　社会的統合　199

爆破事件を起こした。また、スリランカ出身の運動家が出身国、母国のテロ組織であるイスラーム解放の虎（タミルタイガー）のために、活発な資金集めを行っていたことも知られている。[39]

　冷戦後の 1990 年代に起こった旧ユーゴスラヴィアの内戦時には、カナダのクロアチア系住民とセルビア系住民が、それぞれラジオ局を通じて非難合戦を演じた。彼らのアイデンティティは依然として、カナダではなくクロアチアやセルビアを向いていたのである。しかも、そのユーゴ内戦には国連の平和維持活動（PKO）が展開しており、そこにはカナダ軍部隊が派遣されていた。1993 年 9 月に、クロアチアの攻撃からセルビア系少数派住民を保護する任務に就いていたカナダ軍部隊は、クロアチア軍の攻勢によってカナダ軍にとって朝鮮戦争以後、最も苛烈な戦闘に巻き込まれた。皮肉なことに当時のクロアチアの国防大臣のシュシャクは、長年カナダに居住した移民であった。彼は、カナダにおけるクロアチア民族主義運動を精力的に組織し、資金を集めて分離直後の新生クロアチアに送金した。その一部がカナダ軍を襲った砲弾や迫撃弾にも変わったはずである。一層皮肉なことは、こうした激しいクロアチア民族主義運動は、カナダ政府の多文化主義政策に助けられていたことであった。

　　カナダの連邦政府は、諸民族語の学校や民俗センターに資金を供与した。そして、よく知られていないことだが、極端な「右翼的」メッセージを発信する出版物に助成したりもした。カナダ連邦政府の支援は、愚かで脳天気だった。例えばトロントやウォータールー市の市庁舎には、1945 年に消滅した戦時中のウスタシャ〔クロアチアのファシスト民族主義政党。ナチスと結んでクロアチア独立を企て、ユダヤ人やセルビア人の大虐殺を行ったことが知られている――引用者注〕に率られた当時のクロアチア独立国家の国旗が、記念日に掲揚されたくらいである。[40]

　もちろん、一つの事例から、一国の多文化主義政策全体の評価を下すのが早計であることはいうまでもない。多様な出自を持つ人々が、危険を分かち合って協力した事例を探すことも容易である。多文化的な構成を持つカナダ軍部隊は、伝統的に国連 PKO のために世界中に展開してきたし、2002 年にアフガニスタンに派遣された国際治安支援部隊（International Security Assistance Force: ISAF）での任務では、3 桁を超す戦死者を出し続けながらも職務を果たした。また、自分の属する国家の対外政策に反対するのが、移民のコミュニテ

ィに属する人々だけではないことも付言しておこう。

　ここで指摘したいのは，多文化主義的な政策の結果，多様な出自を持つ人々から，困難なときに危険や負担を分かち合う「カナダ人」を作り出すことが困難になる可能性であり，それが厳しい国際環境と連動した場合に起こりうる厄介な問題であるということである。先の事例では，カナダ本国が脅威に晒されていたわけでもなかったし，旧ユーゴスラヴィアに展開していたカナダ軍部隊から戦死者も出なかった。しかし，多文化主義が国境の彼方の母国との絆を強調する一方で，自国内の結び付きを希釈化するのなら，それが競争的な国際環境の下で問題視される事態が起こっても不思議はない。

　多文化主義に対する失望は，白人の入植者が先住民を周辺化しつつ作り上げた北米やオセアニアなどの伝統的な移民国家よりも，封建制度を経験した国民国家であるヨーロッパのほうが大きいように思われる。多くのヨーロッパ諸国はイスラーム諸国からの移民との多文化主義的共存に腐心してきた。しかし，中東諸国の不安定化に伴って活発化してきたIS（「イスラーム国」）などの過激なイスラーム主義運動に加わり，ヨーロッパでのテロ攻撃を実行した工作員の一部に，多文化主義的共存を実現しようと努力してきた諸国で生まれ，それらの国の国籍を持ち，多文化主義的教育を受けた若者が混じっていたのは，衝撃的な事実であった。2010年に，メルケル独首相は「ドイツの多文化主義は失敗した」と述べた[41]。そして欧米諸国全般で移民政策への疑念が，一部の急進的な極右勢力を超えた大衆的広がりを持っていることは，多文化主義への失望を如実に反映するものである。

● 難航する社会的統合

　これに対して，統合原理を脱エスニック化することで，統合をめざす立場もある。確かに，エスニックな背景を異にする人々の間で機能する統合の原理は，エスニックなものではありえない。しかし，民主主義，自由，平等といった原理の普遍的妥当性を強調して，このようなリベラルな原理に基づく統合をめざすとしても，世界の多くの人々がリベラルな原理そのものを受け入れなければ，それ自身一つの同化主義にしかみえないだろう。世俗主義や同性愛者の権利といった問題で，依然としてリベラルの立場に与しない集団が存在するのは厳然

たる事実である。

　公式の制度による権利保障はもちろん重要であるが，それだけで社会的統合は実現しない。社会的統合は，社会に根づいたさまざまな非公式な制度や慣習と関係していて，それは無数の人々が試行錯誤を繰り返しながら時間をかけて共有されていく性質のものである。また，新たなメンバーを統合する能力も，社会によって異なるかもしれない。例えば，フランスの歴史人口学者であるトッドは，普遍主義的社会と差異主義的社会という人類学的類型を析出する。そのうえで，権威主義的な家族制度が原型となっているドイツや日本などは移民の同化能力は低く，移民コミュニティの「隔離」状態が長期化するが，フランスを典型とする普遍主義的社会では，婚姻を通じてほどなく移民は同化してしまうと論じた。もしそうなら，フランスのような普遍主義的社会では，多文化主義は文化の異なる社会で居住し始めた移民の第1世代の衝撃を和らげることにはなっても，自然に進行するはずの同化の障害になるはずである。[42]実際にはフランスは多文化主義をとらず，集団ではなく，あくまで平等な個人の人権を基礎として社会を統合するリベラルな同化政策をとってきた。だが，そのフランスでも2015年にはパリで，2016年にはニースで衝撃的なテロ事件が起こり，その犯人の多くがフランス人（重国籍者も含む）であった。

　テロ事件はもっぱら移民によって起こされるわけではないし，社会的統合の成功事例も数多い。衝撃的で耳目を集めた事件のみから，社会的統合の全体像を判断することには慎重であるべきである。しかし現在（2018年）の実情をみる限り，ドイツとフランスでイスラーム系コミュニティの社会統合の度合いに，目立った相異があるとはいえそうにない。リベラル（多くの欧米の論者はこれを「西洋的〈Western〉」と呼ぶ傾向がある）な同化主義にも，寛容な多文化主義にも多くの選挙民の間で失望感が強く，それによって欧米諸国で，反移民政党が台頭する結果になっているのが，否定し難い現実である。

　ここで検討してきた諸国の経験からいえそうなことは，政治的共同体の形成が，きれい事だけでは進行しそうもないということである。異なった慣習や宗教的，政治的信念を持つ人々が一つの社会の下で絆を持つことを可能にするのは，双方の学習と歩み寄りによる不断のプロセスである。相互に他者との共存を学習し，それを慣習といえるほどのレベルにまで確立し内面化するとともに，

202　　第4章　メンバーの包摂と再生産

次々に現れる新たな「他者」を統合し続ける，アイデンティティの再生産の営みである。

同時に，無意識化された規範や慣習までを政策によって自由に操ることはできない。そうだとすれば，政策と公式の制度によって社会的統合はただちに実現されそうもない。どのような条件が，社会的統合を促進するのかに関する複雑な問題に安易な解答をここで定式化することはできない。しかし，ともあれ，社会的統合の推進には相互の学習のための十分な時間と安全な環境が必要であることは，確かだろう。現在の比較的安定しているとされる「国民」というアイデンティティも，実は長期のプロセスを経て形成されたものであり，不断に再生産されている。例外的に同質的と評価されることの多い日本社会でも，被差別部落出身者やアイヌの人々など生来の日本国籍保有者の社会的統合について未解決の課題があり，移民コミュニティの社会的統合も，その意味では類似の課題といえよう。

小　括

一般に国家は，相互に関係する5つのゲートを操作することで新たなメンバーの受け入れを管理する。第1のゲートは国境における物理的な出入国管理である。国家が国家である限り国境の管理は不可欠であるが，一般に想像されるよりも国境の透過性は高い（第1・2章参照）。とりわけ移動の自由が原則とされ，いわゆるグローバリゼーションが進展している現在，人の出入りを制御することには自ずから大きな限界がある。

第2のゲートは，入国した外国人の地位や権利・義務の制度化である。自国領内に滞在する人であれば，国籍の如何を問わず人権が保障されるべきだというのが，自由民主主義国の基本的な規範である。ましてや国籍の如何を問わず長期にわたって居住する人々とは，生活空間を共有する隣人である以上，何らかの制度化を行う以外に選択の余地はない。多くの場合，外国人滞在者と居住者との関係の最前線に立つのは，教育，保健，医療，警察，司法などの行政を担う地方自治体やその他の公共機関であり，その日常業務を通じて具体的な制度化が漸進的に展開することが多い。

国家にとって選択が迫られる大きな制度化の分かれ道は，非メンバーに永住

権や労働市場へのアクセス権を法的権利として保障し，デニズンと認定するかどうかであり，これが第3のゲートである。これまでの欧米諸国の経験，とりわけ戦後の西欧諸国の経験からいえることは，たとえゲストワーカーとして期間を限定して入国させようとしても，人々は国家の思惑通りに帰国することはないということである。ひとたび生活の拠点が形成されれば，合法であれ非合法であれ，相当数の移民が居住国に住み続けようとするのは，自然な成り行きである。しかも，居住国の正規メンバーとの婚姻や出身国からの家族の呼び寄せを通じて，家庭が形成され次の世代が誕生すると，移民コミュニティは深く根を張り再生産を始めるのも，驚くには及ばない。

　居住国が現実に居住する人々を無視し続ければ，国籍だけを根拠に同じ社会に住み続ける人々の権利を否定することになり，その不合理性はリベラルな規範と両立し難い。少なくともよき隣人として永住権や労働市場へのアクセス権を保障することは欠かせない。そして，同じ労働をし，同じ税金を払いながら，国籍だけを根拠に社会保障や所得再分配のネットワークから排除する不合理を維持すれば，リベラルな規範そのものが腐蝕することになるであろう。しかも，差別された少数派集団を抱えれば，いかなる国家にとってもさまざまな問題の種になることは，高度の人権規範を持ち出すまでもなく自明である。こうしてデニズンの権利内容を拡張しようとする力学が作用するのである。

　デニズンは，国家の正規メンバーとは違って，税制や土地保有などのある種の経済的権利においても制限を受けることもあるが，経済の市場化が進むにつれ，こういった規制は緩和されてきた。おそらく正規メンバーとデニズンを分ける最大の相異は，国家の意思形成に関与する資格，つまりは参政権であろう。ただし参政権についても，地方参政権を外国人にも与えている国は少なくない。これは国際環境が大幅に改善するとともに，超国家的な地域枠組が急速に発展した冷戦後のヨーロッパによく当てはまる。それでも，国政選挙や対外的に自国を代表する公務員になる資格などは，国家にとっては譲れない一線であり，外国人には与えられていないことが多い。このことは安全保障環境の厳しい国にとっては一層当てはまろう。

　社会を共有しながら，政治参加の権利のある人とない人がいるのは，人の平等や人権の普遍性を説く立場からはいたって好ましくない状態である。そのた

め，冷戦後に EU の広域的な役割が拡大したヨーロッパでは，帰化を促進することが大きな流れとなった。とはいえ，多くのデニズンにとっては，帰化よりもデニズンの地位にとどまることのほうがむしろ望ましい場合もあるだろう。特に第 1 世代の移民の多くには，母国との文化的絆を維持したいという思いが強い人々も多いであろう。また，市民権には義務も伴う。とりわけ兵役に就き，自国のために一つだけの命を危険に晒すことは，究極の忠誠テストといえる。歴史的にも国籍をめぐる問題の多くが，兵役との関連で起こってきた（第 3 章 1 参照）。しかし徴兵制度そのものが第二次世界大戦後の日本はもちろん，冷戦後は欧米でもほとんどの国でなくなった。そのため，重国籍を認めてでも，帰化を促進することが，多くの先進諸国の傾向となっている。

　第 4 のゲートを構成する帰化は，公的制度面では国家による統合の最終段階である。国籍を得て市民となれば，その段階で国家によるメンバーの包摂は公式制度の面では完了する。だが，同じ法的権利や義務を持ち，同じパスポート（一つとは限らないが）を持ちながらも，移民たちが一つの社会のメンバーとして統合されるかどうかは，全く別問題である。リベラルな同化主義であれ，多文化主義であれ，2010 年代には挫折感が広がっている。事態は今後，好転するかもしれないが，いずれにせよ第 5 のゲートを構成する社会的統合は，長期にわたる過程となり，粘り強い努力を要する。

　以上の 5 つのゲートにかかる圧力が相互に関係していることはいうまでもない。第 1 のゲートが完全に閉ざされていれば，もちろん 2 番目以降のゲートには圧力はかからない。しかし，第 1 のゲートによって内外を完全に遮断することは，事実上不可能なのが 21 世紀の基本的条件である。またいったん入国して長期にわたって領域内で居住すれば，さまざまな権利を得られるし，第 3 のゲートを通過してデニズンとなることも容易なことが知られるようになると，不法にでも入国しようという意欲を刺激するので，第 1 のゲートにかかる圧力が一層大きくなることが予想される。そして長期にわたってデニズンとして居住すれば，政治参加を含む市民的権利を求める声が出てくるのも当然の成り行きである。さらに，帰化という第 4 のゲートへの圧力が生まれる。もっともデニズンの地位が十分に魅力的であれば，あえて居住国の国籍を取得しない人々も多いだろう。これは第 5 のゲートである社会的統合とも関連している。国籍

小　括　205

を取得したところで，結局は仲間として社会に受け入れられないのなら，とりわけ重国籍が認められず，それまでの国籍を離脱しなければならないのなら，あえて居住国の国籍を取得しないという選択も自然なものとなる。

ともあれ，どのように5つのゲートを制度化しようとも確実にいえそうなことは，国内空間にこれまで以上に，多様な法的地位と文化的・民族的背景の人々がともに居住するようになる傾向は，逆転できそうもないということである。何らかの主体的な選択や実利的な理由だけで複数の国籍を取得する人々だけではなく，両親が難民や移民であったという理由で，居住国で少数派としての運命を背負って生きていく人々の数が，今後少なくなるとは考えにくいからである。そして国籍の移動や重国籍者が増える以上，国家のメンバーであることの意味にも変容が迫られる。それでも移動したくても移動できない世界の大多数の人々にとって，国籍とは，自分の意思で入会・退会が自由な会員制クラブのメンバー資格とは異なり，出生地であれ両親の国籍であれ，自分の意思とは関係なく，出自によって大きく左右されているものなのである。そしてその国籍は，自分の身体と同じように自分の一部として引き受けるしかない，不条理で，かつ多くの場合かけがえのないものなのである。

以上のことが正しければ国家は，これまでにはない異質性を域内に抱えつつ，それを克服していくことが求められる。エスニックに多様な人々を一つの社会のメンバーとして結び付けるためには，エスニックな神話に基づく連帯は機能しない。異なった歴史的記憶を持つ集団をまとめるのに，「伝統」の有効性の限界も明らかである。そのため国家のメンバー資格は契約に基づく合理的制度としての側面が強調されるとともに，それを世俗的で時には実用性を基礎にした「軽い」ものとしていくのが，これまでの欧米諸国の方向性であった。欧米の多くの国では兵役は過去のものとなったし，国家によって組織される再分配や社会福祉機能がグローバルな市場経済の前で意味を減じているとすれば，ますます国家のメンバーであることの意味は軽くなるかもしれない。しかし国家がメンバーの安全に究極的な責任を持つ限り，とりわけ国際環境が緊張すれば国家のメンバーであることの意味は，どうしても深刻なものにならざるをえないだろう。

206　第4章　メンバーの包摂と再生産

▶注

1) 新田浩司「アメリカ合衆国移民法の最近の動向に関する研究」『地域政策研究』16 巻 3 号，2014 年，20 頁。

2) 村井忠政「カナダ移民政策の歴史——政策決定のプロセスとメカニズム」下『名古屋市立大学人文社会学部研究紀要』12 巻，2002 年，7-10 頁。

3) ディートリヒ・トレンハルト／宮島喬・高坂扶美子・新原道信・丸山智恵子・分田順子・定松文訳『新しい移民大陸ヨーロッパ——比較のなかの西欧諸国・外国人労働者と移民政策』明石書店，1994 年，240 頁；内藤正典「東西ドイツ再統一のはざまで——西ドイツのトルコ人移民たちは今」内藤正典，一橋大学社会地理学ゼミナール編『ドイツ再統一とトルコ人移民労働者』明石書店，1991 年，29 頁。

4) Tomas Hammar, *Democracy and the Nation State: Aliens, Denizens, and Citizens in a World of International Migration*, Avebury, 1990, p. 15.

5) Jean-Thomas Arrighi and Rainer Bauböck. "A Multilevel Puzzle: Migrants' Voting Rights in National and Local Elections," *European Journal of Political Research*, vol. 56, Issue 3, 2017.

6) David C. Earnest, *Old Nations, New Voters, Nationalism, Transnationalism, and Democracy in the Era of Global Migration*, SUNY Press, 2008.

7) 21 世紀に入ってニュージーランドは，戦闘機部隊を廃止している。アイルランドは NATO に加盟せず中立政策を維持してきた。アイルランド空軍もニュージーランドと同じように，戦闘機は一切保有せず（2017 年時点），18 機の固定翼機および 21 機のヘリコプターで陸軍を支援するのが任務とされている。

8) Arrighi and Bauböck, *op. cit.*, p. 13.

9) *Ibid*, p. 631；Gabriel Echeverría, *Report on Electoral Rights: Ecuador*, Euroepan University Institute, 2015, p. 6-7 (http://cadmus.eui.eu/bitstream/handle/1814/36660/EUDO_CIT_ER_2015_12.pdf?sequence=1&isAllowed=y).

10) Earnest, *op. cit.*, p. 39.

11) Leon E. Aylsworth, "The Passing of Alien Suffrage," *American Political Science Review*, vol. 25, no. 1, 1931, p. 114.

12) 例えば，Yasemin Nuhoglu Soysal, *Limits for Citizenship: Migrants and Postnational Membership in Europe*, University of Chicago Press, 1994.

13) ブルーベイカーはフランスとドイツの比較で，前者を出生地主義，後者を血統主義として，両者の成員資格観の相違を際立たせているが，これは誇張であろう（ロジャース・ブルーベイカー／佐藤成基・佐々木てる監訳『フランスとドイツの国籍とネーション——国籍形成の比較歴史社会学』明石書店，2005 年）。

14) 渡辺富久子「立法情報 ドイツ国籍法の改正」『外国の立法（月刊版）』261 号，2014，10-11 頁；佐藤成基「『血統共同体』からの決別——ドイツの国籍法改正と政治的公共圏」『社会志林』55 巻 4 号，2009 年，73-111 頁。

15) クリスチャン・ヨプケ／遠藤乾・佐藤崇子・井口保宏・宮井健志訳『軽いシティズンシップ——市民，外国人，リベラリズムのゆくえ』岩波書店，2013 年，60-64 頁。

16) このあたりの歴史的背景について，以下の文献の分析が優れている。橋本伸也『記憶の政治——ヨーロッパの歴史認識紛争』岩波書店，2016 年：第 1 章，第 2 章。

17) Aksel Kirch, Marika Kirch and Tarmo Tuisk "Russians in the Baltic States: To be or not to be?," *Journal of Baltic Studies*, vol. 24, No. 2, 1993.

18) Igor Zevelov, "Russia and the Russian Diasporas," *Post-Soviet Affairs*, vol. 12, no. 3, 1996.

19) Lowell W. Barrington, "Understanding Citizenship Policy in the Baltic States," in T. Alexander Aleinikoff and Douglas Klusmeyer, eds., *From Migrants to Citizens: Membership in a Changing World*, Brookings Institution Press, 2000, p. 262.

20) 河原祐馬「ラトヴィア共和国の市民権政策と「非市民」の帰化プロセス」『岡山大學法學會雑誌』53 巻 3・4 号，2004 年，65 頁。

21) 六鹿茂夫「NATO・EU 拡大効果とその限界」『ロシア・東欧学会年報』27 号，1998 年，16-17 頁。

22) Barrington, *op. cit.*, pp. 287–292.

23) Raivo Vetik, "Citizenship, Statelessness and Belonging in Estonia," Paper presented at ECPR General Conference, Reykjavik 2011 (https://ecpr.eu/filestore/paperproposal/3e77f4ab-9a20-4440-b23c-0746c8bce314.pdf 2017 年 7 月 15 日アクセス）。

24) Patrick Weil, "Access to Citizenship: A Comparison of Twenty-Five Nationality Laws," in T. Alexander Aleinikoff and Douglas Klusmeyer eds., *Citizenship Today: Global Perspectives and Practices*, Carnegie Endowment for International Peace, 2001, p. 31–32. なお，イスラエルの場合は，居住を条件とせずに「ユダヤ人」であることによって，入国後ただちに国籍が取得できるとする，極端に血統主義的な規定がある。

25) 各国の帰化要件については，以下を参照のこと。*Ibid.* pp. 17–35. イギリス：https://www.gov.uk/becoming-a-british-citizen/check-if-you-can-apply，フランス：https://www.service-public.fr/particuliers/vosdroits/F2213，ドイツ：http://www.bamf.de/EN/Einbuergerung/InDeutschland/indeutschland-node.html，日本：http://www.moj.go.jp/MINJI/minji78.html#a09

26) Hammer, *op. cit.*, p. 76.

27) *Livret du citoyen*, 5 mars 2015, p. 8 (http://www.immigration.interieur.gouv.fr/Accueil-et-accompagnement/La nationalite-francaise/Le-livret-du-citoyen).

28) Charles Johnson, *Life in the UK Test (2016 edition): Complete Official Study Material*, p. 342.

29) "Discover Canada, The Oath of Citizenship" (https://www.canada.ca/en/immigration-refugees-citizenship/corporate/publications-manuals/discover-canada/read-online/oath-citizenship.html)

30) Citizenship and Immigration Canada, *Discover Canada, The Rights and Responsibilities of Citizenship*, 2012, p. 9 (http://www.cic.gc.ca/english/pdf/pub/discover.pdf).

31) もちろん天然資源の採掘によって資源を得られるレンティア国家や，メンバーからの資源調達よりも外国からの「援助」が主要な資源調達手段になっている国家も，少なくない。

32) Sara Wallace Goodman, "Naturalisation Policies in Europe: Exploring Patterns of Inclusion and Exclusion," *European University Institute, EUDO Citizenship Observatory*, 2010.

33) 岡村美保子「重国籍——我が国の法制と各国の動向」『レファレンス』634 号，2003

年，60 頁。

34)　Thomas Faist, Jürgen Gerdes, and Beate Rieple, "Dual Citizenship as a Path-Dependent Process," *International Migration Review*, vol. 38, no. 3, 2004, pp. 914-915.

35)　在日米国大使館・領事館ウェブサイト（https://jp.usembassy.gov/ja/u-s-citizen-services-ja/citizenship-services-ja/dual-nationality-ja/　2018 年 3 月 10 日最終アクセス）。

36)　https://travel.state.gov/content/travel/en/legal/travel-legal-considerations/Advice-about-Possible-Loss-of-US-Nationality-Dual-Nationality/Dual-Nationality.html; https://jp.usembassy.gov/ja/u-s-citizen-services-ja/citizenship-services-ja/dual-nationality-ja/

37)　アーネスト・ゲルナー／加藤節監訳『民族とナショナリズム』岩波書店，2000 年；ベネディクト・アンダーソン／白石隆・白石さや訳『定本 想像の共同体――ナショナリズムの起源と流行』書籍工房早山，2007 年；E・ホブズボウム＝T・レンジャー編／前川啓治・梶原景昭ほか訳『創られた伝統』紀伊國屋書店，1992 年。

38)　これについて，2008 年にオーストラリア政府は公式に謝罪している。

39)　J. L. Grantstein, "Multiculturalism and Canadian Foreign Policy", in David Carment and David Bercuson eds., *The World in Canada, Diaspora, Demography, and Domestic Politics*, McGill Queen's University Press, 2008, pp. 82-83.

40)　Carol Off, *The Ghosts of Medak Pocket: The Story of Canada's Secret War*, Random House of Canada, 2004, p. 33.

41)　http://www.bbc.com/news/world-europe-11559451

42)　エマニュエル・トッド／石崎晴己・東松秀雄訳『移民の運命――同化か隔離か』藤原書店，1999 年。

第5章

在外の同胞と国家

　欧米はもちろん，今日の日本でも移民問題の支配的な関心は，移民の受け入れをめぐる問題と政策であろう。だが国外からやってくる移民は，どこかの国から出国した人々であることはいうまでもない。そうであれば移民の受入国の観点からだけではなく，送出国の国家やそこに残された人々にとって移民問題が何を意味するのかも，当然検討されるべきであろう。この章では，国境の彼方に住む自国出身の移民コミュニティと出身国政府との関係，そしてそれが国際関係に対して，どのような意味を持つのかを検討したい。

　人の移動のパターンは，モノ，カネの流れのように市場で成立する価格に敏感に反応するというよりも，川のようにいったん経路が確立すると，それに沿って継続して流れが起こる。人が異国で生活拠点を築くとなると，自国民コミュニティがすでに存在している場所に行くほうが圧倒的に容易である。先発の移民たちが築いたコミュニティは，新たな移民にさまざまな情報やサービスを提供する。異国の地に移動する際，先発の知人や親類縁者のつてを頼るのは，自然な成り行きである。そうなると，共通の言葉を話し，類似のニーズを持っている同じ国や同じ地域の出身者の人的ネットワークが，国境をまたいで維持されることになる。こうした移民の流れが一定方向に長期にわたって続くと，

211

相当数の（元）自国民が国外の特定の場所に集住することになる。

　他方で，国外に移り住んだ人々の出身国の政府は，自国の領域的管轄権の外部に居住する（元）同胞集団と，どのような関係を築くのだろうか。その際，留意すべきことは，関与の対象となる在外の同胞たちは，出身国および現居住国の政府の思惑とは独立した利害やアイデンティティを持つ主体であるということである。また，出身国や居住国の国家が，彼らのあり方を一方的に制御できるわけではないということも忘れてはならない。彼らの帰属意識や行動を，国家の思惑通りに操ることはできない。長期にわたって「母国」を離れて居住する人々の利害やアイデンティティは時とともに変化する。しかもそれは一様なものではありえない。

　16世紀以降のヨーロッパの移民送出国は，新大陸に移った人々とさまざまな絆を維持しており，それは時に政治的な資産となってきた。大英帝国は過去のものだが，英連邦の緩やかな絆は，今でもイギリスにとって政治的に無意味なものではない。だが，アメリカ合衆国は他ならぬ母国イギリスへの反乱によって建国され，19世紀を通じて英米関係が基本的に険悪であった一点をみても，移民たちと母国との関係が一筋縄でいくものではないことがわかるであろう。

　また移民集団が，現居住国内では少数派として脆弱な立場にある場合が多いのは，とりわけ世界の言説を支配している欧米世界では事実にせよ，彼らを受け身の姿勢に終始する無力な存在であると決めつけるのは正しくない。彼らも，与えられた条件の中で最適な人生戦略を絶えず模索し，自身の利益や理想を追い求める点で，他の人々と変わるところはない。母国との絆も，出身国を離れた人々にとって一つの資産となりうるし，逆にそれは重荷になることもありうる。

　いうまでもなく，そうした（元）移民とその出身国政府との結び付きは，場合によっては移民の現居住国にとっても関心事項となる。とりわけ大規模な集団が自国領に居住し，他国政府と密接な関係を持つ場合，現居住国の政府がそれに関心を持つのは自然である。

　この章では，在外同胞に対して出身国政府が働きかける関与政策が，国際政治上いかなる意味を持っているのかに注目したい。在外同胞への関与政策は，

しばしばディアスポラ・エンゲージメント（diaspora engagement）と呼ばれ，近年，欧米では多数の研究が蓄積されている。ディアスポラのあり方に焦点を当てた社会学的研究は多く，彼らが社会で周辺化されている少数派であるのが通例であることから，悲劇的な離散の物語も多く語られてきた。そして，彼らの人権問題，そして多数派社会の排他性を批判的に問う論考が数多い。逆にディアスポラには，国家と領土そして国民という国際政治の枠組みから逸脱する存在であるだけに，脱国家的で脱民族主義的な新しい世界観を体現する先駆的な存在として，期待が投影されることもある。このような脱国家的存在としての性格が強調されるためか，ディアスポラ研究において，国際政治学の中心的な関心である国家間関係への関心は希薄である。

　本章では，ディアスポラとの関係を維持・強化しようとする出身国政府の政策が，ディアスポラ集団自身とともに，出身国と現居住国との関係に，どのように作用するのかを検討してみたい。

1　ディアスポラとは誰か

●ディアスポラとは誰か

　ディアスポラは，一般的には「出身国に対する強い親近感を持った移民集団一般」を意味する用語として用いられている[2]。しかしこの用語は，ながらくDiaspora と大文字で表記され，国家を持たず，主としてキリスト教世界で繰り返し迫害されてきたことがよく記憶されている，ユダヤ人の経験を表象する用語として用いられてきた。そのため，母国から離散した悲劇の民というニュアンスが色濃くつきまとってきた。しかし，1960-70 年代以降，この用語は非常に広範に使われるようになり，「国外追放者，政治亡命者，外国居住者，エスニック・マイノリティ」などすらもディアスポラと呼ばれることがある。分析的有用性から考えると過剰に拡張された観がある。試しに 2018 年（3 月）にグーグル（JP）で diaspora を検索すると，約 15 万件ものウェブサイトがヒットし，日本語で「ディアスポラ」と検索すると約 27 万件がヒットした。ともあれ今日では，この言葉はユダヤ人に限定されることなく，移民集団一般を指す言葉として用いられていることを確認しておきたい。

このような一般的な用語法に従うにしても，曖昧性が残るのは避けられない。「移民集団」といっても，現在の人類は皆，約5万年前にアフリカから世界中に広がった。その意味で人類のほとんどは，どこかの時点で現居住地に移り住んだ移民である。そこまで過去に遡らなくても，「先住民」とされる人々も，それ以前にその地にいた人々を排除した場合も多い。いったいどこまで時代を遡れば，私たちは「出身国」を確定できるのだろうか。また，草原を家畜とともに移動するという意味を持っていた牧畜民にとっては，特定の土地との関係が死活的な生活様式を持つ農耕民とは違って，移動はむしろ常態である。「故郷」も固定したものではなく，少なくとも日本人の常識よりはるかに広域的に意識されていたであろう[3]。

　そして何より問題になるのは「強い親近感」である。「親近感」は人々の意識のありようだから直接に観察可能なわけではない。その内容もさまざまで，文化的親近感もあれば，いずれ自分が戻るべき場所だという意識もある。また継続的な政治的関与や参加を意味する場合もあるだろう。ディアスポラ概念の過剰な拡張は慎まなくてはならないが，以上のような曖昧性は，ことが人間の意識を問題としている限り，ある程度は不可避なものと割り切るしかない。ともかく，ディアスポラと呼ばれる人々も，内実が多様であることには注意が必要である。こうした多様なディアスポラ概念を，社会学者のコーエンは，犠牲者ディアスポラ，労働ディアスポラ，交易ディアスポラ，帝国ディアスポラに類型化している。以下，順にみていこう。

●犠牲者ディアスポラ

　犠牲者ディアスポラの古典的な例として挙げられるのは，もちろんユダヤ人である。広く知られているように，バビロンによる征服と捕囚，ローマに対する反乱と追放，その後のキリスト教世界での迫害，そしてナチスによるホロコーストという悲劇的な歴史の主人公として，ユダヤ人の自己認識は形成されてきた。もっともユダヤ人とは誰かという問題に対する答えは単純ではなく，現在の「ユダヤ人」のすべてが，古代イスラエルからローマによって追放された人々の末裔であるというのは伝説に過ぎないとする論者もいる[4]。今日世界中に分布する「ユダヤ人」のアイデンティティが多様で，少なからぬユダヤ人コミ

214　第5章　在外の同胞と国家

ュニティが交易などを目的とした自発的な移動の結果形成されたものであることも，広く認められている。また，長期にわたって居住している国に同化し，ユダヤ人としてのアイデンティティを喪失したか，あるいはそれが限定的な意味しか持たなくなってしまった人々も少なくない。

　祖国を持たないユダヤ人の祖国として1948年に建国されたイスラエルは，建国の時点でそこに居住していたアラブ系の人々（パレスチナ人）にも国籍を与えた。現在アラブ系のイスラエル市民は人口の20%程度を占め，国会議員も選出されている。だが，イスラエルがシオニズム国家である限り，これらの非ユダヤ系の集団が疎外感を感ずるのは避け難い。同時に，イスラエル国家も，これらの人々の忠誠に確信が持てないでいる。例えば，イスラエルは世界で最も重い徴兵義務を市民に課しており，女性にも1年間の徴兵義務があるほどだが，アラブ系市民が徴兵を免除されているのは，こうした事情から説明できる。

　そもそも誰がユダヤ人なのかについても，さまざまな考え方がある。ある推計（2016年時点）では，ユダヤ教のみを自分のアイデンティティの中心と考える人々という厳格な意味でのユダヤ人の総数を，全世界で1450万人程度と見積もっている。そのうち約800万人がイスラエルに在住し，残り630万人あまりがディアスポラとしてイスラエル以外の国に居住している。そして，そのうち，イスラエルのユダヤ人人口に匹敵する，約600万が北米に居住しているとされる。イスラエルは建国宣言の中で，世界中のユダヤ人移民および離散民が集合するために自国を開放すると謳っている。1950年に制定された帰還法において，すべてのユダヤ人にイスラエルに定住する権利を与えると原則的に定めている。ここでユダヤ人とは，ユダヤ人の母親から生まれるか，ユダヤ教に改宗し，その他の宗教を信仰していない者と定義されている。そしてその後には，ユダヤ人の子どもおよび孫，ユダヤ人の孫の配偶者にも移民の権利を与えるとする，血統主義を一層拡張する改正がなされている。

　ユダヤ人のアイデンティティを再生産する原動力となってきたのは，「神に約束された故郷」から強制的に追放され，キリスト教世界で長期にわたって迫害されてきた記憶であろう。その後も，キリスト教世界での差別と迫害こそが彼らのアイデンティティを再生産した。そして，彼らが欧米とりわけアメリカで有力な地歩を築いたために，ユダヤ人のトランスナショナルなネットワーク

1　ディアスポラとは誰か　215

は強力なものになった。これがイスラエルにとって貴重な資源となってきたことは，国際政治の場でアメリカが一貫してイスラエルを支持してきたことからみても疑問の余地はない[7]。

　ユダヤ人の経験は確かに特異なものかもしれないが，故郷から暴力的に切り離され，多くの苦難の歴史をともにしてきた人々は，ユダヤ人だけではない。西欧諸国によって行われた奴隷貿易によって，無数のアフリカ人が過酷な運命に苦しんだこともよく知られている。奴隷制度自体はヨーロッパ人が始めたものではないにせよ，大西洋での奴隷貿易によって故郷から強制的に移住させられた人の総数は1000万人とも1400万人ともいわれ，16世紀から19世紀までという長期にわたって継続的かつ組織的に行われた。カリブ海地域，アメリカ大陸その他の地域に，労働力として文字通り家畜同然の扱いをされたこれらの人々とその末裔の相当部分は，何世代にもわたって「故郷」から離れた場所で居住してきた。また，公式の奴隷制度が終了してからも抑圧が続いたため，自分たちの居住国への帰属意識が薄い場合も多く，相当数のアフリカ系の人々がむしろアフリカにこそ故郷があると意識したこともある。後述するアフリカへの帰還運動は，こういったディアスポラたちの思いによって推進された点で，シオニズム運動に類似したものといえよう。

● 労働ディアスポラ

　今日のディアスポラとして最も一般的なのは，労働ディアスポラである。その典型例として，インド人の年季労働者が挙げられる。奴隷制度が禁止された後の英帝国内での農業労働力の需要を満たすために，期限契約の労働者としてインドからアフリカやカリブ海地域へ，帝国内の各地に多数の人々が移住した。彼らの労働環境はきわめて劣悪で，その意味では奴隷労働と似たり寄ったりであったかもしれない。それでも彼らの子孫までもが売買されたわけではなかったし，契約期限が過ぎれば雇用主の全額または一部負担で，彼らは帰国できることになっていた。しかし，インドからの移住者の大半は現地にとどまった。その理由は，現地社会への帰属意識が確立したためというよりも，契約労働を続けて十分に貯蓄できれば自分の土地を得られるという経済的期待があったからであった。さらにインド国外にとどまることは，インドにおける厳格なカー

表 5-1　インド人年季契約労働者とインド人人口（1980 年および 2007 年の推計）

植民地／国	期間（年）	年季契約労働者数	インド人人口	
			1980 年	2007 年（推計）
モーリシャス	1834-1912	453,063	623,000	850,558
英領ギアナ（現ガイアナ）	1838-1917	238,909	424,400	384,547
ナタル（南アフリカ）	1860-1911	152,184	750,000*	923,994*
トリニダード島	1845-1917	143,939	421,000	422,643**
レユニオン	1829-1924	118,000	125,000	156,800**
フィジー	1879-1916	60,969	300,700	343,584
グアドループ	1854-1885	42,326	23,165	40,000***
ケニア，ウガンダ	1895-1901	39,771	79,000	12,000***
ジャマイカ	1854-1885	36,420	50,300	61,500***
オランダ領ギニア（現スリナム）	1873-1916	34,000	124,900	174,190***
マルティニク	1854-1889	25,509	16,450	14,000***
セーシェル	1899-1916	6,319	該当なし	5,000***
セント・ルシア	1858-1895	4,350	3,700	4,095
グレナダ	1856-1885	3,200	3,900	3,698
セント・ビンセント島	1861-1880	2,472	5,000	7,088
年季契約諸国の合計		1,361,431	2,952,495	3,403,697
在外インド人合計（2001 年）				約 17,000,000

［注］　* 南アフリカ合計　　** 混血人口を除く　　*** 不確実

［出所］　ロビン・コーエン／駒井洋訳『新版 グローバル・ディアスポラ』明石書店，2012 年，138 頁をもとに作成。

スト制度から解放される機会でもあったからである。インド系トリニダード人の間では，「船がカルカッタを出発したときにはバラモン・カーストの者はいなかったが，ポート・オブ・スペイン（トリニダード）に着くころには，何人かの紳士が傲慢で，導師であるかのような態度を身に付けていた」といったことが，ジョークとして語られている。[8]

● 帝国ディアスポラ

　ある帝国の本国から帝国内の植民地に移住した人々のことを，コーエンは帝国ディアスポラと呼んでいる。典型的にはスペイン，ポルトガル，オランダ，フランス，イギリスのようなかつての植民地帝国から移住した白人たちの末裔が，これに該当する。現在のヨーロッパ諸国は概ね移民の受入国であり，とりわけイスラーム系住民の社会的統合に苦慮しているが，時代を遡れば，ヨーロ

1　ディアスポラとは誰か　　217

ッパ諸国は非常に大規模な移民送出国であった。とりわけイギリスやスペイン
からの移民は，世界の多くの地域で先住民を周辺化して，自分たちの国家を建
設して今日に至っている。日本も相当限定的だが，帝国主義的な領土の膨張に
伴って，相当数の移民や植民が国外に送られたことは，今日，等閑視されがち
である。それらの人々のほとんどは帝国の解体とともに，居住地から日本への
「引き揚げ」を余儀なくされた。他方，北海道も近代までは日本の領土として
確立していたわけではなく，植民によって先住民を周辺化しながら領域の支配
を確立した点では，シベリアや北米におけるロシアやヨーロッパからの入植者
と類似している。だが，すでに居住地に対して故郷としての意識を確立してい
る今日のアングロ系アメリカ人をイギリスのディアスポラ，極東に居住するロ
シア人をロシアのディアスポラ，そして南米に居住する先住民以外の人々を，
歴史的起源を根拠にスペインやポルトガルのディアスポラと呼ぶのは適当では
ないだろう。

　帝国ディアスポラの背景には，母国の政治的・軍事的力があり，居住国では
先住民との間で権力的な支配‐従属関係があった。しかし他方で，こういった
移民は母国ではむしろ周辺的な人々も多かった。耕す土地のない食い詰めた農
民，職のない労働者，孤児，宗教的少数派，それに囚人までもが自分たちの運
命を，遠い帝国の辺境への移住に賭けたこともあった。帝国の側からみれば，
帝国ディスポラには，人口圧力を緩和し本国社会を安定させるとともに，帝国
経営に欠かせない人材を提供するという，一石二鳥の役割が期待できたのであ
る。

● **交易ディアスポラ**

　遠隔地との通商を生業とし，母国から遠く離れたところで拠点を持ちつつ，
母国との通商ネットワークを維持する人々を，交易ディアスポラとコーエンは
呼び，華人ディアスポラをその典型例としている。中国からの移民は，遠く漢
代まで遡ることができるともいわれる。先進的技能や知識を持つ中国人が，東
南アジア一帯の王朝で歓迎され，明代にはすでに華人コミュニティが東南アジ
ア各地に存在していた。日本でも長崎や平戸に，中国人商人のコミュニティが
あり，例えば17世紀に台湾を拠点に清朝に抵抗した鄭成功が，平戸に住む海

218　　第5章　在外の同胞と国家

商であった鄭芝龍と日本人の母親の間の子どもであったことは，日本人にもよく知られている。

　中国の支配的イデオロギーである儒教は商業を蔑視したし，明朝も清朝も長期にわたって海禁政策（海外渡航と貿易の禁止）をとったので，中国人移民は歴代中国帝国の政策が背景にある帝国ディアスポラではない。むしろ，中国の国際貿易は朝貢貿易の形をとった国家独占が制度の基本であり，国際貿易も出移民もむしろ抑圧された。だが，こうした国家独占の制度は，むしろ密貿易の活発化を招いたので，外国船の来航は禁じつつも，一定条件の下で中国人商人が海外に赴いて通商を行うことを許さざるをえなくなった。こうして，中国人の貿易根拠地が東南アジアに形成されることになったのである[11]。

　1840-42 年に起こったアヘン戦争でイギリスに敗れて以降，海禁政策は事実上実行できなくなり，中国（清）から非常に多数の移民が流出した。現在の華人ディアスポラの多くは，この時期に海外に渡った人々の末裔である。この頃の移民の多くは農場や鉱山，それに建設現場などで働く契約労働者であり，その意味では華人ディアスポラは労働ディアスポラでもあった。しかし，次第に中小規模の商業活動で成功し，現地に定住して家族を呼び寄せたので，今日まで綿々と続く華人コミュニティが東南アジアを中心に世界中で形成されることになった[12]。

　類似の人々として，コーエンは，17 世紀から 19 世紀にかけて中東－ヨーロッパ間の貿易に携わるために，地中海の港町を中心に定住し，継続的な交易ネットワークを形成したレバノン人の移民を挙げている。レバノンから移民が生まれる背景には，3 つの要因があると考えられる。第 1 に，イスラーム教徒が多数派を占めるオスマン帝国の支配下でキリスト教徒であるレバノン人が不利益を受けたことである。第 2 に，今日までうち続く中東の戦乱の影響があることも事実である。さらに，第 3 に，レバノン人の移民が欧米や南米で多数展開し，成功している交易コミュニティを形成していることも重要な要因である。今日でも，仕事を目的として国外に居住する人々は多い。もしそれらの人々が，婚姻や出身国の政変といったさまざまな理由で母国外に定住し，一定規模の交易ネットワークを持続的に形成すれば，彼らも現代の交易ディアスポラといえるだろう。

　　　　　　　　　　　　　　　　1　ディアスポラとは誰か　　219

●領土再編によるディアスポラ

ディアスポラは国境線が移動した結果，生まれる場合もある。[13] メキシコは，世界最大のディアスポラ人口を持つが，その大多数はアメリカ合衆国に居住する。アメリカに居住するメキシコ系ディアスポラの最初の世代は，1848年に起こった米墨戦争の結果，メキシコ領がアメリカに割譲され，ディアスポラ化した人々である。アメリカ政府は新たな領土の住民に，アメリカ国籍を取得するか，そうでなければメキシコ領に移動することを求めた。その際，従来通りの場所にとどまり，アメリカ国籍を取得した7万5000人から10万人のメキシコ系の人々が，ディアスポラになったのである。[14]

ロシア人ディアスポラも，インド人や中国人に匹敵する巨大な数に達するが，彼らの多くも，ソ連崩壊に伴う国境線の変更によって生じたものである。1989年の統計を基礎に算出すると，91年の連邦解体によって，約2500万人のロシア人と約1800万人の非ロシア人が，それぞれ他の民族の名称が付いた国家の下で少数派として生きることになった。旧ソ連時代にはソ連内部で多数派であったロシア人は，現在のラトヴィアやエストニアでも総人口の約3割を占め，ウクライナでもその数は人口の約2割に達している。[15] さらに，パレスチナ人はイスラエル建国によって，イスラエル国の住民となった。だが，イスラエルがシオニズム国家であり，ユダヤ人にとっての祖国である限り，非ユダヤ人にとってそれは異国に他ならない。その結果，ディアスポラたるユダヤ人のために祖国を建国したことで，新たなディアスポラが生まれるという皮肉が起こったのである。

帝国の解体によって新たなディアスポラが生まれた事例として，第一次世界大戦後のオスマン帝国解体の事例がよく知られている。今日の中東地域からバルカン半島の一部までを支配していたオスマン帝国が解体し，民族自決原則の建前に則って国家の再編成が図られた。帝国の解体に伴って各民族が独立後の領土拡大を図ったうえに，ヨーロッパ主要国の思惑も関係して，複雑な紛争と多数の悲劇が生じた。1923年にローザンヌ会議で平和条約が結ばれ国境線が画定されたが，それでも国境線の彼方に，今や多くの同胞が取り残されることになった。その結果「独立したギリシャの領域内に居住しているギリシャ人よりも，オスマン帝国の首都イスタンブール，そしてスミルナ（イズミル）とい

220　第5章　在外の同胞と国家

図5-1 「住民交換」などによるトルコ人，ギリシャ人の移住

［出所］池内恵『サイクス＝ピコ協定 百年の呪縛』（中東大混迷を解く）新潮選書，2016年，113頁をもとに作成。

ったエーゲ海東岸の諸都市に居住しているギリシャ人の方が多」[16]いといった事態が出現した。そこで国境の移動に伴って，住民も移動させることによって，国内の人的一体性を維持することが試みられた。[17]トルコとギリシャの間で相互に住民を交換する合意が結ばれ，約200万人の人々が生まれ育った故郷から「祖国」へと強制的に移動させられた（図5-1）。しかし，オスマン帝国解体とともに出現したディアスポラとそれぞれの「祖国」が織りなす力学は，100年後も依然として凄惨な紛争を引き起こし，安定した秩序への道筋は依然としてみえていない。

2　在外同胞への関与

　第1節で述べてきたように，多様な経緯で国境の外部にいながら，依然として何らかの帰属意識を居住国以外の国に対して持つ人々は数多い。このようなディアスポラ，つまり海外に移住した（元）自国民とその子孫に対して，出身

国の国家が関係を強化しようとする政策，いわゆるディアスポラ・エンゲージメント政策が，多くの国でとられている。中国やフィリピンは，ディアスポラとの関係の制度化を長期にわたって進めてきた。そして近年は，在外同胞を自国の開発の資源とみなし，この絆を活性化しようとする組織的な動きが強まっている。これは，人の移動の規模が拡大するとともに国際的な資金移動が自由化された，冷戦後のグローバリゼーションの進展と軌を一にした現象である。

● 関与政策の制度

　国連の報告書によると，2011年には114カ国が何らかの政府部局を設けて，ディアスポラとの関係を強化する政策を実行している[18]。ある研究によれば，こうした政策を実施する省庁レベルの部局を持つ国が，ドミニカ国をはじめアルメニアやバングラデシュ，インドなど15カ国あり，その多くが2001年以降に設置されたものだとしている[19]。例えば，インドの場合，もっぱらディアスポラ・エンゲージメントを担当する非居住者インド人省（Ministry of Non-Resident Indians'Affairs）を2004年に設置し，それはのちに在外インド人省（Ministry of Overseas Indian Affairs）に改称されている。また，ドミニカのように外務，労働，観光などの機能と組み合わせる混合型の省庁を設けている国もある。

　フィリピンでは，1980年に大統領直属の在外フィリピン人委員会（Commission on Filipino Overseas：CFO）が設けられている。これは，主として海外で永住している，あるいは市民権を取得しているディアスポラを対象とした政策を担当している[20]。移民からの海外送金に大きく依存しているフィリピンの場合，それ以外にもすでに1987年に海外労働者福祉管理局（Overseas Workers Welfare Administration：OWWA）を労働省の下に設置して，在外のフィリピン人労働者の保護や帰国支援，さらには居住国での新規事業向け融資など，さまざまな支援事業を行っている。それに加えて，フィリピン海外雇用管理局（POEA）が短期の海外雇用関連の実務を担当するとともに，外務省には移民労働問題担当の次官が任命されている[21]（第1章参照）。また，ディアスポラ・エンゲージメント政策には，対外関係，経済，労働といったさまざまな側面があるので，メキシコ，チリなどでは，政策調整のための省庁間委員会を設置している。ブラジルでは移民の問題を担当するのは外務省で，ブラジル人在外コミュニティ担

222　第5章　在外の同胞と国家

当の事務次官（Undersecretary-General for the Brazilian Communities Abroad）が任命されている。[22]そのブラジルからの移民労働者の最大送出先は日本である。

　膨大な数のディアスポラが世界に展開している中国の場合，政治の最高レベルと直結する特別の組織を設けている。「一九四九年，中華人民共和国の成立と新政権の骨格を定めるために北京で開かれた人民政治協商会議には，華僑政党，致公党も招かれて参加している。ここで採択された臨時憲法，『共同綱領』は，新政権を幅広い統一戦線による人民民主独裁政権と規定し，その構成員のひとつに『国外華僑』を挙げ，彼らの正当な権利と利益を保護すること，華僑送金の便をはかることを定めている。また，内閣にあたる政務院（のちの国務院）の下に僑務委員会を設置し，国民政府と同様に華僑を重視する姿勢を明らかにして」いた。[23]この方針の下，閣僚級の僑務委員会主任が置かれ，孫文に次ぐ国民党指導者で華僑出身の廖仲愷（りょうちゅうがい）の未亡人であった何香凝（かこうぎょう）が任命された。1959 年には何香凝の長男で，日本で生まれ育った廖承志（りょうしょうし）がその後を継ぎ，長くその地位にあった。1970 年には，「僑務委員会を中国の利益のために華人を動員する機関と見て」警戒していた東南アジア諸国との外交関係上の配慮から，同委員会は廃止され公式には格下げされた。しかし，その後継機関の僑務弁公室も，国務院（概ね内閣に相当する）に属し，首相直属という独特な地位を占めている。[24]同公室は約 120 人の陣容で，地域ごとに華僑のデータベースを整備するとともに，華僑のための 2 つの大学を経営するなど，広範な事業を担当しているといわれる。[25]

●関与の目的

　こうした動きの背後にある諸国の狙いは何か。例えばドミニカ国出身者の場合，そのディアスポラの総数は，自国領内に居住する人口に匹敵する規模に達している。そのドミニカ政府は，以下のような役割を在外のディアスポラ・コミュニティに期待していることを明らかにしている。

　(1)　居住国（アメリカ合衆国）内でドミニカの主張を代弁する非公式の「ロビイスト」としての役割
　(2)　経済開発など居住国（アメリカ）の影響が大きい分野での政策立案に関して，知識や情報を提供する役割

(3) ディアスポラのデータベース作りのための専門的な情報技術の提供

(4) ドミニカの発展のための技術や知識の提供

　以上の役割を果たしてもらうために，ドミニカ政府は次のような施策を実行するとしている。

　　○　在外のドミニカ出身者および孫の世代までに，市民権を賦与

　　○　ドミニカへの投資促進

　　○　開発関連の技術者や医療従事者をドミニカに勧誘

　　○　ドミニカ政府とディアスポラの間の情報交換の強化

　　○　ディアスポラへのドミニカ旅行の勧誘

　　○　ディアスポラとの通商・投資関係の強化

　　○　ディアスポラによる文化事業の支援，優れた実績をあげたディアスポラの顕彰

　ドミニカ政府の閣僚とディアスポラの代表との間では，実際に会合が年一回開催されており，首相自身がアメリカ合衆国でディアスポラの代表と会談を行っている。また 2008 年は「再会年（Year of Reunion）」と定められ，ドミニカ政府からディアスポラ・コミュニティに対してさまざまな働き掛けが集中的に行われた。大使館，領事館などの在外公館はこのような活動の拠点であり，伝統的な領事サービスを超える積極的な手法でディアスポラ・コミュニティとの関係を維持・強化するとともに，現地ディアスポラに，生活関連情報を提供するなどの便宜を供与している[26]。さらに同国は，経済問題全般を担当する「通商・エネルギー・雇用およびディアスポラ問題省（The Ministry of Employment, Trade, Industry and Diaspora Affairs）」を設けて，ディアスポラ問題に継続的に関与するための組織を設けている[27]。カリブ海諸国やラテンアメリカ諸国は，おしなべて大規模な自国出身のディアスポラ・コミュニティがアメリカにあるという点で酷似しており，これらの諸国は情報を交換し，お互いに触発しながら，類似のエンゲージメント政策を展開している[28]。

　ドミニカの例にみられるように，ディアスポラはまず自国の経済発展の資源として位置づけられている。移民の送出国には，労働力の輸出に依存する貧しい国が多く，そういった諸国にとって在外同胞は貴重な開発資源となる。とりわけ移民たちからの母国の家族や地域コミュニティへの送金は，過去 20 年あまり順調に増加しており，しかもその増加ペースは経済情勢や金融情勢に左右

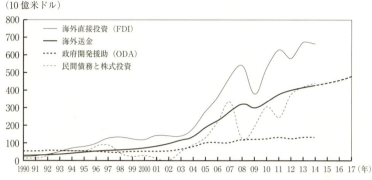

図 5-2　開発途上国への送金額の推移

［出所］　World Bank Group, *Migration and Remittances Factbook 2016*, 3rd ed., 2017, p. 17 をもとに作成。

されにくい安定した趨勢(すうせい)を示している。世界銀行によれば，2014年の開発途上国への海外送金の額は4300億ドルを超えている。これは世界の政府開発援助（ODA）総額の3倍を超え，民間の証券投資に匹敵し，海外直接投資の7割程度に達している（図5-2）。しかも援助の場合に課せられるような条件はないので，途上国としては好都合な外貨確保の手段なのである。また，豊かな国で経済的に成功したディアスポラは，単なる送金だけではなく直接投資の資金源としても期待できるし，貿易上のパートナーとしても有望視される。

　ディアスポラの持つ専門的技術や情報も，途上国にとって魅力ある開発資源である。土木技術，医療技術，情報技術など長期にわたる高等教育が必要な人材が開発途上国に不足しているのはいうまでもない。しかし，このような分野の専門家を国内で育成することにはそもそも限界があるうえに，海外で教育を受けた貴重な人材，とりわけ医療技術など国際的に通用する技能を身につけた人材であればあるほど，豊かな国で提供される出身国よりもはるかに恵まれた就職機会に引き付けられる。かつて「頭脳流出」といわれたこのような現象を背景に，国外に蓄積された専門技術を，何らかの方法で自国の開発目的に活かそうとすることが，途上国政府のエンゲージメント政策の大きな動機の一つとなっている。

　加えて母国政府としては，ディアスポラが居住国内で母国のために政治的影

響力を行使し，「ロビイスト」として活躍してくれるという期待を持っているのは，すでにみたドミニカ政府の文書にある通りである。とりわけアメリカのような民主的かつ伝統的な移民国家の場合，さまざまなエスニック集団が，それぞれ出身国と呼応して政府に影響力を行使するロビー活動は正当なものとみなされ，日常的に展開されている。

　最も顕著な実例は，イスラエルがアメリカ国内のユダヤ人コミュニティに託している役割である。周知の通りアメリカの中東政策は，アメリカ国内のユダヤ人コミュニティの影響力を無視して語ることはできない。

　だが，このことはユダヤ系アメリカ人に限られたことではない。1940年代前半，ポーランド系のアメリカ人は，ドイツ敗北後のポーランド国家のあり方について，アメリカ政府がソ連と妥協しないよう強い影響力を及ぼし，それが冷戦の起源の一つとなったことがよく知られている[30]。

　また，アルメニア人はキリスト教徒であることも助けとなって欧米社会における政治的影響力では，イスラーム系の住民よりも有利な地位にある。1998年にはアメリカ政府からアルメニアに対する約9億ドルの援助を引き出す一方で，対立関係にあるアゼルバイジャンへの援助再開への動きを封じた[31]。もっとも，これには同じイスラーム教徒でアゼルバイジャンと親密な関係にあるトルコやカスピ海の油田開発に利害のある石油会社が巻き返し，しかもイスラエルがトルコと戦略的協力関係にあることから，アメリカ国内のユダヤ人ロビーもトルコ側を支援する立場に立った。そして同年末までにはアゼルバイジャンからアルメニアやロシアを迂回するパイプライン計画が前進し，11月8日付のニューヨーク・タイムズ紙（親イスラエル的だといわれる）には，トルコ共和国建国75年を祝う意見広告が，アメリカのユダヤ人団体によって掲載された。そうすると，今度はこれに，トルコとはかねてより関係が悪いギリシャ系の団体が反発し，当時のアメリカの対バルカン政策全体についても，母国のギリシャの立場から批判を加えるようになった。

　第二次世界大戦中には，東欧の処理をめぐるアメリカの対ソ政策については，ポーランド系アメリカ人の影響力があった。また，より最近の実例としては，1980年代末から90年代初めに，メキシコ政府がアメリカ国内にいる1000万人以上のメキシコ系住民に，北米自由貿易協定（NAFTA）の締結を支持する

226　第5章　在外の同胞と国家

よう求め，メキシコシティに重要人物を招いて，サリナス大統領自らが直々に働きかけをした。中国系および韓国系アメリカ人団体が，いわゆる慰安婦問題についてアメリカ国内で活動を展開してきたことは日本でも知られている。ディアスポラには，居住国内でのいわば母国政府の応援団としての役割が，しばしば期待されるのである。

　しかし，出身国政府によるエンゲージメント政策は，具体的な経済的・政治的目標とは大して関係がなく，自国を取り巻く国際環境の向上をめざしている場合のほうが一般的であろう。多くの政府は自国語の普及や自国文化の国際的広報を通じて，いわゆるパブリック・ディプロマシー（広報外交）を展開している。海外での自国文化や自国語を普及させる対象としては，自身のルーツに関心を持つディアスポラになるのは自然なことである。その背景には，前章で述べたように，欧米諸国における移民の増加に伴い，それぞれのエスニック・コミュニティの文化的独自性を尊重すべきであるとする多文化主義の高まりもある。ディアスポラには出身国に対して関心を持ち続け，自国の文化や情報の発信源の一つとなってほしい。そして，できれば好印象を居住国で投射し，政治的，経済的な必要が生じた将来に，出身国が働きかけることのできる在外ネットワークの一つとして機能してほしい。こういった思惑からもディアスポラが出身国政府による関与の対象となっているのである。

　そのため例えばモロッコは，内外でディアスポラ関連の会議を主催し，博覧会を開催し，常設の記念館や資料館を設けるとともに，自国の文化センターを展開して，自国の言語，文学，宗教などの教師を派遣するプログラムを実施している。かつて移民の送出国だった日本も，中南米の日系人コミュニティに対して，日系人としてのアイデンティティの継承や日本と現居住国との懸け橋としての役割を期待して，支援事業を展開している。かつては食い詰めて国外に逃れた人々，祖国の苦難を国外にあって逃れた裏切り者とさえ認識されたことすらあったディアスポラを，今や世界の多くの国々で，自国を国外から支える英雄として記憶しようとする試みが組織的に展開されている。

● 関与の手段

　ドミニカ国の例にみられるように，ディアスポラとの関係を活性化させるた

めに，出身国が具体的にとることのできる手段として，彼らに何らかの法的地位を付与することが考えられる。自国のメンバー資格は，国家がほとんど費用をかけることなく自由に生産できるだけに，貧しい開発途上国であっても簡単に実行できる。また，ディアスポラとしては，これによって政治参加も可能になり，出身国の意思形成にも関与できることになる。もちろん，こうした動きの背景には，新たに国籍を取得しても，現在の居住国での国籍を維持できるようになったこと，つまり多くの欧米諸国で重国籍が認められるようになったことが関係している。

　しかし，この点については，在米のディアスポラ人口の規模が非常に大きいメキシコで論争となった。まず，現在居住していないディアスポラと本国に残された人々とが，同等に投票権を持つことが民主主義のあり方からみて適切なのかどうか，という原則的な問題がある。また，政治的には在外の同胞の票がどう動くかによって選挙結果に影響があれば，政党間ではさまざまな思惑が当然作用する。とはいえ，国外に居住しているとしても自国民である以上投票権を否定することは難しく，在外自国民の投票権は国内在住の外国人に与えられている投票権よりも広範に認められている。

　例えば欧州連合（EU）の中ではギリシャやアイルランドを除いて，ほとんどの国で在外の自国民に投票権を認めている。国外に多数居住する自国民の投票を公正に実施するには，非常に大きな行政的困難が予想される。現実には投票権が与えられても，さまざまな制限が設けられるのが通例である。例えば，イスラエルやニカラグアのように，投票権はあっても投票日当日に本国で投票することを求めている国もあるし，一定期間の本国での居住を条件としている国もある。また，在外ディアスポラに特定の議席を割り当てているフランス，イタリア，ポルトガルのような国もある。[36]それにはディアスポラの発言権を確保するとともに，在外ディアスポラの政治的影響力を限定する意味もあると推測される。

　いうまでもなく，国籍にはそれに伴って義務が生ずる。仮に現居住国が重国籍を認めたとしても，在外ディアスポラが出身国によって徴兵され，その所得に課税されれば，出身国の国籍の魅力は大いに失われるので，むしろ出身国と関係を深める意欲を弱めるであろう。また実際問題として，現実に居住してい

ない自国民に義務を公正に履行させるのは，とりわけ行政的資源が乏しい開発途上国にとっては難しい。したがって，在外ディアスポラには何らかの法的地位が与えられたとしても，投票権や兵役の義務などの権利義務関係が制限される場合が多い。

　正式の国籍までいかなくとも，ディアスポラを優遇する何らかの法的地位を提供することもできる。例えばインドは重国籍を認めておらず，非同盟諸国の雄として新独立国の主権を尊重するという原則的立場もあり，伝統的にはディアスポラへの関与には消極的であった。そのため1960年代以降，東アフリカにおける新独立国でインド系住民が厳しい排斥に遭った際も，保護や支援を与えることはなかった。だが，そのインドも，1990年代以降，市場重視の方向に経済政策を転換したのに呼応して，積極的にディアスポラを資源として活用する傾向を強めてきた。海外に6カ月以上居住する国民を「非居住インド人（Non-Resident Indian：NRI）」とする一方で，1999年には外国籍を持つインド系ディアスポラには，「インド系移民（Persons of Indian Origin：PIO）」という法的資格を与えていた。その際の条件とは，過去にインド国籍を保有したことがあるかどうか，親や祖父母・曽祖父母が現在インドとなっている地域で生まれて居住していたことがあるかどうか，インド市民やPIOの配偶者であるかどうかである。これらの条件のいずれかを満たしていればPIOカードを取得できる。それによって入国やインドにおける経済活動で恩恵を受けられる。興味深いのは，アフガニスタン，バングラデシュ，ブータン，中国，ネパール，パキスタン，スリランカの国籍を持ったことのある人物は資格外とされ，周到にPIOと両立しない市民資格を定めている。また，2005年にインド系ディアスポラからの要望に応じて「海外インド市民権（Overseas Citizenship of India：OCI）」が設けられた。これは政治的権利は伴わないものの，NRIとほぼ同等の権利を与える内容で，2015年にはPIOもOCIと統合されている。

　貿易や投資などの経済的誘因が，上記の法的地位と結び付けられることが多い。直接投資・証券投資・貿易に関連する税の減免，信用供与における優遇，許認可事項での優先権の提供，その他の行政手続きの簡素化といった優遇措置をディアスポラに提供するのが，よくとられる手法である。国連によると，2011年には開発途上国を中心に46カ国がこのような制度を設けている。ほと

んどすべての国が，外国人による直接投資を何らかの形で規制しているし，土地所有を制限する国も少なくない。その場合，ディアスポラに内国民待遇を与えることで，直接投資を刺激できるかもしれない。他にも自国内のさまざまな市場への参入を提供することが考えられる。例えば日本も，日系ブラジル人に対しては，労働市場への参入機会を提供してきた。また一定の直接投資には公的資金から見合い資金（マッチングファンド）を提供して，投資の意欲を高める政策がメキシコでとられている。さらに，ディアスポラから出身国への小口の送金を容易にするために，送金ネットワークを設けている例もある。

　このような法的地位の供与やそれに伴う自国経済に参入する権利の強化とともに，ディアスポラとのネットワークを強化し，精神的絆を強化する一群の施策がある。ディアスポラがディアスポラたるかどうかは，彼らの意識にかかっている。そのため，母国政府との関係を象徴するさまざまな試みは重要な意味を持つ。また出身国政府にとっては，ディアスポラとの精神的絆を象徴的に確認し，異国におけるディアスポラの苦難の道のりを認知し，彼らの出身国に対する貢献を顕彰することで，彼らとの関係を維持し，発展させることも，よくとられる手法である。例えば，インドは 2003 年に非居住インド人記念日を 1 月 9 日に定め，インド人ディアスポラの祖国への貢献を顕彰している。また，モロッコも，在外モロッコ人コミュニティ記念日を定めている。

　言語や文化を通じて，ディアスポラとの絆を確認し，再生産しようとするのも，広くみられる政策手法である。ハンガリー，トルコ，イタリアの国営放送局は，ディアスポラ向けのチャンネルを設けて出身国政府から情報を発信している。アメリカに多数のディアスポラ集団を持つメキシコは，領事館のネットワークを利用して，アメリカ各地に多数あるメキシコ人ディアスポラの同郷団体（home town association）などの団体と連携している。そして，メキシコ訪問プログラムやスポーツ大会，美術展などの文化事業を展開するとともに，毎年夏にアメリカの学校に教師を派遣して，英語とスペイン語の 2 カ国語教育を支援している。さらに，スペイン語教材の寄付やアメリカの教員へのスペイン語教育に加えて，アメリカ在住のメキシコ系の住民の子弟がスペイン語で教育を受けることを支援したり，移民労働者のスペイン語の識字率向上のためのプログラムを実施したりしている。

230　第 5 章　在外の同胞と国家

3 ディアスポラにとっての出身国

●帰属意識

　在外の同胞との絆を構築しようとする出身国政府の努力をみてきたが，ディアスポラの側が，これにどのように反応するかは全く別の問題である。

　人にとって文化的帰属意識や自己のアイデンティティを確認することは，欠かすことのできない精神的必要である。ディアスポラは，祖国を捨てた人々であるといった否定的イメージでみられる場合もあり，彼らの努力や苦労を認知するだけでも，出身国による関与は歓迎されるかもしれない。現居住国内で，多数派の「他者」に取り囲まれて生活しているだけに，かえって母国の人々以上に自らのエスニック・アイデンティティに敏感になることも考えられる。とりわけ居住国の社会で疎外されればされるほど，このような人々の自尊心ははるかなる祖国との連帯を指向する「遠隔地ナショナリズム」[43]に強く影響され，偉大な祖国との結び付きを通じて自らを解放したいという心理的力学が作用する。ヨーロッパのキリスト社会での執拗な差別がシオニズム運動のエネルギーとなり，現在でもイスラエルが世界中のユダヤ人の支持を期待できるのは，その顕著な一例である。その他にも，彼方の祖国の独立と地位の向上に，自分たちの誇りを賭けた実例は少なくない。

　ユダヤ人と並んでアフリカから奴隷として新大陸に送られた多数の人々が，犠牲者ディアスポラの典型であることは，すでに述べた。アフリカ出身者の多くが，家畜同然の扱いを受けて大西洋を越える移動を強いられ，奴隷制度が公式に廃止されてからも長期にわたって社会の周辺に追いやられてきた。そのため肌の色と200年以上も前の出自を根拠に，アフリカこそが自分たちの「祖国」であるとする意識が，一部の黒人の間で形成された。20世紀前半には，それが汎アフリカ主義運動の形をとって，ジャマイカを中心に高まった。その指導者であるガーベイは，世界黒人開発協会アフリカ会連合（UNIA-ACL）を組織して，黒人の地位向上運動を展開するとともに，アフリカへの「帰還」を推進し，リベリアの発展を期待した。ガーベイは，当時アフリカで唯一独立を維持していたエチオピアへの回帰を説いたラスタファリ運動などにも影響を与

え，ジャマイカでは現在でも英雄視されている。

　もっとも「帰還」した一部の「アフリカ人」たちは，西洋化されキリスト教化した人々だった。多くの黒人にとって解放の希望だったリベリアだが，そこに帰還した黒人たちは「現地の言葉の習得を拒否し，アメリカの慣習を押し付け，社会的エリート気取りで，情け容赦なく政治的権力を独占するなど，すぐに植民地主義者の様相を帯びていった。国際連盟の調査によれば，1930年代には，行政職をはじめ何人かのアメリカ系リベリア人が再び奴隷制を組織していたという[44]」。

　また，ディアスポラが国外から民族解放運動を展開した事例も多い。第3章でもふれたアメリカ在住のアイルランド系住民は，19世紀からアイルランド独立運動を積極的に支援した。アイルランド独立戦争（1919-21年）で，アメリカ生まれのアイルランド共和国暫定政府の代表，デ゠ヴァレラは，ヴェルサイユ講和会議で民族自決を唱えていたアメリカ政府からアイルランド独立への政治的支持を得るとともに，アイルランド系アメリカ人からも資金面での支援を引き出した[45]。彼は1919年からおよそ1年間アメリカに滞在して，アイルランド政府が国際的に承認を得た暁には金価証券と交換できる公債証書を発売するという形で主としてアイルランド系ディアスポラから，500万ドルあまりの資金を集めた[46]。そして，そのうち100万ドルが1921年7月の休戦までの間にアイルランドに送金され，反英闘争にも利用されたといわれる。

　インドの独立運動では，アフリカ在住のインド人コミュニティがこれを積極的に支援していたことが知られている。インドからの移民が活発化したのは，19世紀後半から20世紀初頭のイギリス帝国統治時代である。19世紀前半には奴隷制度が廃止される一方で，英帝国の拡大とともに需要が増した白人経営のプランテーション（大規模農園）での農業労働力として，また鉄道建設をはじめとする土木工事を行うための労働力として，インド人は母国から離れることになった。ある推計では1834年から1947年の間で，世界中に移動したインド人労働者の総数は3000万人に及ぶとされ，カリブ海の島嶼地域からケニア，ウガンダなどの東アフリカ，西はマレーシアや遠くフィジーなどの太平洋の島嶼地域にも移動した。その多くは年季労働者として移動したが，結局現地に定住することになった[47]。さらに，インドからの移民は，アフリカなどイギリス植

232　　第5章　在外の同胞と国家

民地で現地人と白人の間に位置する下級行政官や，商業が未発達なアフリカの都市部で商業活動に携わる中間的な役割を担うことが多かった。現地社会で相当の成功を収めている階層もあったものの，明らかに白人からは差別されていた。インドのナショナリズムを支えたのは，こうした階層のインド系ディアスポラであり，インド独立運動の指導者たちも，彼らからの支持を積極的に求めた。独立運動の指導者であるガンディー自身も，南アフリカで法律家として活動していた経歴を持つ。さらに中国の民族解放運動でも，孫文，周恩来，鄧小平をはじめとする多くの活動家が，日本を含む海外の拠点を活動に利用し，その際，現地の華人コミュニティが支援を与えたことが知られている。

　出身国の貧困，腐敗，政治的・宗教的迫害を逃れるために国外に逃れた人々が，出身国政府の応援団どころか，それに対する強硬な批判勢力となる場合も多い[48]。例えばアメリカ国内のキューバ移民は，キューバ革命から逃れた旧体制に近い人々はもちろん，のちにカストロ体制下の政治的抑圧や経済的困窮から逃れ，アメリカへの出国に活路を求めた人々である（第1章参照）。長くアメリカ国内でキューバとの国交回復に強硬に反対してきたのも，伝統的にはキューバ人ディアスポラ・コミュニティであった。彼らは共和党を支持する傾向が強い。このことは2016年のアメリカ大統領選挙で共和党の大統領候補者指名を争ったクルーズとルビオの両上院議員がともにキューバ系であること，そして彼らがオバマ大統領が開始したキューバとの関係改善に反対する勢力の急先鋒であったことからもうかがえよう。

　国共内戦の結果，国外に逃れた華人ディアスポラが，北京の共産党政権にはむしろ批判的であったのは当然であるし，1989年の天安門事件の際には，多数の中国人留学生やディアスポラが西側の国々で北京政府の弾圧に抗議するデモに参加した。1979年にイランのパーレヴィ体制が崩壊した結果，国外に逃れたイラン人コミュニティも，もちろんイスラーム革命後のイランの体制に共感を持っていたわけではない。

　また，出身国内部の対立構造や社会的断絶が，ディアスポラ集団の間で一層激しく表出されることもある。華人ディアスポラに対して，北京の共産党政権と台北の国民党政権とが争って関与と支持調達の努力をした。北朝鮮と韓国の間の対立関係は日本国内のディアスポラ内でも再生産された。これらのことは，

3　ディアスポラにとっての出身国　　233

長く観察されてきた現象である。また，ディアスポラは出身国というよりも，出身地域への帰属意識のほうが強い場合がある。華人ディアスポラは，華人であることよりも，むしろ出身地域ごとに「方言を同じくするグループがそれぞれ相互扶助団体（幫）を組織し，これを中心に経済活動・社会活動を展開し」[49]て，さまざまな組織化が進行した。インド独立以前に海外移住したインド系ディアスポラの場合，地域ごとの言語や宗教，それにヒンズー教徒の場合はカーストの相異も居住国に持ち込まれており，「インド人ディアスポラ」という集団の存在は，あくまで単純化されたカテゴリーに過ぎない。

　人のアイデンティティは多様で複雑な条件によって形成されるものであり，ディアスポラのアイデンティティが，出身国政府の思惑通りに簡単に操作できるわけではない。「祖国」との絆は固定的でも一様でもない。また，世代を経るにしたがって出身国の意味が希薄化する力学が作用する一方で，現居住国で疎外されれば，逆に宗教的，文化的な絆が再生産される力学もある。現居住国における抑圧に刺激されて出身国に対する遠隔地ナショナリズムが生まれるのか，逆に出身国に対する反感を持つのか，それとも居住国社会に完全に同化して出身国に無関心になるのかは，さまざまな条件に依存している。だが，出身国の関与努力とともに，現居住国の国家や社会による包摂の成否が大きな条件であることは事実であろう。[50]

● ディアスポラの実利

　大多数のディアスポラにとっては，出身国の政治よりも，まずは自分の生活を維持することに関心があるのが日常の現実である。とりわけディアスポラが現居住国内で，経済的にも社会的にも脆弱な地位にある場合には，自身の基本的権利が脅かされる不安は切実なものがあるだろう。もし出身国政府が自分たちの権利保護に役立つのなら，それは歓迎され，出身国への支持にもつながるかもしれない。国籍の如何を問わず，一定の地域で人々の保護に責任があるのは，当該領域を管轄する国家，つまりディアスポラの現居住国政府である。しかし，彼らが居住国において十分な保護を得られていない，もしくは現居住国政府そのものから排斥されていると感じれば，出身国へと視線が向かうことになる。

234　第5章　在外の同胞と国家

普通，労働ディアスポラたちの居住国内での立場は弱く，限界的労働力として酷使される危険は高い。フィリピン政府が政府組織を設けてゲストワーカー（出稼ぎ労働者）の保護に取り組んでいることは，すでに述べた通りである。そして，家政婦として働くフィリピン人女性たちの人権問題は，これまでもしばしば表面化してきた。1995年にフィリピン人家政婦がシンガポールで死刑になった事件では，これを冤罪として反発するフィリピン本国においては，彼女は殉教者とみなされた。[51] また香港では，フィリピン人を中心に30万人ほどの外国人家政婦が居住しており，彼女たちに対する虐待や劣悪な労働条件をめぐる抗議行動も，時折展開されている。[52] 関係者の家族やフィリピン国内の世論は政府に強く介入を求め，実際に，前者の事件では，世論に突き上げられたフィリピン政府は，駐シンガポール大使を召還するなどの行動に出た。日本でも，在日コリアン（韓国人・朝鮮人）の地位をめぐる問題は，1965年の日韓国交正常化交渉の際にも重要議題の一つであったし，指紋押捺問題や地方参政権問題に韓国政府が関心を持つことは，在日コリアン・コミュニティで歓迎された。

　アメリカに居住する1000万人を超えるメキシコ系ディアスポラも，全米に展開するメキシコの領事館にさまざまな保護を求めてきた。[53] メキシコ移民の利益が脅かされれば，メキシコ人コミュニティはメキシコ政府の支援を求めるだろうし，メキシコ国民も彼らに同情するだろう。ましてや，今やディアスポラも，選挙を通じてメキシコ政府の意思形成に参加できるとなれば，メキシコ政府がこうした要求に敏感に反応するのは，当然といわなければならない。[54] 実際に，2016年のアメリカ大統領選挙で当選したトランプは，メキシコ移民を「強姦魔」と呼ぶなど，挑発的な発言を繰り返して物議を醸した。メキシコ世論はこれを侮辱的で敵対的とみなし，メキシコ政府がこれを無視することはできなかった。2017年1月には，アメリカ側が米墨国境の一部で壁の建設を促す大統領令を発したことから，ペーニャ・ニエト・メキシコ大統領が予定していた訪米とトランプ大統領との会談を取り消すという，異例の強い反発を示した。

　しかし，実際に海外にいるディアスポラを保護する能力は，出身国によって大きな相異がある。聖書は，聖パウロがエルサレムで布教活動を行った際，ローマ市民であったために，当局による刑罰から逃れることができたと記録して

3　ディアスポラにとっての出身国　　235

いる。ローマの市民権が，広大な帝国内で大きな権威を持っていたことを示す
エピソードである。帝国主義の全盛期には，ヨーロッパの諸国がキリスト教徒
の保護や自国民保護を名目に，しばしば外国に介入した。日本も，1920年代
に自国民保護のために数度にわたる山東出兵を行った。今日でも，外国人が中
国や北朝鮮で当局の禁止する政治的活動を行っても，アメリカ国籍を持ってい
れば，より有効な保護が得られるという期待があるのかもしれない。

　しかし，移民の大規模送出国には貧しい南の国が多く，これらの国は地政学
的にも弱体なので，自国出身のディアスポラを保護する能力にはそもそも限界
がある。例えば上記のメキシコの例でも，パワー・バランスが圧倒的に劣勢で，
かつて戦争によって領土を奪われたメキシコ政府は，アメリカが内政干渉と考
えそうな措置を長らく慎重に回避し続けてきた。対米関係を悪化させるような
行動をメキシコ政府には期待できないのが，ディアスポラにも現実として理解
されているはずである。ただでさえ限界のある出身国政府からの支援に期待す
れば，居住国内での少数派としての立場が際立ち，彼らの立場はむしろ一層不
安定になる危険もある。そのうえ出身国と居住国との関係が悪化すれば，出身
国との絆はむしろ重荷でしかないだろう。

　また，これまでみてきたようにディアスポラにとっては，出身国政府が提供
する経済的誘因も魅力的かもしれない。少額の海外送金を行うための安価な手
段は出身国の家族へ送金する多くのディアスポラにとって切実な問題だが，そ
のための支援は大きな助けとなる。また，メキシコ政府は，アメリカ各地に展
開する領事館でディアスポラに身分証明証を発行しているが，これによってア
メリカ国内の銀行口座の開設が可能となり，ヤミ金融などの手段に頼らなくて
もよくなることは，ディアスポラにとって大きな助けであるだろう。ディアス
ポラ自身にとっても出身国に残る親族や出身国のコミュニティへの送金意欲が
増すだろう。さらに，出身国への出入国手続きや直接投資規制を緩和すれば，
国際取引も活性化されるかもしれないし，出身国の労働市場への参入が容易に
なれば，「帰国」するディアスポラも増えるだろう。確かに，ディアスポラは
出身国との取引で，言語やネットワークの点で有利であるので，双方にとって
有益な経済的関係が成立するかもしれない。

　しかし，ディアスポラにとっても経済活動は主として利潤が動機であり，愛

国心だけで投資や商売を行うわけではない。また，出身国における動乱や迫害から逃れてきたディアスポラにとって，出身国は単にリスクの高い商売相手でしかないかもしれない。貿易や直接投資などの優遇措置も，外国人一般に無差別に導入したほうが，簡素で効果的な制度なのかもしれない。純然たる自分の利益の観点に立てば，ディアスポラが現居住国の社会の安定や経済の繁栄に強い利害を持つのは当然であり，その点で居住国内の多数派集団の利害と異ならない。その意味で興味深いのは彼ら自身の移民に対する態度である。ディアスポラは当然，反移民的な政策や言説が自分たちの民族的背景を理由にした差別や侮辱につながることに強く反発する。また，出身国に残した家族や親戚の呼び寄せが難しくなることも，彼らの利害に反する。だが，新たな移民の大量流入は，自分たちの経済的ニッチで競争が激化することも意味する。アメリカのメキシコ系ディアスポラも，白人の多数派と同じように，現在の移民の数が過大であるという意識を持っているという調査結果があるのは，このような利害関係を反映していると推測される。[56]

4 ディアスポラと国家間関係

　国家にとって，自国内に他国と強い絆を持っている集団がいることは，どのような意味があるのだろうか。この問題は，伝統的な移民受入国であるとともに，20世紀後半から政治的にも経済的にも圧倒的な覇権国の地位を維持してきたアメリカで，さかんに議論されてきた。とりわけ伝統的な「人種の坩堝（るつぼ）」論による同化主義が後退し，それぞれのエスニック集団が個性や権利を前面に押し出して主張する多文化主義の影響が高まってきた1970年代以降，一層関心が強くなったといえよう。

●居住国への影響力
　一つの見方は，ディアスポラ集団が居住国内にいわば外国の飛び地を作ることになり，社会的一体性が失われ，まとまった国益観を形成し，一貫した対外政策の実行を妨げる，いわゆるバルカン化（balkanization）が起こるとする警戒論である。世界で卓越した影響力を持ち，自他ともに認める移民国家のアメ

4　ディアスポラと国家間関係　237

リカは，この問題と長く格闘を続けてきた。19世紀には，アイルランド系アメリカ人の帰属問題が米英関係の大きな要素であった（第3章参照）。これはアイルランド系の人々に限った話ではなく，例えばヨーロッパで第一次世界大戦が起こった際には，ヨーロッパの交戦国は，それぞれのディアスポラ集団を利用して，アメリカ政府に影響力を行使しようとした。

　当時，ドイツ系アメリカ人はドイツとの戦争に，アイルランド系のアメリカ人はイギリスとの同盟に，スカンジナビア系やロシアでの迫害から逃れてきたユダヤ系のアメリカ人はロシアとの同盟に，それぞれ反対していた。彼らの存在は人口統計上からみると，決して無視できるものではない。1910年のアメリカの総人口は9200万人で，そのうち1350万人，つまり15%程度が外国生まれであった。その出身地の内訳は，イギリスが120万人，アイルランドが140万人，スカンジナビア諸国が130万人，そしてドイツが230万人で，それに加えてポーランド系が130万人，オーストリア゠ハンガリー帝国（チェコやバルカン半島の出身者なども含む）が140万人，加えてロシア系（これにはバルト三国出身者も含まれる）が140万人であった。[57] いうまでもなく，これに第2世代の移民を加えると，数字は一層大きくなる。しかも第1世代の移民は，投票のできる年齢に達している確率が高く，彼らは特定の地域に集中して住んでいる場合が多いので，選挙では彼らの影響力が一層際立っていた可能性が高い。

　このような実情を踏まえれば，アメリカがヨーロッパでの戦争に積極的な役割を果たすのは，国内の分裂を招くきわめて危険な政治的選択であったといえよう。実際に，1914年には，ウィルソン大統領はこう語っていた。

　　　我々は絶対に中立でなくてはならない。そうしなければ，民族的に混ざり合ったアメリカ人たちが，互いに戦争を始めてしまう。[58]

　第二次世界大戦後の冷戦期は，アメリカの対外政策について反共産主義という超党派的なコンセンサスがあった例外的な時代であったので，このようなディアスポラ集団の外交政策への影響力にも，比較的強い枠がはまっていた。しかし，外交の基本路線が流動化し，そもそもそれに対する関心が低下した冷戦後のアメリカでは，再び対外政策がさまざまな個別利害を代表する集団の影響を受けやすい時代となった。そのため，多数のヒスパニック系の人々，さらに

急増している中国系やインド系のディアスポラの新たな世代が，どのようにアメリカの国益観の形成に影響を及ぼすのかが，問われざるをえない。

●出身国への影響力

　以上のように，ディアスポラ集団が出身国から居住国への影響力の経路となったことは事実だが，これとは逆に居住国からその集団の出身国への影響力の経路となることも観察できる。アメリカのディアスポラ集団は，母国の政府の利害を代表するというよりも，母国の独立や民主化を求める力となってきたという意味で，アメリカの基本的価値を対外的に投射する役割を担ってきたと，政治学者であるシャインは論ずる[59]。

　反イギリス的な民族自決を推進した，アイルランド系アメリカ人の主導性については，すでに述べた通りである。冷戦期にソ連の帝国主義的支配を受けていたアメリカ国内の東欧系の人々やロシア出身のユダヤ人が，アメリカの冷戦政策の強力な支持者であったことも，よく知られている通りである。カリブ海にあるハイチでは，1991年に軍事クーデタが起こり，民主的に選挙されたアリスティード大統領が政権の座から追われた。これに対して，アメリカ在住のハイチ系ディアスポラは，民主的政府の復帰を求めて運動を展開した。これが軍事介入には消極的だったクリントン大統領や国務省にも圧力となって，国連のミッションという形でアメリカ軍の派遣につながった。また韓国の全斗煥（チョンドゥファン）政権，フィリピンのマルコス政権などの権威主義的政権を打倒し，民主化へと導くうえで，アメリカ国内のそれぞれのディアスポラ集団が力を発揮してきた[60]。ディアスポラ集団は，アメリカの自由で民主的な政治制度の中で運動しており，彼らはアメリカの民主的価値観によって社会化されている[61]。したがってディアスポラ集団は非民主主義的な本国政府にとってこそ危険な存在である。だからこそ1989年に中国で起こった天安門事件の際に，華人ディアスポラの一大抗議行動に危機感を持った中国当局は，在外華人への対策に乗り出した。共産党から流出したと伝えられる文書によれば，在米の中国人学生で，党の方針に忠実で「愛国的」な学生には賄賂を提供し，反政府的傾向のある学生は，帰国させて就職や住宅などの面で優遇して体制に取り込もうとした。他方，強硬な反体制派には奨学金の差し止めなどの金銭的不利益を与えるとともに，親族の海

4　ディアスポラと国家間関係　　239

外渡航を禁止した。そして，議会で反中的証言をするような反体制派のリーダーには，国籍の剝奪や追放といった処分のうえに，人格攻撃を行い，中国国内の家族への圧迫を加える方針をとったとされる。[62]

　このような中国当局の対策が奏功したかどうかは不明だが，その後30年近く経ち，華人ディアスポラの数は飛躍的に増加したが，それによって中国の体制が民主化する兆しはない。大多数の華人ディアスポラにとって，どちらかといえば関与を避けたいと考えるのが自然である。それでも全体として彼らがアメリカの民主主義的信条を中国に投射する役割を果たしているのか，それとも強大化する中国政府の利益を海外に投射し，むしろアメリカの国益観や国際認識に影響を及ぼしている度合いのほうが大きいのかは，にわかに判断し難い。しかし，中国人の文化的伝統は重く，彼らの意識には儒教的価値観が深く染み付いていて，彼らのもたらすアメリカ化の効果は「累積的（cumulative）」である。つまり効果には長い時間が必要だとシャインは論じ，ある種の中国例外論に言及しているのは興味深い。[63]しかし，もしそうなら，インド系ディアスポラ，イスラーム系ディアスポラが，欧米のリベラルな価値観の下で社会化される可能性についても，同様のことが当てはまりはしないのだろうか。

　確かなのは，中国やロシア，そして，イスラーム諸国など，非リベラルな国出身のディアスポラが，民主主義や自由主義といったリベラルな価値観を彼らの出身国に投射すれば，そういった諸国の体制にとっては，それは脅威に他ならないということである。リベラルな価値観には普遍的な魅力や妥当性があると考えて，それをトランスナショナルな形で投影することは，欧米諸国の対外政策上の目的として適切かもしれない。しかし，影響を受ける国家にとって脅威なのは，ちょうどイスラーム過激派がリベラルな国家にとって脅威とみなされるのと同様である。いずれにせよ，欧米諸国が地政学的に圧倒的な優位に立っていた冷戦終結直後の世界であれば，ディアスポラを通じたリベラルな価値観の伝道に自信を持ち，逆の経路で投射される影響力に鷹揚な姿勢がとれたかもしれない。冷戦後の次の時代の課題が強力な非リベラル勢力との共存であるなら，ディアスポラ集団の政治的役割が国際関係の不安定要因となることも十分に考えられる。

240　　第5章　在外の同胞と国家

●居住国と出身国の政治的関係

　もちろん居住国の外交関係にとって，ディアスポラが出身国との有益なパイプとして歓迎されたり，ディアスポラを媒介とした絆が経済的利益につながったりすることもある。したがって，ディアスポラがその居住国と出身国の双方にとって，有益な外交的資源となる場合も多い。ただし，こうしたディアスポラ集団の意味合いを決める大きな条件は，居住国と出身国との政治的関係に左右されざるをえないのである。

　以下，簡単な類型化を試みよう。国家がそのメンバーと，政治的，経済的そして心理的に非常に強く関与する場合と，それが比較的弱く関与する場合に分類してみよう（図5-3）。まず政治面では国民が政治的意思形成に参加するとともに，国家への寄与を非常に強く求められるような国家が想像できる。古代ギリシャの都市国家では，市民は民会で意思形成に参加するとともに，公職にも就いて政治運営に携わり，ひとたび戦争となれば国家のために兵士として命を賭すことも期待された。これとは反対に国家への意思形成への関与も小さく，同時に兵役のような抜き差しならない政治的義務も負わないような国家も考えられる。前近代的な封建制度の下では，人々は土地に付随する労働力であり，納税と引き替えに国家による保護は期待できたかもしれないが，国家への政治参加はもちろん，国家のために国民軍の一翼を担うこともなかった。現代の世界の多くの開発途上国でも，政治的民主化は進んでいない場合が多く，人々の政治参加とともに国家による政治的動員も限られている。

　経済面では，いわゆる大きな政府と小さな政府の区別ができよう。一方でメンバーから多額の税金や社会保障費を徴収しつつ，医療や年金などの福祉サービスを提供するとともに，メンバー間の所得の再分配を積極的に実行する大きな政府を持つ国家が考えられる。北欧や西欧諸国をイメージすればよいだろう。他方で市場の自律性に大きく経済を委ねる国もある。極端な例はタックス・ヘイブン（租税回避地）となるような，所得税も法人税も全く課税されないか，あるいはきわめて低率であるような国々である。また，レンティア国家と呼ばれる，天然資源に財政を依存する国家の場合も，国民からの徴税は不要であり，その意味では国民への経済的関与の度合いは小さい。原油資源を持つ湾岸諸国がその実例で，これらの国々は移民労働力に大きく依存している。

4　ディアスポラと国家間関係　　241

話が一番複雑なのが，国家と国民の間の心理的な絆である。国民国家のモデルは，一つの民族が国民となって一つの国家を構成するべきであるという原則に基づいている。国民的一体感によって，国家は国民から巨大なエネルギーを動員でき，それによって19世紀以降，帝国や都市国家よりも優勢になった。同時に，20世紀後半のアジア・アフリカ地域で植民地帝国が次々に解体され，民族独立が実現されたのも，また一つの民族が分断状況に陥ったり，あるいは独自の国家を持てなかったりする状況が「悲劇」だとされるのも，国民と国家の間の強い心理的つながりを前提とした考え方である。

　民主主義は，現在の世界で，ほぼ唯一といってよい正統な政治制度となっているが，これが機能するためにも，何らかの「国民」としてのまとまりが必要条件となる。最終的には多数者の意思を全体の意思とみなすのが民主主義である以上，敗れた少数派が分離や自治を求めずに多数派の意思を受け入れるのは，両者を結び付ける「われわれ」という意識があってこそのことである。投票が制度化されても，それによって民主政治が安定しない国が多いのも，砂のようにまとまりのない人々なら，民主的制度があっても，有効な集合的決定ができるわけではないことを示している。

●国家とそのメンバーの緩やかな関係

　だが，メンバーとの心理的絆がはるかに緩やかな国家も少なくない。伝統的な帝国とそのメンバーの関係は，緩やかな関係であった。地球上の陸地のほぼ4分の1を支配した大英帝国の臣民は，イギリス本土を越えてアフリカやインド，さらには香港やシンガポールにも多数居住していたが，彼らとイギリス国王との感情的なつながりは，階級や出自によって多様であった。そのことは，中華帝国，オスマン帝国，ハプスブルク帝国についても当てはまる。帝国では統治が各々の地域の自治に相当程度委ねられており，人々の帰属意識は民族集団，氏族集団，宗教集団などを指向していたのであろう。

　帝国は過去のものとなったかもしれないが，今日でもメンバーが国家との関係をもっぱら手段的にとらえている国も少なくない。そういった国の国籍は事実上売買されることもある。多額の「投資」や「寄附」と引き替えに国籍を与えるプログラムを導入しているのは，ドミニカ，グレナダ，アンティグア・バ

242　第5章　在外の同胞と国家

ーブーダといったカリブ海諸国にとどまらず，キプロス，マルタ，オーストリア，ブルガリア，そしてオランダといったヨーロッパ諸国もある。これらの国の国籍は，主として中国人，ロシア人あるいは中東出身の富裕層が，2，3番目の国籍として入手している。あたかも株式の分散投資のように，自分の国籍の「ポートフォリオ」も，リスクに備えるために分散させようとする富裕層が，これらの国々が売り出す国籍の主要な「顧客」になっている[64]。とりわけオーストリアやキプロス，マルタといった EU 加盟国の国籍の場合は，自動的に EU のパスポート（旅券）を取得でき，ビザなしで簡単に多くの国に旅行できるという特典が得られることになるため，国籍売買のアドバイザーの推奨銘柄となっている[65]。

　市民権の売買は市民権という制度の腐敗を意味し，禁じられるべきだという議論はもちろんあり，とりわけ EU の主要国としては加盟国のこのような動きを快く思ってはいない[66]。だが，国籍や市民権が生活上の便益や危険分散上の意味しかない，全く手段的なものだと割り切れば，いっそのこと市民権を競売にかけるべきだ，というミクロ経済学者の提案も筋は通っている。そのほうが，不法移民を削減し，人身売買を防止するのに有効だろうというのである[67]。

　もし国家が会員制のクラブのように，人が自由に選んだ国家に一定の会費（＝税金）と引き換えに，身体や財産の保護や福祉などのサービスを提供する集団だとするなら，入会の権利を売買するのは合理的だと考えることもできるかもしれない。しかし，実際に国籍を選ぶことのできる自由を享受できる人々は，世界で圧倒的少数派だろうし，サービスのよい国籍を落札できる資力を持つ人に至っては，ますます特権的少数派に過ぎない。自分が選んだわけでもない祖国と運命をともにせざるをえない大多数の人々にとって，国籍を自由に選ぶことは自分の両親を選ぶのと同様に現実離れした可能性に過ぎない。

　ともあれ国家が領域内の住民との間に取り結ぶことを期待している関係が，純粋に手段的なものから全人格的な関与を求めるものまで多様であることを確認しよう。国家にとって，非メンバー集団である国内に居住するディアスポラ集団が何を意味するのかは，その国家にとってそもそもメンバーとは何を意味するかに左右される。ディアスポラの出身国と現居住国との関係も，両者が国境の中と国境の彼方の同胞とは誰で，彼らに何を期待すべきなのかという問い

4　ディアスポラと国家間関係　243

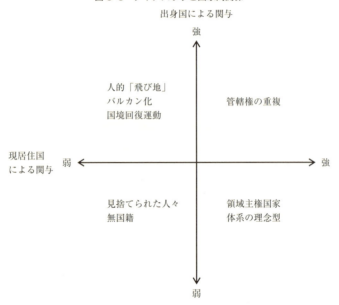

図5-3 ディアスポラと国家間関係

の答えに左右される。ここでディアスポラの出身国と現居住国との関係を，それぞれの関与の度合いに応じて簡単に類型化し（図5-3），それぞれの場合の両国間関係を検討してみよう。

● 見捨てられた人々

　第1の類型としては，出身国政府も居住国政府もディアスポラに対する関与のレベルが低いか，あるいは極端な場合には関与を忌避する場合である。この場合は，出身国政府が無関心なのだから，ディアスポラの生活環境は居住国内での条件次第になる。他方で，居住国内でディアスポラは，少数派住民として社会的に差別を受けたりするかもしれないが，居住国政府がメンバーとして保護を提供することもなければ，強力に同化を推進することもなく，また彼らを動員しようともしない。

　伝統的な帝国は，一般に移民に寛容であったが，多様な民族を広大な支配領域内に抱える帝国では，メンバーであることから生ずる権利・義務の内容は比

較的希薄である。平等な構成メンバーを一様に高いレベルで動員することは期待できないので，異なった出自や文化的伝統に対して比較的無頓着であった。今日のアメリカのようなアングロ・サクソン系の自由主義的国家が，比較的移民に寛容なのは，国家による私的領域への関与が限定されている自由主義的伝統が強いため，ディアスポラが自分のアイデンティティを維持しやすいという事情もあるだろう。

　この類型で一番極端な例は，無国籍の人々である。国連難民高等弁務官事務所（UNHCR）によれば，現在（2016年），世界には少なくとも1000万人以上の無国籍者がいるとされる[68]。無国籍状況は，例えば出生地主義をとる国の両親から血統主義の国で子どもが誕生した際など，複数国の国籍法の狭間で生じたり，あるいは新独立国家が，特定の民族的な結び付きを国籍要件としたことによって生じたりするといわれる[69]。いかなる国家もそれらの人々に人的管轄権を持っておらず，その意味で彼らの保護に最終的な責任を負っていない。したがって，彼らの権利保障は脆弱である。

　悲劇的な例としては，ミャンマーのラカイン州に居住するロヒンギャ族の人々がいる。彼らは，仏教徒が圧倒的に多数を占めるミャンマーではイスラーム教徒の少数派だが，その総数は100万人程度と推定されている。ミャンマーは，アウン・サン・スーチーが率いる民主化勢力が政権を握った以降も，彼らをバングラデシュからの非正規移民であるとみなしているが，他方でバングラデシュ側も，自国領に逃れてきたロヒンギャの人々を「不法移民」としてミャンマー政府に引き取りを求め，収監や強制送還を繰り返している[70]。このように両国が無関心というよりも，むしろともに関与を強く忌避している場合，ミャンマーとバングラデシュの2国間関係も，いわば厄介者の押し付け合いといった様相を呈し，彼らの処遇が両国関係の緊張要因となる。

　形式的には国籍があっても，出身国も居住国も有効な保護を提供しない場合は，事実上の無国籍状態とみることもできる。開発途上国にいる多くの難民は，この状態に近いし，非正規移民を強制送還しようとしても，出身国が引き取りを拒んだりする場合には，現居住国内で事実上の無国籍状態が出現する。また，メキシコにはその南のグアテマラやホンジュラス，モロッコにはアルジェリアやモーリタニア，さらには遠くシエラレオネなどのサハラ以南の国々から，ア

4　ディアスポラと国家間関係　　245

メリカやスペインに向かおうとする，いわゆる通過移民が多数いることが知られている。自国民が北の国々で人道的に取り扱われていないことについては批判的なメキシコやモロッコも，自国民でない非正規移民を保護する責任を果たそうとしない。[71] すると，彼らは，文字通り国家に見捨てられた人々の様相を呈するのである。

●領域主権国家秩序の理念型

第2の類型は，出身国の関与のレベルが低く，現居住国が高いレベルの関与を行う場合である。この場合，領域主権国家秩序の建前通りの事態が出現する。つまり現居住国の国家がディアスポラに強く関与し，ディアスポラを現居住国の一員として認める代わりに高い水準の統合を期待するのである。実際にディアスポラが居住国に政治的・社会的に同化されれば，何の問題も生じないだろう。だが，彼らが居住国内で政治的・社会的な迫害に直面しても，この場合，出身国政府は関心を示さない。

19世紀にインドから東アフリカに移ったインド人ディアスポラは，インドの独立を強く支援していた。だが，彼らはイギリス統治下の東アフリカでは，現地のアフリカ人コミュニティと社会的に統合されることなく，いわば白人コミュニティと現地人との間の中間的な立場にあった。そのため1960年代になってケニアやウガンダなどアフリカ諸国が独立した際には，独立したばかりの居住国のナショナリズムによる排斥の対象となった。とりわけウガンダでは，アミンの政権下で苛烈な排斥を受け，ウガンダ国籍を持たないインド人ディアスポラは国外追放処分を受けた。これに対して，インド政府は，アフリカ諸国との外交関係を考慮して，インド人ディアスポラには居住国に同化するよう促し，積極的に関与したり保護したりすることはしなかった[72]（本章第2節参照）。インドは非同盟諸国のリーダーであり，新興独立国のナショナリズムを自ら体現していたし，国内に多様な民族集団を抱えるインド自身が，国内のディアスポラに対する外国政府の関与をむしろ警戒する立場にあったことが，インド政府のこのような態度に関係していたのであろう。

この場合，ディアスポラの命運は，居住国の国家と社会が，どのように少数派を処遇するかに依存することになる。少数派である彼らが社会的に弱い立場

にあり，居住国政府が彼らの権利を保護しないのみならず，積極的に迫害に荷担したりすれば，ディアスポラが苦境に陥ることは間違いない。実際にこうした事例は多い。しかし，この場合には，出身国と居住国の間で管轄権をめぐる外交問題は生じない。

●領域主権国家秩序からの逸脱

　第3の類型は，居住国政府の関与のレベルが低く，出身国政府が強く関与する場合である。これは領域的主権が強調される主権国家秩序の建前からすれば逸脱した事態である。しかしディアスポラが，居住国政府よりも出身国の強い影響下にあるような事態も時に観察される。例えば，ディアスポラが国境を接する「母国」の強い影響を受けつつも，居住国がそれを黙認する場合も少なくない。パキスタン西部の連邦直轄部族地域には，パキスタン政府の行政権がほとんど及んでおらず，2000年代初頭にはむしろアフガニスタン内のタリバーンの影響力が強かったといわれる。また，ソ連の解体によって周辺国内で少数派になったロシアのディアスポラの一部も，その帰属意識はロシアにあり，実際にロシア国籍を持つ人々が少なくない。さらにヨーロッパ内のイスラーム系住民の一部も，居住国よりも出身国の地域コミュニティや宗教コミュニティへの帰属意識のほうが強い。そして，事実上，居住国政府内で閉鎖的なコミュニティを形成し，いわゆるIS（「イスラーム国」）などの過激派組織が，このようなコミュニティと関係していたことも知られている。

　このような事態は領域主権国家秩序の原則からみると，逸脱事例である。しかし，出身国と居住国の関係が良好な場合は，ディアスポラが自国内に「飛び地」を構成しても，居住国政府は鷹揚な態度をとることができるはずである。この点は，居住国と出身国の力関係が前者に有利な場合には一層当てはまるだろう。世界中の大都市には外国人が多数居住しているが，それ自体をただちに問題視する国家ばかりではない。アメリカのような自由主義的な「帝国」に居住する南米系のディアスポラが，スペイン語を話すコミュニティを維持しつつ，出身国政府の狙い通りにアメリカからの送金を増やしたとしても，それ自身はアメリカ政府の関心事項になるわけではなかった。また，世界のほとんどの大都市にあるチャイナタウンに居住する華人ディアスポラが，居住国社会と相当

4　ディアスポラと国家間関係　　247

孤立したコミュニティを形成し，彼らの帰属意識が中国政府や台湾政府を指向していたところで，当該国家間の関係がよほど険悪でない限りはそれがただちに懸念されたりすることも，可能性が低い。

しかし出身国が地政学的脅威で，国内のディアスポラが出身国政府と連動すれば話は別である。しかもそれが国境回復運動につながった事例は，民族自決が広く受け入れられる原則となって以降，数多い。よく知られている事例では，1930年代後半にドイツ系住民が多かったチェコ・スロヴァキアのズデーテン地方が，ナチス統治下のドイツの要求に応じて，ドイツに割譲された事例がある。

また多民族帝国であったソ連が解体した結果，ロシアが周辺国家に取り残された「同胞」たちとの関係を強化する一方で，これらの後継国家がロシア系住民の包摂に失敗すれば，ディアスポラの処遇は国際問題へと発展するかもしれない。

現に2014年には，ロシアはウクライナのクリミア半島を事実上分離・独立させることに成功するとともに，東部ウクライナでもロシアから支援を受けたロシア系ディアスポラから構成される集団が，戦闘の末，事実上ウクライナから分離した。ロシアは，ウクライナが北大西洋条約機構（NATO）やEUなどの西欧の機構に加盟することに危機感を深めていた。他方，キエフにあるウクライナの政権は安定せず，外部からの介入による危機に団結して対処する能力を欠いていたし，ロシア系住民を十分に包摂することにも失敗していた。しかも，ロシア系住民はこれら分離した地域で多数派を占め，キエフから発表されるウクライナ語の言説よりもロシア語のマスメディアを通じて，ロシアの中央政府からの言説に日夜接していた。

エストニア，ラトヴィアでも，居住するロシア系住民は人口の3分の1近くに達しているが，独立回復後，彼らの法的地位がそれぞれの国で問題となっていた（第4章参照）。彼らを効果的に包摂できるかどうかは，ロシアという地政学的脅威に隣接する両国にとっては，人権問題にとどまらず安全保障問題に他ならない。しかし，ロシア内部にいる少数派については，同様のメカニズムは作用しない。

●管轄権の重複

　最後の第4の類型は，居住国も出身国もともにディアスポラに強い関与を試みる場合である。2つの関与のあり方が両立しないときには，国際政治上は最も難しい問題になるだろう。一番極端な例は，居住国と出身国の間で戦争が起こり，ディアスポラの帰属が2つの祖国の間で，引き裂かれる事態である。これは，アメリカにおける第二次世界大戦中の日系アメリカ人や，欧米諸国における9.11テロ事件後のイスラーム系の人々の苦境を思い出せば，簡単に想像できる。20世紀前半の2つの総力戦では，国家は国民に究極的には戦場で斃（たお）れるリスクを負担するように求めたので，この問題は最も劇的な形で現実のものとなった。このような総力戦は時代遅れになり，冷戦後には主要国で徴兵制度を維持している国は減った。しかし，今日でも国家間の紛争や対立が顕在化すれば，国籍の如何を問わずディアスポラが猜疑（さいぎ）の目でみられることは避け難い。だが，ディアスポラは多くの場合，居住国内では少数派にすぎず，たとえ彼らに出身国政府の影響力が及んでも，現実に居住国政府にとって地政学的脅威になることはむしろ稀（まれ）である。

　もっとも領土の喪失といった極端な事態にまでは至らなくとも，体制や国内社会の不安定化の可能性まで視野に含めれば，ディアスポラと彼らの出身国政府との関係に関連して，さまざまな複雑な事態が生起したことを歴史は教えている。東南アジアを中心に，その多くが居住している華人ディアスポラに，北京の共産党政府は成立直後から，送金を期待していた。また，新政権の国際的認知を得るうえで，台湾の国民党政権との間で競争的な関係に立ったこともあり，華人ディアスポラに積極的に関与し，動員しようとした。だが，東南アジアでも民族解放運動が起こり，その結果，新国家が次々に誕生すると，それまでのヨーロッパの植民地帝国の現地行政当局とは異なり，自国領域内の住民とナショナリズムに基づいた，より強い関係を指向した。華人ディアスポラは地域の交易ネットワークにおいて支配的な立場を占めていたし，中国の国籍法が血統主義をとっていたこともあって，独立したばかりの東南アジアでは華人ディアスポラが排斥される事態が生じた。その結果，例えばインドネシアからは1959年から63年までの間，インドネシア国籍保有者も含めて12万人もの華人が中国に「帰国」を余儀なくされた。[73)

4　ディアスポラと国家間関係　　249

中国政府は，このような在外自国民に有効な保護を提供できなかったし，ど
ちらかといえば華人ディアスポラには居住国の法律を受け入れ，現地化を促す
立場をとっていた。しかし，その立場は国内の権力闘争や路線闘争を反映し，
一貫したものではなかった。1965 年にインドネシアで起こったいわゆる 9.30
事件では，多数の華人ディアスポラが犠牲になっている。事件の全容は依然と
して謎の部分が多いが，弾圧されたインドネシア共産党の背後に，毛沢東の操
る中国共産党内の勢力の影を指摘する議論も有力である。[74] 1966 年に文化大革
命が始まると，中国共産党は，東南アジア諸国政府を「反動的」「帝国主義の
手先」といった激越な調子で公然と攻撃し，それらの諸国の「人民」に政府を
打倒するよう繰り返し訴えた。実際に「インドネシア，ビルマ，カンボジアで，
外交公館を基地に，華人に対する毛沢東の著作の配布，その学習会の開催，華
僑学校生徒に対する紅衛兵活動の奨励・指導が行われた。その結果，一部の華
人青少年が紅衛兵活動を行い，現地人と衝突して暴動に発展した[75]」。

　現実には華人が中国に帰国すれば，「ブルジョワ的」と批判され，スパイで
はないかと疑われたくらいで，中国政府による関与も一貫していたわけではな
い。また，東南アジアの華人の中で，文化大革命に呼応する呼びかけにどこま
で影響力があったのかも疑問である。しかし中国の公式のメディアが，華人の
「革命行動」を支持するとともに，居住国政府の対応を「弾圧」として批判す
る，激越なメッセージを流し続けていたのは疑いようのない事実である。現居
住国政府によって中国に追放された華人が英雄扱いしたり，一部の国では華人
が毛沢東思想に基づいて「祖国」への忠誠を権利として要求した。そして現居
住国政府を「ファシスト国家」であるとして打倒するように華人に呼びかける
に至った。[76] 中国の巨大な存在が考えれば，こういったことが起これば，ディア
スポラの現居住国が脅威を感じたのはなんら不思議ではない。

　IS などのイスラーム過激派集団は，欧米諸国で生まれ育ち，居住国の国籍
を持ちながら，現地社会から疎外された一部のイスラーム教徒を感化すること
に成功した。そして，テロ攻撃が彼らの現居住国で繰り返された。IS は国家
ではないし，世界中のイスラーム教徒を一概にディアスポラと概念化するのは
強引に過ぎよう。しかし，海外の敵対的勢力によって自国民が組織され，無差
別テロリズムを実行したのだから，その衝撃は理解に余りある。欧米諸国にと

って，ISは標準的な意味での地政学的脅威ではないが，社会にとっては深刻な不安材料であり，居住国政府がこれを脅威と認識して対策を講じても，排外主義と切り捨てるのは妥当ではないだろう。

　安全保障上の問題にまで深刻化することは稀でも，出身国政府がディアスポラを保護しようとする行動が，居住国から内政干渉として反発を受けることはしばしば起こってきた。例えば1906年に，サンフランシスコ市当局は，折から強まっていた反移民の風潮の高まりの中で，公立学校に通学する日本人学童に対して，地震の結果，学校が過密になったという口実で，東洋人学校への転校を命じた。いわゆる日本人学童隔離事件である。日本側はこれに反発し，連邦政府にも働きかけて事態の是正を図った。結局，翌年に市当局は措置を撤回したが，それと引き替えに日本は対米移民の「自主規制」に同意した。このような場合，領域主権を持つディアスポラの居住国政府の立場のほうが普通，有利であり，そうであれば出身国政府も，協力的に事態を解決したほうが得策だという計算が働くだろう。しかし両国の国内世論がこうした外交的取引を困難にすることがある。上記の例では，当時の日米両国政府は穏当な協力関係にあったが，アメリカの連邦政府は地方政府の措置に直接の権限を持っていたわけではなく，事態を十分に制御できる立場にはなかった。他方，日本側でも，その後1920年代には移民問題によって反米的な世論が醸成されることを阻止できなった。

　また，出身国政府と居住国政府の経済的利害が衝突することも考えられる。例えば出身国への送金や投資は，場合によっては，居住国から富の流出と理解されるかもしれず，居住国政府が何らかの規制をかければ，それが出身国政府にとっては重大な国益の侵害とみなされるかもしれない。また，出身国政府が居住国政府に影響力を行使するようディアスポラに働きかければ，それが現居住国政府の反発を呼び，かえって逆効果になることも考えられる。繰り返すが，一般的にはディアスポラの現居住国政府のほうが出身国政府より立場は有利である。何といってもディアスポラの居住地を物理的に支配しているのは居住国政府であるし，移民の受入国である居住国のほうが，経済的に豊かで強力な場合が多いからである。

　だが，ここでもそうとは言い切れない場合がある。地政学的あるいは経済的

に優勢な出身国政府が，自国出身のディアスポラの居住国に対して強硬な姿勢をとる場合である。これは，かつての列強による在外自国民の保護と似た事例である。例えば，英帝国は，時に海外に居住するイギリス人の利益のために砲艦外交を展開したことが知られている。またアメリカのパスポートを保持していれば，自国から逃れた反体制派の運動家も人権活動家もより強い保護が得られると期待しているだろう。その他にも，巨大な人口と地域における地政学的優位性を持つとともに，多数のディアスポラに対する関与を強めているロシア，中国，インドといったいわゆる新興国は，こうした海外の同胞を動員し，保護するために，彼らの現居住国に対して強い姿勢で臨むことは当然ありうる。いずれも核兵器を保有するこれら諸国は地政学的にも強力な国々であるとともに，大規模な移民送出国でもあり，これらの諸国がそれぞれのディアスポラに関与を強めれば，それが深刻な国際政治的意味を帯びる可能性は現実的なものである。

小　括

領域主権国家の理念型では，国家の領域的管轄権と人的管轄権は一致する。しかし，いうまでもなく，これは理念型に過ぎない。実際には国内に少数民族を抱える国のほうが普通である。また，国境を越える人々の移動や帝国の解体の結果，国内には居住国の国家への帰属意識が希薄なディアスポラが多数在住するようになった。この章では，このようなディアスポラに，出身国政府が関与を強めていることを確認するとともに，それが現居住国政府との関係上どのような政治的意味を持つ可能性が考えられるのかを検討した。

ディアスポラが出身国の国籍を持つ場合でも，出身国における権利には制限が付されている場合がほとんどである。そうでなくとも海外にいる同胞たちが，国内に居住する国民と同様の権利義務関係に入ることは，現実には難しい。領域外に居住する自国民に国家が実効性のある保護を直接に提供できることは例外的である。自国民保護を目的に外国に軍隊を派遣するといった事態は現在でも起こりうるが，かつての帝国主義の全盛期ですら現実には簡単なことではなかった。ましてや対外的主権が規範として確立している 21 世紀には，たとえ軍事的能力があっても，それは一層難しい。多くの場合，ディアスポラは立場

252　　第 5 章　在外の同胞と国家

の弱い少数派であり，たとえ出身国政府の積極的な保護を得られたとしても，領域的管轄権を支配している居住国政府の立場は強い。

しかし，出身国と居住国との地政学的，政治的，経済的立場次第では，居住国政府がディアスポラへの出身国の関与を，脅威と認識しても当然の事態が出現する。そこまで極端な事態に至らなくとも，居住国と出身国との軋轢が生じ，関係が不安定化すれば，ディアスポラの存在が問題視されることは不思議ではない。

もちろんディアスポラの存在とディアスポラ・エンゲージメント政策を，もっぱら「問題」とする態度は間違いであり，ディアスポラが2国間の建設的な関係の媒介となる場合も考えられる。しかし，国内に居住するディアスポラと出身国政府との強い関係は，領域的棲み分けという国際政治の伝統的枠組みでは処理し切れないものであり，新たなリスクを秘めているのである。

▶注 ────────────

1) 英連邦については，例えば，小川浩之『英連邦──王冠への忠誠と自由な連合』中公叢書，2012年を参照。

2) ロビン・コーエン／駒井洋訳『新版 グローバル・ディアスポラ』明石書店，2012年，23-24頁。

3) 移動を前提とした遊牧民の秩序のあり方については，例えば，齊藤茂雄「古代トルコ系遊牧民の広域秩序」『アステイオン』84号，2016年を参照のこと。

4) Shlomo Sand, *The Invention of the Jewish People*, Verso, 2009.

5) Sergio DellaPergola, *World Jewish Population, 2016*, Berman Jewish DataBank, 2016, p. 17 (http://www.jewishdatabank.org/Studies/downloadFile.cfm?FileID=3584).

6) The Law of Return 5710 (1950) (http://www.knesset.gov.il/laws/special/eng/return.htm)

7) John J. Mearsheimer and Stephen Walt, "The Israel Lobby and U. S. Foreign Policy", Working Paper Series from Harvard University, John F. Kennedy School of Government, March 2006 (https://econpapers.repec.org/paper/eclharjfk/rwp06-011.htm).

8) コーエン，前掲書，139-140頁。

9) 日本からの移民とその帝国主義との関係については，以下の文献に詳しい。塩出浩之『越境者の政治史──アジア太平洋における日本人の移民と植民』名古屋大学出版会，2015年。

10) イギリスがオーストラリアを流刑地として使ったことは，よく知られている。また多数の孤児も，組織的に植民地に送られた。Alan Gill, *Orphans of the Empire: The Shocking Story of Child Migration to Australia*, Random House Australia, 1998.

11) 宮崎市定責任編集『清帝国の繁栄』（中国文明の歴史9）中公文庫，2000年，64頁。

12) 廖赤陽「華僑華人の歴史的展開——一九五〇年代までの遥かなる旅」駒井洋監修，陳天璽・小林知子編『東アジアのディアスポラ』（叢書グローバル・ディアスポラ 1）明石書店，2011 年，36-38 頁；田中恭子「中国の対外関係と華僑・華人」岡部達味編『中国をめぐる国際環境』岩波書店，2001 年，282 頁。

13) 筆者は，1990 年代にポーランドを訪れた際，現地の年配の研究者から，第一次世界大戦前に現在のリトアニアに生まれた人物が，自身は一度も地元を離れたことがないのに，国籍が 7，8 回変わったという話を聞いたことがある。「国境線を変えるより，人を動かしたほうが簡単だったろうに」という筆者のジョークに，「無駄だ。人はいずれ戻ってくるから」と彼が応じたのを記憶している。

14) Michael Collyer ed., *Emigration Nations: Policies and Ideologies of Emigrant Engagement*, Palgrave Macmillan, 2013, p. 153.

15) 木村英亮「『置き去りにされた』ディアスポラ・ロシア人」『国際政経論集』（二松学舎大学）10 号，2004 年，88 頁。

16) 池内恵『サイクス=ピコ協定百年の呪縛』（中東大混迷を解く）新潮選書，2016 年，110 頁。

17) 協定の文面は，トルコ外務省のサイトでみることができる（http://www.mfa.gov.tr/lausanne-peace-treaty-vi_-convention-concerning-the-exchange-of-greek-and-turkish-populations-signed-at-lausanne_.en.mfa）。

18) UN Department of Economic and Social Affairs, *International Migration Policies: Government Views and Priorities,* UNDOC ST/ESA/SER. A/342, 2013, p. 72.

19) Dovelyn Rannveig Agunias ed., *Closing the Distance: How Governments Strengthen Ties with Their Diasporas*, Migration Policy Institute, 2009, Chapter 1.

20) *Ibid.,* pp. 8-9.

21) *Ibid.,* p. 6.

22) *Ibid.,* p. 7.

23) 田中，前掲論文，286 頁。

24) 同論文，294 頁。

25) Agunias, *op. cit.,* p. 10.

26) Government of the Commonwealth of Dominica, *Diaspora Policy,* 2010（http://www.dominica.gov.dm/images/documents/diaspora_policy_2010.pdf）.

27) Ministry of Trade, Energy and Employment（http://www.dominica.gov.dm/ministries/trade-energy-and-employment）.

28) Alexandra Délano, "The Diffusion of Diaspora Engagement Policies: A Latin American Agenda," *Political Geography,* vol. 41, 2014.

29) World Bank Group, *Migration and Remittances Fact Book 2016,* 3rd ed., World Bank Group, 2016, p. 17（http://documents.worldbank.org/curated/en/2016/05/26354765/migration-remittances-fact-book-2016）.

30) Peter H. Irons, ""The Test Is Poland": Polish Americans and the Origins of the Cold War,"*Polish American Studies,* vol. 30, no. 2, 1973.

31) Tony Smith, *Foreign Attachments: The Power of Ethnic Groups in the Making of American Foreign Policy,* Harvard University Press, 2005, pp. 14-15.

32) Patricia H. Hamm, "Mexican-American Interests in US-Mexico Relations: The Case of NAFTA," Center for Research on Latinos in a Global Society, 1996, pp. 29-30

（http://escholarship.org/uc/item/3wx2g9f2）.

33) The Council for the Moroccan Community Abroad（http://www.ccme.org.ma/en/）; Leila Hanafi and Danielle Hites, "Morocco and Diaspora Engagement: A Contemporary Portrait," Jack Mangala ed., *Africa and Its Global Diaspora: The Policy and Politics of Emigration,* Palgrave Macmillan, 2017.

34) 例えば，国際協力機構（JICA）による「移住者・日系人支援連携事業」などがある（https://www.jica.go.jp/regions/america/support.html）。

35) Jorge Durand, "From Traitors to Heroes: 100 Years of Mexican Migration Policies," Migration Policy Institute, 2004（http://www.migrationinpolicy.org/article/traitors-heroes-100-years-mexican-migration-policies）.

36) Rainer Baubök, "Expansive Citizenship,: Voting beyond Territory and Membership" *Political Science and Politics,* vol. 38, no. 4, 2005, pp. 683-684（http://www.jstor.org/stable/30044350）.

37) これについては，M. C. Lall, *India's Missed Opportunity: India's Relationship with the Non Resident Indians,* Ashgate, 2001 に詳しい。

38) Embassy of India（http://www.indembassy-tokyo.gov.in/jp/consullar_pio_jp.html）; Katie Kuschminder and Melissa Siegel, "Disaspora Engagement in India: From Non-Required Indians to Angels of Development," in Michael Collyer ed., *Emigration Nations: Policies and Ideologies of Emigrant Engagement,* Palgrave Macmillan, 2013, pp. 85-6.

39) UN Department of Economic and Social Affairs, *op. cit.,* p. 75.

40) インドの場合，OCI にも農業関連の土地保有には規制がある。

41) Francesco Ragazzi, "A Comparative Analysis of Diaspora Policies," *Political Geography,* vol. 41, 2014, p. 75.

42) Carlos González Gutiérrez, "Fostering Identities: Mexico's Relations with its Diaspora," *Journal of American History,* vol. 86, no. 2, 1999, p. 546.

43) ベネディクト・アンダーソン／関根政美訳「〈遠隔地ナショナリズム〉の出現」『世界』1993 年（9 月号）。

44) コーエン，前掲書，100-101 頁。

45) 高神信一「アイルランド系アメリカ人とアイルランド独立戦争──アイルランド救済アメリカ委員会とアイルランド白十字」(1)『大阪産業大学経済論集』6 巻 1 号，2004 年，3 頁。

46) 「公債」そのものではなく「証書」を売ることにしたのは，法的規制を迂回するための工夫であった。応募したのはニューヨーク在住のアイルランド人コミュニティが中心であった。Francis M. Carrol, *Money for Ireland: Finance, Diplomacy, Politics, and the First Dáil Éireann Loans, 1919-1936,* Praeger, 2002, p. 17.

47) Lall, *op. cit.,* pp. 13-14; Kuschminder and Siegel, op. cit, p. 75.

48) Rodolfo O. de la Garza "Interests not Passions: Mexican-American Attitudes toward Mexico, Immigration from Mexico, and Other issues Shaping U. S.-Mexico Relations," *International Migration Review,* 1998, pp. 405-406.

49) 田中，前掲論文，283 頁。

50) 1990 年代のニューヨークでのことだが，筆者はある年配のユダヤ系アメリカ人学者から，「ヒトラーが出てこなければ，今頃アメリカのユダヤ人コミュニティはなくなっ

ていただろう」といわれたことがある。続けて「現在でもニューヨークではユダヤ人のアイデンティティは危機に瀕している。私の息子にとってもほとんどそれは何の意味もない」と続けた。「それは悪いことでしょうか？」という筆者の問いに，「よくわからんが，たぶんよいことだと思う」と，やや寂しそうに答えたのを記憶している。現居住国で差別されずに満足できる生活を続けた世代が居住国に同化し，ディアスポラとしてのアイデンティティを喪失していくのは，古い世代にとって複雑な思いはあっても，自然なことである。

51）　"For Filipinos, A Symbol Dies In Singapole," *The New York Times*, March 18, 1995.

52）　例えば，2003年には賃金への課税に抗議する集会が香港で開かれている。South *China Morning Post*, February 24, 2003.

53）　Alexandra Délano, *Mexico and its Diaspora in the United States, Policies of Immigration since 1848*, Cambridge University Press, 2011, passim.

54）　Mexico's Defense of Illegal Immigrants（http://www.fairus.org/issue/mexicos-defense-of-illegal-immigrants）.

55）　Alexandra Délano, "From Limited to Active Engagement: Mexico's Emigration Policies from a Foreign Policy Perspective（2000–2006），" *International Migration Review*, Vol 43, Issue 4, 2009, pp. 769–773.

56）　Garza, *op. cit.*, p. 409.

57）　Smith, *op. cit.*, pp. 50–51.

58）　*Ibid.*, p. 52.

59）　Yossi Shain, *Marketing the American Creed Abroad, Diasporas in the U. S. and their Homelands*, Cambridge University Press, 1999.

60）　*Ibid.*, Chapter 2.

61）　John Gerard Ruggie, "The Past as Prologue? Interests, Identity and American Foreign Policy," *International Security*, vol. 21, no. 4, 1997.

62）　Shain, *op. cit.*, p. 71; Robert Delfs, "Long-Arm Tactics," *Far Eastern Economic Review*, July 5, 1990, pp. 10–11.

63）　Shain, *op. cit.*, p. 82.

64）　Kim Gittleson, "Where is the Cheapest Place to Buy Citizenship?," June 4 2014, （http://www.bbc.com/news/business-27674135）.

65）　Christian Reeves, "10 Best Second Passports and Citizenship by Investment Programs For 2016," Premier Offshore Company Services March 15, 2016（http://premieroffshore.com/10-best-second-passports-and-citizenship-by-investment-programs/）.

66）　Ayelet Shachar and Rainer Bauböck eds., *Should Citizenship be for Sale?*（Robert Schuman Centre for Advanced Studies），European University Institute, 2014（https://www.research.ed.ac.uk/portal/files/18090022/Dzankic_Citizenship_for_Sale_）.

67）　Gary S. Becker and Edward P. Lazear, "A Market Solution to Immigration Reform, The U. S. Needs More People with Skills and Vision. to Get them, it should Sell the Right to Become a Citizen," *Wall Street Journal*, March 1, 2013（http://www.wsj.com/articles/SB10001424127887323375204578271531542362850）.

256　　第5章　在外の同胞と国家

68) UNHCR, *Global Trends: Forced Displacement in 2015*, 2016, p. 46.

69) 阿部浩己『無国籍の情景──国際法の視座，日本の課題』UNHCR 駐日事務所，2010 年，10-12 頁。

70) ロヒンギャについては，例えば以下の文献を参照のこと。Amal de Chickera and Joanna Whiteman, "Discrimination and the Human Security of Stateless People," *Forced Migration Review,* vol. 46, 2014; Syeda Naushin Parnini, "The Crisis of the Rohingya as a Muslim Minority in Myanmar and Bilateral Relations with Bangladesh," *Journal of Muslim Minority Affairs,* vol. 33, no. 2, 2013.

71) Ann Kimball, *The Transit State: A Comparative Analysis of Mexican and Moroccan Immigration Policies,* Center for Comparative Immigration Studies, University of California, 2007.

72) Lall, *op. cit.*

73) 田中，前掲論文，290 頁。なお，中国の国籍法については以下の文献を参照。田中恭子『国家と移民──東南アジア華人世界の変容』名古屋大学出版会，2002 年，39-44 頁。

74) 千野境子『インドネシア 9.30 クーデターの謎を解く──スカルノ，スハルト，CIA，毛沢東の影』草思社，2013 年；倉沢愛子『9・30 世界を震撼させた日──インドネシア政変の真相と波紋』岩波書店，2014 年。

75) 田中，前掲論文，292 頁。

76) 同論文，292-293 頁。

終　章

日本にとっての国際人口移動

1　何が問われているのか

　21 世紀の日本にとって，越境する人々が提起する課題をどのようにとらえるべきなのか。この章では本書の議論の枠組みに沿って，この問題を簡単に検討するが，その前に本書のこれまでの議論の流れを簡単に振り返っておこう。

●移民のフローと国際政治

　序章でみたように，今日の世界ではすでに多数の人々が国境を越えて移動しているが，その実態は，国境を越えて活躍するグローバル・エリートから，人道的対応の必要が誰の目にも明らかな国家に見捨てられた人々まで，非常に多様である。そういった国境を越える人々は，移動技術の進歩とともに単調に増加したわけではない。また 21 世紀初頭には数億人とされている世界の移民人口の総数が，歴史的にみて際立って規模が大きいわけでもない。経済状況，社会的安定性，暴力的脅威，政治的抑圧などの格差が目も眩むほどに大きい現実とともに，移動技術や情報技術が進歩した今日の条件を考えると，人々の移動

259

の規模は，むしろまだ限定的だとみるべきなのかもしれない。国家は国境で人々の移動を管理しているし，出入国管理のための技術も移動技術と同様に向上している。そして何よりも，居住という営みは，生身の人間の一回限りの人生そのものなので，モノやカネの移動のように，価格差だけによって引き起こされる現象ではない。多くの人々は，先発者のネットワークを頼りながら後から続くことになるので，川の流れのように一定の経路が形成され，そうしてできた移民回廊に沿って続々と人々が移動するのが一般的な姿である。

　国境を越えて移動する人々は，彼らが後にする国家にとっても，これから入国する国家にとっても，さまざまな意味を持って受け止められる。国家にとって人口を失うことが貴重な資源の漏出であると認識されれば，人々の出国が厳しく禁止される場合もある。だが逆に，過剰な人口が経済的・社会的な安定性を損なっていると理解されれば，出国は積極的に奨励される。また政治的正統性に不安のある抑圧的な体制にとって，少数の反体制派が出国することは，むしろ政権の安定に資すると考えられる場合もある。こうしたことを，第1章ではみた。そして，経済的な機会が限られている国家にとっては，自国民が移民として出国することは歓迎され，政策としてそれが組織的に推進する場合もある。

　受入国側も，労働力として，また優れた技能を導入する手段として領域外からの移民の入国を歓迎し，積極的に受け入れる政策をとる場合がある。他方で，たとえ国民経済全体からみれば，労働力の導入が利益になる場合でも，領域内の雇用市場で入国した移民と競合する人々からは移民が脅威とみなされるのは，輸入が国内産業に対する脅威とみなされる貿易上の保護主義と同じである。また，政治的抑圧や紛争から逃れてきた難民には，こういった人々を保護し，支援するための一定の国際的規範が確立している。しかし，難民が一挙に多数押し寄せれば，いかに人道的な国家であっても，入国する移民を無制限に受け入れようとはしないだろう。

　このように考えると，国境を越える人々の送り出し側と受け入れ側の国家の間で，利害や思惑が衝突した際には，これらの人々の処遇をめぐる問題が，国家間の政治的問題となる。領域的管轄権が厳重に尊重され，出国の自由が基本的な権利と考えられることが一般的になっている現在，人々の国際的なフローは受入国側の入国管理政策に大きく左右される。だが，高度人材のように受入

260　終　章　日本にとっての国際人口移動

国側にとって経済的価値を持つ人々の場合は，送出国と受入国との間で人材獲得をめぐって競争的関係になり，時にそれが政治的対立として顕在化する。逆に多数の人々を政治的圧力として送出する戦略的な棄民政策がとられた場合，事態は国家間で歓迎されざる人々の押し付け合いの様相を呈する点も，第1章で指摘した。

　以上のように国家はさまざまな思惑を持って人々の越境を制御しようとし，そのためにさまざまな技術的・制度的なイノベーションが試みられてきた。また，そのための国際協力も進められてきた。しかし，国家の国境管理能力には限界があり，程度の差はあっても，国家の意思とは無関係に相当数の人々が国境を越えることは避け難い。第2章では，この点を強調した。実際問題として，例えば非合法であっても多数の非正規移民が国境を越えようとする場合には，実際に彼らを完全に食い止めることは，技術的にも政治的にも不可能に近い。とりわけ破綻国家や内戦状況においては，本来国民を保護する責任があるはずの統一された国家が存在しないので，非正規移民や難民は，国家の意思の衝突ではなく，送出国側の国境管理の不在と受入国側の国境管理能力の限界によって，国際政治上の問題となる。

●移民のストックと国際政治

　国境による管理能力には限界があるので，国家は自国領内に合法・非合法を問わず相当数の外国出身の住民を抱え，同時に他国領に居住する（元）自国民もいることになる。そのため国家は国境内の非メンバーとともに，国境外の（元）同胞とどのような関係を取り結ぶのかについて，選択を迫られる。

　こういった国際移民のストック面から，どのような政治的課題が起こりうるのかを検討したのが，第3章から第5章までの各章である。現代の民主主義国家では，ある国のメンバーであるかどうかを決める国籍制度が，人の政治的，経済的な権利を決めるうえで基本的な制度である。しかも，国家は一定の文化的まとまりのある人々から形成されるべきだとする考え方も，依然として支配的である。第3章では，国家のメンバーの意味が歴史的にどのように展開してきたのかを追跡し，メンバー資格の獲得や離脱，言い換えれば帰化や国籍離脱に関係する制度の歴史的展開をみた。

1　何が問われているのか　261

今日の移民問題として欧米主要国の関心の焦点は，主として第4章で考察した新たなメンバーの受け入れをめぐる問題であろう。人は皆個人として尊重されなければならないと説き，人種や民族的出自にかかわりなく，新たな住民を国家のメンバーとして包摂すべきであるとするリベラルな普遍主義は，一般に移民に寛容である。だが，福祉や所得の再分配で国家に大きな役割を期待するリベラルとしては，新たなメンバーを寛容に包摂し，助け合いのネットワークの範囲をいくら拡大したとしても，メンバーと非メンバーを厳格に区別する必要からは逃れられないというジレンマに直面する。

　他方で，既存のメンバーの連帯の重要性を強調し，国家のメンバーの持つ文化的絆を維持しようとするナショナリストも，グローバル市場での国家の競争力を強めようとすれば，鎖国政策はおよそ不適切かつ不可能で，限界的労働力であれ高度人材であれ，国外からの人的資源を獲得する必要性を否定できない。新たな人材を排斥してメンバー資格として厳格な条件を求めようとすれば，グローバルな競争で不利な立場に立たされることになり，ナショナリストはナショナリストでジレンマに直面する。

　このようなジレンマの背景には，そもそも現代の主要国家が，一方では出自とは無関係に受け入れることが可能な普遍的で合理的な制度としての側面を持ち，他方では言語，慣習，宗教，歴史や神話などの不合理な絆で結び付いている人々の集団であるという両義性を持っていることがある。このジレンマは，国家を解体して世界政府のような普遍的な秩序を構築するか，そうでなければ国家なき無政府的（無？）秩序が出現するまで，原理的には解消できない。

　国際政治上の問題として注目すべきなのは，人々の帰属が脱領域化することによって，国家の人的管轄権が重複し，棲み分けによる国際秩序を維持するのが難しくなることである。主権国家が併存する国際秩序にとって，領域的管轄権を相互に尊重し排他的な管轄権を相互に承認することが，共存のための最も基本的な原則である。しかし，移民コミュニティが居住国のメンバーとして統合されることなく，出身国政府が国境の彼方の同胞と積極的に関与を強めると，国際環境次第では国家間の関係に新たな火種が生ずるかもしれない。

　第5章では，移民の送出国が（元）同胞たちと結ぶ関係が，送出国と現居住国の関係に及ぼす政治的問題を検討した。

262　　終　章　日本にとっての国際人口移動

原理的な緊張関係をさまざまな方法でやりくりすることは，現実の政治に常に求められてきた課題である。それぞれに与えられた社会経済的，歴史的，地政学的条件の下で，解き難いジレンマに対して最適解を模索することが，現代の国家にも求められている。ここで想起すべきは，国家のメンバー資格は歴史的に変動してきたし，メンバーの間の絆も常に再生産される動的な性格を持っている点である。一国にとって新たなメンバーを受け入れ，彼らを国家の力にできるのか，それとも疎外し反社会的勢力にしてしまうのかは，移民コミュニティの福祉や権利の問題に止まらない，一国の発展や対外関係にも関係する問題なのである。

　以上の点は，もちろん日本にも当てはまる。次節では，日本にとっての国境を越える人口移動をめぐる諸問題を，本書の枠組みに沿って簡単に検討して，締め括りとしたい。

2　日本と人口の流出入

●日本の歴史における人の移動

　人は，今日とは比較にならないほど乏しい移動技術しかなかった遠い昔から，砂漠を越え，海を渡り，危険な移動に自分の運命を賭けてきた。現在の日本に住む人々の来歴も，その意味で世界の例外では全くない。現在の日本人が，この世の始まりとともに一貫して日本列島に居住してきた人々の末裔ではないのは，世界中の他の国々の人と同様である。日本列島に人類が移動してきたのは数万年前といわれ，日本という国号が使われるようになったのに至っては7-8世紀のことに過ぎない。

　「日本」の国家形成にあたって，人的な意味でも大陸からの大きな影響があったことは，間違いないであろう。また「日本」がまとまった政治的単位として成立した後も，外部との人的交流があったことが記録されている。古代には多数の渡来人が大陸から来日し，日本の文化や制度形成に大きな役割を果たしたことが知られている。また14世紀以降，倭寇として知られる海賊が朝鮮半島や中国沿海部で，密貿易や略奪行為を活発に繰り返したことが記録されており，彼らへの対処が，大陸の諸王朝の対日外交の主要案件の一つだった。16

世紀以降に活動していた倭寇は朝鮮人や中国人も集団に含むトランスナショナルな海民集団であったと主張する研究もある。[1] 近代以前の国家は権力の集中も限定的で，国境の内外の区別は截然としたものではなく，その傾向は中央政府が弱体化したときには一層顕著だったようである。

16世紀以降，ヨーロッパ諸国が海洋への大規模な進出を始めたいわゆる大航海時代になると，日本を出入りする人々の往来も活発化した。16世紀以降はヨーロッパ人も来航し，南蛮貿易が活況を呈し，堺のような貿易都市が繁栄することになった。それに伴って，鉄砲，機械時計，油絵，銅版画などがもたらされ，キリスト教も急速に信者を拡大していった。この時期，宣教使として日本を訪れたフロイスは，宣教師たちが日本人，とりわけ仏教勢力からさまざまな嫌がらせを受けたこととともに，日本人が彼らの説く世界観に旺盛な好奇心を示し，彼らが疲労困憊するほど大勢の日本人が押し寄せたことも記している。[2]

日本人の海外進出も無視できない水準に達していた。日本人が交易のために東南アジア一円に移住し，いわゆる日本人町がタイ，フィリピン，ジャワに形成された。シャム王朝の傭兵隊長となった山田長政の話はあまりにも有名である。また，この頃には日本の造船技術や航海技術が，相当高度なものとなっていた。[3] 17世紀初めに太平洋を横断してヨーロッパに向かった支倉常長は，そのために仙台で建造されたサン・ファン・バウティスタ号に座乗して太平洋を往復した。それは勝海舟一行がオランダで建造された蒸気船である咸臨丸でアメリカへと渡る250年も前のことである。

この時点で日本とヨーロッパの間には，「生産技術の点でも社会経済制度の点でも，両者の『近代性』の程度はけっして幕末のそれほど隔絶してはゐなかった」。[4] ヨーロッパでも，この時期は国際政治学者がウェストファリア体制と呼ぶ主権国家体系が生成途上であり，凄惨な宗教戦争が繰り広げられていた時代に当たる。日本にやってきたイエズス会の宣教師たち自身も，他ならぬ反宗教改革勢力であり，近代的な啓蒙や進歩を奉ずる人々ではなかった。

●鎖国政策

その後の歴史のコースを大きく変えたのが，いうまでもなく「鎖国」政策である。和辻哲郎は1950年に，この「鎖国」を「日本の悲劇」だとして，こう

264　終章　日本にとっての国際人口移動

論じた。

　家康はこの保守的運動〔鎖国のこと＝引用者〕を着実に遂行した人である。彼は
そのために一度壊された伝統を復興し，仏教と儒教とをこの保守的運動の基礎づけ
として用いた。特に儒教の興隆は，彼が武士の支配の制度化のささえとして意を用
いたところであった。かくして近世の精神がすでにフランシス・ベーコンとして現
われている時代に，二千年前の古代シナの社会に即した思想が，政治や制度の指導
精神として用いられるに至ったのである。それは国内の秩序を確立する上に最も賢
明な方法であったかも知れない。しかし，世界における日本民族の地位を確立する
ためには，最も不幸な方法であった。[5)]

　精神的な意味における冒険心がここで萎縮した。キリスト教を恐れてついに国を
閉じるに至ったのはこの冒険心の欠如，精神的な怯懦のゆえである。当時の日本人
がどれほどキリスト教化しようと，日本がメキシコやペルーと同じように征服され
るなどということは決してあり得なかった。[6)]

「鎖国」についてはその後さまざまな批判的検討がなされており，今日では
東アジアの国際環境と日本のあり方の連動性を強調する議論が，歴史家の間で
強まっている[7)]。実際に「鎖国」は，一方で背後にスペイン，ポルトガルなどの
姿が背後に見え隠れするキリスト教勢力を国内から排除しつつ，他方で貿易の
利益を国家が確保するために，対外関係を国家が独占する外交政策であった。
その政策は，豊臣秀吉による大陸侵攻策や，ヨーロッパ主要国が相互に抗争し
つつ世界各地に侵出した膨張策とは対照的であり，その後250年間の平和が続
いたのだから一方的に悲劇だとも断じ難い。

　その評価はともかく，日本人の出国は禁止され，外国人の入国も厳しく統制
された条件で例外的に許容されていただけなので，内外の人の流れが一挙に縮
小したことは間違いない。それによって国内統治が安定したにせよ，外国人と
の接触を極度に制限したために，さまざまな分野で日本の動的な発展が阻まれ
たことを，19世紀後半に黒船が来航した際に日本人は思い知らされることに
なった。ともあれ，国境を越える人の移動の地球大の物語からしばし退場して
いた日本が，舞台に再登場するのは明治以降のことであり，それ以降も欧米諸
国とは異なった役回りを演ずることになった。

2　日本と人口の流出入　　265

●明治期の日本──移民送出国として

　明治維新によって日本の旧体制が解体され，封建制度から解放された人々の移動は一気に活発化した。1890 年に施行された大日本帝国憲法も，その 22 条で，「日本臣民ハ法律ノ範囲内ニ於テ居住及移転ノ自由ヲ有ス」と明記し，移動の自由は憲法上の権利となった。蒸気船といったテクノロジーの導入が，人々の移動に拍車をかけたのはいうまでもない。そして明治以降，日本は移民の送出国として国際人口移動の物語に登場した（図終-1）。このことは，今日忘れられがちだが，他の多くの近代化途上の国々と同様である。

　早くも 1868（明治元）年には，横浜在住のアメリカ人の貿易業者に幹旋されて 150 人ほどの契約労働者が，当時は独立国であったハワイに渡っている。彼らは現地で劣悪な労働条件の下で働くことを強制されたため，結局，日本政府は彼らの保護に乗り出さざるをえなくなり，使節を派遣してハワイと交渉した結果，希望者を日本に帰還させる措置をとっている。このようなもめごとに懲りた明治政府は，その後，約 20 年にわたって海外移住を推進せず，むしろ北海道開拓に注力した。また，1885 年にハワイへの移住が再開された際にも，国家間の条約に基づく，いわゆる官約移民方式をとることとした。1890 年代には南米への移民事業も始動し，1899 年に 790 人の日本人がペルーに渡航したことで南米各地への移住が本格化した。

　このような日本からの移民活発化の背景にあったのは，いうまでもなく過剰人口論である。明治初期には約 3000 万人程度であった日本の総人口は急速に増加し，いわゆる人口圧力のはけ口を海外に求める必要があるという認識が一般的であった。1891 年に外務大臣に就任した榎本武揚は，外務省通商局に移民課を設置した。これは「日本民族が未来永劫に発展するためには海外移住しかないと考えた結果」だったといわれる。榎本は狭小な国土にあふれる人口で立ち行かなくなる日本の未来を懸念し，それならば海外に日本人を送り込み，将来の植民地建設の礎にしようという野心を持つようになった。彼は 79 年には地学協会，1893 年には殖民協会の設立に参与し，パプアニューギニアへの殖民やボルネオ島・ニューギニア島の買収をも発案している。

　このような日本からの海外移民は，19 世紀末には早くもさまざまな障害に直面した。本書のこれまでの章ですでに論じたように，19 世紀後半から欧米

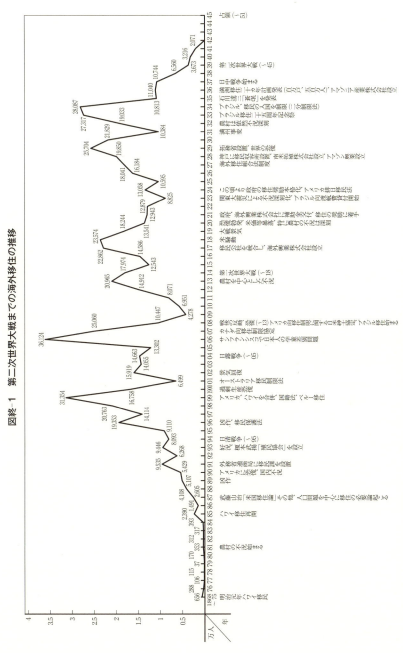

図終-1 第二次世界大戦までの海外移住の推移

[出所] 国際協力事業団「海外移住統計（昭和27年度～平成5年度）」1994年10月をもとに作成。

2 日本と人口の流出入 267

諸国では人種論的なナショナリズムが高揚期を迎えており，移民，とりわけ非白人の移民への規制が強まっていた。そのため伝統的な移民受け入れ先であったアメリカや英帝国内のカナダなどでも，中国人などアジアからの移民を排斥する動きが強まり，日本からの移民もこうした動きの一環として各国で排斥された。これが日米間の外交問題に発展したことについては後述する。

　他方で日本が貧しく，移民の送出圧力が強かった時期には，日本には大きな移民の流入圧力はかからなかった。しかしそれでも，外国人の国内居住をどのように考えるべきなのかは，安政のいわゆる不平等条約（1858 年にアメリカ，オランダ，ロシア，イギリス，フランスと結んだ条約）の改正をめぐる文脈で，激しい論争の対象となった。いわゆる内地雑居をめぐる論争である。安政の 5 カ国条約では，外国人の領事裁判権とともに居留地制度が規定されており，これによって外国人の居住や活動を横浜，神戸などの開港地に設けられた特定の居留地に制限していた。条約改正は明治政府にとって最大の外交的懸案であったが，居留地を廃して条約を結んだ国の人の自由な移動，営業，居住を認める内地雑居については，これに反対する声も強く，激しい論争が1880 年代から 90 年代に繰り広げられた。[13]

　内地雑居に反対した陸羯南や井上哲次郎の論拠は，日本国内で欧米人と競争することになれば，知的にも経済的にも劣っている日本人は競争に敗れ，日本が事実上乗っ取られるのではないかという懸念であった。陸羯南は領土を武力で侵略する「狼呑」に対して，外国人の精神や利害を操作して彼らを自発的に従属させることを「蚕食」と呼んで，反対の論陣を張った。

　これに対して福澤諭吉は，「斯の如きは則ち戦わずして先ず鋒を収め，最初より降参を計るものの如し」で，「卑劣怯懦」であると厳しく論難した。[14]「苟も国民の智見を開発せんとならば，外物に触れ外人に接して始めて目的に達するべきのみ」「外国交際は我国民の貧愚を救済する唯一の良薬なれば，之を用ゆるに何の躊躇する所かあらん」[15]と述べ，欧米人との交流が日本人を刺激する動的効果に注目した。また，田口卯吉も，福澤と同様，外国人の持ち込む資本や技術が，日本経済を強化するという動的効果にふれるとともに，外国人が居留地に集中して独自の行政権を行使することになれば，そちらのほうがかえって日本の独立にとっては危険だと論じた。

結局，1894年の日英通商航海条約をはじめとする一連の条約改正で領事裁判権が撤廃され，それとともに内地雑居も実現し，この問題は決着したが，いずれの立場も，外国人の流入が日本の国際的立場にどのような意味があるのかについての関心を共有していた。そして，国内統治の安定と社会経済の進歩につながる外部からの刺激の受容との間のナショナリストのジレンマが，ここでも表出されたといえる。

　日本が国籍制度を整備する必要性を感じたのも，外国人との接触が一定以上の密度に達した，明治以後のことである。その最初のものは，1873年の太政官布告で，外国人との婚姻によって生ずる国籍の取得と喪失が規定されていた。[16]また，1890年に公布されたいわゆる明治民法典も，ナポレオン法典にならった国籍制度を規定していたが，明治民法典そのものが施行されなかったために，この規定も有効にはならなかった。日本の国籍制度が形を整えたのは，1899年の国籍法であった。これは，明治憲法の18条にあった「日本臣民タル要件ハ法律ノ定ムル所ニ依ル」という規定を受けて，制定されたものであり，父系の血統主義を基本とし，帰化や婚姻による国籍の取得を規定したものであった。その後，1916年には，国籍離脱に関する規定が整備されるようになった。それは，出生地主義をとるアメリカなどに出国した日本人移民の地位の問題に対応する必要が生まれたためであろう。

●日本領の拡大

　また，戦前期日本において忘れてはならないのは，日本の領土が膨張したことに伴って，新たな領土に移動した日本人との関係とともに，現地住民との関係を，日本の国家がどのように組織するのかという課題に直面したことである。北海道や沖縄は，近世には日本の領土として支配が確立していたわけではない。沖縄の場合は「琉球処分」（1872年），つまり併合を実行するとともに，伝統的な宗主権を主張して，これに反発していた清国を，日清戦争（1894-95年）での勝利を通じて排除することによって，日本の領域的支配が確立した。また，北海道の場合は，ロシアとの国境画定交渉を行う一方，内地からの移民によって日本の領域支配を強化した。これは，内地からの移民が先住民であるアイヌを周辺化しつつ新たな支配を確立した点で，アメリカ大陸へのヨーロッパからの

2　日本と人口の流出入　　269

移民と類似の性格を持っている。

　加えて，戦前の日本国家は日本の帝国的膨張に伴って朝鮮や台湾などにおいて現地住民の包摂という課題に直面した。新たに日本領となった地域の住民は，自動的に日本国籍が付与された。しかし朝鮮や台湾は属領とされ，憲法の適用範囲外である「異法区域」と観念され，住民と国家との間の権利・義務関係が内地とは異なる異質な統治空間とされた。[17] そのため，現地住民は参政権を含む憲法的権利を享受できないと同時に，徴兵制度も日本からの移民のみに適用された。もっとも日本内地からこれらの地域への移民が増加すると，日本本土からの移民は第一次世界大戦後の大正デモクラシーの下で政治的権利を求めたし，現地のナショナリズムの高揚にも対応する必要性が意識された。そのため日本政府は，現地住民を包摂する努力を一定程度進めた。例えば朝鮮では地方議員選挙が行われ，現地で圧倒的な多数派を形成していた朝鮮人が，地方議会でも多数派を占めることになった。台湾では選挙は行われなかったものの，官選の諮問機関が置かれ，台湾の現地住民にも限定的ながら政治参加の道が開かれるようになった。[18]

　朝鮮や台湾では日本本土からの移民が圧倒的な少数派であり，統治の安定化と現地住民の動員のためには，一方的な抑圧や収奪だけではなく，彼らの支持を獲得する必要が自ずから感じられた。皇民化教育の強化や創氏改名などの同化政策を強化し，第二次世界大戦末期になると，日本政府は朝鮮や台湾でも徴兵を開始する一方で，衆議院議員の選挙権を与え，国政レベルの参政権も付与した。[19]

　もちろん，こうしたことによって朝鮮や台湾の住民の日本臣民としての同化が成功したとは到底いえない。しかし実は日本内地に在住していれば，朝鮮人，台湾人でも参政権を享受できたため，朝鮮人の国会議員も存在した。朝鮮出身の朴春琴（パクチュングム）は，1932 年に東京府 4 区から立候補して当選し，唯一の朝鮮人の国会議員となった。朴は「私共は併合した其日から帝国の臣民であり，陛下の赤子であるならば，国民の権利を要求することは是れ当然である」「同じ日本国民であるから，当然の此兵役の義務も持たせ，又参政権も与へる」べきだと論じた。日本臣民なら臣民としての平等かつ正当な地位が与えられるべきだという，一貫した主張をしたのである。[20] しかし政府は，時期尚早であるとか，慎重

270　終　章　日本にとっての国際人口移動

な検討が必要であるとかといったさまざまな理由をつけて，朴の要求に応じようとはしなかった。一向に改善しない差別的措置を前に，「位置を替へて，あべこべになって考へてみて御覧なさい，不平不満を持つのが当たり前ではありませぬか，表向きは差別はしないよ，一視同仁は結構だ，斯う云ふことを言ひながら，内部に入っては既に差別だ」「朝鮮の為に言ふのではない，大日本帝国の見地から要求するものであります[21]」という朴の悲憤に，忠良な臣民を裏切った帝国日本の姿が浮かび上がる。

●日本帝国の解体

1945年の敗戦とともに日本の領土は急激に縮小され，それによって日本人のメンバー資格も再編成された。まず戦後の日本国境となった地域外に移住していた日本人は，現地の後継国家がメンバーとして包摂するのではなく，日本に送還されることが戦勝国側の基本方針となった。その結果，約300万の引き揚げ者が，敗戦後の日本本土へと送還された。その送還元の内訳は，満洲，朝鮮，台湾などの旧日本帝国が支配していた領域が大半を占めていたが，それに加えて，オーストラリア，アメリカ，カナダからも，送還された日系の住民が相当数いたことも知られている[22]。

同時に，朝鮮や台湾出身の日本臣民の国籍は後継国家へと移動した。ポツダム宣言を受諾し，サンフランシスコ平和条約を締結した結果，日本の主権が及ばなくなった地域に居住する人々の国籍が，当該領域を支配する国家に属するのは自然である。また，帝国の解体によって誕生した国家の基礎は，一つの民族が一つの国家を形成すべきだという民族的ナショナリズムになるのが通例である。そのため中国大陸および朝鮮半島の諸政権も，敗戦後の現地に住む日本人移民を新たなメンバーとして包摂しようとはしなかった。他方で，それらの国々は日本在住の自国民を包摂することに積極的だった。しかも，中国大陸および朝鮮半島では，日本帝国が解体した後の正統政権の座をめぐって内戦が繰り広げられたので，それぞれの政権は争って自国民の支持を得ようと競争的に関与した。

それらの日本在住の台湾や朝鮮半島の出身者にとっては，敗戦の混乱と荒廃の下にあった日本に居住するために，あえて日本国籍を維持する誘因は強くは

2　日本と人口の流出入　　271

なかったであろう。しかし，母国が内戦で混乱すれば，日本での居住に切実な需要が生じたとしても不思議はない。また実態は判然としないが，終戦直後や朝鮮戦争（1950-53年）の際には日本の国境管理能力が著しく低下したこともあり，相当数の非正規移民が日本に流入したと推測される。

　ともあれ日本帝国の解体によって，日本が均質な人的構成と斉一な制度を持つ領域に再編成されたということが，第二次世界大戦後の支配的な認識になった。そして「日本人」のみが居住する「日本固有の領土」の国境を守るのがあるべき平和国家日本の姿となった。領土の拡張は問題外の発想となるとともに，自国領内の他者との共存や包摂と排除の問題は忘れ去られた。その結果，日本国内に居住する「他者」である在日コリアン（韓国人・朝鮮人）やアイヌなどの人々の問題も，人権問題として批判的言説の材料にはされたにせよ，日本のメンバーとは誰かという基本的な政治問題として意識されることはなかった。

●戦後の海外移住

　ただし，第二次世界大戦後も日本の人口は過大であると広く理解されていたので，領土的拡大の道は閉ざされた後も，移民の送出には引き続き関心が払われ，海外移住を支援する政策がとられた。戦後の海外移住は，1952年にジュート（黄麻）栽培者が，ブラジルのアマゾン川流域に渡ったことから始まったといわれる。北米やオーストラリアは人種差別的な移民政策をとっていたため，日本人移民への門戸は閉ざされており，そのため南米を中心に新たな生活を求めて少なからぬ日本人が海を渡った（表終-1）。1954年には日本海外協会連合会が設立され，さらに翌年には日本海外移住振興株式会社が設立され，日本からの移民への貸付事業が展開された。1963年には海外移住事業団が外務省の特殊法人として設立されるなど，政府も関与して移民の送出が支援されたのである。

　しかし日本からの移民の出国は，1950年代後半をピークに急速に縮小し，60年代半ばには，その波はほぼ収束した（図終-2）。その理由は，19世紀末のドイツと同様，国内の経済成長が急速に進み，経済的機会が拡大したことによって，人口の流出圧力が低下したことにある。1974年には，日本人移民を支援してきた上述の海外移住事業団は，日本の対外援助を担う国際協力事業団（JICA）へと再編成された。日本経済が労働力を海外に輸出する段階を卒業し，

272　終　章　日本にとっての国際人口移動

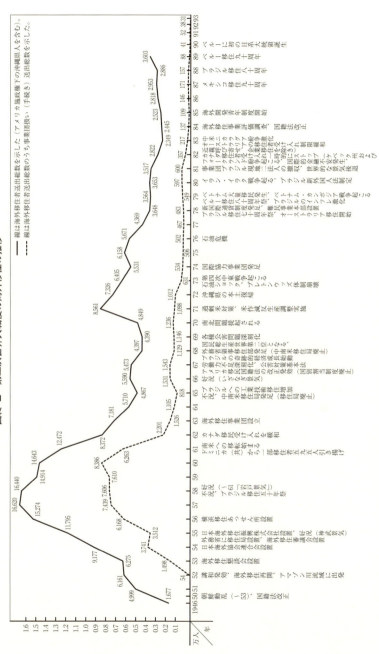

図終-2 第二次世界大戦後の海外移住の推移

[出所] 国際協力事業団「海外移住統計（昭和27年度～平成5年度）」1994年10月をもとに作成。

2 日本と人口の流出入

表終-1 海外日系人の分布

国名	人数
ブラジル	1,900,000
アメリカ（本土）	1,300,000
ハワイ	240,000
ペルー	100,000
カナダ	109,740
オーストラリア	36,000
フィリピン	33,000
アルゼンチン	65,000
メキシコ	20,000
ボリヴィア	11,350
パラグアイ	10,800
インドネシア	4,500
チリ	3,000
コロンビア	1,800
キューバ	1,100
ドミニカ共和国	800
ベネズエラ	800
ウルグアイ	350
エクアドル	300
推計	約 3,800,000

［注］ ここでいう海外日系人とは，永住者およびその子孫（2世，3世，4世…）を指し，国籍や混血の有無は問わない。また，上記の表には在日日系人は含まれていない。

［出所］ 海外日系人協会ウェブサイト（http://www.jadesas.or.jp/aboutnikkei/index.html）。

むしろ経済成長の果実を対外援助に振り向ける段階へと，対外経済政策の力点が移動したことを象徴する出来事であった。

●移民受け入れをめぐる議論

日本への人口流入が本格的に意識されるようになったのは，1980年代末から90年代初頭の，いわゆる金融バブルの時代を待たなければならない。円の対外的価値が急上昇する一方で，日本国内では労働力不足が叫ばれると，海外

からの労働力への需要は一挙に高まった。しかしほどなく始まった日本経済の停滞とともに，こうした移民労働力への関心も一気に失われることになった。加えて，日本経済が停滞する一方で，中国をはじめとする日本の近隣諸国の経済成長が著しかったこともあり，日本への人口移動圧力が緩和された面もあるだろう。

　しかし21世紀に入ると，景気の回復とともに日本の人口減少に対する懸念が強まったこともあり，本格的な移民の受け入れに関するさまざまな提言が，財界や政界の一部から繰り返し提出されるようになった（表終-2）。

　その間，日本の政策は，特殊な技能を持ついわゆる高度人材の受け入れはともかく，いわゆる未熟練労働者を大量に受け入れることはしないという方針をとってきた。例えば，2014年6月に安倍晋三内閣の下で閣議決定された『「日本再興戦略」改定2014』では，「外国人が日本で活躍できる社会へ」として，建設，家事支援，介護などの分野での受け入れに関する言及がある[23]。しかし，同年10月の国会では，「文化的，社会的影響を顧みない移民の大量受け入れには慎重であるべき」とする平沼赳夫・衆議院議員の質問に，安倍首相は「日本再興戦略に盛り込まれている外国人材の活用は，移民政策ではありません。多様な経験，技術を持った海外からの人材に日本で能力を発揮していただくものであります。安倍政権は，いわゆる移民政策をとることは考えておりません」と答弁し[24]，「移民政策」をとらないのが日本政府の立場であることを明らかにしている。

　しかし「移民」が誰なのかは，もちろん定義の問題である。例えば，国連人口局は，原則として移民を出生国とは違った国に居住する人々と定義し，データがない場合には国籍の相異によって，それを代替して統計を作成している（序章参照）。そして「居住」とは，自分の通常の居住地から少なくとも1年間他国に移動して居住する人を移民としている。この定義に従えば，日本にはすでに200万人以上の移民が居住しているとされている。また，法務省も，2017年末時点の日本における在留外国人数（つまり中長期在留者数に特別永住者を加えた数で，旅行者は含まない）を約256万人としている。これは日本の人口の2%程度であり，日本在住の50人に1人は，政策として受け入れていないはずの「移民」なのだということを意味する[25]。

2　日本と人口の流出入　　275

表終-2 政策提言の例

発表時期	タイトル	内容
2007年3月	日本経済団体連合会「外国人材受入問題に関する第二次提言」	将来的に不足が見込まれる技能者については，労働需給テストを導入して量的規制を行いつつ，海外からの人材確保を考慮するべき。
2008年6月	自民党国家戦略本部 日本型移民国家への道PT「人材開国！ 日本型移民政策への道」	人口減少に対応すべく1000万人（人口の10%程度）の移民の受け入れと，そのための大幅な法制度整備・組織改革が求められる。
2008年7月	自民党国家戦略本部 外国人労働者問題PT「『外国人労働者短期就労制度』の創設の提言」	業種・職種等を制限しない「短期就労制度」による外国人労働者の受け入れを。その際には毎年の受入れ上限を定め，3年を期限とする。
2008年7月	東京商工会議所「外国人労働者受入れの視点と外国人研修・技能実習制度の見直しに関する意見」	労働力人口の減少への対応として受け入れを拡大。一定要件を満たした外国人労働者には，永住権を付与する方向が望ましい。
2008年9月	日本経済調査協議会「外国人労働者受入れ政策の課題と方向——新しい受入れシステムを提案する」	就労範囲の柔軟化や外国人労働者の能力開発が必要。「特定技能人材」という分類を導入するなど，既存の在留資格の再検討が必要。
2008年10月	日本経済団体連合会「人口減少に対応した経済社会のあり方」	労働力不足の産業分野や経済社会の維持のために必要な労働者を，一定の資格や技能に基づいて受け入れを拡大すべき。
2009年6月・9月	移民政策研究所「日本型移民国家の構想」	人口減少への対応として日本は移民国家への転換を図るべき。ホスト社会との軋轢を減らすためにも「育成型」の受け入れを。
2010年5月	人口問題協議会「日本の行方を考える」「7つの提言」（提言3：日本型移民政策の導入——「人材開国」への準備を急げ）	移民政策への積極的な取り組みが必要。定住を前提とした受け入れを進め，手厚い日本語教育や職業訓練を実施。
2010年11月	日本国際フォーラム「外国人受入れの展望と課題」	非熟練分野の労働力の導入には慎重であるべき。ただし必要な職種を限定し，人材養成・職業資格取得支援を念頭においた受け入れを。
2011年3月	笹川平和財団「人口変動の新潮流への対処」事業「人口減少社会と日本の選択——外国人労働者問題に関する提言」	雇用許可制度や労働市場テストを実施。国内の労働市場の整備を進める一方で，超高齢社会に備え，看護・介護・家事分野での受け入れも。

［出所］ 明石純一「現代日本における入国管理政策の課題と展望」吉原和夫編『現代における人の国際移動——アジアの中の日本』慶應義塾大学出版会，2013年，70頁をもとに作成。

●サイドドアの存在

それでは，いないはずの「移民」がいるのは，どうしてなのか。その理由は，日本には当初から永住を目的として移り住もうとする外国人を受け入れる公式の入り口は存在しないものの，さまざまなサイドドアを通じて外国から人々が日本に入国し居住するようになったからである。2009年に改正された入国管理法は，日本に一定期間以上とどまれる在留資格を27種類定めている。[26] かつては，在日コリアンからなる特別永住者が日本に在留する少数者のうち最大の集団であったが，今や無期限に在留資格があり，労働市場へのアクセスにも原則として制限がない永住者が，在留外国人の最大の集団である（図終-3，図終-4）。

永住者となるには，すでに一定期間以上，日本に在留している必要がある。例えば日本での在留が一定期間認められる定住者として入国した人々が，一定期間，居住・就労すれば永住者となることが考えられる。[27]

また，近年，増加傾向にあるのが，留学生や技能実習生である。少子高齢化が進む中で，グローバルな高等教育市場において圧倒的な優位に立つ英語圏の大学は，激増する中国からの留学生が払う学費への依存を深めている。日本の大学も18歳人口が減少する中で，外国人留学生への依存を深めている。こうした留学生は，一定程度のアルバイトをすることは認められている。日本の多くの産業が彼らの労働力に依存していることは，都市部のコンビニエンスストアで買い物をすれば，統計をみるまでもなく，すぐ了解できる。また，卒業後，日本で一定期間就労すれば，彼らも永住権を取得することができるはずである。

技能実習生は，公式には開発協力のための制度とされていて，3年間にわたって日本の職場で実践的な技能の習得に当たるとされている。しかし，その実態は安価な限界的労働力の獲得であり，ゲストワーカー（出稼ぎ労働者）受け入れ制度と変わらない。技能実習生の権利保護があまりにも不十分なことは，つとに指摘されている。また彼らは，制度の建前上は，実習期間が終われば帰国することになっているが，諸外国のゲストワーカー・プログラムの経験から判断すると，彼らの一定数が日本に実習期間終了後も在留するのは避けられないと判断すべきである。また彼らの一部が失踪するなどして非正規移民となることも考えられるし，それを仲介する合法・非合法のビジネスが生まれるのも，必然であろう。[28] さらに，留学生であれ，技能実習生であれ，また観光目的の来

図終-3 在留外国人数の推移（在留資格別，2017年末）

（万人）

凡例:
- ■ 永住者
- ◆ 特別永住者
- ▲ 留学
- ✕ 技能実習
- ✳ 定住者
- ● 技術・人文知識・国際業務
- — 家族滞在
- ＋ 日本人の配偶者等
- — 特定活動
- ◆ 技能

［出所］　法務省「平成29年末現在における在留外国人数について（確定値）」公表資料
（http://www.moj.go.jp/content/001256897.pdf）。

日であれ，一定期間，日本に訪れる外国人が増え，海外に出かける日本人が増えれば，国際結婚が増えるのも当然の成り行きである。そうであれば日本人の配偶者の資格で日本に在留する人々が増えるのも自然な趨勢であり，この趨勢が逆転することは考えにくい。

　これらの在留外国人を出身国別にみると，全体の3分の1程度が中国人であり，続いて韓国人が続く。日本在住の外国人の約半数が，中国・韓国という日

278　終　章　日本にとっての国際人口移動

図終-4 在留外国人の構成比（在留資格別，2017年末）

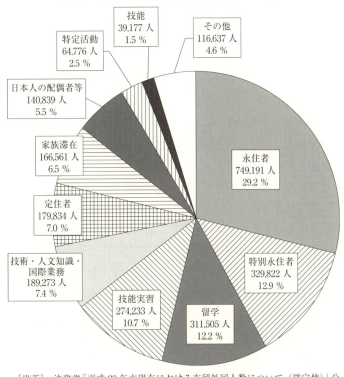

［出所］　法務省「平成29年末現在における在留外国人数について（確定値）」公表資料（http://www.moj.go.jp/content/001256897.pdf）。

本の近隣国の国籍保有者であることは驚くに足りないが，中国が日本にとって重要な経済的パートナーであると同時に，最も深刻な安全保障上の脅威であり，韓国とは「歴史問題」「領土問題」などの外交問題が果てしなく続いていることも，無視できない事実である。

3　人口フローの国際政治と日本

　本書の第1章および第2章では，国際人口移動が国家間の政治的問題に発展する条件を論じた。日本の場合，1960年代までは一貫して移民の送出国であ

3　人口フローの国際政治と日本　　279

り，問題となったのは日本への移民の受け入れではなく，日本からの移民を制限した国々との関係であった。この点で，かつて移民の送出を望む日本に対して，それを制限もしくは阻止しようとアメリカとの間で，深刻な外交問題が生じた事例が，代表的なものである。[29]

●日米移民摩擦

20世紀初頭のサンフランシスコ市では，白人労働者の間で低賃金で働く日本人移民が急増したことに反発が強まり，1905年には市当局を動かして日本人児童を隔離する措置をとった。日露戦争（1904-05年）後には日米の外交関係にも微妙な変化が生じてはいたが，両国政府の関係は全般的に良好であり，ワシントンの連邦政府もこの問題はカリフォルニア州の一地域で生じていることとみなし，日米関係を悪化させる意図は毛頭なかった。日米間では事態の外交的な処理が試みられ，1908年には日米紳士協定が結ばれ，これにより親族の呼び寄せを除いて，日本側はパスポート（旅券）を発行しないこととし，アメリカへの移民は事実上禁止されるようになった。

しかし，アメリカ西海岸での日本人排斥運動は一層激化し，1924年にはいわゆる排日移民法が，アメリカ議会に上程された。これは，下院ではすんなり通過したものの，上院での採択は困難であろうというのが大方の見方であった。だが，埴原正直駐米大使がヒューズ国務長官に送った書簡をロッジ外交委員長が問題にしたことから，この雰囲気が一変した。ロッジはこの書簡の最後にあった，この法案が「重大なる結果」を招くという文言を，アメリカへの脅迫だと突如糾弾し始めたのである。[30]この書簡は，事前に国務省と日本側が文面を協議したうえで送付されており，全体として丁寧かつ配慮の行き届いた文面であった。ロッジの発言は単なるいいがかりであり，これは同年の大統領選挙を控えて，ロッジが西部諸州の議員の支持を獲得する必要があったという，アメリカの国内政治の取引材料にされたためになされた発言であった。

日本では，これは一大屈辱と理解され，強い反米世論が醸成された。しかし，日本では「排日移民法」と呼ばれる1924年の移民法は，既存の人口構成を基礎に国別の移民枠を設定するものであった。それは，むしろ南欧や東欧からの移民を制限することに主眼があり，当時の世界では公然とまかり通っていた人

種論的な論拠によって，アジア系やアラブ系の移民をおしなべて禁ずるもので，日本のみが標的になっていたわけではなかった。しかも，すでに日米紳士協定で事実上アメリカへの移民を禁じていた日本では，このことの実質的な影響は無視できる程度のものであっただろう。世論がこれに激高したのは，明治以来の「文明化」プロジェクトを完成し，すでに「一等国」になったと自認していた日本が依然として公然と見下されているという，屈辱感によるものであった。

　この一件によって，日米関係がただちに戦争へと向かったというのは正しくない。ただ，これによって明治維新以降，ヨーロッパとは異なり，親近感を持っていた日本人のアメリカに対する意識が大きく変化したのは事実である。つまり，多くの日本人に，ウィルソン主義に象徴されるアメリカが高らかに唱える国際社会におけるリベラルな民主主義的理想が，白人の偽善だという印象を与えたのである。また，日本の指導者にとって，このような世論を背景に対米関係を以前と同様に運営することが困難になったことも間違いないだろう。

●移民受入国としての日本

　他方で，日本が移民の受入国として，類似の外交上の問題を経験した事例は，伝統的な移民国家であるアメリカはもちろん，ヨーロッパ諸国と比べても，移民の受け入れ圧力を経験する歴史が非常に浅いだけに，まだあまりない。また，一般的に正規移民をめぐる国家間関係では，受入国の裁量の幅が圧倒的に大きく，そのため国際交渉上の立場も強い。受入国としての日本の政府が「移民政策」をとらないという立場なので，移民の受け入れをめぐる国際政治も，これまでのところは限定的な形でしか展開してこなかった。

　それでもインドネシア，フィリピン，そしてベトナムなどの諸国との経済連携協定（EPA）交渉の過程で，これらの諸国が看護や介護分野での人材の受け入れを要求したのは事実である。このような要求を受けて，これらの3国との間で合意したEPAでは，限定的ながら介護福祉士などの受け入れを開始した。人材分野でも「風穴」を開けたとも評されたこの制度は，来日前に日本語研修を行って一定の日本語レベルを確保し，介護福祉士候補者として来日してから，受け入れ施設で，日本人と同じように3年間の実務経験を経て国家試験を受験する。そして，試験に合格し資格を取得すると，日本での在留資格が得られる

3　人口フローの国際政治と日本　281

図終-5 外国人看護師・介護福祉士の受け入れに関するパンフレット

［出所］ 国際厚生事業団『平成30年度版 EPAに基づく外国人看護師・介護福祉士受入れパンフレット』（https://jicwels.or.jp/?page_id=16）3頁。

というのが，その大枠である（図終-5）。

その結果，2008年から15年までに2000人あまりの介護福祉士候補者が来日したが，そのうち資格を取得したのは半分程度である。これを制度変更の一歩とみるか，閉鎖的政策の継続とみるかはともかく，興味深いのは在留資格が得られても帰国する者が少なくないことで，資格取得後の就労者の比率は4割程度とされる[31]。

日本に定着する比率が思いのほか低いのはさまざまな理由がある。例えば，来日する人々がそもそも日本への定住を目的としていないということがあるだろう。そのほかにも，日本で経験や資格が得られれば，母国でも十分に満足できる収入が得られるということが指摘されている[32]。言い換えれば，日本人しか話さない日本語を苦労して習得し，資格試験に合格するために努力をしても，

それに見合うほど，日本の雇用市場が魅力的ではないことがあると考えられる。その背景には，日本経済の長期にわたる停滞とともに，アジア経済が急速に成長し，日本経済の東アジアにおける地位が低下しているという事実がある。また，アジア諸国が全般的に急激な出生率の低下を経験しており，とりわけ日本以上に出生率の低い台湾や韓国も移民の受入国であり，むしろ人材の獲得で競合する立場にあることも忘れてはならない事実である。

　このことは，いわゆる高度人材の受け入れについて一層当てはまる。日本政府は未熟練労働力の受け入れは行わないことを繰り返し表明してきたが，日本にとって有益な技能を持つ高度人材については積極的に受け入れようとする動きがある。2012 年には，高度人材を認定するのにポイント制度を導入し，認定された外国人には出入国管理上の優遇措置を与えるなどの促進政策をとっている[33]。また，2016 年には永住許可申請の条件を緩和して，「日本版高度外国人材グリーンカード」の創設を決定している[34]。今後，日本に留学した主としてアジアからの人材が，日本国内で永住する道が開かれたといえよう。

　しかし国際的に通用する人材であればあるほど，日本語，日本社会という「ガラパゴス的」環境に適応する努力に見合うほど，日本での雇用が魅力的ではない可能性は高い。つまり高度人材の獲得競争という観点からみれば，日本は決定的な構造的不利を背負っており，日本が制度を緩和しただけで日本にとって都合のよい人材を多数獲得できるわけではない。同時に，すでに日本の環境に適応している日本人の高度人材も，日本にとどまる選択と国際的な雇用市場に参入する危険や費用を比較すれば，国外に進出する誘因は少なくともこれまでは非常に低いレベルにとどまってきた。このことは，日本が開発途上国からの頭脳流出の大規模な受入国になることで，送出国側との政治的な問題を招く可能性が，よくも悪くもあまり高くないことを意味しているだろう（図終-6）。

● **日本を取り巻く人口フロー——人口移動の戦略的利用，国家の国境管理能力の限界**

　それでは日本が人口移動を戦略的手段として用いる，戦略的棄民政策の標的となる可能性はどうだろうか。世界最大の人口を持ち，この戦略のための資源には事欠かない隣国・中国だが，民主活動家や少数民族のリーダーなど，反体制的な中国の人々を事実上国外追放にしたことはあるにせよ，キューバなどと

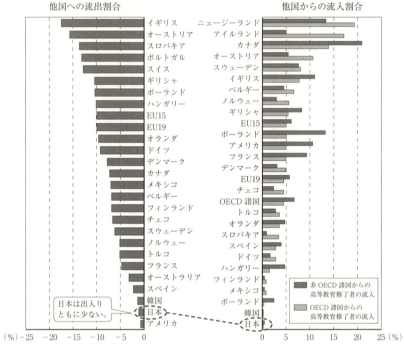

図終-6 OECD諸国の高等教育修了者が出国／入国する割合（2001年）

[注] EU15：1995年までに正式に加盟していた15カ国
EU19：EU15にOECD加盟国のチェコ，ハンガリー，ポーランド，スロヴァキアを加えた19カ国
[出所] 内閣府「高度人材の受け入れの現状と課題」平成20年12月2日（http://www.kantei.go.jp/jp/singi/jinzai/dail/siryou2.pdf），5頁．

類似の戦略目的の大規模な棄民政策を展開した事例は，管見の限りではない。このような自国民の排除を意図的に展開する政策は，たとえ非民主主義的な政治体制を持つ国家であっても，ナショナリズムを基礎とする国内体制の正統性を揺るがし，標的国だけではなく送出国の体制を不安定化させかねない劇薬だからだろう。世界で最も抑圧的な体制を持つ北朝鮮も，むしろ自国民の出国を厳しく規制している。脱北者の処遇が問題となった事例はあるが，北朝鮮が多数の脱北者を政治目的のために意識的に送り出した例も，管見の限りではない。北朝鮮でも韓国との体制競争の一環として，むしろ亡命者を受け入れる政治的

284　終　章　日本にとっての国際人口移動

利益が意識されているといってよいだろう。しかし、戦略的棄民政策は、捨て身の策であるといえる。その最初の標的が日本となるかどうかはわからないが、一つの可能性として今後は脱北者を意図的に送出する戦略には備えておくべきであろう。

難民や政治亡命者の処遇は、これまでも時折、政治問題化したことがある。例えば1973年には東京で活動していた韓国の反体制政治家でのちに大統領になる金大中が韓国の諜報機関によって拉致された事例が思い浮かぶ。また、次のようなことも考えうる。

> 一党独裁体制にある中国の人権侵害は著しい（この体制ゆえに中国は統治できている側面はある）。そこで仮定の話だが、中国難民を日本政府が積極的に認定するとしよう。それが前例を作り、地理的な近さとあいまって、中国の反体制派がこぞって日本に難民申請をしに来る可能性がある。漢人の民主化活動家や宗教団体である法輪功のメンバーばかりか、チベットや新疆ウイグル（東トゥルキスタン）の独立を求める民族系の活動家も考えられる。その流れが定着すれば、日本は中国の反政府運動の一大拠点となるだろう。
>
> 「難民に開放的な国」は外国政府の転覆を許す国になりかねない。中国の民主化をめざすなら、それも一つの見識ではある。過去にも実績はある。清朝を転覆させ、辛亥革命を実現した中国同盟会はほかならぬ東京赤坂区で結成された。[35]

他国の反体制活動家を難民であると公言して匿うのは、すぐれて政治的な営みであり、もしそうならば、これによって日中間で外交的軋轢が生ずることは想像に難くない。

日本を取り巻く人口フローが大きな政治性を帯びる可能性が高いのは、国家の意思の衝突よりも、むしろ国家の国境管理能力の限界が表面化したときかもしれない。過去の事例では、インドシナ難民が挙げられる。1970年代後半に、ベトナム戦争が終結し、ベトナムをはじめインドシナ諸国が社会主義化し、しかも中越戦争が勃発したことに伴って、インドシナ諸国の華人を中心とした難民が、100万人を超える規模で流出した。彼らの一部は船で脱出したので、ボートピープルとも呼ばれることになった。日本船に洋上で救助されたり、日本に直接漂着したりして、日本に庇護を求める人々が現れた。1977年頃からその数が急増し、79年から82年までの4年間は毎年1000人以上の人々が漂着

3　人口フローの国際政治と日本　285

した。その後，難民の流入は沈静化したが，1980 年代末から再び増加した。[36] 1988 年にはわずか 200 人あまりだった日本に漂着したボートピープルは，翌 89 年には 2804 人に達した。だが，その後，調査の結果，これらの漂着民のほぼ全員が中国人で，就労を目的とする偽装難民であることが判明した。[37]

　庇護したボートピープルについては，日本政府は当初，定住を認めないという対応をとった。しかし，多数の難民を保護せざるをえなくなったベトナム周辺の東南アジア諸国からの批判を受け，そうした国々への外交的配慮とともに，国内でも定住受け入れを求める意見が強くなったこともあり，1978 年 4 月にはベトナム難民の一部の人々に対して定住を認める方針が決定された。そして定住許可の条件は徐々に緩和され，アジア諸国の難民キャンプに滞在する難民が家族と再会するために日本に定住することも受け入れることになった。そのため，日本は結果的には 1 万 1000 人を超える人々を受け入れた。そうした人々の定住を支援するために「難民事業本部」を設置し，兵庫県姫路市，神奈川県大和市，そして東京都品川区にそのための施設を設置して，日本語教育，職業紹介，職業訓練といった事業が実施された。

　日本の受け入れ数が，アメリカやオーストラリア，カナダなどはもちろん，ドイツ，イギリスといったヨーロッパの先進諸国より少なかったことは，日本の難民受け入れに対する，消極的姿勢を示すものである。また，すでに定住している移民コミュニティの規模が小さい日本では，彼らからさらなる難民受け入れを促す圧力が生じるといった政治的メカニズムも今のところ作用しにくい。一部の人権活動家を除けば，日本の世論も想定外の事態で当惑したというのが実態で，人道主義的世論の盛り上がりがみられたわけではない。このことは，日本の閉鎖性や人権意識の低さとして，つとに指摘されてきた点である。日本の対応は「外圧」に反応して，徐々に受け入れ枠を拡大しつつ，体制を整備するというものだったことは事実である。

　日本の難民受け入れの姿勢について，政府レベルでは受動的であり，世論レベルではそれ以上に消極的なことは事実である。このことは，この問題が大きな政治問題となっている欧米のリベラルな論者や人権運動家の批判の格好の標的になっている。[38] こういった消極的で受動的な対応は，2015 年に深刻化したヨーロッパでの主としてシリアから来た難民危機の際にも繰り返された。欧米，

とりわけヨーロッパでは，多数の難民を受け入れることには大衆からの強い反発があり，これは各国で反移民勢力の台頭を招いた。日本では，欧米で難民の受け入れが深刻化すると，2016年秋に100人を留学生として受け入れるプログラムを始動するという対応をとった[39]。もっとも，欧米諸国も自国の国境に直接押し寄せない限り，世界の紛争地域周辺の難民キャンプに大多数が収容されている難民の自国への受け入れに積極的とはおよそいえない。

● 大規模な難民にどう対処するか

しかし朝鮮半島での紛争，中国での政治的混乱，また北朝鮮の体制の崩壊など，日本周辺での事態が不安定化した場合には，日本の姿勢の如何にかかわらず，これまでとは桁違いの規模の難民への対応を迫られる可能性が高い。また，大規模な難民が発生した場合には，彼らを保護する責任の分担が，関係国との外交的問題となることが考えられる。さらに一見して難民なのか逃亡兵なのかが判然としない多数の人々への対処は，人道的問題にとどまらない政治性を帯びる可能性があることも，諸外国の経験から指摘できるだろう。

大規模な難民問題への対処が，いかなる国にとっても大きな試練であるのは，人道的規範の世界的リーダーを自任していた欧州連合（EU）諸国が2015年に経験した難民危機と，その後の展開から容易に理解できよう。同時に，日本だけがこの問題への対応に失敗すると運命づけられていると決め付ける理由もない。先に述べたインドシナ難民については，初動の遅さにもかかわらず，受け入れた1万1000人あまりの人々の定着支援は，誇るべき成功物語とまではいえなくとも，国際的水準でみると大失敗とも評価できないだろう[40]。

難民や移民に対する日本の姿勢は，日本の「後進性」，閉鎖性，排外的体質に還元される説明が一般的である。だが，すでに本書でみてきたように，移民や難民の排斥そのものは，欧米諸国でもこれまでに広くみられてきた現象であり，日本人の一貫した特殊性に終始する説明に説得力はない。難民や移民に対する日本人の意識を形成している条件として，日本が移民の受入国としての伝統が浅く，移民集団が依然として政治的に弱体であるという条件を忘れてはならないだろう。また，日本周辺の東アジアの国家が，現時点では，その体制の如何を問わず総じて固い国境を持つ，近代的な（もしくは近代化途上の）甲殻国

3　人口フローの国際政治と日本　287

家であるという国際環境も重要な条件である。しかも，陸上国境のない日本では，国境の物理的管理に対する過剰な信頼感も醸成されやすい。

確かに日本周辺には破綻国家はないし，まだ棄民政策を戦略的手段にした国にも遭遇していない。また日本周辺の海域も，少なくとも戦後は一貫して敵対的国家に支配されたことはなく，国境管理も戦後初期を除けば比較的容易であった。しかし，今後は日本とその同盟国アメリカが持つ日本周辺海域の制海権も失われるかもしれない。また，そうでなくとも，いかなる国境管理能力にも限界があるのは，すでに第2章でも指摘した通りである。さらに，巨大かつ権威主義的な隣国・中国との活発な人的交流に伴う複雑な問題が増える可能性は高い。さらには，朝鮮半島や台湾海峡などで有事が起こった場合には，相当数の難民が日本をめざすと覚悟すべきである。加えて，追い詰められた抑圧的国家が，棄民政策を戦略的に使う可能性も排除できない。

4 ディアスポラと日本——日本からジャパンへ

これまで論じてきたように，日本は比較的最近まで移民の送出国であり，日本に流入する移民を積極的に受け入れてきたわけでもなければ，限定的に受け入れる場合にも，受動的かつ緩慢に受け入れたに過ぎない。また，日本帝国の拡大によって，新たなメンバーの統合・包摂という問題に直面したこともあるとはいえ，グローバルにみれば小規模なその帝国も，せいぜいわずか数十年で徹底的に解体され，それによって日本国内の人口構成が有無をいわさず均質化された。そのため，日本は同質性が高い国民が比較的平等に生きる空間となったという認識には，一定のリアリティが伴い，広く共有されることになった。しかし現実には1990年代頃から移民コミュニティは拡大し，すでに例外扱いできない水準に達している。また，その規模がこれから縮小することは考えにくい。日本には「日本人」以外の人々が相当数居住するという前提で，国の運営を考える必要が高まっており，それには対外政策も含まれるのである。

●「日本人」の条件
そもそも日本の正式メンバーである「日本人」とは誰か。すでに述べたよう

に，日本が最初に公的にメンバーの範囲を決めたのは1899年に制定された国籍法である。これによって日本人の国籍は，父系の血統主義が原則となり，その原則は新憲法下で制定された1950年の国籍法でも継承された。1984年に国籍法が改正され，母親の国籍も継承できるようになったが，血統主義的原則は維持されている。すでに論じたように，血統主義が出生地主義に比べて後進的であるとする根拠は薄弱である（第3章参照）。しかし，伝統的に出生地主義をとってきたヨーロッパ大陸諸国の経験から考えれば，国内に居住する移民コミュニティが増大するとともに，出生地主義的な要素を強めて，日本に生まれた移民2世以降の人々を国家が包摂しようとする力学が今後強まることは，不可避であろう。

　日本にはすでにさまざまなサイドドアを通じて，国外から人々が移り住むようになっている。これらの人々の相当の割合が，すでに永住外国人としてデニズン化しており，そのための条件も徐々に緩和され，少なくとも公式の制度面では，一般に漠然と信じられているほど制限的ではない。まず永住権については2017年の法務省の永住許可に関するガイドラインによれば，原則として10年以上居住するとともに，「素行が善良であること」「独立の生計を営むに足りる資産又は技能を有すること」などが，条件に挙げられている。そのうえで，定住者，難民，さらにはポイント制度による高度人材については，条件を緩和する内容となっている。これを見る限りでは，日本の永住条件は第4章で見た欧米諸国と比べて，大きく異なるようにはみえない[41]。

　また帰化について，国籍法5条は以下のように規定する。

　　法務大臣は，次の条件を備える外国人でなければ，その帰化を許可することができない。
　　一　引き続き五年以上日本に住所を有すること。
　　二　二十歳以上で本国法によつて行為能力を有すること。
　　三　素行が善良であること。
　　四　自己又は生計を一にする配偶者その他の親族の資産又は技能によつて生計を営むことができること。
　　五　国籍を有せず，又は日本の国籍の取得によつてその国籍を失うべきこと。
　　六　日本国憲法施行の日以後において，日本国憲法又はその下に成立した政府を暴力で破壊することを企て，若しくは主張し，又はこれを企て，若しくは主張す

る政党その他の団体を結成し，若しくはこれに加入したことがないこと。

　つまり，居住，法的能力，素行，生計，重国籍防止，および憲法遵守などを条件としていて，これらの条件から判断する限りでは，いわゆるシティズンシップ・テストも課していない日本の帰化条件が，欧米諸国に比べて格段に閉鎖的だという結論は出そうもない。

　もちろん現実には法務省の裁量の余地は大きく，初歩的な日本語能力をテストされ，手続きは煩瑣で，多くの書類の提出が求められ，費用もかかるプロセスであるという指摘も多い。だが類似のことは諸外国についてもしばしば聞かれることであり，日本が特段厳しい制度の運用をしているかどうかは，この面でも判然としない。

　日本の場合，外国人の地方参政権は認められていない。また重国籍についても現実には黙認されている場合が多いのが実態だが，制度として認められているわけではない。外国人居住者の統合は，デニズンの権利の拡大という形であれ，帰化を促進するという形であれ，今後もますます大きな課題となるだろう。これらのことは外国人居住者の権利保護の観点から，すでに指摘されてきた点である。

●社会的統合をどう進めるか

　同時に，日本にさまざまな形で貢献する人々をみすみす疎外することは，日本の国益の観点からも大きな損失であることが意識されるべきである。移民が受入国にもたらす恩恵は，単に労働力や特殊な技能を外部から導入することにとどまるものではない。それは，異質な人材を導入することで得られるダイナミズムであり，イノベーションを刺激し，社会の動脈硬化を防止する効果なのである。今後，日本に居住する外国人が増えるにつれ，こうした人々をどのように日本社会の戦力として取り込めるかは，少数者の保護の観点だけではなく，日本の国力の行方にとっても無視できない条件であろう。

　しかし外国人に地方参政権や重国籍を認める欧米諸国の制度も，それぞれの歴史的条件で生起した政策的ニーズに対応する中で制度化されたものであり，それらが普遍的に「先進的」なものかどうかは疑問である。複数の国家のメン

290　終　章　日本にとっての国際人口移動

バーシップを持つことは，国家の人的管轄権の重複を意味し，実際に欧米でも
それによって国際問題が生じたことがある（第3章参照）。主としてヨーロッパ
諸国が次々に重国籍や限定的な外国人参政権を認めたのも，EUといった超国
家的枠組みが強化されるとともに，人的管轄権の重複があっても，確実に平和
的に解決できる関係国相互の政治的関係の安定が条件としてあった。日本の場
合に問題となるのは，日本における移民コミュニティの多数派が，日本にとっ
て最大の安全保障上の脅威である中国の出身者と，依然として地政学的な緊張
の最前線に位置し，日本とは外交的にも国民感情的にも関係が安定しない南北
コリアの出身者であることである。領域的管轄権についても十分な合意が存在
しない，これらの国々と人的管轄権が重複した場合，国際関係に新たな紛争要
因が持ち込まれる可能性を懸念することを，一概に排外主義と断ずるのは誤り
だろう。もちろん，このことは見方を変えれば，メンバーシップが重複したと
ころで，全く問題が考えられない国の出身者とは，さまざまな制度的革新の余
地があることも意味する。

　イスラーム系住民の社会的統合に苦労している欧米の経験からいえそうなこ
とは，国籍に代表される公式の制度以上に難しい課題は，移民の社会的統合で
ある。国レベルの公的な権利義務関係の如何を問わず，同じ地域でともに居住
する生活者同士では，一定の条件が揃えば時間とともに人々が共存するための
非公式な慣習が進化する場合もある。おそらく日本における移民対応の最前線
は，外国人が多数集中して居住する地方自治体であり，地域コミュニティであ
るだろう。国籍や民族的出自とは無関係に，教育，医療からゴミ収集といった
日常的な行政サービスを円滑に提供するとともに，それに必要な協力を住民か
ら得ることは，多文化主義的理想の問題ではなく，避けることのできない日常
的な要請である。加えて，移民コミュニティが一定規模に成長すれば，彼らが
組織化され，政治的にも行政的にも無視できない勢力に成長するだろうし，彼
らを支援する草の根レベルの動きが強まることも期待できる。実際，試行錯誤
の上，居住する日系ブラジル人を地域の力にした群馬県太田町のような例，草
の根レベルで外国人住民とのコミュニティ形成に成果をあげた神奈川県のいち
ょう団地やそれを学区に含むいちょう小学校のような実例もある。横浜や神戸[42]
の中華街はもはや地元コミュニティの欠くことのできない一部となっており，

4　ディアスポラと日本　291

「移民コミュニティ」という意識すら薄いかもしれない。

　もっとも，全国的制度や政策的支援がなければ，地方自治体や民間レベルに過剰な負担がかかってくることも事実である[43]。その意味で統一的な移民政策が求められるが，本書執筆時点（2018年7月）では，世論レベルで移民問題がすでに現実の課題であるという意識は不十分だと思われる。また，日本政府にとっては移民が存在しないことになっている以上，包括的な移民政策はない。そのため，この問題に日本がどのように取り組むのかについて，総合的なビジョンが提示されているわけではない。その態度は，あくまで既存の制度の枠内で入国・在留の条件や期間を徐々に拡大するという，サイドドアを少しずつ注意深く開ける，漸増主義的な姿勢に特徴づけられている。確かに前述した2016年にまとめられた『日本再興戦略2016』では，「外国人人材の活用」が謳われ，高度人材ポイント制や日本版高度外国人材グリーンカードの導入に加えて，医療や教育など外国人の生活環境の整備についても言及されるなど，従来に比べて相当踏み込んだ内容となっている[44]。しかし依然として体系的な移民政策を求める声は，労働力を導入したい経済界の一部と人権活動家や多文化主義を提唱する論者に概ねとどまっている。既存の移民コミュニティは十分に成長しておらず，移民対応の最前線に立たされている地方自治体も，依然として一部地域に集中しているので，全国的な政治的動員力に欠けている。社会的統合を進めていく観点からは，一貫した施策を長期にわたって講ずる政策の先見性が望まれる。いったん差別が構造化した少数派集団が社会で形成されると，それを融解するのがいかに難しい課題となるのかは，欧米社会におけるイスラーム系住民や黒人の例を引くまでもなく，日本でも被差別地域の問題や在日コリアンの社会的統合問題を思い出せば理解されよう。

● **国際政治上の意味**

　人口移動の国際政治という本書の関心からいえば，こういった在日外国人や移民コミュニティの国際政治上の意味も，問われなければならない。まず移民コミュニティは出身国政府の代理人ではなく，当たり前の人間からなる集団であり，それぞれの生活や利害，そして理想もあるという当然の事実を確認したい。また，出身国政府が移民コミュニティに関与して影響力を及ぼそうとして

も，その能力に限界があるのは，在外の日系人が必ずしも「日本」の「味方」とは限らないことからみても明らかである。さらに自由のない抑圧的な体制にとっては，自由な国の在外自国民コミュニティはむしろ反体制的グループであることも少なくない。さらに彼らが一枚岩の固い集団として組織される場合も，むしろ例外的である。日本に居住する台湾系と大陸系の華人の間で，また北朝鮮籍を持つコリアンと韓国籍を持つコリアンの間で，政治的忠誠の意識は異なるだろうし，それが出自だけによって固定されるものではない。これらのディアスポラ集団のアイデンティティは，むしろ彼らを取り巻く政治的，社会的環境の従属変数であることも多い。

しかし，居住国内で少数派として弱い立場にある移民コミュニティが，出身国政府による保護を積極的に求めたり，歓迎したりするのは自然なことである。また，そういった移民コミュニティの利害と出身国政府の戦略的利害が一致すれば，政治的介入の絶好の理由となるだろう。自国民保護を理由にした軍事介入は極端な事態であるにせよ，実際にロシアが2015年にクリミア半島をウクライナから事実上分離・独立させた事例もあり，こういった可能性を過去の遺物と決め付けるわけにはいかないだろう。さらに，関係国政府がことを荒立てる意思がなくとも，日本国内で移民コミュニティが露骨に迫害されれば，彼らの出身国の世論が，移民とのトランスナショナルな経路を通じて刺激されることは十分に考えられる。実際に在日コリアンの処遇は，繰り返し日韓の外交課題になった。そうなると，こうした事態そのものが国際関係の悪化を招く独立変数となり，関係国家の思惑を越えて外交関係が悪化する可能性もある。

日本の現実に即して考えれば，例えばすでに多くの問題が指摘されている技能実習生の処遇問題が今後深刻化すれば，送出国の政府との関係が悪化することが考えられる。しかも東アジアで着々と戦略的な優位を築いた巨大な移民送出国である中国には，在外華人を戦略的に利用する動機も機会もある。逆に反体制的な在外華人の活動を領域外でも制御しようとするかもしれない。中華ナショナリズムに政権の正統性を依存している中国政府にとっては，在日の華人が不当な取り扱いを受けたと彼らが受け止めたときには，場合によっては排日移民法に激高した大正デモクラシー期（1920年代）の日本の世論以上に，対外強硬論を制御するのは難しくなるかもしれない。

4　ディアスポラと日本　293

ここで強調したいのは，人のアイデンティティは，エスニックな起源によって固定されているものではなく，さまざまな条件によって不断に再生産されるものだということであり，このことは当然移民にも当てはまる。そして彼らの自己認識を左右する条件には，出身国と居住国それぞれが彼らにどれくらい関与するのかという点も含まれる。したがって，ある移民コミュニティが，敵対的な出身国の支持者になるのか，それとも現居住国に帰属意識を持つのかは，居住国の政治的・社会的統合力にも依存している。日本の国家と社会が，移民を統合し，自国の力とするか，それとも最悪の場合には，敵対的な外部勢力の側に追いやるかは，日本という国全体の器量が問われる問題である。言い換えれば，新たな日本の住民を，先住の日本人と，利益，苦節，そして未来も分かち合う日本のメンバーにできるかどうかは，弱者の人権の保護という理想の問題にとどまらず，日本の国力の行方を左右する問題でもある。

あらためて基本に立ち返れば，政治の本質は多様な人々をまとめ上げて，効果的な集合的意思形成をどのように行うのかにある。これまで人類は氏族，宗教，民族といったさまざまな共通項で政治的共同体を構成してきた。近代日本は，身分や出身地を超えた「日本」という物語によって急速な近代化を遂げるとともに，その病理的な過剰展開も経験した。しかし人類共同体が理想である限り，今後も祖国という物語は求められ続けるであろう。先住の日本人にとっても，新たに日本に移り住む人々にとっても，共に主人公となれるニホンという物語を語る創造力が問われる。

▶ **注**

1) 田中健夫『倭寇——海の歴史』講談社学術文庫，2012 年；村井章介『中世倭人伝』岩波新書，1993 年。
2) ルイス・フロイス／松田毅一・川崎桃太訳『完訳 フロイス日本史』1 巻，中公文庫，2000 年，69 頁。
3) 茂在寅男『航海術——海に挑む人間の歴史』中公新書，1967 年。
4) 山崎正和『海の桃山記』（山崎正和著作集 第 5 巻）中央公論社，1981 年，80 頁。
5) 和辻哲郎『鎖国——日本の悲劇』下，岩波文庫，1982 年，292 頁。
6) 同書，304-305 頁。
7) そのごく一例として，荒野泰典編『近世日本の国際関係と言説』渓水社，2017 年。
8) 塩出浩之『越境者の政治史——アジア太平洋における日本人の移民と植民』名古屋大

学出版会，2015 年，115 頁。

9) 東栄一郎「日本人の海外移住略史，1868 年-1998 年」国際日系研究プロジェクトウェ
ブサイト（http://www.janm.org/projects/inrp/japanese/overview_ja.htm　2016 年 4
月 19 日アクセス）。

10) 国際協力事業団編『海外移住統計』1994 年，9-10 頁。

11) 結城朝八／石川友紀監修『南米と移民〔復刻版〕』（日系移民資料集第 2 期南米編 2 ；
昭和戦前期編第 11 巻）日本図書センター，1999 年，61-62 頁；福井千鶴「南米移民と
日系社会——日系人のアイデンティティーを中心に」『地域政策研究』（高崎経済大学）
5 巻 3 号，2003 年，36 頁にて引用。

12) 上野久『メキシコ榎本殖民——榎本武揚の理想と現実』中公新書，1994 年，23 頁；
南洋團體聯合會編『大南洋鑑（昭和十七年版）』上，龍溪書房，2000 年，323-324 頁。

13) 内地雑居論争については，塩出，前掲書，2 章を参照。

14) 福澤諭吉「非内地雑居論に就いて」『時事小言 通俗外交論』（福澤諭吉著作集 第 8
巻）慶應義塾大学出版会，2003 年，374 頁。

15) 同論文，376 頁。

16) 江川英文・山田鐐一・早田芳郎『国籍法〔新版〕』（法律学全集 59-Ⅱ）有斐閣，
1989 年，34 頁。

17) 三谷太一郎『日本近代とは何であったか——問題史的考察』岩波新書，2017 年，
164 頁。

18) 塩出，前掲書，216-221 頁。

19) 遠藤正敬『近代日本の植民地統治における国籍と戸籍——満州・朝鮮・台湾』明石
書店，2010 年，191 頁。

20) 小熊英二『日本人の境界——沖縄・アイヌ・台湾・朝鮮 植民地支配から復帰運動ま
で』新曜社，1998 年，380 頁。

21) 同書，385 頁。

22) 塩出，前掲書，356-357 頁。

23) 『「日本再興戦略」改定 2014——未来への挑戦』2014 年 6 月 24 日，22-23 頁（http://
www.kantei.go.jp/jp/singi/keizaisaisei/pdf/honbun2JP.pdf）。

24) 第 187 回衆議院国会本会議，2014 年 10 月 1 日。国会会議録検索システム（http://
kokkai.ndl.go.jp/SENTAKU/syugiin/187/0001/18710010001003a.html）。

25) 法務省のウェブサイト内の「在留外国人統計（旧登録外国人統計）統計表」（http://
www.moj.go.jp/housei/toukei/toukei_ichiran_touroku.html）。

26) 入国管理局のウェブサイト内の「在留資格一覧表」（http://www.immi-moj.go.jp/
tetuduki/kanri/qaq5.html）。

27) 永住の許可を得るための条件は，法務省「永住許可に関するガイドライン（平成 29
年 4 月 26 日改定）」を参照（http://www.moj.go.jp/nyuukokukanri/kouhou/nyukan_
nyukan50.html）。

28) 出井康博「NHK が『歪曲報道』する『外国人実習生失踪』の実態」『Foresight』
（ウェブ版）2017 年 1 月 27 日（http://www.foresight/articles/-/41948）。

29) 日米の移民問題については，簑原俊洋『カリフォルニア州の排日運動と日米関係
——移民問題をめぐる日米摩擦，1906～1921 年』有斐閣，2006 年によっている。

30) 同書，161-162 頁。

31) 上林千恵子「介護人材の不足と外国人労働者受け入れ——EPA による介護士候補者

295

受け入れの事例から」『日本労働研究雑誌』57 巻 9 号，2015 年 9 月，92-93 頁。

32）　出井康博「『人手不足』と外国人（1）――『介護士・看護師受け入れ』はなぜ失敗したのか」『Forsight』（ウェブ版）2014 年 9 月 9 日（http://www.forsight/29132）。

33）　法務省入国管理局「高度人材ポイント制による出入国管理上の優遇制度」（http://www.immi-moj.go.jp/newimmiact_3/）。

34）　日本経済再生本部「日本再興戦略 2016 年――第 4 次産業革命に向けて」2016 年 6 月 2 日，206-207 頁（http://www.kantei.go.jp/jp/singi/keizaisaisei/pdf/zentaihombun-160602.pdf）。

35）　墓田桂『難民問題――イスラム圏の動揺，EU の苦悩，日本の課題』中公新書，2016 年，176 頁。

36）　外務省のウェブサイトによる（http://www.mofa.go.jp/mofaj/gaiko/nanmin/main3.html）。

37）　警察庁編『平成二年版 警察白書――外国人労働者の急増と警察の対応』第一章（https://www.npa.go.jp/hakusyo/h02/h02index.html）。

38）　これについては，難民審査手続きに実際に関与した墓田桂は，却下された難民申請の実態は，難民性の低い申請者や偽装難民が大多数で，「『難民に冷たい国』というイメージを与えながらも，適切な範囲で人道的に対処しているのが日本の難民行政の姿である」とするとともに，今後もこのままの体制で難民問題に対処できるかどうかに疑問を呈している（墓田，前掲書，179 頁）。

39）　国際協力機構（JICA）「シリア難民留学生受入の募集開始――シリア難民に教育機会の提供へ」（https://www.jica.go.jp/press/2016/20161205_01.html）。

40）　インドシナ難民の受け入れの実態調査，および人道的支援の観点からの批判的検討として，以下の文献がある。山田寛ほか『日本の難民受け入れ――過去・現在・未来』東京財団（中央公論事業出版）2007 年。また，日本に定住したベトナムからの難民の生きる姿を知るうえで，次の文献が非常にすぐれている。安田峰俊『境界の民，難民，遺民，抵抗者，国と国の境界に立つ人々』角川書店，2015 年（特に第 1 章「クラスメートは難民――日本のなかのベトナム」）。

41）　法務省「永住許可に関するガイドライン（平成 29 年 4 月 26 日改定）」（http://www.moj.go.jp/nyuukokukanri/kouhou/nyukan_nyukan50.html）。

42）　太田市については，水野龍哉『移民の詩（うた）――大泉ブラジルタウン物語』CCC メディアハウス，2016 年。いちょう団地およびいちょう小学校については，例えば，横浜市立飯田北いちょう小学校のウェブサイト（http://www.edu.city.yokohama.jp/sch/es/iidakitaicho/information.html），中野渉「クラスの半数以上が『外国につながる』児童　共生進む横浜いちょう団地」『HUFFPOST』2015 年 11 月 13 日（http://www.huffingtonpost.jp/2015/10/28/symbiosis-in-yokohama_n_8406106.html）を参照。

43）　2001 年に結成された外国人集住都市会議は，外国人居住者が集中する地方自治体の意見交換の場となっている。ここでは外国人児童の就学，外国人への社会保障制度適用，日本語コミュニケーション支援，あるいは窓口の外国語対応などを，限られた自分たちの資源で，外国人住民の存在を前提としていない制度的枠組みの中で，日夜対応しなくてはならない自治体の苦境が，見事に表れている（http://www.shujutoshi.jp/gaiyou/index.html）。

44）　日本経済再生本部，前掲書，206-209 頁。

あとがき

　人が国境を越えて移動することは，国際政治にとってどのような意味を持つのか。この問題に興味を持ち始めたのは，いつ頃のことだろうか。財や資本の国際移動の政治的意味合いをずっと考えてきた私としては，人の国際移動に関心を持ったのは自然なことだったし，大学で担当している国際政治経済学の講義でも，ずっとこの問題にはふれてきた。欧米では，この問題は深刻な政治問題となって久しく，おびただしい数の文献が書かれてきた。日本でも，すでに多数の研究が出版されている。今さら私が何かを付け足すことがあるのかどうか心配だが，国家と国家の政治的関係に関心のある私の問題意識に響く文献には，幸か不幸かあまり出合うことがなかった。「移民研究」の専門家とはとてもいえない私が，自分の考えを一冊の書物にまとめることになったのは，こんな経緯からである。

　日本でも，外国人と生活空間を共にすることが日常的な情景になっている。10年以上日本を離れていた人から「外国人が増えたのに驚いた」といったことを耳にすることもある。コンビニやレストランで外国語なまりのある日本語で応対されることや，親戚や友人が国際結婚することも，気がついてみると当たり前のことになった。受け入れていないはずの「単純労働者」の移民だが，技能実習生という名の経済移民の受け入れは規模も分野も着実に拡大している。この問題についての論考を雑誌や新聞で見かけることも，珍しくなくなっている。

　飛行機での移動もバス並みに簡単になった世界で，人の移動だけを国境で食い止めるのは，それがたとえ望ましいとしても土台無理な話だし，自国民と外国人という二分法も実態にそぐわなくなってくるのも自然な成り行きである。しかしだからといって，国家が国境管理をやめてしまったり，国家や国籍という制度そのものを廃止してしまったりすることは，イギリスが欧州連合（EU）離脱を決め，移民の国アメリカで反移民の立場をとるトランプ大統領が誕生したのをみただけでも，まだ遠い将来の可能性でしかなさそうである。

それでは人が活発に移動すると，国家はそれをどのように制御しようとし，それは他の国家との関係にどのように影響するのか。こういった問題について私なりにまとめてみたいと思ってきたが，日々の仕事に追われて，その実現はどんどん先送りになった。そうしたところに，2016〜17 年にカナダのオンタリオ州のウォータールー大学で在外研究の機会が得られ，その期間に，ようやく書き上げたのが，この本である。大学の教師が教育と研究以外の仕事でますます消耗している現在の日本で，落ち着いて自分の問題意識を発展させる時間を得られた私は恵まれている。在外研究の機会を与えてくれた私の所属する慶應義塾大学，そしてカナダで私をホストしてくれた長年の親しい友人である，ウォータールー大学のデイヴィッド・ウェルチ教授に感謝したい。

　なお，本書の第 1 章は「人口移動の国際政治学試論」『法学研究』83 巻 3 号として，また第 3 章は「国際人口移動と国家によるメンバーシップのガバナンス」（遠藤乾編『グローバル・ガバナンスの歴史と思想』有斐閣所収）として，いずれも 2010 年に書いたものだが，今回，相当大幅に書き改めている。また，2010〜11 年には慶應義塾学事振興資金による研究補助も頂戴した。記して謝意を表したい。

　本書執筆中に滞在したカナダは，おそらく世界でも最も開放的な移民政策を持ち，移民の社会的統合にも成功している国であろう。英語も下手で何かと不慣れな我々家族に，カナダの人々は実に寛容に接してくれた。しかしカナダにおける移民の歴史も，当然ながら何もかも幸福な物語ではない。滞在していたウォータールー市と隣接し，ほとんど一体化しているキッチナー市には，子どもの学校があったので，毎日のように通った。この町はドイツからの移民が多数入植した地域で，今日でも 8 月にはビア・フェスティバルが開かれるし，ドイツ系の地名やドイツ的な名前の人にもよく出くわす。また，近郊にはドイツ系のプロテスタントの一派で，非暴力主義と伝統的な生活習慣を守るメノー派の人々の集落もある。そのキッチナーは当初ニュー・ベルリンと呼ばれていた。だが第一次世界大戦が始まり，反ドイツ感情が強まると，カナダ（というよりも英帝国）への忠誠を示そうとして，折から戦死したイギリスの陸軍大臣ホレイショ・キッチナー将軍にちなんで，市民投票によって現在の名前に変更された。こういったいきさつを，地元の博物館の展示で初めて知った。

第一次世界大戦が始まると，カナダ政府は宗教上の理由で兵役を拒否したメノー派の人々を一部投獄した。また敵国出身者には当局への登録を義務づけ，一部はカナダ各地に設けられた収容所に拘束するという措置もとった。さらにカナダ市民であっても，1902年以降に帰化した市民からは投票権を剥奪する立法を行っている。キッチナーでもドイツ系の人々は有力な市民ですら忠誠を疑われ，ひどい場合には拘束されることすらあったという。また同市の中心部にあるヴィクトリア公園にそびえていた，ドイツ皇帝ヴィルヘルム1世の銅像は，戦時中の反独ヒステリーの中で，群衆によって持ち去られ，現在ではその台座だけが残っている。寛容で穏やかな現在のカナダ社会が，いつの日か再び国家存亡の危機に直面しても，維持されることを望まずにはいられない。

　2017年の夏までに一応書き上げた本書の草稿だが，出版までにさらに1年以上も要したのは，私の原稿がいつも以上に粗かったからである。この草稿について，私が大学院で指導した林晟一君は，全体を細かくみて助けてくれた。また私のゼミの学生だった副島知哉君は，国連難民高等弁務官事務所（UN-HCR）の職員としてヨルダンの難民キャンプで仕事をしながら草稿に目を通し，自身の経験に基づく知見に根ざした有益なコメントを寄せてくれた。自分の教え子から建設的かつ批判的なコメントを受けたのは，うれしい経験だった。

　そして何といっても，有斐閣編集部でこの本を担当してくれた岩田拓也さんは，辛抱強く多数の文章の傷を直し，丹念に面倒な引用文献のチェックを行うなど，骨の折れる仕事を良心的にやってくれた。本の内容には，筆者である私に責任があることはいうまでもないが，こういった人々の協力があって，本というものができあがるのだとあらためて思い知った。

　最後にもう一人。岩田さんの先輩であり，長きにわたって有斐閣編集部で数多くの書き手を支え，先年，退職された青海恭司さんには，本書でも助けていただいた。学問を尊重し本を愛する編集者への感謝と連帯の気持ちを込めて，青海さんに本書を献呈することにしたい。

　　2018年9月

　　　　　　　　　　　　　　　　　　横浜の自宅で

　　　　　　　　　　　　　　　　田 所 　昌 幸

引用・参考文献

● **外国語文献**（アルファベット順）

Agunias, Dovelyn Rannveig ed., *Closing the Distance: How Governments Strengthen Ties with Their Diasporas*, Migration Policy Institute, 2009.

Anderson, Stuart, "The Increasing Importance of Immigrants to Science and Engineering in America," NFAP Policy Brief, 2014.

Andreas, Peter, *Border Games: Policing the U. S.-Mexico Divide*, 2nd ed., Cornell University Press, 2012.

Arrighi, Jean-Thomas and Rainer Bauböck, "A Multilevel Puzzle: Migrants' Voting Rights in National and Local Elections," *European Journal of Political Research*, 2016, pp. 619-639.

Aylsworth, Leon E. "The Passing of Alien Suffrage," *American Political Science Review*, vol. 25, no. 1, 1931, pp. 114-116.

Bade, Klaus J., "Germany: Migrations in Europe up to the End of the Weimar Republic," in Robin Cohen ed., *the Cambridge Survey of World Migration*, Cambridge University Press, 1995.

Baldacchino, Godfrey, *Island Enclaves: Offshoring Strategies, Creative Governance, and Sub-national Island Jurisdictions*, McGill-Queen's Press-MQUP, 2010.

Banting, K., and W. Kymlicka eds., *Multiculturalism and the Welfare State: Recognition and Redistribution in Contemporary Democracies*, Oxford University Press, 2006.

Barrington, Lowell W., "Understanding Citizenship Policy in the Baltic States," in T. Alexander, Aleinikoff and Douglas Klusmeyer, eds., *From Migrants to Citizens: Membership in a Changing World*, Brookings Institution Press, 2000.

Bauböck, Rainer, "Expansive Citizenship: Voting beyond Territory and Membership," *Political Science and Politics*, vol. 38, no. 4, 2005, pp. 683-687.

Betts, Alexander, "Global Migration Governance: the Emergence of a New Debate," Global Economic Governance Programme Briefing Paper, 2010.

Bevan, Vaughan, *The Development of British Immigration Law*, Groom Helm, 1986.

Bhagwati, Jagdish N., "Taxing the Brain Drain," *Challenge*, vol. 19, no. 3, 1976, pp. 34-38.

Bhagwati, Jagdish N., and Martin Partington, *Taxing the Brain Drain, vol. 1: A Proposal*, North-Holland, 1976.

Brock, Gillian, and Michael Blake, *Debating Brain Drain: may Govermments Restrict Emigration*, Oxford University Press, 2015.

Brzezinski, Zbigniew, *Power and principle: Memoirs of the National Security Adviser, 1977-1981*, Farrar Straus & Giroux, 1983.

Carrol, Francis M., *Money for Ireland: Finance, Diplomacy, Politics, and the First Dáil Éireann Loans, 1919–1936*, Praeger, 2002.

Castles, Stephen, "Why Migration Policies Fail," *Ethnic and Racial Studies*, vol. 27, no. 2, 2004, pp. 205–227.

Chishti, Muzaffar and Charles Kamasaki, "IRCA in Retrospect: Guideposts for Immigration Reform," Policy Brief, Migration Policy Institute, 2014.

Chiswick, Barry R., "Illegal Immigration and Immigration Control," *The Journal of Economic Perspectives*, vol. 2, no. 3, 1988, pp. 101–115.

Cohen, Andrew, *The Unfinished Canadian: The People We Are*, McClelland & Stewart, 2007.

Cohen, Deborah, *Braceros: Migrant Citizens and Transnational Subjects in the Postwar United States and Mexico*, University of North Carolina Press, 2011.

Cohen, Robin, *Frontiers of Identity: The British and the Others*, Longman, 1994.

Cole, Joshua, *The Power of Large Numbers: Population, Politics, and Gender in Nineteenth-Century France*, Cornell University Press, 2000

Coleman, David, "Immigration Policy in Great Britain," in Friedrich Heckmann, Wolfgamg Bosswick and Harald Hederer eds., *Migration Policies: a Comprative Perspecitive*, EFMS Foundation Symposium Bamberg, 1993.

Collyer, Michael, *Emigration Nations: Policies and Ideologies of Emigrant Engagement*, Palgrave Macmillan, 2013.

Craig, Richard B., *The Bracero Program: Interest Groups and Foreign Policy*, University of Texas Press, 1971.

Cyrus, Nobert and Vesela Kovacheva, "Undocumented Migration in Germany: Many FIgures, Little Comprehension," in Triandafyllidou ed., *Irregular migration in Europe: Myths and Realities*, Routledge, 2016.

Daniels, Roger, "The Growth of Restrictive Immigration Policies in the Colonies and Settlement," in Robin Cohen ed., *the Cambridge Survey of World Migration*, Cambridge University Press, 1995.

David Feldman, David and M. Page Baldwin, "Emigration and the British State ca 1815–1925," in Nancy L. Green, and Françoise Weil eds., *Citizenship and Those Who Leave: the Politics of Emigration and Expatriation*, University of Illinois Press, 2007.

Davis, Ted, and David M. Hart, "International Cooperation to Manage High-Skill Migration: The Case of India-US Relations," *Review of Policy Research*, vol. 27, no. 4, 2010.

de Chickera, Amaland and Joanna Whiteman, "Discrimination and the Human Security of Stateless People," *Forced Migration Review*, vol. 46, 2014, pp. 56–58.

de la Garza, Rodolfo O., "Interests not Passions: Mexican-American Attitudes toward Mexico, Immigration from Mexico, and Other issues Shaping U. S.-Mexico Relations," *International Migration Review*, 1998, pp. 401–422.

Délano, Alexandra, "From Limited to Active Engagement: Mexico's Emigration Policies from a Foreign Policy Perspective (2000–2006)," *International Migration Review*, vol 43, issue 4, 2009, pp. 764–814.

Délano, Alexandra, *Mexico and its Diaspora in the United States, Policies of Immigration since 1848*, Cambridge University Press, 2011.

Délano, Alexandra, "The Diffusion of Diaspora Engagement Policies: A Latin American Agenda," *Political Geography*, vol. 41, 2014, pp. 90–100.

Docquier, Frédéric, "Brain Drain and Inequality Across Nations," IZA Discussion Paper, no. 2440, November 2006.

Durand, Jorge, "From Traitors to Heroes: 100 Years of Mexican Migration Policies," Migration Policy Institute, 2004.

Düvell, Franck, "Undocumented Migration in Comparative Perspective," in Frank Düvell ed., *Illegal Immigration in Europe: Beyond Control?*, 2006.

Düvell, Franck, "Irregular Migration," in Alexander Betts ed., *Global Migration Governance*, Oxford University Press, 2011.

Earnest, David C., and Old Nations, *New Voters, Nationalism, Transnationalism, and Democracy in the Era of Global Migration*, SUNY Press, 2008.

Echeverría, Gabriel, "Report on Access to Electoral Rights: Ecuador," Euroepan University Institute, 2015.

Fahmeir, Andreas, *Citizens and Aliens, Foreigners and the Law in Britain and the German States, 1789–1870*, Berghahn Books, 2000.

Fahmeir, Andreas, *Citizenship: the Rise and Fall of a Modern Concept*, Yale University Press, 2007.

Faist, Thomas, Jürgen Gerdes and Beate Rieple, "Dual Citizenship as a Path-Dependent Process," *International Migration Review*, vol. 38, no. 3, 2004.

Freitag, Sabine ed., *Exiles From European Revolutions: Refugees in Mid-Victorian England*, Berghahn Books, 2003.

Garcelon, Marc, "Colonizing the Subject: the Genealogy and Legacy of the Soviet Internal Passport," in Jane Caplan and John Torpey eds., *Documenting Individual Identity: The Development of State Practices in the Modern World*, Princeton University Press, 2001.

Gill, Alan, *Orphans of the Empire: The Shocking Story of Child Migration to Australia*, Random House Australia, 1998.

Goodman, Sara Wallace, "Naturalisation Policies in Europe: Exploring Patterns of Inclusion and Exclusion," European University Institute, EUDO Citizenship Observatory, 2010.

Grantstein, J. L., "Multiculturalism and Canadian Foreign Policy," in David Carment and David Bercuson eds., *The World in Canada, Diaspora, Demography, and Domestic Politics*, McGill Queen's University Press, 2008.

Greehill, Kelly M., *Weapons of Mass Migration: Forced Displacement, Coercion, and Foreign Policy*, Cornell University Press, 2010.

Gutiérrez, Carlos González, "Fostering Identities: Mexico's Relations with its Diaspora," *Jour-*

nal of American History, vol. 86, no. 2, 1999, pp. 545–567.

Haas, Hein de, and Simona Vezzoli, "Leaving Matters: the Nature. Evolution and Effects of Emigration Policies," International Migration Institute, Oxford University, Working Papers, vol. 34, 2011.

Hägel, Peter, and Pauline Peretz, "States and Transnational Actors: Who's Influencing Whome?: A Case Study in Jewish Diaspora Politics during the Cold War," *European Journal of International Relations*, vol. 11, no. 4, 2005, pp. 467–493.

Hamm, Patricia H., "Mexican-American Interests in US-Mexico Relations: The Case of NAFTA," Center for Research on Latinos in a Global Society, 1996.

Hammar, Tomas, Democracy and the Nation State: Aliens, Denizens, and Citizens in a World of International Migration, Aldershot, 1990.

Hanafi, Leila and Danielle Hites, "Morocco and Diaspora Engagement: A Contemporary Portrait," Jack Mangala ed., *Africa and Its Global Diaspora: The Policy and Politics of Emigration*, Palgrave Macmillan, 2017.

Herzog, Ben, *Revoking Citizenship: Expatriation in America from the Colonial Era to the War on Terror*, New York University Press, 2017.

Higgins, Trumbull, *The Perfect Failure: Kennedy, Eisenhower, and the CIA at the Bay of Pigs*, W. W. Norton, 1987.

Hirschman, Albert O., "Exit Voice, and the Fate of German Democratic Republic: An Essay in Conceptual History," *World Politics*, vol. 45 no. 2, 1993, pp. 173–202.

Hyndman, Jennifer, "A Refugee Camp Conundrum: Geopolitics, Liberal Democracy, and Protracted Refugee Situations," *Refuge: Canada's Journal on Refugees*, vol. 28, no. 2, 2013, pp. 7–15.

Irons, Peter H., "The Test Is Poland: Polish Americans and the Origins of the Cold War," *Polish American Studies*, vol. 30, no. 2, 1973, pp. 5–63.

Jonas, Manfred, *The United States and Germany: A Diplomatic History*, Cornell University Press, 1984.

Karatani, Rieko, *Defining British Citizenship: Empire, Commonwealth and Modern Britain*, Frank Cass, 2003.

Kettner, James H., *The Development of American Citizenship, 1608–1870*, The Omohundro Institute of Early American History and Culture and the University of North Carolina Press, 2014.

Kimball, Ann, *The Transit State: A Comparative Analysis of Mexican and Moroccan Immigration Policies*, Center for Comparative Immigration Studies, University of California, San Diego, 2007.

Kirch, Aksel, Marika Kirch and Tarmo Tuisk "Russians in the Baltic States: To be or not to be?," *Journal of Baltic Studies*, vol. 24, No. 2, 1993, pp. 173–188.

Kuptsch, Christine, and Philip Martin, "Low-Skilled Labour Migration," in Alexander Betts ed., *Global Migration Governance*, Oxford University Press, 2011.

Kuschminder Katie and Melissa Siegel, "Disaspora Engagement in India: From Non-Required Indians to Angels of Development," in Michael Collyer ed., *Emigration Nations: Policies and Ideologies of Emigrant Engagement*, Palgrave Macmillan, 2013.

Lall, M. C., *India's Missed Opportunity: India's relationship with the Non Resident Indians*, Ashgate, 2001

Lazin, Fred A., *The Struggle for Soviet Jewry in American Politics: Israel versus the American Jewish Establishment*, Lexington Books, 2005.

Legomsky, Stephen H., "The USA and the Caribbean Interdiction Program," *International Journal of Refugee Law*, vol. 18, no. 3-4, 2006, pp. 677-695.

LeoGrande, William M., "From Havana to Miami: U. S. Cuba Policy as a Two-Level Game," *Journal of Interamerican Studies and World Affairs*, vol. 40, no. 1, 1998, pp. 67-86.

Levin, Geoffrey P., "Before Soviet Jewry's Happy Ending: The Cold War and America's Long Debate over Jackson-Vanik, 1976-1989," *Shofar: An Interdisciplinary Journal of Jewish Studies*, vol. 33, no. 3, 2015, pp. 63-85.

Maria, Elena Bickerton, "Prospects for a Bilateral Immigration Agreement with Mexico: Lessons from the Bracero Program," *Texas Law Review*, vol. 79, no. 4, 2001, pp. 895-919.

Mearsheimer, John J. and Stephen Walt, "The Israel Lobby and U. S. Foreign Policy," Working Paper Series from Harvard University, John F. Kennedy School of Government, March 2006.

Medicins sans Frontiers, *Dadaab to Somalia: Pushed Back Into Peril*, 2016.

Miller, Mark J., "The Prevention of Unauthorized Migration," in Ann Bernstein and Myron Weiner eds., *Migration and Refugee Policies*, Pinter, 1999.

Morrow, Rising Lake, "The Negotiation of the Anglo-American Treaty of 1870," *The American Historical Review*, vol. 39, no. 4, 1934, pp. 663-681.

Neidbardt, W. S., *Fenianism in North America*, the Pennsylvania State University Press, 1975.

Noll, Gregor, "Rejected Asylum Seekers: The Problem of Return," *International Migration*, vol. 37, no. 1, 1999, pp. 267-288.

Off, Carol, *The Ghosts of Medak Pocket: The Story of Canada's Secret War*, Random House of Canada, 2004.

Offen, Karen, "Depopulation, Nationalism, and Feminism in Fin-de-Siècle France," *The American Historical Review*, vol. 89, no. 3, 1984, pp. 648-676.

Paoletti, E., *The Migration of Power and North-South Inequalities: The Case of Italy and Libya*, Palgrave Macmillan, 2010.

Paral, Rob, and Benjamin Johnson, "Maintaining a Competitive Edge, The Role of the Foreign-Born and U. S. Immigration Policies in Science and Engineering," *Immigration Policy in Focus*, vol. 3, no, 3, 2004.

Park, Kyung-Ae, "People's Exit, Regime Stability, and North Korean Diplomacy," in Kyung-

AePark ed., *New Challenges of North Korean Foreign Policy*, Palagrave Macmillan, 2010.

Parnini, Syeda Naushin, "The Crisis of the Rohingya as a Muslim Minority in Myanmar and Bilateral Relations with Bangladesh," *Journal of Muslim Minority Affairs*, vol. 33, no. 2, 2013, pp. 281–297.

Ragazzi, Francesco, "A Comparative Analysis of Diaspora Policies," *Political Geography*, vol. 41, 2014, pp. 74–89.

Rawlence, Ben, *City of Thorns: Nine Lives in the World's Largest Refugee Camp*, Random House, 2016.

Roche, T. W. E., *The Key in the Lock: a History of Immigration Control in England from 1066 to the Present day*, J. Murray, 1969.

Rodriguez, Robyn Magalit, *Migrants for Export: How the Philippine State Brokers Labor to the World*, University of Minnesota Press, 2010.

Ruggie, John Gerard, "The Past as Prologue? Interests, Identity and American Foreign Policy," *International Security*, vol. 21, no. 4, 1997, pp. 89–125.

Salehyan, Idean, "the Externalities of Civil Strife: Refugees as a Source of International Conflict," *American Journal of Political Science*, vol. 52, no. 4, 2008, pp. 787–801.

Sassen, Saskia, *Guests and Aliens*, New Press, 1999.

Saxenian, Anna Lee, "From Brain Drain to Brain Circulation: Transnational Communities and Regional Upgrading in India and China," *Studies in Comparative International Development*, vol. 40 no. 2, 2005, pp. 35–61.

Schuster, Liza, "Turning Refugees into 'Illegal Migrants': Afghan Asylum Seekers in Europe," *Ethnic and Racial Studies*, vol. 34, no. 8, 2011, pp. 1392–1407.

Senior, Hereward, *The Last Invasion of Canada: The Fenian Raids, 1866–1870*, Dundurn Press, 1991.

Shachar, Ayelet, "The Race for Talent: Highly Skilled Migrants and Competitive Immigration Regimes," *New York University Law Review*, vol. 81 no. 1, 2006, pp. 148–206.

Shachar, Ayelet and Rainer Bauböck, *Should Citizenship be for Sale? (Robert Schuman Centre for Advanced Studies)*, European University Institute, 2014.

Shain, Yossi, *Marketing the American Creed Abroad, Diasporas in the U. S. and their Homelands*, Cambridge University Press, 1999.

Sisson Richard, and Leo E. Rose, *War and Secession: Pakistan, India, and the Creation of Bangladesh*, University of California Press, 1990.

Smith, Tony, *Foreign Attachments: The Power of Ethnic Groups in the Making of American Foreign Policy*, Harvard University Press, 2005.

Soysal, Yasemin Nuhoglu, *Limits for Citizenship: Migrants and Postnational Membership in Europe*, University of Chicago Press, 1994.

Spring, Joel, *Globalization of Education: an Introduction*, Routledge, 2009.

Suhrke, Astri, and Ariside R. Zolberg, "Issues in Contemporary Refugee Policies," in Ann Bernstein and Myron Weiner eds., *Migration and Refugee Policies*, Pinter 1999.

Teitelbaum, Michael S., "Immigration, Refugees and Foreign Policy," *International Organization*, vol. 38, no. 3, 1984, pp. 437-438.

Tombs, Robert and Isabelle, That Sweet Enemy: The French and The British from the Sun King to the Present, William Heinemann, 2006.

Torpey, John, "Leaving: A Comparative View," in Nancy L. Green and François Weil eds., *Citizenship and Those Who Leave: the Politics of Emigration and Expartrjation*, University of Illinois Press, 2007

Triandafyllidou, Anna ed., *Irregular migration in Europe: Myths and Realities*, Routledge, 2016.

Triandafyllidou, Anna and Maria Illies "EU Irregular Migration Policy," in Anna Triandafyllidou ed., *Irregular migration in Europe: Myths and Realities*, Routledge, 2016.

Tsiang, I-Mien, *the Question of Expatriation in America Prior to 1907*, Johns Hopkins Press, 1942.

Vetik, Raivo, "Citizenship, statelessness and belonging in Estonia," Paper presented at ECPR General Conference, Reykjavik, 2011.

Weil, Patrick, "Access to Citizenship: A Comparison of Twenty Five Nationality Laws, in T. Alexander Aleinikoff and Douglas B. Klusmeyer eds., *Citizenship Today: Global Perspectives and Practices*, Carnegie Endowment for International Peace, 2001.

Weil, Patrick, *How to be French: Nationality in the Making since 1789*, Duke University Press, 2008.

Weiner, Jerome B., "The Green March in Historical Perspective," *Middle East Journal*, vol. 33, no. 1, 1979, pp. 20-31.

World Bank Group, *Migration and Remittances Factbook 2016*, 3rd ed., World Bank Publication, 2016.

Zevelov, Igor, "Russia and the Russian Diasporas," *Post-Soviet Affairs*, vol. 12, no. 3, 1996, pp. 265-284.

Zolberg, Aristide R., "The Exit Revolution," in Nancy L. Green, and Françoise Weil eds., *Citizenship and Those Who Leave: the Politics of Emigration and Expatriation*, University of Illinois Press, 2007.

● 日本語文献 （五十音順）

阿川尚之『憲法で読むアメリカ史（全)』ちくま学芸文庫，2013 年。

浅川晃広「オーストラリアの移民政策と不法入国者問題――『パシフィック・ソリューション』を中心に」『外務省調査月報』11 号，2003 年。

東栄一郎「日本人の海外移住略史，1868 年-1998 年」国際日系研究プロジェクトウェブサイト。

阿部浩己『無国籍の情景－国際法の視座，日本の課題』UNHCR 駐日事務所，2010 年。

荒野泰典編『近世日本の国際関係と言説』渓水社，2017 年。

アンダーソン，ベネディクト／関根政美訳「〈遠隔地ナショナリズム〉の出現」『世界』1993 年。

アンダーソン，ベネディクト／白石隆・白石さや訳『定本想像の共同体――ナショナリズムの起源と流行』書籍工房早山，2007 年

池内恵『サイクス゠ピコ協定 百年の呪縛』（中東大混迷を解く）新潮選書，2016 年。

ウェイド，ニコラス／安田喜憲監修，沼尻由起子訳『5 万年前――このとき人類の壮大な旅が始まった』イースト・プレス，2007 年。

ウェイナー，マイロン／内藤嘉昭訳『移民と難民の国際政治学』明石書店。

ウェルチ，デーヴィッド・A.「アメリカ人をやめた私――重国籍という逆説」『アステイオン』89 号，2018 年。

ゲルナー，アーネスト／加藤節監訳『民族とナショナリズム』岩波書店，2000 年

上野久『メキシコ榎本殖民――榎本武揚の理想と現実』中公新書，1994 年。

江川英文・山田鐐一・早田芳郎『国籍法』（法律学全集 59-Ⅱ）有斐閣，1989 年。

遠藤正敬『近代日本の植民地統治における国籍と戸籍――満州・朝鮮・台湾』明石書店，2010 年。

岡村美保子「重国籍――我が国の法制と各国の動向」『レファレンス』634，2003 年，56-63 頁。

小川浩之『英連邦――王冠への忠誠と自由な連合』中公叢書，2012 年。

小熊英二『日本人の境界――沖縄・アイヌ・台湾・朝鮮植民地支配から復帰運動まで』新曜社，1998 年。

カースルズ，S.＝M. J. ミラー／関根政美・関根薫訳『国際移民の時代〔第 4 版〕』名古屋大学出版会，2011 年。

上林千恵子「介護人材の不足と外国人労働者受け入れ―― EPA による介護士候補者受け入れの事例から」『日本労働研究雑誌』57 巻 9 号，2015 年，88-97 頁。

河原祐馬「ラトヴィア共和国の市民権政策と「非市民」の帰化プロセス」『岡山大學法學會雑誌』53 巻 3・4 号，2004 年，63-89 頁。

木村英亮「『置き去りにされた』ディアスポラ・ロシア人」『国際政経論集』（二松学舎大学）第 10 号，2004 年。

金賛汀『在日義勇兵帰還せず――朝鮮戦争秘史』岩波書店，2007 年。

倉沢愛子『9・30 世界を震撼させた日－インドネシア政変の真想と波紋』岩波書店，2014 年。

コーエン，ロビン／駒井洋訳『新版 グローバル・ディアスポラ』明石書店，2012 年。

齊藤茂雄「古代トルコ系遊牧民の広域秩序」『アステイオン』84 号，2016 年。

佐藤成基「『血統共同体』からの決別――ドイツの国籍法改正と政治的公共圏」『社会志林』55 巻 4 号，2009 年，73-111 頁。

猿谷要『ハワイ王朝最後の女王』文春新書，2003 年。

塩出浩之『越境者の政治史――アジア太平洋における日本人の移民と植民』名古屋大学出版会，2015 年。

鈴木董『ナショナリズムとイスラム的共存』千倉書房，2007 年。

須永恵美子『現代パキスタンの形成と変容――イスラーム復興とウルドゥー語文化』ナカニシヤ出版，2014 年。

須永隆『プロテスタント亡命難民の経済史－近世イングランドと外国人移民』昭和堂，2010 年。

高神信一「アイルランド系アメリカ人とアイルランド独立戦争——アイルランド救済アメリカ委員会とアイルランド白十字」(1)『大阪産業大学経済論集』6 巻 1 号，2004 年，1-25 頁。

館田晶子「フランスにおける国籍制度と国民概念 (2) ——その歴史的考察」『北大法学論集』56 巻 5 号，2006 年，149-168 頁。

田中恭子「中国の対外関係と華僑・華人」岡部達味編『中国をめぐる国際環境』岩波書店，2001 年。

田中恭子『国家と移民——東南アジア華人世界の変容』名古屋大学出版会，2002 年。

田中健夫『倭寇——海の歴史』講談社学術文庫，2012 年

谷口功一「郊外の多文化主義——「同胞」とは誰か」『アステイオン』83 号，2015 年。

千野境子『インドネシア 9.30 クーデターの謎を解く——スカルノ，スハルト，CIA，毛沢東の影』草思社，2013 年。

チャンダ，ナヤン／友田錫・滝上広水訳『グローバリゼーション——人類 5 万年のドラマ』NTT 出版，2009 年。

トッド，エマニュエル／石崎晴己・東松秀雄訳『移民の運命——同化か隔離か』藤原書店，1999 年。

トービー，ジョン／藤川隆男監訳『パスポートの発明——監視・シティズンシップ・国家』法政大学出版局，2008 年。

トレンハルト，ディートリヒ／宮島喬・高坂扶美子・新原道信・丸山智恵子・分田順子・定松文訳『新しい移民大陸ヨーロッパ——比較のなかの西欧諸国・外国人労働者と移民政策』明石書店，1994 年。

内藤正典「東西ドイツ再統一のはざまで——西ドイツのトルコ人移民たちは今」内藤正典，一橋大学社会地理学ゼミナール編『ドイツ再統一とトルコ人移民労働者』明石書店，1991 年。

新田浩司「アメリカ合衆国移民法の最近の動向に関する研究」『地域政策研究』16 巻 3 号，2014 年，15-29 頁。

墓田桂「国内避難民 (IDP) と国連——国際的な関心の高まりの中で」『外務省調査月報』1 号，2003 年。

墓田桂『難民問題——イスラム圏の動揺，EU の苦悩，日本の課題』中公新書，2016 年。

橋本伸也『記憶の政治——ヨーロッパの歴史認識紛争』岩波書店，2016 年。

林晟一「在日韓国人になる」『アステイオン』89 号，2018 年。

ハンチントン，サミュエル／鈴木主税訳『分断されるアメリカ』集英社文庫，2017 年。

福井千鶴「南米移民と日系社会——日系人のアイデンティティーを中心に」『地域政策研究（高崎経済大学）』5 巻 3 号，2003 年，35-52 頁。

福澤諭吉「痩我慢の説」『丁丑公論痩我慢の説』（福澤諭吉著作集 第 9 巻）慶應義塾大学出版会，2002 年。

福澤諭吉「非内地雑居論に就て」『時事小言通俗外交論（福澤諭吉著作集 第 8 巻）』慶應義塾大学出版会，2003 年。

ブルーベイカー，ロジャース／佐藤成基・佐々木てる監訳『フランスとドイツの国籍とネーション——国籍形成の比較歴史社会学』明石書店，2005 年。

フロイス，ルイス／松田毅一・川崎桃太訳『完訳フロイス日本史』1，中公文庫，2000 年。

ホブズボウム，E.＝T・レンジャー編／前川啓治・梶原景昭ほか訳『創られた伝統』紀伊國屋書店，1992 年。

ホルヴィッツ，トニー／山本光伸訳『青い地図——キャプテン・クックを追いかけて』上・下，バジリコ，2003 年

ポルマン，リンダ／大平剛訳『クライシス・キャラバン』東洋経済新報社，2012 年。

本間浩『政治亡命の法理』早稲田大学出版部，1974 年。

松井茂記『アメリカ憲法入門〔第 7 版〕』有斐閣，2012 年。

マントン，ドン＝デイヴィッド・ウェルチ／田所昌幸・林晟一訳『キューバ危機——ミラー・イメージングの罠』中央公論新社，2015 年。

水野龍哉『移民の詩（うた）——大泉ブラジルタウン物語』CCC メディアハウス，2016 年。

三谷太一郎『日本近代とは何であったか——問題史的考察』岩波新書，2017 年。

簑原俊洋『カリフォルニア州の排日運動と日米関係——移民問題をめぐる日米摩擦，1906〜1921 年』有斐閣，2006 年。

宮崎市定責任編集『清帝国の繁栄』（中国文明の歴史 9）中公文庫，2000 年。

ミュルダール，G.／北川一雄訳『福祉国家を越えて——福祉国家での経済計画とその国際的意味関連』ダイヤモンド社，1963 年。

六鹿茂夫「NATO・EU 拡大効果とその限界」『ロシア・東欧学会年報』27 号，1998 年，11-21 頁。

村井章介『中世倭人伝』岩波新書，1993 年。

村井忠政「カナダ移民政策の歴史——政策決定のプロセスとメカニズム」下『名古屋市立大学人文社会学部研究紀要』12 巻，2002 年，193-211 頁。

茂在寅男『航海術——海に挑む人間の歴史』中公新書，1967 年。

守屋治善「ドイツ帝国建設期の国籍法」『法学新報』113 巻 11・12 号，2007 年，675-698 頁。

守屋治善「帝政期ドイツにおける国籍法の改正」『政經論叢』77 巻 3・4 号，2009 年，467-490 頁。

薬師寺泰蔵『テクノヘゲモニー——国は技術で興り，滅びる』中公新書，1989 年。

矢口祐人『ハワイの歴史と文化——悲劇と誇りのモザイクの中で』中公新書，2002 年

安田峰俊『境界の民，難民，遺民，抵抗者，国と国の境界に立つ人々』角川書店，2015 年。

柳井健一『イギリス近代国籍法史研究——憲法学・国民国家・帝国』日本評論社，2004 年。

山崎正和『海の桃山記』（山崎正和著作集 5 巻）中央公論社，1981 年。

山田寛ほか『日本の難民受け入れ——過去・現在・未来』東京財団（中央公論事業出版）2007 年。

結城朝八／石川友紀監修『南米と移民〔復刻版〕』（日系移民資料集 第 2 期 南米編 2；昭和戦前期編 第 11 巻）日本図書センター，1999 年。

雪山伸一『ドイツ統一』朝日新聞社，1993 年。

ヨプケ，クリスチャン／遠藤乾・佐藤崇子・井口保宏・宮井健志訳『軽いシティズンシップ——市民，外国人，リベラリズムのゆくえ』岩波書店，2013 年。

寥赤陽「華僑華人の歴史的展開——一九五〇年代までの遥かなる旅」駒井洋監修，陳天璽・小林知子編『東アジアのディアスポラ』（叢書グローバル・ディアスポラ 1）明石書店，2011 年。

労働政策研究・研修機構編『諸外国における高度人材を中心とした外国人労働者受入れ政策――デンマーク，フランス，ドイツ，イギリス，EU，アメリカ，韓国，シンガポール比較調査』JILPT 資料シリーズ，No. 114，2013 年。

労働政策研究・研修機構編『欧州諸国における介護分野に従事する外国人労働者――ドイツ，イタリア，スウェーデン，イギリス，フランス 5 カ国調査』JILPT 資料シリーズ，No. 139，2014 年。

労働政策研究・研修機構編『諸外国における外国人受け入れ制度の概要と影響をめぐる各種議論に関する調査』JILPT 資料シリーズ，No. 153，2015 年。

渡辺富久子「立法情報【ドイツ】国籍法の改正」『外国の立法（月刊版）』261 号，2014 年，261-262 頁。

和辻哲郎『鎖国――日本の悲劇』下，岩波文庫，1982 年。

事 項 索 引

● あ 行

アイデンティティ　14, 15, 17, 22, 192, 196,
　197, 200, 203, 212, 215, 231, 293, 294
アイヌ　22, 269, 272
アイルランド　70, 143, 154, 155, 181, 228, 232,
　238, 239
アゼルバイジャン　187, 226
アフガニスタン　200, 229, 247
アフリカ　44
アヘン戦争　219
アメリカ　10, 18, 22, 26, 36, 39, 42, 48, 52, 57,
　65, 69, 77, 134, 140-144, 153-155, 160, 161,
　165, 166, 169, 170, 199, 212, 224, 230, 232,
　235, 237-240, 245-247, 264, 268, 269, 271,
　280, 281, 286
アラブ首長国連邦（UAE）　9, 66
アラブの春　18
アルザス・ロレーヌ地方　164
アルジェリア　167, 245
アル・シャバーブ　119, 121
アルメニア　221, 226
アワミ同盟　59
アンゴラ　54
安政の5ヵ国条約　268
安全保障共同体　17
アンティグア・バーブーダ　242
アンドラ　9
イギリス　17, 26, 27, 43, 134, 137, 138, 141-
　145, 148, 151-155, 159, 160, 170, 177, 181,
　192, 199, 212, 217, 219, 238, 242, 268, 286
医師　46
イスタンブール　220
イズミル　→スミルナ
イスラエル　35, 36, 39, 51, 88, 215, 216, 220,
　228, 231
イスラーム過激派　15
イスラーム国　→IS

イタリア　70, 168, 178, 228, 230
イノベーション　290
移民
　官約——　266
　強制——　86
　経済——　62
　中国人——　161
　通過——　246
　非正規——　14, 86, 123, 261, 272, 277
　ユダヤ人——　168, 215
　——改革統制法（Immigration Reform and
　　Control Act：IRCA）　100, 101, 104
　——回廊　10, 14, 260
　——政策　22
　——排斥運動　28
移民法
　1881年の——　91
　1924年の——　280
移民法改正
　1965年の——　42
イラン　233
インターネット　2
インド　11, 12, 41, 44, 46, 48, 59-62, 89, 160,
　199, 216, 221, 229, 230, 232, 233, 239, 240,
　246, 252
　——人　160
インドネシア　250, 281
ウェットバック作戦　102, 115
ヴェルサイユ講和会議　232
ウガンダ　232, 246
ウクライナ　248, 293
ウスタシャ　200
ウルグアイ　181
英国独立党（UKIP）　90
永住権　181, 204, 277, 289
　特別——　180
永住者　277
永住要件　289

英帝国　268
エクアドル　181, 184
エストニア　187, 189, 196, 220, 248
エチオピア　54, 231
エリス島　161
欧州対外国境管理協力機関（FRONTEX）
　92
欧州連合（EU）　17, 248
　――諸国　287
　――離脱　17
沖縄　269
オーストラリア　42, 44, 51, 151, 160, 176, 184,
　271, 272, 286
オーストリア　165, 243
　――＝ハンガリー帝国　238
オスマン帝国　107, 136, 219, 220, 221, 242
オランダ　217, 243, 264, 268

● か　行

海外移住事業団　272
海外送金　12, 225, 236
海外旅行　15
解禁政策　219
外国人参政権　291
外国人登録法（Alien Registration Bill）　148
外国人法（Alien Act）　148
　1844 年の――　152
　1905 年の――　160
隔離　198
カザフスタン　187
過剰人口論　266
華人コミュニティ　218, 219, 233
カタール　9, 66
カトリック　70, 136, 161, 198
カナダ　42, 44, 65, 151, 154, 161, 184, 192, 198,
　199, 201, 268, 271, 286
カマリオカ　54
　――危機（1965 年）　52
カルヴィン事件（Calvin's Case）　139
韓国　→大韓民国
　――人　278
観衆効果（audience cost）　51, 59

関税及び貿易に関する一般協定（GATT）
　64
カンボジア　250
帰化　133, 140, 144, 146, 152-154, 157, 161-
　165, 170, 171, 185, 188, 205, 261, 289, 290
　――制度　139
　――法　143, 157
　――民　140
　――要件　143, 182, 189, 193
　――率　193
帰還法　35, 215
偽装難民　286
帰属　158
帰属意識　7
　宗教的――　135
北大西洋条約機構（NATO）　248
北朝鮮　→朝鮮民主主義人民共和国
技能実習生　8, 277, 293
キプロス　243
9.30 事件　250
旧体制　133, 135, 138, 142, 146, 169, 170, 266
キューバ　52-58, 233
強制外交　58
強制送還　71, 115, 160
　――協定　150
強制徴募　153
僑務委員会　223
僑務弁公室　223
居住要件　189
居留地制度　268
ギリシャ　221, 226, 228
グアダルーペ・イダルゴ条約　69
グアテマラ　245
グァンタナモ基地　57, 58, 117
クラブ財　65
クランデスティノ・プロジェクト（Clandes-
　tino Project）　87
クリミア半島　248
グリーンカード　44, 180, 292
グレナダ　242
クロアチア　200
グローバリゼーション　2
経済連携協定（EPA）　281

携帯電話　2

ゲストワーカー（出稼ぎ労働者）　23, 166, 177, 178, 277

血統主義（jus sannguinis）　147, 162, 164, 166-169, 185, 186, 189, 196, 215, 245, 249, 289

ケニア　119, 232, 246

ケベック州　198

限界的労働力　79

甲殻化　177

甲殻国家　175, 287

紅徴兵　250

高度人材　14, 26, 42-46, 48, 49, 78, 168, 260, 275, 283, 289

広報外交　→パブリック・ディプロマシー

皇民化教育　270

国際移住機関（IMO）　87

国際移民レジーム　65

　　——の不在　65

国際協力事業団（JICA）　272

国際公共財　65

国際政治学　15

国際政治経済学　18

国際難民レジーム　65

国際連合（国連）　3, 8

　　——人口局　275

国際労働機関（ILO）　64

国政選挙権　181

国籍　7, 133, 139, 140, 145, 146, 151, 152, 165-167, 170, 178, 181, 185, 188, 193, 195, 203-206, 215, 228, 229, 234, 243-245, 269, 271, 275, 291

　　——制度　150, 151, 155, 162, 167, 169, 170, 269

　　——要件　245

　　——離脱　133, 139, 153-157, 170, 261, 269

　　重——　152, 193-196, 202, 205, 206, 228, 290, 291

　　二重——　187

　　無——　196, 239, 245

国籍法　150, 154, 163, 164, 166, 168, 186, 188, 196, 245, 249, 269, 289

　　1913年の——　186

国内避難民　108, 124, 125

国民国家　177, 242

国連開発計画（UNDP）　87

国連難民高等弁務官事務所（UNHCR）　108-110, 113, 125, 127, 245

国連保護軍（UNPROFOR）　127

コスタリカ　55

古代ギリシャ　241

国家破綻　18, 106, 261

国境　2

　　——回復運動　248

　　——管理　22, 78, 91

　　——警備隊（Border Patrol）　91

　　——警備当局　94

　　——なき医師団　121, 123

コモン・ロー　138, 144

● さ　行

在外華人　293

在外の同胞　7

差異主義的社会　202

在日コリアン　8, 33, 180, 235, 272, 292, 293

再分配　176, 178, 192, 206, 241, 262

サウジアラビア　67

鎖国　264, 265

査証　→ビザ

38度線　33, 176

蚕食　268

ザンビア　46

サンフランシスコ平和条約　271

シエラレオネ　245

シェンゲン協定　23, 92, 95, 97, 150

シェンゲン圏　144

ジェンダー　14

自国民保護　236

シージャック事件　56

シティズンシップ　14

　　——・テスト　191-193, 290

自発的帰還　114, 123

市民革命　140, 157

社会的統合　15, 217

弱者の恐喝　59

事項索引　315

ジャクソン・ヴァニク修正　37, 50
ジャコバイト　27
ジャマイカ　46
ジャワ　264
儒教　219
重商主義的　64
自由貿易協定(FTA)　64
収容所　170
主権国家体系　5, 185
主権国家秩序　106, 264
シュタージ　31
出国規制　78
出国税　47
出生地　164
　　――主義(jus soil)　145-147, 152, 163,
　　167-169, 185, 186, 245, 269, 289
出入国管理　22, 47, 203
生涯不変の忠誠（indelible allegiance）　138,
　　139, 151, 157
少子高齢化　277
シンガポール　9, 46, 66, 235
新疆ウイグル　285
人口減少　275
人口流出　31, 35
人的管轄権　6, 19, 154, 156, 158, 159, 252, 262,
　　291
ジンバブエ　46
スイス　168, 190
スウェーデン　186
ズデーデン地方　248
頭脳循環　48
頭脳流出　41, 46, 48, 49, 225, 283
スペイン　51, 52, 69, 136, 217, 246, 265
スミルナ(イズミル)　220
スリランカ　200, 229
生計要件　190
政治亡命者　22, 23, 50, 78
政府開発援助(ODA)　12, 225
セウタ(Ceuta)　96
世界銀行　8, 225
世界人権宣言　25
世界貿易機構(WTO)　22, 64
セルビア　200

先住民　5, 22, 70, 134, 144, 151, 198, 218, 269
戦略的棄民　77
　　――政策　52, 58, 261, 283, 285
創氏改名　270
ソ連　29, 35-37, 39, 41, 47, 187, 188, 220, 247

● た　行

タイ　56, 264
大韓民国(韓国)　17, 33-35, 233, 235, 239, 278,
　　279, 283
大航海時代　4
第3共和政　167
第三国再定住　114, 123
大正デモクラシー　270, 293
大日本帝国憲法　266
台湾　66, 68, 270, 271, 283
ダダーブ(Dadaab)　119, 121
脱国家的現象　7
脱国家的世界　15
多文化主義　15, 17, 198-202, 205, 227, 237,
　　291, 292
タリバーン　122
チェコスロヴァキア　29
地政学　196, 236, 248, 251
　　――的対立　14, 142
チベット　285
地方参政権　181, 204, 235, 290
中華帝国　242
中華人民共和国(中国)　4, 11, 17, 33-35, 44,
　　48, 61, 68, 89, 160, 185, 219, 222, 223, 229,
　　233, 236, 239, 240, 252, 271, 275, 278, 279,
　　283, 285, 288, 291, 293
中国人　160, 264, 278
　　――移民排斥法(1882年)　70
中朝国境　33
朝鮮　270, 271
　　――戦争　72, 272
朝鮮民主主義人民共和国(北朝鮮)　32-35,
　　233, 236, 284, 287
徴兵　149, 153, 215, 228
　　――忌避　164
　　――制度　162, 170, 192, 200, 249, 270

チリ　181, 182, 222
ディアスポラ　213-216, 220-225, 227-241,
　　246-253, 293
　　──・エンゲージメント（diaspora engage-
　　ment）　49, 213, 222, 253
　　インド人──　230, 234, 246
　　華人──　218, 219, 233, 239, 240, 247, 249,
　　250
　　犠牲者──　214, 231
　　交易──　214, 218, 219
　　帝国──　214, 217, 218
　　メキシコ人──　230
　　領土再編による──　220
　　労働──　214, 216, 219, 234
　　ロシア人──　220
帝国　247
テキサス　51, 69
デタント　37
デニズン（Denizen）　140, 180, 181, 185, 193,
　　204, 205, 289, 290
テロ　120, 201, 250
　　──事件　90, 202
テロリズム　15
天安門事件　50, 233, 239
デンマーク　164
ドイツ　23, 26, 41, 44, 137, 149, 154, 163, 164,
　　166, 170, 179, 186, 187, 190, 202, 238, 248,
　　272, 286
　　東──　29, 32, 59, 79
　　西──　178, 186
　　──のための選択肢（AfD）　90
同化　167, 186, 197, 234, 246
　　──主義　197, 198, 201, 205, 237
　　──政策　270
統計　8
同質化　179
都市国家　241
ドミニカ国　222-224, 242
渡来人　263
トリニダード・トバコ　45
トルコ　179, 221, 230
奴隷　5, 26, 145
　　──制度　231

──貿易　216
ドレフュス事件　167
トンガ　46

● な 行

内地雑居　268, 269
ナショナリスト　262, 269
ナショナリズム　5, 135, 155, 158, 159, 165,
　　168, 170, 197, 233, 249, 268, 270, 271, 284
　　遠隔地──　231, 234
ナポレオン法典　147, 162, 185
南北戦争　26, 145, 153
難民　22, 23, 33
　　──キャンプ　119, 120
　　──事業本部　286
　　──条約　108, 113
　　──兵士　122
ニカラグア　228
日英通商航海条約（1894年）　269
日米紳士協定　23, 24, 280
日韓国交正常化　235
日系ブラジル人　230
日本海外移住振興株式会社　272
日本海外協会連合　272
日本語学校　8
日本国憲法　25
日本国籍　271
日本人学童隔離事件　251
日本人町　264
日本例外論　16, 18
入国管理法　277
ニュージーランド　43, 181
ニュルンベルク法　166
ネパール　229
農奴解放令　149
ノーベル賞　42
ノン・ルフールマン　16, 109, 116

● は 行

ハイジャック　55, 56, 59
ハイチ　45, 52, 143, 239

事項索引　317

排日移民法　70, 198, 280, 293
パキスタン　47, 59-62, 229, 247
白豪主義　177
パスポート(旅券)　28, 47, 91, 94, 106, 137,
　　138, 146, 149, 158, 205, 243, 252, 280
　　――・コントロール　158
破綻国家　15, 108, 288
ハート・セラー法　176
ハプスブルク帝国　242
パブリック・ディプロマシー(広報外交)
　　227
バーリンゲーム条約　161
バルカン化(ballkanization)　237
バルバドス　45
パレスチナ人　220
バーレーン　66
ハワイ　5, 266
汎アフリカ主義運動　231
反移民　18
　　――政党　202
ハンガリー　29, 230
バングラデシュ　62, 222, 229, 245
バンクロフト(諸)条約　155, 195
引き揚げ者　271
ビザ(査証)　3, 28, 67, 91, 106, 149
　　労働――　68, 69
被差別部落出身者　203
非政府組織(NGO)　34, 47, 51
ビルマ　250
フィジー　232
フィリピン　13, 66-69, 221, 235, 239, 264, 281
フィンランド　187
フェニアン(Fenian)　155
　　――の襲撃事件　155
ブータン　229
普仏戦争　163
普遍主義的社会　202
不法入植者　69
ブラジル　181, 222, 272
ブラセロス危機(1994年)　56
ブラセロ・プログラム　23, 69, 71-76
フランス　26, 44, 52, 136, 140, 145, 149, 152,
　　154, 159, 162-164, 166, 167, 170, 177, 192,

202, 217, 228, 268
　　――革命　25, 137
ブルガリア　243
プロイセン　25, 138, 149
プロテスタント　70, 136, 142, 161, 165, 198
文化大革命　250
米英戦争　143
米墨戦争　71, 220
平和共存　31
平和的征服の行進　50
ベトナム　56, 281, 285
ペルー　55, 266
ベルギー　168, 189
ベルリンの壁　3, 29, 32, 176
ポイント制度　42, 177, 283, 289
砲艦外交　252
封建制度　25, 135, 138, 140, 148, 169, 201, 266
亡命　52
亡命者　27, 29, 62, 260
法輪功　285
補完的保護(subsidiary protection)　113
北米自由貿易協定(NAFTA)　226
北海道　269
ポツダム宣言　271
ボートピープル　56, 285
ポーランド　29, 149, 165, 166, 168, 187, 226
ポルトガル　168, 181, 217, 228, 265
香港　66, 68
ホンジュラス　245

●ま　行

マーストリヒト条約　181
麻薬　89
マラウィ　46
マリエル
　　――危機　54, 57
　　――港　55, 56
マルタ　243
マレーシア　56, 232
満洲　187, 271
南アフリカ　233
ミャンマー　22, 66, 245

民主化　239
民主主義　5, 178, 240, 242
民族自決　107, 239
民族戦線(FN)　90
名誉革命　27
メキシコ　10, 18, 23, 69-76, 179, 220, 222, 228,
　　235-237, 245
メリリャ(Melilla)　96
モナコ　9
モーリシャス　46
モーリタニア　51, 245
モロッコ　51, 52, 230, 245

● や 行

遊牧民　4
ユグノー　26
ユーゴスラヴィア　200, 201
ユダヤ人　35-39, 41, 70, 88, 135, 159, 165-167,
　　198, 200, 213-216, 226, 231, 239

● ら 行

ラスタファリ運動　231
ラテンアメリカ　44
ラトヴィア　187, 188, 196, 220, 248
リトアニア　187, 188, 196
リベラル　17, 51, 56, 63, 178, 184, 189, 191,
　　192, 199, 201, 202, 204, 205, 240, 262, 281,
　　286
リベリア　231
留学生　277
領域主権国家　3
領域的管轄権　6, 85, 252, 260, 262, 291
旅券　→パスポート
レバノン　219
レンティア国家　241

狼呑　268
ローザンヌ会議　220
ロシア　9, 26, 39, 154, 159, 164-166, 168, 185,
　　187, 196, 218, 226, 238, 239, 247, 248, 252,
　　268, 269
ロヒンギャ族　245
ローマ帝国　4

● わ 行

倭寇　263, 264

● アルファベット

AfD　→ドイツのための選択肢
BRICS　49
EPA　→経済連携協定
EU　→欧州連合
FRONTEX　→欧州対外国境管理協力機関
FTA　→自由貿易協定
GATT　→関税及び貿易に関する一般協定
ILO　→国際労働機関
IMO　→国際移住機関
IRCA　→移民改革統制法
IS(イスラーム国)　247, 250
JICA　→国際協力事業団
NAFTA　→北米自由貿易協定
NATO　→北大西洋条約機構
NGO　→非政府組織
ODA　→政府開発援助
UAE　→アラブ首長国連邦
UKIP　→英国独立党
UNDP　→国連開発計画
UNHCR　→国際連合難民高等弁務官事務所
UNPROFOR　→国連保護軍
WTO　→世界貿易機関

事 項 索 引　　319

人名索引

● あ 行

アイゼンハワー（Dwight D. Eisenhower）
75, 102
アウン・サン・スーチー（Aung San Suu Kyi）
245
アビラ・カマチョ（Manuel Ávila Camacho）
71
安倍晋三　275
アミン（Idi Amin）　246
アリスティード（Jean-Bertrand Aristide）
239
井上哲次郎　268
ウィリアム 3 世（William Ⅲ）　140
ウィルソン（Thomas Woodrow Wilson）
238
エカチェリーナ 2 世（Ekaterina Ⅱ）　164
エリザベス 1 世（Elizabeth Ⅰ）　139

● か 行

何香凝　223
カストロ（Fidel Castro）　52–59, 115, 233
カーター（Jimmy Carter）　50, 54, 56, 195
カダフィ（Mu'ammar al-Qadhāfī）　118
カプリーヴィ（Georg Leo von Caprivi）　164
ガーベイ（Marcus Mosiah Garvey）　231
カルヴィン（Jean Calvin）　139
ガンディー（Mahatma Gandhi）　233
キッシンジャー（Henry Kissinger）　37, 38
金大中　285
ギャラティン（Albert Gallatin）　143
陸羯南　268
クリントン（Bill Clinton）　57, 58, 74, 239
ケネディ（John Fitzgerald Kennedy）　75, 76
コーエン（Robin Cohen）　34, 214, 217–219
コーク卿（Sir Edward Coke）　139
ゴー・チョクトン（Goh Chok Tong）　46

ゴルバチョフ（Mikhail Gorbachev）　26, 35,
39

● さ 行

ジェームズ 1 世（James Ⅰ）　139
ジェームズ 2 世（James Ⅱ）　27
ジェームズ 6 世（James Ⅵ）　139
ジェファソン（Thomas Jefferson）　142, 153,
233
シャイン（Yossi Shain）　239
ジャクソン（Henry Jackson）　37
周恩来　233
シュシャク（Gojko Šušak）　200
ジョージ 1 世（George Ⅰ）　140
ジョンソン，アンドリュー（Andrew Johnson）
155
ジョンソン，リンドン（Lyndon B. Johnson）
42, 53–55, 76
孫文　223, 233

● た 行

田口卯吉　268
チャイルズ（Lawton Chiles）　57
チャールズ 2 世（Charles Ⅱ）　26
全斗煥　239
鄭芝龍　219
鄭成功　219
デ＝ヴァレラ（Edward George de Valera）
232
トゥーサン・ルヴェルチュール（François-
Dominique Toussaint Louverture）　143
鄧小平　233
トッド（Emmanuel Todd）　202
トランプ（Donald J. Trump）　18, 69, 179,
235

トロンシュ（François Denis Tronchet）
　147

● な　行

ナポレオン（Napoleon Ⅰ）　147, 164, 168
ナポレオン 3 世（Napoleon Ⅲ）　149
ニクソン（Richard M. Nixon）　37

● は　行

パウロ（Paulus）　235
朴春琴　270
バグワティ（Jagdish Bhagwati）　47
支倉常長　264
ハッサン国王（Hassan Ⅱ）　50
埴原正直　280
ハミルトン（Alexander Hamilton）　153
ビーアマン（Wolf Biermann）　31
ビスマルク（Otto von Bismarck）　165
ピノチェト（Augusto Pinochet）　182
ピョートル大帝（1 世）（Pyotr Ⅰ）　26
平沼越夫　275
フォード（Gerald R. Ford）　54
福澤諭吉　1, 163, 268
ブルーベイカー（Rogers Brubaker）　167
ブレア（Tony Blair）　43
ペーニャ・ニエト（Enrique Peña Nieto）
　235
ベルルスコーニ（Silvio Berlusconi）　118
ホーエンローエ（Hohenlohe-Schillingsfürst）
　160

● ま　行

マーハン・カリミ・ナセリ（Alfred Merhan
　Karimi Nasseri）　116
マルコス（Ferdinand Marcos）　239
マロー（Edward R. Murrow）　75
メルケル（Angela Merkel）　115
毛沢東　250
モドロウ（Hans Modrow）　32
モンデール（Walter F. Mondale）　56

● や　行

山田長政　264
姚登山　250

● ら　行

リゴニエ（Jean-Louis Ligonier）　27
廖承志　223
廖仲愷　223
リンカーン（Abraham Lincoln）　155
ルイ 14 世（Louis XIV）　26
ルイ 16 世（Louis XVI）　147
ル・ペン（Jean-Marie Le Pen）　90
レーガン（Ronald Reagan）　56
ロッジ（Henry C. Lodge）　280
ロドリゲス（Carlos Rafael Rodrīgues）　55

● わ　行

和辻哲郎　264

●著者紹介●

田所　昌幸（たどころ　まさゆき）

1956 年，大阪府に生まれる。
1979 年，京都大学法学部卒業。1981-83 年，ロンドン・スクール・オブ・エコノミクス留学。1984 年，京都大学大学院法学研究科博士課程中退。1984-87 年，京都大学法学部助手。1987-97 年，姫路獨協大学法学部助教授，教授。1997-2002 年，防衛大学校社会科学教室教授などを経て，現職。
　その間，ピッツバーグ大学ジョーンズタウン校客員教授（1991 年），ニューヨーク市立大学ラルフバンチ国連研究所客員研究員（1993-94 年），ウォータールー大学客員研究員（2016-17 年）
現在，慶應義塾大学法学部教授。博士（法学）。
専門，国際政治学。
主な著作に，『国連財政──予算から見た国連の実像』（有斐閣，1996 年），『「アメリカ」を超えたドル──金融グローバリゼーションと通貨外交』（中央公論新社，2001 年），『国際政治経済学』（名古屋大学出版会，2008 年），『ロイヤル・ネイヴィーとパクス・ブリタニカ』（編著，有斐閣，2006 年），『国際政治学』（中西寛・石田淳と共著）（有斐閣，2013 年），『台頭するインド・中国──相互作用と戦略的意義』（編著，千倉書房，2015 年），ほか多数。

越境の国際政治──国境を越える人々と国家間関係
International Politics of Immigration

2018 年 11 月 20 日　初版第 1 刷発行

著　者　　田　所　昌　幸
発行者　　江　草　貞　治
発行所　　株式会社　有　斐　閣
　　　　　郵便番号101-0051
　　　　　東京都千代田区神田神保町 2-17
　　　　　電話(03) 3264-1315〔編集〕
　　　　　　　(03) 3265-6781〔営業〕
　　　　　http://www.yuhikaku.co.jp/

印刷・大日本法令印刷株式会社／製本・大口製本印刷株式会社
© 2018, Masayuki Tadokoro. Printed in Japan
落丁・乱丁本はお取替えいたします。
★定価はカバーに表示してあります。
ISBN 978-4-641-14924-3

[JCOPY] 本書の無断複写（コピー）は，著作権法上での例外を除き，禁じられています。複写される場合は，そのつど事前に，(社)出版者著作権管理機構（電話03-3513-6969，FAX03-3513-6979，e-mail:info@jcopy.or.jp）の許諾を得てください。

本書のコピー，スキャン，デジタル化等の無断複製は著作権法上での例外を除き禁じられています。本書を代行業者等の第三者に依頼してスキャンやデジタル化することは，たとえ個人や家庭内での利用でも著作権法違反です。